中东地区发展报告

转型与动荡的二元变奏

[2013年卷]

刘中民 朱威烈◎主编

时事出版社

图书在版编目（CIP）数据

中东地区发展报告——转型与动荡的二元变奏（2013 年卷）/刘中民，朱威烈主编. —北京：时事出版社，2014.4
ISBN 978-7-80232-699-6

Ⅰ.①中… Ⅱ.①刘… ②朱… Ⅲ.①经济发展—研究报告—中东—2013 ②政治—研究报告—中东—2013 Ⅳ.①F137.04 ②D737

中国版本图书馆 CIP 数据核字（2014）第 037503 号

出 版 发 行：时事出版社
地　　　址：北京市海淀区巨山村 375 号
邮　　　编：100093
发 行 热 线：（010）82546061　82546062
读者服务部：（010）61157595
传　　　真：（010）82546050
电 子 邮 箱：shishichubanshe@sina.com
网　　　址：www.shishishe.com
印　　　刷：北京百善印刷厂

开本：787×1092　1/16　印张：32.75　字数：423 千字
2014 年 4 月第 1 版　2014 年 4 月第 1 次印刷
定价：98.00 元
（如有印装质量问题，请与本社发行部联系调换）

编辑委员会

主　　编： 刘中民　朱威烈

参加编写人员（以姓氏笔画为序）

丁　俊　王　猛　包澄章　田文林
朱威烈　刘中民　孙德刚　余　泳
吴冰冰　张金平　李　立　李志强
李　意　杨　阳　杨福昌　汪　波
陈天社　金良祥　钮　松　钱学文
舒　梦　潜旭明　薛庆国

序　言

在 2012 ~ 2013 年，转型与动荡相互交织构成了中东地区形势的典型特征，转型之难和动荡之痛交互影响，使中东地区秩序与地区格局处在艰难的重建过程之中。

2012 年以来，阿拉伯国家的政治与社会转型已进入更加艰难的深水区，宗教与世俗、民主与民生、改革与稳定的矛盾异常尖锐，已经发生政权更迭的埃及、突尼斯、利比亚、也门的政治与社会转型依旧困难重重，埃及“二次革命”废黜穆尔西政权构成了转型国家动荡的风向标；其他尚未发生政权更迭的阿拉伯国家也在谋求程度不等的改革，但均面临国内外的严峻挑战。与此同时，叙利亚内战的久拖不决及其外溢效应不断扩大、利比亚战争后遗症频繁发作、国际恐怖主义强势反弹、街头政治和民粹主义泛滥，都使中东地区局势处于严重的动荡之中。

从地区格局变化的角度看，美国中东战略收缩构成了影响中东地区格局异常复杂的深刻根源之一，叙利亚问题和伊朗核问题从高度紧张、一触即发到趋于缓和的转向，俄罗斯中东外交亮点频出，沙特、土耳其、伊朗、以色列等地区大国的地位变化与政策调整，都与美国的战略调整密切相关。

近两年来的中东形势的特征可以概括为四句话：阿拉伯国家艰难转型之苦、恐怖主义强势反弹之猛、地区格局复杂变动之快、美国中东战略调整之困。下文分别予以简要说明。

1. 阿拉伯国家艰难转型之苦

在政权更迭后，埃及、突尼斯、也门、利比亚四国已相继建立民选政权或过渡政权，在政治上大多都实行了多元化、多党制、议会制、选举制，但它们普遍面临宗教与世俗矛盾加剧、经济与民生问题严重恶化、地方和部落势力坐大、社会动荡不安、宗教极端主义和恐怖主义强势反弹等问题的严峻挑战。

埃及的政治过渡因“二次革命”陷入困境，支持和反对穆斯林兄弟会的势力发生严重冲突，围绕宗教和世俗两大阵营的政治极化和对立严重，街头政治泛滥和教俗分裂加深，使埃及仍然面临着发生“三次革命”的危机。复兴运动党执政的突尼斯同样动荡不安，反对党领袖两次遭暗杀，民众抗议浪潮频仍，严重影响了突尼斯的政治稳定。在利比亚和也门，国家政权脆弱、治理能力低下，地方势力和部落势力借机不断扩大影响，不仅对民族和解和政治重建构成掣肘，同时也使地方和部落成为极端主义势力盘踞的中心。沙特领导的海合会国家和约旦、摩洛哥同为君主制国家，它们对内谋求自上而下的改革，对外谋求海合会扩军，形成君主制国家的“神圣同盟”，以图联合自保，但仍然面对内外形势的严峻挑战，尤其是曾陷入动荡的巴林和约旦的压力更大。苏丹、索马里、阿尔及利亚、伊拉克、黎巴嫩等阿拉伯国家也存在着程度不等的动荡。

2. 恐怖主义强势反弹之猛

在西亚地区，在也门政局持续动荡、叙利亚内战陷入僵持、美国从伊拉克撤军等因素的影响下，“基地”组织阿拉伯半岛分支和伊拉克分支的活动日趋猖獗，并积极向叙利亚进行渗透，“基地”组织与来自全球的极端分子赴叙利亚进行“圣战”，已经使叙利亚成为继也门、伊拉克之后西亚地区又一恐怖主义活动的大本营。

在北非及其周边区域，盘踞在阿尔及利亚的“基地”组织伊斯兰马格里布分支与近年来崛起的索马里“青年党”、尼日利亚“博科圣地”等恐怖组织，利用北非阿拉伯国家动荡、利比亚战争、马里内战等地区性危机，大肆进行恐怖活动，并已经在北非、东非和西非形成鼎足之势。

恐怖主义在中东强势反弹的原因主要有三：第一，转型阿拉伯国家宗教与世俗势力的严重对抗、地方和部落势力坐大、经济与民生问题的持续恶化、利比亚战争后遗症、叙利亚危机久拖不决及其外溢效应不断扩大，均构成了有利于恐怖主义发展的肥沃土壤；第二，“基地”组织利用转型阿拉伯国家的严重困难和利比亚战争、叙利亚内战等地区热点问题，积极进行意识形态和策略调整，力图将“阿拉伯之春”引向“基地”组织的发展轨道，使其生存能力和适应能力不断增强；第三，美国中东战略和反恐战略收缩使恐怖主义面临的反恐压力下降，而美国在中东变局中执行双重标准，违反国际法越境打击导致大量平民伤亡，进一步加剧了中东地区反美主义情绪的高涨，这一切都构成了有利于恐怖主义发展的重要因素。

3. 地区格局复杂变动之快

2012 年以来，中东地区格局的复杂变动依然是阿拉伯大变局以来地区力量消长与重组的继续，突出表现为阿拉伯世界、土耳其、伊朗、以色列四大传统力量以及阿拉伯世界内部不同力量的分化与重组。从总体上看，在阿拉伯大变局持续三年后，在地区国家中已经很难找到真正的、恒定的受益者。2013 年的突出变化是阿拉伯大变局对地区国家影响的得失利弊不断变化，导致地区大国力量不断消长，使中东地区格局呈现出“碎片化”的态势。

阿拉伯世界的整体性衰落在持续加深，内部分化更趋明显，即使是一度被视为中东变局受益者的海合会尤其是沙特，也因美国战略调整尤其是叙利亚和伊朗政策的调整而陷入尴尬，并无奈地通过拒绝担任联合国非常任理事国表达对美国的抗议。

土耳其积极介入中东地区事务，试图成为地区主导力量，但已明显力不从心，土耳其支持的埃及穆尔西政权被废黜、叙利亚局势变化及难民冲击、推广土耳其模式受阻、库尔德问题反弹、国内民众抗议等事态，都限制了土耳其成为地区领袖的抱负。

伊朗地位的变化更是起伏跌宕，阿拉伯国家的动荡和衰落曾令伊朗处于有利地位；不久后叙利亚危机导致地区盟友遭到削弱，西方经济制裁和军事威胁又使其陷入重压之下；但鲁哈尼当选总统后美伊关系回暖、叙利亚危机相对缓和、伊核谈判取得重大进展，都使伊朗周边战略环境出现大为改善的迹象。

对于阿拉伯大变局，以色列只能继续延续静观其变的政策，但周边安全环境的恶化，美国伊朗政策和叙利亚政策的改变，以色列与土耳其关系恢复尚待时日，巴以和谈的僵局以及美国和西方的持续施压，当然最根本问题在于美以关系裂痕加大，都使以色列陷入更为孤立的境地。

中东地区格局复杂变动的深层次根源在于阿拉伯大变局的冲击，以及美国中东战略收缩引发的联动效应，而叙利亚危机和伊朗核问题两大热点问题则以更直接的方式，牵动中东地区格局的调整，中东地区大国利弊得失和地区地位变化，几乎都与美国中东战略调整导致两大地区热点问题走势发生转折性变化密切相关。

4. 美国中东战略调整之困

奥巴马任职以来，已经接近完成从伊拉克和阿富汗两场战争中撤军的目标，这实属来之不易。为避免因再度深陷中东而掣肘重振经济和重返亚太等内外战略，战略收缩构成了美国中东战略的典型特征，这在本质上源于美国主导全球事务战略能力的下降以及战略意愿的不足。美国中东战略调整的特点包括：

第一，在军事上，奥巴马政府十分克制，力求将军事干预的风险降到最低，避免美国在中东再次陷入战争泥潭。在叙利亚问题上与俄罗斯妥协实现化武换和平；在伊朗问题上调整对伊政策，启动伊核谈判并取得阶段性成果，都是这一政策的具体表现。

第二，在外交层面更加重视多边外交和公共外交。在多边外交方面，奥巴马强调美国、欧洲大国、土耳其、海合会成员国等必须采取联合行动，甚至寻求与中俄在联合国和二十国集团领导人峰会等国际机制中进行协调与沟通，以共同应对中东危机；在公共外交领域，美国积极推进在中东的公民社会建设项目，试图通过教育、医疗、媒体、宗教、环保等领域的非政府组织力量，改造转型阿拉伯国家与社会，培育亲美、亲西方力量。

第三，美国对中东转型国家的援助往往口惠而实不至。奥巴马政府对转型阿拉伯国家承诺了一系列援助，但在实际上并未完全兑现。不仅美国对埃及、突尼斯、利比亚、也门等国家的援助尚未完全到位，而且迄今为止尚未向叙利亚难民提供大规模人道主义援助。美国主要通过敦促欧洲盟国以及海湾国家向转型阿拉伯国家提供援助，使转型阿拉伯国家对美国普遍感到失望。

第四，美国的中东反恐战略更趋功利化。在反恐手段上，除强调反恐合作、综合运用多种手段、支持地区国家增强反恐能力建设等举措外，奥巴马政府中东反恐政策的重大变化突出表现为改变布什政府的反恐战争和政权更迭等手段，转而选择更加灵活、机动的反恐手段，尤其是把无人机打击和特种部队定点清除作为重要手段，以增强反恐的实战效果。

奥巴马在中东推行务实外交的原因主要有四：首先，在国力衰落和国内财政困难的背景下，美国力图通过在亚太和欧洲建立 TPP（跨太平洋伙伴关系）和 TTIP（跨大西洋贸易与投资伙伴关系）来重建国际秩序，极力避免在中东再次陷入战争泥潭；其次，美国国内在中东政策上存在严重分歧，欧洲盟国及北约成员内部也分歧明显；再次，伊斯兰极端势力和国际恐怖主义强势反弹，美国不希望看到因军事干预叙利亚导致极端势力和恐怖组织坐大的局面；最后，奥巴马希望通过实行“战略模糊”的超脱政策，为中东政策调整留有空间和余地。

尽管如此，美国仍然是中东事务的主导者。事实表明，无论是叙利亚危机化武换和平的安排，还是巴以和谈与伊核谈判的重启，都是在美国的安排下得以实现的。2013 年俄罗斯的叙利亚外交风光无限，但尚无法在中东事务中全面发力；欧洲国家在总体上仍然是美国中东战略的配角；中国对中东的影响力虽有所增强，但尚缺乏对中东事务施加重要影响的硬实力和软实力及战略意愿。

当前，美国中东战略调整的目标是既要避免类似伊拉克战争的深度卷入，又要保持对中东事务的主导权。当然，最终解决叙利亚危机和伊朗核问题，安抚沙特、以色列等地区盟国的严重不满，推动巴以和谈取得实质性进展，确保美国撤军后伊拉克和阿富汗局势的基本可控，重新塑造美国在中东的国际形象，都是美国中东战略面临的严峻挑战。

总之，近两年来中东局势变化的特点主要体现在四个方面：第一，转型阿拉伯国家的发展进入深水区，宗教与世俗、民主与民生、改革与稳定的矛盾不断加剧，政治与社会转型依旧困难重重；第二，叙利亚危机、伊核问题、巴以问题、南北苏丹问题等新老热点问题联动与外溢的效应不断加强，导致地区格局严重失衡；第三，伴随美欧俄等大国完成政府换届，大国中东政策调整不断加快；第四，宗教政党、宗教组织、教派力量、宗教极端主义等多种伊斯兰力量交互作用，导致中东形势异常复杂。在此背景下，中国的中东外交既面临巨大的历史机遇，也面临着严峻的挑战。

鉴于以上认识，《中东地区发展报告（2013 年卷）》聚焦转型与动荡两大主题，以 2012 至 2013 年的中东形势为观察与分析对象，通过一个总报告、四个专题报告，共 21 个分报告，对中东地区的发展态势与走向进行分析和前瞻。

1. **总报告：转型与动荡二元变奏的中东**。共 4 个分报告，其内容主要包括阿拉伯国家政治与社会转型的困难、中东地区形势动荡的表现及根源、阿拉伯国家社会思潮的变化、中东地区恐怖主义的新发展及其根源等问题。

2. **专题报告：转型与改革中的阿拉伯国家**。共5个分报告，根据政权是否发生更迭将阿拉伯国家划分为两类，对埃及、突尼斯、利比亚、也门四个国家政权更迭后的政治、经济、社会与安全形势进行了分析和评估；对海合会国家、约旦、摩洛哥8个君主制国家改革的成就及其面临的挑战进行了研判。

3. **专题报告：动荡与失衡的地区格局**。共4个分报告，其内容主要包括阿拉伯世界、土耳其、伊朗、以色列四大力量的变化与重组，美国、欧洲、俄罗斯的中东战略调整，叙利亚危机的新发展与美俄的战略博弈，叙利亚危机的外部根源及其影响。

4. **专题报告：纷繁复杂的伊斯兰力量**。共4个分报告，重点对埃及穆斯林兄弟会大起大落的根源及前景，以及温和伊斯兰政党、萨拉菲主义、宗教极端主义等伊斯兰力量的新发展、特点、影响等问题进行了深入研究。

5. **专题报告：机遇与挑战并存的中国中东外交**。共4个分报告，在对中东形势变化与中国中东外交进行宏观认识的基础上，重点对中国与阿拉伯国家的经贸关系、中国与中东国家的能源合作、中国对阿拉伯国家的公共外交进行了分析和评估，并提出了相应的对策建议。

在本卷发展报告的编写过程中，编写组坚持了以下几个方面的原则。

首先，认真贯彻教育部关于教育部哲学社会科学发展报告编写的要求。编写组积极贯彻教育部社科司《关于规范“教育部哲学社会科学发展报告”书稿编写工作的通知》精神，坚持基础性、应用性和政策性相结合的指导思想，贯彻理论与实践相结合、学术研究与政策研究相结合的基本原则，全面围绕中东地区的重大理论与现实问题进行跟踪研究，努力使《中东地区发展报告》成为能够服务于中国外交决策的政策性、前瞻性研究成果。

其次，认真接受外交部相关部门的政策指导，并积极参与政策研讨和公共外交等活动。在发展报告编写的过程中，主编朱威烈教授和刘中民教授曾多次参加外交部相关部门的研讨活动，对增强发展报告的政策性水平受益匪浅；上海外国语大学中东研究所两次受外交部亚非司委托，组织专家学者代表团赴中东国家进行调研和公共外交活动，多次接待阿拉伯国家智库、媒体、精英和青年代表团，以及来自中东和欧美的专家学者来访，极大地增强了发展报告的现实性和政策针对性。

最后，坚持跨行业、跨部门、跨机构的团队合作。这里首先需要特别感谢外交部前副部长杨福昌大使，在年逾八旬之际仍两次任团长，率专家学者代表团两赴中东进行调研和公共外交活动，并亲自捉笔撰写报告；北京大学阿拉伯语系的吴冰冰先生、北京外国语大学阿拉伯语系的薛庆国先生、郑州大学历史学院的陈天社先生、上海国际问题研究院的金良祥先生、西北大学中东研究所的王猛先生、中国现代国际关系研究院的田文林先生、西北民族大学中东文化研究所的丁俊先生，作为国内的中东问题专家，积极参加发展报告的编写，为发展报告的顺利完成提供了巨大的外力支持。我校中东研究所的各位同仁和东方语学院的杨阳副教授，也都在承担繁重教学科研任务的同时，秉持敬业精神认真完成了发展报告的撰写任务。

《中东地区发展报告（2013 卷）》的主题和编写大纲由刘中民和朱威烈教授商议拟定，刘中民负责通读、修改、校对了发展报告的全部书稿，同时根据形势变化增删了各发展报告的部分内容。孙德刚副研究员承担了部分报告英文摘要的翻译工作，余泳博士承担了与校内外作者的联系工作，包澄章博士承担了附录的资料搜集和整理工作。

因此，《中东地区发展报告（2013 卷）》是国内中东学界集体研究的成果，这里谨对付出辛勤劳动的各位同仁表示衷心感谢。愿《中东地区发展报告》不断走向成熟，不断为社会正确理解中东、学界深入研究中东、政界准确认知中东提供有价值的参考。

刘中民　朱威烈

2013 年 12 月 13 日于上海

目　录

总报告：转型与动荡二元变奏的中东

专题报告一：
转型与改革中的阿拉伯国家

专题报告二：
动荡与失衡的地区格局

专题报告三：
纷繁复杂的伊斯兰力量

专题报告四：机遇与挑战并存的中国中东外交

Contents

Special Report One: Arab Countries in Transformation and Reform

Special Report Two: Regional Pattern in Turbulence and Imbalance

Special Reports Four: Opportunities and Challenges of China's Middle East Policy

中文提要

《中东地区发展报告（2013 年卷）》聚焦转型与动荡两大主题，以 2012 至 2013 年的中东形势为观察与分析对象，通过一个总报告、四个专题报告，共 21 个分报告，在宏观认识中东形势总体发展态势的基础上，围绕转型国家的发展现状与趋势、中东热点问题与地区格局、大国中东战略调整、中国中东外交等主题，对中东地区的发展态势与走向进行分析和前瞻。

总报告：转型与动荡二元变奏的中东

1. 转型与动荡：中东地区形势的总体评估

在过去的两年中，中东地区局势的演变表现为转型与动荡相交织，转型前景不明、动荡趋势加剧。在转型阿拉伯国家，转型面临着诸多困难，转型前景不明。在政治上，伊斯兰主义政治力量与世俗派政治力量之间缺乏共识，拒绝协商合作和做出妥协；在政治活动中缺乏共同遵循的公认准则，围绕政治合法性存在严重分歧。在经济上，未能形成明确的社会经济综合发展理念，也没有实现可持续的经济增长。在安全方面，国家安全和社会稳定受到严重威胁。在整个中东地区，旧有的热点问题没有得到解决、阿拉伯转型国家前景不明、中东动荡区域明显扩大，这些现象都说明中东地区的动荡趋势加剧。恐怖主义扩张、难民数量激增和轻武器扩散，传统民族宗教矛盾的激化，既是中东地区动荡加剧的结果，也是动荡进一步加剧的原因。地区大国在中东地区的较量以及美、俄、中等世界大国在中东地区的复杂关系，增加了中东地区局势演化的不确定性。

2. 阿拉伯国家的政治与社会转型

中东剧变发生三年多来，发生政权更迭或重组的国家基本上没有步入正轨，转型之路走得异常艰难；未发生严重动荡的海湾君主制国家虽然暂时稳定，但由于受到地缘政治的影响，也面临教派冲突和恐怖主义威胁等挑战。由此可见，阿拉伯国家的政治与社会转型是一个持久的过程，它可能需要长达数十年之久才能完成。

3. 转型阿拉伯国家的社会文化思潮

阿拉伯变局发生三年多来，阿拉伯思想文化界开始从最初的盲目乐观转向深刻的批判与反思，开始对所谓“阿拉伯之春”存在的问题及其消极影响进行较为客观的认识。阿拉伯变局的背后不仅是地区和世界政治力量的大角逐，也意味着阿拉伯世界本土与外来思想、观念、信仰的大碰撞与大较量。在此过程中，曾经盛行于阿拉伯社会的伊斯兰主义、民族主义、自由主义、左派思想等各种社会文化思潮，或借机壮大，或遭受挫折，或发生裂变与重组。当今阿拉伯各种思潮的相互碰撞与融合，思潮本身的丰富与多面性，思潮内部隐藏的暗流与波澜，都呈现出十分复杂的态势。

4. 中东地区恐怖主义的新发展

中东国家动荡以来，“基地”组织伊斯兰马格里布分支、阿拉伯半岛分支、伊拉克分支等传统恐怖主义势力呈现强劲反弹的态势，索马里“青年党”和尼日利亚“博科圣地”等周边地区的恐怖主义势力也极为猖獗。恐怖主义势力积极利用地区形势动荡扩充力量，传播恐怖主义意识形态，并发动了一系列恐怖主义袭击。此外，恐怖主义组织还积极利用利比亚战争、叙利亚内战和马里危机造成的混乱局势，广泛介入地区热点问题，进而对地区安全造成严重威胁。转型阿拉伯国家陷入长期动荡，宗教与世俗、民主与民生、改革与稳定等矛盾不断加剧，这一切都构成了有利于恐怖主义发展的肥沃土壤。而“基地”组织的战略调整尤其是意识形态调整，以及美国中东反恐战略日趋功利化，也对中东地区恐怖主义的泛滥有重要影响。

专题报告一：转型与改革中的阿拉伯国家

1. 埃及的政治与社会转型

在穆尔西执政的一年中，纷争、冲突不断是其显著特点，主要表现在穆尔西政权与军方、司法界和世俗反对派的冲突，最终导致军方废黜穆尔西的总统职务。穆尔西执政时期，制定和颁布了新宪法，努力推行平衡外交政策，但在内政上无所建树，经济形势严峻。穆尔西政权昙花一现的原因有四：第一，穆尔西与穆斯林兄弟会热衷于追逐权力，没有治国理政之方。第二，穆尔西政权未能解决经济和民生问题。第三，穆尔西政权已失去一大部分民心。第四，埃及军方得到国内外支持。从深层次上看，近年来埃及的动荡源于埃及政治与社会转型的三大困境：世俗与宗教对抗之困、经济发展模式之困、民主化之困。从目前形势看，埃及军方与过渡政府虽已控制局势，但仍面临两大严峻挑战：一是如何实现安全稳定和克服经济危机；二是政治过渡的路线图能否顺利实现。埃及的转型是个长期而艰难的过程，需要从根本上探索出一条适合埃及国情的现代化道路，解决长期存在的发展困境。

2．突尼斯的政治与社会转型

2012～2013 年期间，突尼斯的政治与社会转型在困难中缓慢前行。继 2011 年制宪会议召开以后，制宪工作虽因宗教与世俗之争遭受挫折，但为最后达成共识奠定了基础；伊斯兰政党复兴运动党主导的过渡政府的合法性受到了挑战，政府总理甚至一度易人，但总体上能够维持运转。由于政治重建不够顺利，期间突尼斯经济和安全形势继续恶化。相对于其他阿拉伯国家，突尼斯政治和社会转型的基础较好，但也面临政治与社会分裂、经济基础薄弱、安全环境恶化等挑战。突尼斯转型的前景虽相对乐观，但也不会一帆风顺。

2．利比亚的政治与社会转型

2011 年卡扎菲政权被推翻后，利比亚进入后卡扎菲时代的政治和社会转型时期，主要包括建立过渡政府、选举国民议会和制定新宪法三个阶段。目前，利比亚的转型已经完成第二阶段议会选举，即将进入制定新宪法的第三阶段。但在转型过程中，利比亚面临着国内安全脆弱、经济重建任务艰巨、伊斯兰势力和世俗势力矛盾尖锐、民族和解与司法重建困难重重等重大问题。另外，利比亚战争后遗症还造成了地区性的难民外流、武器扩散和恐怖主义威胁加剧等问题。

3．也门的政治与社会转型

“全国对话会议”是也门政治与社会转型中的重要环节，会议的目标是为制定宪法做准备。会议因诸多重大问题难以达成协议而延期，其中国家的国体结构是也门政治转型的矛盾焦点。也门以和解对话推进政治社会转型，既包括国内政治势力之间的对话协商，也包括国际社会以斡旋、援助等方式支持也门的对话与和解，但也门的政治与社会转型仍面临着多重压力。

4. 阿拉伯君主制国家的政治与社会改革

“阿拉伯之春”使许多共和制阿拉伯国家发生剧变，而阿拉伯君主制国家由于其世袭统治的合法性和石油财富的支撑，保持了相对的稳定。卡塔尔、阿联酋风平浪静，沙特、阿曼、科威特仅有少量示威，摩洛哥危机及时化解，约旦虽有穆斯林兄弟会的政治抗议，但仍在和平框架内展开。2012 年以来，阿拉伯君主制国家都进行了程度不等的政治与社会改革，但也面临着许多内外挑战，如伊斯兰极端势力、社会各阶层的利益诉求以及来自土耳其模式的压力。海合会存在向约旦、摩洛哥的扩容意向与动作，以形成阿拉伯君主制国家相互扶持且交好东西方大国的“同舟共济”局面，主导阿拉伯世界成为其共同目标。

专题报告二：动荡与失衡的地区格局

1. 中东地区的主要力量与变动中的地区格局

中东变局冲击了中东原有的地区格局，阿拉伯世界、土耳其、伊朗和以色列作为长期以来中东地缘板块中的四大传统力量所形成的相对平稳的“多极化”态势已经被打破，各大力量分化组合，力量对比关系发生明显改变，地区格局呈现出“碎片化”态势。阿拉伯世界整体力量趋于衰弱，内部分化更趋明显；土耳其积极介入中东地区事务，试图成为地区主导力量，但已开始显现出力不从心之势；伊朗的周边环境趋于复杂，地区盟友遭到削弱，一度面临经济制裁和军事威胁的双重重压，鲁哈尼当选总统后对西方释放积极信号，伊核危机出现谈判解决的曙光；以色列周边安全环境遭受巨大冲击，边界安全受到威胁，对伊朗核发展忧心忡忡，与土耳其关系恢复尚待时日，巴以和谈又陷僵局，进而在中东地区陷入更为孤立的境地。未来中东格局的走向依然充满变数，前景尚难预料。

2. 美欧俄中东战略的调整与前瞻

经过三年的发展，中东剧变已经从一场内生性、局部性和低烈度政治运动，演变为地区和全球大国纷纷介入的地区性热点问题。在外部大国和大国集团中，美国、欧盟和俄罗斯对中东剧变的介入程度最深。2012 年以来，这些大国和大国集团的中东战略既有延续性，又有新变化，其应对中东剧变的战略与政策是由美、欧、俄国内政治的发展和中东形势变化等内外因素共同决定的。美国的中东战略以叙利亚危机和伊朗核问题为主要关注点，同时积极应对伊斯兰势力崛起和恐怖主义上升的挑战；欧盟尽管积极介入中东事务，但内部分歧明显，其介入中东事务的意愿与能力出现了矛盾；俄罗斯试图以叙利亚危机为切入口，通过议题设置彰显大国地位，但影响力局限于东地中海地区。未来，美、欧、俄围绕中东危机的互动将进一步增加，但均难以左右中东局势的走向。

3. 叙利亚危机的新发展与美俄的战略博弈

在 2012—2013 年，巴沙尔政权与反对派僵持局面的持续构成了叙利亚局势的基本特点。叙利亚危机渐趋长期化的原因大致有三：第一，巴沙尔政权的权力基础依然稳固，具备打击反对派以及与国际社会讨价还价的实力。第二，由多个派系组成的叙利亚反对派，尚没有形成稳定、团结的阵营。第三，所谓“阿拉伯之春”的消极后果逐步显现，使巴沙尔政权存在的合理性和反对派力量的狭隘性都开始显现。而 2013 年化学武器危机的出现则构成了叙利亚局势的重要拐点，同时也加剧了美俄围绕叙利亚危机的复杂博弈。美俄经讨价还价促成化武换和平，使叙利亚危机政治解决的可能性增加。

4. 叙利亚危机的外部根源及其影响

叙利亚危机很大程度是外力干预所致。美国等西方国家干预叙利亚局势，最终目的是在叙利亚实现政权更替，从而达到分化和削弱阿拉伯世界的目标。总体来说，对叙利亚的外来干涉造成了阿拉伯世界分裂加剧、教派冲突升级、地区保守力量上升、恐怖主义泛滥等多重负面影响。

专题报告三：纷繁复杂的伊斯兰力量

1. 大起大落的穆斯林兄弟会

“穆斯林兄弟会”是中东地区最具影响的宗教政治组织。长期以来，穆兄会一直谋求通过推翻世俗政权、建立伊斯兰政权，实现阿拉伯民族复兴和伊斯兰文明的重建。然而，由于穆兄会奉行激进路线，甚至不惜采取武力夺权的方式，因而屡遭镇压，起伏不定。近年来，为了适应国际及地区形势的快速变化以及阿拉伯国家的政治转型，穆兄会开始进行自我调适，出现温和化、政党化的发展趋势，并逐步走向政治舞台的前列。尽管如此，穆兄会依旧难有作为，走上执政舞台刚满一年就在一夜之间垮台，再次陷入山穷水尽的困境。不过，由此断言穆兄会在埃及的政治博弈中已被淘汰出局还为时尚早，作为有着80多年历史的老牌伊斯兰政治组织，穆兄会依然具有不可小视的社会影响和政治能量。

2. 中东变局中的伊斯兰政党

中东变局发生以来，伊斯兰主义力量迅速崛起，以之为基础的伊斯兰政党纷纷通过参与民主选举参政议政，一些较为温和的伊斯兰政党在埃及、突尼斯、摩洛哥等地先后通过议会选举成为执政党，而土耳其老牌的伊斯兰政党正义与发展党也在中东变局中发挥了重要作用，伊斯兰政党在意识形态以及政治实践方面也发生了明显的变化。面对各种复杂的国内外形势，伊斯兰政党的表现虽然各不相同，但均面临着十分严峻的挑战，而埃及自由与正义党在执政一年后便惨遭失败，则成为伊斯兰政党遭遇的最大挫折。

3. 中东变局与萨拉菲主义的新发展

中东变局发生以来，广泛分布于多个阿拉伯国家的萨拉菲主义力量迅速崛起，因内部分化严重，萨拉菲主义力量呈现多样化的发展态势。以光明党为代表的“政治萨拉菲主义”力量在阿拉伯国家的政治影响力持续上升，政党化倾向明显；以“圣战萨拉菲主义”为代表的宗教极端势力上升势头迅猛，但“圣战萨拉菲派”内部亦出现明显的分化趋势，主张暴力与非暴力的分支派别同时存在。萨拉菲主义力量的上升导致中东的教派矛盾不断激化，令伊斯兰世界与西方的对立进一步扩大，同时也加剧了以沙特为代表的海湾阿拉伯国家对中东地区事务控制权的争夺。

4. 中东变局与宗教极端主义的新发展

中东变局发生以来，北非马格里布地区、阿拉伯半岛地区的宗教极端主义利用动荡局势趁乱逐利，上升势头迅猛，伊拉克的恐怖主义也出现强势反弹。各种打着宗教旗帜的极端组织和恐怖团体活动日益猖獗和复杂化，呈现出行动分散化、手段多样化、意识形态极端化的特点。以“圣战萨拉菲主义”为代表的宗教极端主义在利比亚、也门、叙利亚等转型阿拉伯国家的活动尤为活跃，中东地区局势动荡、利比亚战后武器流散、叙利亚危机的溢出效应，都助长了宗教极端组织和恐怖团体的壮大。

专题报告四：机遇与挑战并存的中国中东外交

1. 2013 年的中东形势及中国的政策应对

阿拉伯国家的转型之难与地区动荡之痛，构成了 2013 年中东局势的典型特征。安全形势恶化、社会分裂加剧、经济严重下滑构成了转型阿拉伯国家存在的普遍问题。从地区层面看，埃及总统穆尔西被废黜和叙利亚化武危机，是具有广泛地区与国际影响的两件大事。面对持续动荡的中东局势，中国坚持联合国宪章的宗旨和原则，反对干涉他国内政，特别是以武力干预他国事务，同时尊重阿拉伯民众的合法诉求和要求改革的愿望；中国主张通过和平手段解决争端，不断劝和促谈，反对诉诸武力，同时向有关国家提供了力所能及的经济援助和人道主义援助。

2. 中国与阿拉伯国家经贸关系的评估及对策建议

中东变局发生以来，中阿双边贸易快速增长、投资合作稳步发展、工程承包领域合作成效显著。海湾合作委员会（海合会）是中东地区重要的区域性组织，中国与海合会国家在资源禀赋和贸易结构上具有很大的互补性。近年来，中国与海合会成员国的经贸关系发展迅速，双方的自贸区谈判也处在积极推进之中。为进一步加强中国与中东国家的经贸合作，中国应加强以下几个方面的工作：提升企业形象，加强对出口产品质量的监管；发挥高校、智库、商会的作用，为中阿经贸合作提供智力支持；优化国内投资环境，吸引中东国家投资；以能源合作为重点，向其他领域拓展。

3. 中国与中东能源合作的评估与对策建议

2012年至2013年，中国与中东的能源合作在中东的政治动荡中蹒跚而行，油气贸易一如既往，稳步发展，而油气中下游产业方面的合作则情况依旧，不尽如人意。中国与中东的能源合作是大势所趋，中国需要中东油气，中东需要中国市场，这是双方的合作基础。只要双方共同努力，双方的能源合作一定会有所突破。

4. 中国对阿拉伯国家的公共外交：评估与对策建议

作为中国外交的重要战略板块之一，阿拉伯世界与中国的经贸关系发展迅速，这与中国经济总量等“硬实力”不断上升的趋势相一致。但一直以来，尤其是阿拉伯世界发生动荡三年多来，部分阿拉伯国家和民众对中国的认识和理解，特别是对中国相关的外交政策还多有误解，从而表现出中国“软实力”的相对不足。中国亟需加大对阿公共外交的力度以缩小这种差距，尽管中国在此方面已做出了较大努力和较多实践，但其效果尚待加强。今后中国对阿公共外交在机制建设、方式手段等不同层面都有完善和改进的空间，需要付出更大的努力。

Abstract

Reports on Middle East Development (2013) focuses on two key themes of transformation and turmoil. To observe and analyze the Middle East situation in 2012 and 2013, the editors have compiled *the Reports* which contains an Overview, four Special Reports and 21 Sub-reports. This new volume aims to probe the development and prospect of the Arab countries in transformation, the Middle East hot issues, the regional pattern, the readjustment of great powers' Middle East strategies as well as China's Middle East diplomacy through investigating the general trend of the Middle East milieu from the macrocosmic perspective.

An Overview: The Middle East in Transformation and Turmoil

1. Transformation and Turmoil: An Overview of the Situations in the Middle East

In the Middle East, transformation and turmoil have constituted the two main themes interweaving with each other in the past two years. The prospect of transformation is uncertain, while the turmoil tends to be intensified. The Arab countries in transformation face severe difficulties. The lack of political consensus between Islamists and secularists in these countries results in refusal of consultation and cooperation and failure of making necessary concessions, and the disagreement on political legitimacy and the lack of common political regulations lead to more conflicts and chaos. Socio-economically, these countries have failed to achieve sustainable and stable economic growth, and failed to create a doctrine of comprehensive social-economic development. Meanwhile, their national security and social stability are also endangered by various threats. All these difficulties make the prospect of transformation in these Arab countries unclear. In the Middle East, there is no effective solution to most of the long-term problems. The uncertain prospect of the Arab countries in transformation, and the spreading turmoil to larger areas, all these phenomena indicate a trend to intensified turmoil in the region. The spread of terrorism, increasing numbers of refugees, and the proliferation of small arms and light weapons, combined with ever-escalating ethno-religious conflicts, are results of the intensified turmoil in the Middle East, and at the same time contribute to intensify the turmoil to a more dangerous degree. The competition between the regional powers and the multidimensional relationship between great powers in the region also increase the uncertainty of the future in the Middle East.

2. **Political Reform and Social Transformation in Arab Countries**

The turmoil in the Middle East has been more than three years. The countries and regimes that have gone through transformation haven't been on the right track, and the way of their transformation is quite difficult. The other countries which have yet experienced serious turmoil are stable temporarily, but due to the geopolitical influence, they are also faced with the threat of terrorism, sectarian conflicts and other challenges. In a word, the political and social transformation in Arab countries is a long process, which may take decades to complete.

3. The Social and Cultural Trends of Arab Countries in Transformation

Since the outbreak of the Arab Revolts three years ago, the attitudes of Arab academia towards the revolts have transformed from over-optimism to harsh criticism and deep reflection. They have gradually realized the existing problems that are caused by the so-called "Arab Spring". The revolts reveal not only rivalry among regional and world powers behind the scene, but also the competition among internal and external thoughts, ideas and beliefs. In the process, Islamism, nationalism, liberalism and leftism which prevailed in the Arab society historically, are either expanding and reorganizing or dismembering and declining. On the one hand, the current Arab thoughts are witnessing interaction and fusion with great variety and diversity; on the other hand, the torrent of various thoughts is concealed inside with quite complex situation.

4. The New Development of the Middle East Terrorism

Since the outbreak of the Middle East turmoil, the traditional terrorist forces, such as "Al-Qaeda" affiliates in Maghreb, Arab Peninsula and Iraq, etc, are surging. Al-Shabaab of Somalia and Boko Haram of Nigeria as well as other surrounding terrorist groups are expanding their influence as well. These terrorist groups take advantage of the regional upheaval to spread terrorist ideologies, and have launched a series of terrorist attacks. Particularly, these terrorist organizations have made use of Libya

War, Syrian Civil War, Mali crisis and other turbulent situations to extensively engage in regional hot issues, which have posed grave threat to the regional security. The Arab countries in transformation have fallen into a mire of turbulence, and the contradictions between religion and secularism, between democracy and livelihood, between reform and stability have escalated, which have all provided a hotbed for the rise of terrorism. The strategic readjustment of "Al-Qaeda", especially of its ideology, and the increasingly expediency of the US anti-terrorism strategy in the Middle East, have exerted a far-reaching effect on the widespread terrorism in the region.

Special Report One: Arab Countries in Transformation and Reform

1. Constant Instability: The Dilemma of Egypt's Political and Social Transformation

The most remarkable feature of the Morsi administration was constant dispute and conflict. It is mainly manifested in the conflict between the administration and the military, the judiciary, and the secular opposition parties, which ultimately led to the deposing of President Morsi by the military. During his administration, Morsi formulated and promulgated a new constitution, promoted a balanced foreign policy, but he had made no headway in domestic affairs which caused a serious economic situation. There are four reasons for the shorted-lived Morsi administration. Firstly, Morsi and the Muslim Brotherhood were very keen on pursuing power, but misgoverned the nation. Secondly, the administration could not solve the problems of economy and people's livelihood issues. Thirdly, the administration had fallen from the previous popularity. Moreover, the military got supports at home and abroad. In the long run, the instability of Egypt in recent years originated in dilemma of Egyptian political and social transformation, which was the dilemma of secularism and religion, the dilemma of the economic development mode, and the dilemma of democratization. Currently, the military and the interim government have controlled the Egypt's situation, but they face two severe challenges. One is how to achieve social security and stability and overcome the economic crisis; the other is how to carry out the political roadmap smoothly. In conclusion, the Egypt's transformation is a long and hard process, and it needs to seek a modernization path compatible with its national conditions to solve a lot of chronic problems.

2. Tunisia's Political and Social Transformation

The year 2012 – 2013 witnessed slow progress of Tunisia's political and social transformation. The efforts to draft the new constitution, though disturbed, laid significant foundation for future consensus. The transformational government has been able to play its normal function despite challenges against its legitimacy. Correspondingly, the economic and security situations in Tunisia are also getting worse in the last two years. However, compared with its fellow Arab countries, Tunisia will have more optimistic prospect regarding the transformation due to its more modernized society, though the challenges are obvious. It also has the problems of social division, fragile economy and worsening security.

3. The Political and Social Transformation in Libya

Since the Gaddafi regime was overthrown in 2011, Libya has entered into the political and social transformational period in the post-Gaddafi era. The transformational period is divided into three stages: establishing a new government, voting for national assembly and drafting a new constitution. At present, the transformational period has completed the national assembly voting and is going to get into the third stage to draft the new constitution. But in the transformational period, Libya is also facing significant problems such as domestic security, economic reconstruction, debate between Islamic and secular forces on the position of religion in the new constitution, and reconciliation and judicial reconstruction. At the same time, the Libya war sequel has also worsened the regional refugees, weapons proliferation, and intensification of terrorist threat.

3. Political and Social Transformation in Yemen

National Dialogue Conference of Yemen is at present the major point in Yemen's political and social transformation, the aim of which is to get ready for the constitution. The conference was postponed due to many major difficulties. Among these difficulties, the most essential contradiction is the problem that how many states will constitute the future nation. Yemen now puts its political and social transformation forward by national dialogues and international supports. In the meantime, Yemen faces various pressures during its political and social transformation.

4. Political and Social Reform in Arab Monarchic State

Arab Spring has brought upheaval to many republican Arab countries, while the Arab monarchies remained relatively stable due to the legitimacy of hereditary and their oil wealth. Qatar and the UAE remained calm, and there were only a few demonstrations in Saudi Arabia, Oman and Kuwait; Morocco promptly resolved its crisis; Jordanian Muslim Brotherhood's ongoing demonstrations are still within the framework of peace. Since 2012, these countries have carried out varying degrees of political and social reforms, and also faced many internal and external challenges, such as the Islamic extremist forces, interest demands of different social classes, and the so called Turkish model. GCC's expansion aims to integrate Jordan and Morocco, so as to form a situation of mutual support among the Arab monarchies and build good relations with world powers. Their common goal is to lead the Arab world in the future.

Special Report Two: Regional Pattern in Turbulence and Imbalance

1. The Major Powers in the Middle East and the Changing Regional Pattern

The Middle East upheaval hits the intrinsic regional structure in the Middle East. The multi-polar pattern which was operated smoothly and shaped by the four traditional major powers of the Middle East—the Arab world, Turkey, Iran and Israel has already fallen apart. The realignment and regrouping of the major powers have changed the balance of power in the region. The regional structure demonstrates the trend of fragmentation. The power of the Arab world as a whole has weakened and its internal division is more apparent. Turkey attempts to become the regional leading power with active interference in the Middle East regional affairs, but it seems that its strength does not match its ambitions. Facing the double pressure of economic sanctions and military threats, Iran's surroundings become more complicated and its regional allies have been weakened. The newly-elected President Rouhani released positive signals to the West and there has been flickers of hope over solving the Iran's nuclear crisis through negotiations. Israel's surrounding security environments have been hit by shock waves and the security in the border area was threatened. Israel worried about Iran's nuclear development. The rapprochement between Israel and Turkey still need time. The Palestine-Israel negotiations again come to a deadlock. Israel has fallen into a more isolated situation. The trends of future Middle East structure are still full of uncertainty and it is difficult to predict.

2. The Readjustment and Prospect of US, EU and Russian Middle East Strategies

In the past three years, the Middle East revolts have been evolving and escalating from domestic, local and low-intense political movements to burning regional issues that the external powers have been deeply involved in. The US, EU and Russian engagements of the Middle East revolts are the most conspicuous. Since 2012, their Middle East strategies have been characterized by both continuity and readjustment, which is determined by both their respective domestic politics and the vicissitudes of the Middle East situation. The US Middle East strategy focuses on Syria and Iran, and meanwhile Washington keeps vigilant to the rise of Islamic forces and terrorist threats in the region; the EU endeavors to engage in the Middle East transformational countries, but find its will is somehow beyond its capabilities due to EU's internal discords and economic distress; Moscow strives to maintain its world power status through its participation in the Syrian crisis management, but its sphere of influence is confined to the East Mediterranean. In the foreseeable future, the discord and cooperation among the US, EU and Russia will be more frequent in the Middle East, but their political resolve can hardly alter the trajectory of the Middle East situation.

3. The New Stage of Syrian Crisis and US-Russia Strategic Rivalry

In 2012 – 2013, the Syrian situation features alasting deadlock between Bashar Assad regime and the opposition force, which is driven by three factors. First, the ruling basis of Bashar regime remains solid, and the administration still boasts the capability to combat the opposition force and to bargain with the international community. Second, the multi-faction opposition forces are not monolithic, and haven't yet forged a stable and united coalition. Third, the negative effect of "Arab Spring" has turned up, and the necessity of Bashar regime's existence and the limits of the opposition forces are both apparent. The Syrian chemical weapons crisis in 2013 symbolizes the essential turning point of Syrian situation, and meanwhile has intensified the complex US-Russia competition in Syria. The compromise between the two powers on "chemical weapons for peace" has obviously opened a door for the political solution to Syrian crisis.

4. The External Dynamics of Syria Crisis and Their Impact

The Syria crisis is to a large extent caused by external intervention. The United States and other western countries exerted intervention on the Syrian situation, and their ultimate goal is to change the Syria regime. It resulted in the rift of the Arab world, and the weakening of the Middle East political system. Overall, external intervention in Syria resulted in the multiple negative effects, such as the division of the Arab world, the rise of the sectarian violence, the influential conservative force, the aggravated terrorism and so on.

Special Report Three: Islamic Forces of All Shades

1. The Rise and Fall of Muslim Brotherhood

The Muslim Brotherhood, founded in 1928 in Egypt, is the most influential religious political organization among the complicated Islamic forces in the Middle East. It has been making consistent effort to overthrow the secular regime, construct Islamic regime and achieve the revitalization of Arab nation and reconstruction of Islamic civilization for the purpose of finding a developmental road different from capitalism as well as socialism. But due to the implementation of its radical policy, even taking power by vioteent force, the Muslim Brotherhood was repeatedly repressed and the fortune is undulating. In recent years, in order to adapt to the quick changes of regional as well as the international situation, the Muslim Brotherhood has begun to adjust itself, showing the tendency of being modest and pragmatic and moving towards the forefront of the political arena. But it is still difficult for the Muslim Brotherhood to have real accomplishment. In Egypt, it collapsed overnight and sank into the plight again just after ruling the regime for one year. The reason behind it is thought-provoking. But the allegation that the Muslim Brotherhood will be illuminated from the political game is still too early. The Muslim Brotherhood, the Islamic political organization with more than 80 years of history still has incredible social influence and political power. It will still play a noticeable role in the political transformation in the Middle East, especially in Egypt. Therefore, its future developmental trends and prospects deserve further attention.

2. The Islamic Parties in the Middle East Unrest

Since the outbreak of the Middle East unrest, Islamic forces grew up rapidly, and participated in politics by democratic election. In the process of transformation of Arab countries such as Egypt, Tunisia and Morocco, the moderate Islamic parties came into power by parliament election, and the Justice and Development Party of Turkey, as an old Islamic party, played an important role in the Middle East unrest. At the same time, the ideologies and political practice have changed greatly. In face of all kinds of complicated internal and international situations, the Islamic parties are facing a lot of severe challenges, and the failure of the Party of Freedom and Justice in Egypt is the biggest setback among Islamic parties.

3. **New Developments of Salafism in the Middle East Upheaval**

Since the outbreak of the Middle East Upheaval, Salafi forces, widely distributed in many Arab countries, rise rapidly and reveal a great diversity due to the obvious internal divisions. The political Salafi forces, represented by Al-Nour Party, continue to increase their political influence in countries of the region with an evident tendency of Party politics. The religious extremism, represented by Jihadi Salafism has seen an upward trend, and show apparent internal differentiation, the factions engaged in violence and the factions advocating nonviolence coexist inside Jihadi Salafis. The rise of the Salafi forces are increasingly aggravating the sectarian conflicts inside the Islamic world of the Middle East, further expanding the conflict between the Islamic world and the West, and also intensifying the competition of the Gulf Arab states, led by Saudi Arabia, for political discourse and control of regional affairs in the Middle East.

4. The Middle East Upheaval and New Developments of Religious Extremism

Since the outbreak of the Middle East upheaval, the religious extremism in the Maghreb and the Arab Peninsula took advantage of regional unrest with an upward trend, while terrorism has seen its revival and resurgence in Iraq. A variety of extremist organizations and terrorist groups, flaunting the banner of religion, have been increasingly rampant and complex in their activities, and tend to exhibit some characteristics, such as decentralization in action, diversification in means and radicalization in ideology. Religious extremism, most notably Jihadi Salafism, is particularly active in Libya, Yemen, Syria and other Arab countries in transformation. The Middle East unrest, weapons proliferation after Libya War in 2011, and Syrian crisis spillover have all fueled the expansion of religious extremist organizations and terrorist groups.

Special Reports Four: Opportunities and Challenges of China's Middle East Policy

1. The 2013 Middle East Situation and China's Response

The Middle East situation in 2013 is characterized by the difficult transformation of Arab countries and regional turbulence. The worsening security situation, the splitting societies and the serious economic slowdown have become the prevalent problems in the Arab countries in transformation. On the regional stage, the two major issues with regional and global implications are the dethroning of former Egyptian President Morsi and Syrian crisis on chemical weapons. In face of the vicissitude Middle East situation, China adheres to the guidelines and principles of UN Charter, opposes foreign intervention in other's internal affairs, especially by military means. China respects Arab people's legitimate aspirations to call for reform; China underscores that disputes should be settled by peaceful means instead of force. Meanwhile, China has contributed its due economic and humanitarian assistance to the Middle East countries concerned.

2. An Evaluation of China-Arab Economic and Trade Relations and Policy Recommendations

This paper analyses the economic mode and market characteristics of the Arab countries, and economic and trade relations between China and the Arab countries since the Middle East turmoil. The GCC (Gulf Cooperation Council) is undoubtedly a very important organization in the Middle East. China and the GCC are complementary to each other in trade structures and natural resources, and they have made a rapid development in economy and trade in the past years. This paper also analyzes the process of China- GCC's FTA negotiations, and investigates its prospect. Finally, this paper offers some policy recommendations on how to enhance trade and economic relations between China and the Arab countries.

3. The Assessment and Suggestions about Energy Cooperation between China and the Middle East

From 2012 to 2013, due to the political unrest in the Middle East, energy cooperation between China and the Middle East had advanced with difficulty. Although their oil and gas trade had developed steadily, cooperation on oil and gas downstream industry is not satisfactory. The Energy cooperation between China and the Middle East is an irresistible trend; China needs the Middle East oil and gas, and the latter needs China's market, which is the basis for their mutual cooperation. As long as the two sides make joint efforts, bilateral energy cooperation will definitely achieve a new progress.

4. China's Public Diplomacy towards the Arab Countries: Overview, Evaluation and Suggestions

In recent years, the Arab world and China's economic and trade relations have developed rapidly, which matches the trend of China's rising hard power. However, some Arab countries and their people have misread china's foreign policy, especially in the past three years, which implies that China is lack of sufficient soft power on the other hand. Consequently, enhancing China's public diplomacy in the Arab world seems to be an urgent task. Although China has made great efforts to implement such diplomatic activities, there is a long way to go in order to promote the mechanism construction, the capacity and means of handling the affairs if China expects to have a good outcome from its public diplomacy.

总报告

转型与动荡二元变奏的中东

转型与动荡：中东地区形势的总体评估

北京大学阿拉伯语系　吴冰冰

【内容提要】

在过去的两年中，中东地区局势的演变表现为转型与动荡相交织，转型前景不明、动荡趋势加剧。在转型阿拉伯国家，转型面临着诸多困难，转型前景不明。在政治上，伊斯兰主义政治力量与世俗派政治力量之间缺乏共识，拒绝协商合作和做出妥协；在政治活动中缺乏共同遵循的公认准则，围绕政治合法性存在严重分歧。在经济上，未能形成明确的社会经济综合发展理念，也没有实现可持续的经济增长。在安全方面，国家安全和社会稳定受到严重威胁。在整个中东地区，旧有的热点问题没有得到解决、阿拉伯转型国家前景不明、中东动荡区域明显扩大，这些现象都说明中东地区的动荡趋势加剧。恐怖主义扩张、难民数量激增和轻武器扩散，传统民族宗教矛盾的激化，既是中东地区动荡加剧的结果，也是动荡进一步加剧的原因。地区大国在中东地区的较量以及美、俄、中等世界大国在中东地区的复杂关系，增加了中东地区局势演化的不确定性。

在过去的两年中，中东地区局势的演变被转型与动荡的交织所主导。在阿拉伯转型国家，转型前景不明。政治、经济和安全领域的诸多困难，使得这些国家的转型进程充满变数。在整个中东地区，陷入动荡的区域明显扩大，动荡趋势加剧。恐怖主义扩张、难民数量激增、轻武器扩散等因素与传统的民族宗教矛盾叠加，成为加剧中东地区动荡长期化的结构性因素。地区大国的较量和世界大国在中东地区的复杂关系，为中东地区局势的演变增加了更多的不确定性。

2011 年中东变局爆发以来，随着局势的变化，在阿拉伯国家中出现了埃及、突尼斯、也门、利比亚等一批转型国家。这些国家的政权发生了更迭，启动选举并产生了新的政府机构。但是这些国家的转型进程并不是一帆风顺，中间出现了不少的困难和波折。2013 年 9 月 27 日，联合国秘书长也门问题特别顾问贾马勒·本·奥马尔（Jamal Benomar，也译作比诺马尔）在向联合国安理会的汇报中指出："在阿拉伯之春的国家中，也门是唯一一个仍在通过谈判进行和平转型的国家"。[①] 本·奥马尔的评价只涉及到政治层面，如果从政治、经济和安全等方面综合考虑，阿拉伯转型国家的形势都不容乐观。

在埃及、突尼斯、利比亚和也门四个阿拉伯转型国家中，在政治方面，也门的情况稍好一些，仍在通过全国对话会议谋求通过谈判推动和平转型，埃及的政治分裂引发军队干预并酿成严重流血冲突，突尼斯和利比亚政局也都不平稳。在经济方面，利比亚和突尼斯表现较好，埃及和也门则形势严峻，但在经济社会综合发展理念上，四个国家都缺乏明确的思路。在安全方面，四个国家的形势都比较糟糕，利比亚和也门的情况尤其严峻。在政治上确立政治共识，实现不同政治力量的协商合作；在经济上形成清晰的经济社会发展思路，实现经济与社会的可持续发展；在安全上，实现社会稳定和国家长治久安，是转型阿拉伯国家面临的迫切任务，能否实现这些

---

① UN Security Council, *Yemen's Political Transition at "Critical Juncture"*, Sep 27, 2013, http://reliefweb.int/report/yemen/yemen%E2%80%99s-political-transition-%E2%80%98critical-juncture%E2%80%99 – secretary-general%E2%80%99s – aide-tells

目标以及需要多长时间才能实现这些目标，目前还存在很大的不确定性。因此，对于阿拉伯转型国家而言，其转型前景尚不明朗，但毫无疑问，这将是一个艰难而曲折的漫长过程。

在2012～2013年，中东地区的动荡趋势在不断加剧。如果将2013年的中东与2010年“阿拉伯之春”以前的中东加以比较，可以明显看出，在旧有热点问题没有得到解决的情况下，又出现了众多新的热点和冲突，导致中东地区动荡区域不断扩大。

总体而言，2010年中东地区主要的热点问题包括伊拉克问题、巴以问题、伊朗核问题和苏丹问题，地区矛盾和冲突主要围绕这些问题展开，大规模的动荡主要集中在伊拉克。2013年，在中东变局爆发两年多之后，叙利亚形成了严重的危机，并持续影响到黎巴嫩、约旦和土耳其等邻国；埃及、突尼斯、利比亚、也门等阿拉伯转型国家前景不明，局势不稳；巴林游行示威不断。纵观阿拉伯世界，伊拉克、叙利亚、埃及处于明显的动荡之中，黎巴嫩、巴林、利比亚存在一定程度的动荡，突尼斯、约旦、也门处在陷入动荡的边缘。除此之外，巴以问题和伊朗核问题并没有得到实质性解决，还有可能引发冲突。旧有热点问题没有得到实质性解决，阿拉伯转型国家前景不明，中东地区动荡区域明显扩大，这些现象都说明，中东地区动荡的趋势在加剧。

中东变局两年多以来，恐怖主义、难民和轻武器扩散等问题日益严重，与此同时，传统的民族宗教矛盾也更为突出。这些问题既是中东持续动荡的结果，也是动荡进一步加剧的原因。

总之，从转型和动荡两个角度观察中东形势，可以用转型前景不明、动荡趋势加剧加以概括。具体来说，主要表现为以下几个方面。

一、转型国家的政治过渡异常艰难

阿拉伯国家转型的困难，首先是政治上缺乏共识。国内主要政治力量对于国家的总体发展方向存在严重分歧，这种分歧主要存在于伊斯兰主义政治力量与世俗力量之间。由于缺乏共识，在政治体制的运行过程中，导致不同政治力量之间拒绝协商和妥协。这种矛盾在埃及体现得最为突出。

在埃及，2011 年 2 月 11 日穆巴拉克下台之后，由坦塔维元帅领导的武装力量最高委员会行使国家权力。随后，组成埃及立法机构的人民议会（议会下院）和协商会议（议会上院）被解散。2 月 13 日，武装力量最高委员会中止了 1971 年宪法，并组织专家起草宪法修正方案。3 月 19 日，埃及就新的宪法文件举行全民公决，以 77% 的赞成票获得通过。根据新的宪法文件，埃及总统任期 4 年，最多连任一次。2011 年 11 月 28 日、12 月 14 日和 2012 年 1 月 3 日，埃及举行了三轮人民议会选举。新的人民议会于 2012 年 3 月 17 日正式开幕。在这届议会中，穆斯林兄弟会下属的自由与正义党及其盟友获得 45% 的席位，萨拉菲光明党及其盟友获得 25% 的席位，自由派华夫脱党获得 7.5% 的席位，名列第三。新的人民议会具有明显的伊斯兰主义政治色彩。在 2012 年 1 月至 3 月举行的协商会议选举中，在 180 个选举产生的席位中，自由与正义党获得 58% 的席位，萨拉菲光明党获得了 25% 的席位，新的协商会议也具有明显的伊斯兰主义政治色彩。在随后进行的总统选举中，自由与正义党的穆尔西和独立人士沙菲克分别在 2012 年 5 月 23—24 日的第一轮选举中获得 24.78% 和 23.66% 的选票，分列第一和第二位，进入第二轮选举；在 6 月 16—17 日的第二轮选举中，穆尔西得到 51.73% 的选票，沙菲克得到 48.27% 的选票，穆尔西成功当选总统，并于 6 月 30 日宣誓就职。在人民议会、协商会议和总统选举等三次选举中，穆斯林兄弟会旗下的自由与正义党都处于领先地位，伊斯兰主义政治力量居于上风。但是，在2012年年中的总统选举中，穆尔西与沙菲克得票相近，已经显示出伊斯兰主义政治力量与世俗派政治力量之间大致势均力敌的对峙状态。

穆斯林兄弟会及其下属的自由与正义党是伊斯兰主义政治理念的代表，而世俗政体支持者的核心则是埃及的司法系统和军队。2012年6月14日，在穆尔西当选总统之前，埃及最高宪法法院裁定议会选举所依据的法律部分条款违宪，因此新选举产生的人民议会无效，并依法解散。尽管穆尔西在当选总统之后于7月9日发布法令，试图推翻最高宪法法院的决定，但最高宪法法院态度强硬，宣布其决定是最终裁决。人民议会最终被解散，其立法权由协商会议代行。这是穆尔西上台后伊斯兰主义政治力量和世俗派政治力量之间的第一次角力，世俗派政治力量获胜。

此后，伊斯兰主义政治力量与世俗派政治力量反复较量。2012年8月12日，穆尔西借西奈半岛士兵遇袭事件，解除了坦塔维国防部长的职务，任命塞西担任新的国防部长，并废除了武装部队最高委员会于6月17日发布的宪法声明。从表面来看，这是伊斯兰主义政治力量的一次胜利，但后来将穆尔西推下神坛的也正是塞西代表的军方。11月22日，穆尔西颁布宪法声明，规定总统有权任命总检察长，总统发布的总统令、宪法声明和政令均为最终决定，此后他还任命了新的总检察长。由于爆发全国大规模的游行示威，12月9日穆尔西被迫宣布废除新宪法声明，伊斯兰主义政治力量再次遭受重大挫折。2012年12月，埃及就新宪法草案举行公投，草案在一定程度上反映了伊斯兰主义政治力量的观点。新宪法草案获得了63.8%的赞成票，但投票率仅为32.9%，因此饱受国内外舆论的诟病。根据规定，在新宪法生效两个月后应举行议会选举，穆尔西据此于2013年2月23日宣布，将于4月22日开始举行新的人民议会选举。但由于反对派“全国拯救阵线”的抵制，埃及最高行政法院于3月6日做出裁决，判定议会选举法通过程序不合法，导致人民议会选举不能如期举行。

在反复的较量之中，埃及社会围绕政治转型的分歧日益严重，伊斯兰主义政治力量和世俗政治力量之间的对立日益加剧。总体而言，从2011年2月到2012年6月，是伊斯兰主义政治力量逐渐掌握权力的过程；从2012年6月到2013年6月，世俗派力量不断整合，世俗派与伊斯兰主义政治力量对立加剧。

阿拉伯转型国家面临的困难，还表现为围绕合法性问题产生的分歧和争夺。不论是埃及的自由与正义党，还是突尼斯的复兴运动党，其执政地位都是通过选举获得的，因此，对于伊斯兰主义政治力量而言，选举所赋予的程序合法性是首要的合法性。但是，在阿拉伯转型国家，旧政权都是被群众示威游行的街头政治运动所推翻的，因此，示威游行的街头政治也获得了天然的合法性。这两种合法性之间尖锐对立，并与不同政治理念之间的分歧和不同政治力量之间的矛盾结合在一起，尤其是街头政治和民粹主义的泛滥，极大地加剧了政治转型的难度，使阿拉伯国家的政治转型缺乏社会稳定这一必要条件。当执政的伊斯兰政治势力试图依托程序合法性强力推行自身的政治理念、巩固自身执政地位的时候，在野的世俗派就利用街头政治的合法性进行殊死抗争，组织和发动大规模示威游行。正是由于围绕合法性的严重分歧，执政党和在野党都声称自己才是民意的真正代表。

选举政治遵循的是程序合法性，当伊斯兰主义政治力量推崇选举政治的时候，也就必然受到程序的制约，世俗派正是利用了这一点，充分发挥司法权对行政权的制约作用。根据1971年的埃及宪法，司法权独立于其他国家权力部门，法官也享有独立的权威。根据规定，法官由国家最高司法委员会提名，由总统任命。法官一经任命，任期终身制，直到64岁退休。“总体上，法官独立于政府，享有司法豁免权，不能由行政机构解职。”[①] 在穆巴拉克时代获得任命的法官，穆尔西无权将其解职，而这些法官总体上支持世俗国家的理念。

因此，穆巴拉克政权遗留下来的司法系统，对伊斯兰主义政治力量形成了强有力的制约。2012 年6 月 14 日，最高宪法法院作出解散人民议会的决定；2013 年 2 月 18 日，最高宪法法院驳回了协商会议制订的选举法；3 月 6 日，最高行政法院判决人民议会选举推迟；2013 年 5 月 25 日，最高宪法法院再次否决协商会议通过的选举法和政治权利法，特别是反对其中关于军警不得参加选举的条款，这个条款涉及到 250 万安全部队人员的选举权问题，会对选举结果产生重大影响。[②] 这表明司法系统与军队和世俗派政治力量之间结成了紧密的同盟关系。事实证明，司法系统可以削弱伊斯兰政治力量的执政能力，但是并不能最终击败伊斯兰政治力量，只有军队的直接干预才能实现这一目的。2013 年 7 月 3 日，埃及军队直接干预埃及政治进程，推翻了穆尔西领导的政府。这表明围绕合法性的分歧和争夺，最终要靠不同政治力量之间的实力对比才能决出胜负。

二、转型国家的经济与社会发展困难重重

经济与社会发展面临的严峻形势，以及缺乏清晰的发展思路和理念，是阿拉伯转型国家面临的严重困难。根据埃及中央银行的统

① Mohamed S. E. Abdel Wahab, *An Overview of the Egyptian Legal System and Legal Research*, http://www.nyulawglobal.org/Globalex/Egypt1.htm#_The_Egyptian_Legal

② International IDEA, *Egyptian Parliamentary Elections Delayed against the Backdrop a Legislative Crisis*, on Jun 3, 2012, http://www.idea.int/wana/egyptian-parliamentary-elections-delayed-against-the-backdrop-of-a-legislative-crisis.cfm

计，在经济方面，2013 年 8 月埃及通货膨胀率已高达 10.28%，经济增长率为 2%，民众收入已经 3 年没有提高；在社会方面，2013 年 6 月之前的失业率超过 13.3%，46% 的埃及工人目前在非正规的劳动市场就业，25% 的人口处于贫困状态，上埃及农村地区的贫困率则超过 50%。[①] 与此同时，埃及经济严重依赖外部援助，从穆巴拉克下台到 2013 年 7 月，卡塔尔共提供了总额为 80 亿美元的援助，但穆尔西下台后，由于将基金转换为 3 年期债券的谈判破裂，埃及将其中的 20 亿美元归还卡塔尔。穆尔西下台后，沙特、阿联酋和科威特承诺提供总额为 120 亿美元的援助。2013 年 9 月 29 日，有 70 亿美元的援助到位，其中阿联酋提供 30 亿美元，沙特和科威特各提供 20 亿美元。根据世界银行的统计，截止到 2013 年 6 月底，埃及公共债务总额已经达到国内生产总值的 100%。[②]

在突尼斯，2012 年经济增长率为 3.6%。突尼斯政府为 2013 年设定的经济增长目标为 4%，但到 2013 年 8 月底，政府已经两次调低经济增长预期，将全年经济增长率调至 3.6%。世界银行的估计更为悲观，鉴于 2013 年第一季度和第二季度的经济增长率仅为 2.7% 和 3.2%，世界银行估计今年突尼斯全年经济增长率为 3.2%。[③] 突尼斯财政部长表示，2013 年财政赤字有可能增加到 7.4%，债务总额有可能达到国内生产总值的 48% 到 52%，而截至 2013 年 8 月，突尼斯外汇储备仅够支付 94 天的进口开支。[④] 因此，突尼斯中央银行

① Ayah Aman, *Egypt Economy Continues Downward Trend*, in Almonitor, Sep 3, 2013, http://www.al-monitor.com/pulse/originals/2013/09/egypt-economy-gulf-aid.html

② The World Bank, *Egypt Overview*, updated Sep 2013, in http://www.worldbank.org/en/country/egypt/overview

③ The World Bank, *Tunisia Overview*, updated Sep 2013, http://www.worldbank.org/en/country/tunisia/overview

④ Middle East Online, *Tunisia Economy Rolls Down towards the Worst*, Aug 31, 2013, http://www.middle-east-online.com/english/?id=61013

对经济发展的不确定性充满了担忧。根据达沃斯世界经济论坛发布的最新报告，突尼斯全球经济竞争力已经从2011—2012年的第40位跌至2013—2014年的第83位。

在利比亚，根据非洲发展银行（African Development Bank）的报告，2012年9月石油生产已经基本恢复到2011年内战爆发前的水平，达到每天160万桶。由于石油生产的恢复，2012年利比亚国内生产总值增长率达到95.5%，通货膨胀率也从2011年的15.9%降低到6.9%。据估计，2013年利比亚经济增长率可以达到15%。[①] 2011年利比亚石油探明储量为480亿桶，占世界总量的3.2%，石油和天然气行业产值占利比亚国内生产总值的80%，95%的财政收入和98%的出口收入来自能源领域。但是，非洲发展银行的报告也指出了利比亚经济存在的结构性风险：尽管石油和天然气产业为利比亚经济做出了重要贡献，但其创造的就业机会不到劳动力总量的2%；与此同时，财政开支和公共部门工资的持续增长也对经济形成巨大压力。为了赢得政治支持，利比亚政府在2013年宣布职工工资增加20%，国际货币基金组织对此表示担忧，有利比亚政府人士则警告称："利比亚如果继续实行现有的政府开支增幅，很快就会像那些经历了阿拉伯之春的邻居一样去乞求世界银行的贷款"[②]。此外，罢工、日益恶化的安全形势和不稳定的社会状况也对利比亚的经济增长构成了挑战。显然，主要依赖石油的经济结构无法保证经济与社会的长期可持续发展。

相对埃及、突尼斯和利比亚，也门的政治转型进程显得比较平静。在海合会的调节下，2011年11月总统萨利赫辞职，2012年2

① African Development Bank Group, Libya Economic Outlook, http://www.afdb.org/en/countries/north-africa/libya/libya-economic-outlook/

② Sami Zaptia, IMF Raises the "Red Flag" on Libyan Economy, Libya Herald, Sep 30, 2013, http://www.libyaherald.com/2013/09/30/imf-raises-the-red-flag-on-libyan-economy-gnc-member/#axzz2ggtzHEAV

月副总统哈迪接任总统。2013 年 3 月，也门开始组织由 565 名成员参加的全国对话。但是也门的经济形势异常严峻，2011 年政局动荡期间，也门国内生产总值萎缩了 12.7%，2012 年经济增长率仅为 2.4%。也门是最贫穷的阿拉伯国家之一，贫困率已从 2009 年的 42%上升到 2012 年的 54.5%。高人口增长率还带来了严重的粮食短缺问题，45%的也门民众得不到充足的食物。[①] 目前，也门最紧迫的经济挑战主要是严重的失业、对石油的依赖以及严峻的安全形势。也门的失业率在 25%到 40%之间，青年失业率达到 60%。在石油方面，据估计，也门的石油资源将在 2017 年枯竭。[②]

总体看来，在阿拉伯转型国家，利比亚和突尼斯的经济形势相对好一些，也门和埃及的经济形势则比较严峻。但在这些国家更为严重的问题是经济与社会综合发展思路和理念不清晰。利比亚经济严重依赖石油部门，无法创造大量的就业机会，石油收入大量用于提高职工工资；突尼斯经济过度依赖于欧盟及利比亚等邻国，缺少内生动力；也门是最贫困的阿拉伯国家之一，对石油出口的依赖不可持续；埃及在转型的两年多来陷入严重的冲突与动荡，根本无法形成明确的经济战略。可以说，对这些阿拉伯转型国家而言，比严峻的经济形势更为糟糕的根本问题是发展战略和发展理念的缺失。

三、转型国家社会持续动荡，安全形势严峻

阿拉伯转型国家面临的另一困难是严峻的安全形势。在埃及，

---

① The World Bank, *Yemen Overvieu*, updated Sep 2013, in http://www.worldbank.org/en/country/yemen/overview

② Mohsin Khan and Svetlana Milbert, *Yemen's Economic Quandary*, in Atlantic Council, Aug 22, 2013, http://www.atlanticcouncil.org/en/blogs/menasource/yemen-s-economic-quandary

2011 年政局变化以来，游行示威不断。从 2013 年 7 月 3 日穆尔西下台到 8 月 14 日过渡政府清场，已经有超过 250 人在冲突中死亡；在 8 月 14 日的清场活动中，根据埃及卫生部统计，有 638 人死亡、约 4000 人受伤，而根据埃及穆兄会的统计，清场行动造成至少 2600 人死亡。

在突尼斯，2013 年 2 月 6 日，反对党领袖贝莱德遭暗杀，总理哈马迪·杰巴利在政治压力下试图进行政府改组，最终因改组失败于 2013 年 2 月 19 日辞职。从 2011 年 12 月 24 日上台到 2013 年 2 月辞职，杰巴利任职仅一年多。2013 年 2 月 22 日，突尼斯总统马尔祖基任命前内政部长阿里·拉哈耶德为总理。7 月 25 日，拉哈耶德任职还不到半年，突尼斯发生了第二起政治谋杀，反对党议员穆罕默德·布拉米遇刺身亡。刺杀事件发生后，突尼斯爆发大规模游行示威，拉哈耶德提议于 12 月 17 日提前举行大选。

在也门，以“基地”组织阿拉伯半岛分支（AQAP）为代表的伊斯兰极端武装活动频繁。“也门长期以来是一个四分五裂和脆弱的国家，自从阿里·阿卜杜拉·萨利赫 2012 年 2 月下台以来，也门变得更为分裂和脆弱。‘基地’组织阿拉伯半岛分支利用这种不稳定，以南部为基地进行叛乱。”① 2011 年，一批伊斯兰武装分子借也门局势动荡之机占据阿比扬省，宣布成立伊斯兰国。2013 年 8 月 4 日，由于担心恐怖袭击，美、英、德、法等国关闭了驻也门使馆，美国使馆直到 8 月 21 日才重新开放。与此同时，南方问题也变得日益突出，“南方运动”于 2013 年 8 月退出全国对话会议，并将政府军撤出南方作为重返对话的前提条件。也门总统哈迪警告称，全国对话会议一旦失败，将会导致进一步动荡，这将为“阿拉伯半岛基地组

① Jonathan Masters and Zachary Laub, *Al-Qaeda in the Arabian Peninsula* (*AQAP*), Council on Foreign Relations, Aug 22, 2013, http://www.cfr.org/yemen/al-qaeda-arabian-peninsula-aqap/p9369

织”和“沙里亚支持者”运动（Ansar al-Sharia）创造更多的机会。

在利比亚，安全形势一直在恶化。卡耐基基金会的报告称：“（利比亚）中央政府正在努力……控制该国数量庞大的武装组织，这些组织的规模和火力远远超过了正规军和警察。”① 利比亚的武装组织已经整合成内政部下属的“最高安全委员会”（Supreme Security Committees/SSC）和总参谋部下属的“利比亚之盾”（the Libya Shield），另有一小部分整合成总参谋部下属的反谍报机构“预防安全局”（Preventive Security Apparatus）。但是，这些武装组织享有很大的独立性，而且也不是所有的武装组织都被整合到了这些机构之中。从 2013 年 4 月 28 日开始，包括“最高安全委员会”和“利比亚之盾”成员在内的 100 多名武装分子持重型武器围攻利比亚外交部、财政部和司法部，要求国民议会通过“政治隔离法”。5 月 7 日，利比亚国防部长因无力控制武装组织而辞职。在安全形势日益恶化的利比亚，外交使团的安全也得不到保障。2012 年 2 月 6 日，中国驻利比亚使馆遭到冲击；2012 年 9 月 11 日，包括美国驻利比亚大使在内的 4 名美国外交官在班加西遇袭身亡；2013 年 4 月 23 日，法国驻利比亚使馆遭到汽车炸弹袭击；10 月 2 日，俄罗斯驻利比亚大使馆遭到枪击，还有武装人员试图闯入使馆；10 月 10 日，利比亚总理扎伊丹一度被绑架，虽很快被释放，但也足见利比亚安全形势之严峻。

四、恐怖主义、难民问题与武器扩散加剧地区动荡

恐怖主义势力扩张、难民问题日益严峻以及轻武器严重扩散，

---

① Frederic Wehrey and Peter Cole, *Building Libya's Security Sector*, in Carnegie Endowment for International Peace, Aug 6, 2013, http://carnegieendowment.org/2013/08/06/building-libya-s-security-sector/ghle#

三者相互作用、效果叠加，加剧了中东地区多个国家的紧张局势和动荡局面。

在恐怖主义方面，目前形势最为严峻的是叙利亚。根据 2013 年 9 月简氏信息集团（HIS Jane's）的报告，目前在叙利亚的反政府武装分子大约有 10 万人左右，分属大约 1000 个大大小小的组织。其中有大约 1 万名圣战分子，与“基地”组织有联系；另有 3 万到 3.5 万名强硬派伊斯兰主义分子，他们与圣战分子的观点相近；此外还有大约 3 万名温和的伊斯兰主义分子。①

在叙利亚，“支持阵线”（Jabhat al-Nusra/JN，国内也有人译为“胜利阵线”）和“伊拉克和大叙利亚伊斯兰国”（Islamic State of Iraq and the Levant/ISIS）是最主要的恐怖组织。“支持阵线”有大约 5000 名成员，其主要领导人大多曾追随扎卡维。2000 年，扎卡维派遣其叙利亚籍的部下回到叙利亚和黎巴嫩建立分支组织。从 2003 年到 2007 年，“在大叙利亚地区的沙特和海湾国家的圣战分子从他们本国的同情者那里获得财政支持”②。

2011 年叙利亚局势动荡之后，恐怖组织“伊拉克伊斯兰国”决定将叙利亚籍的恐怖分子派回叙利亚，从事恐怖活动，他们成为“支持阵线”的核心。从 2011 年 10 月到 2012 年 1 月，“支持阵线”在大马士革农村省和霍姆斯省举行了一系列会议，并于 2012 年 1 月 24 日发布声明，正式宣告成立。该组织的目标包括：整合圣战分子的力量、强化叙利亚反政府势力的伊斯兰主义属性、

---

① Ben Farmer, *Syria: Nearly Half Rebel Fighters Are Jihadists or Hardline Islamists*, in The Telegraph, Sep 15, 2013, http://www.telegraph.co.uk/news/worldnews/middleeast/syria/10311007/Syria-nearly-half-rebel-fighters-are-jihadists-or-hardline-Islamists-says-IHS-Janes-report.html

② Noman Benotman and Roisin Blake, *Jabhat al-Nusra: A Strategic Briefing*, in Quilliam, http://www.quilliamfoundation.org/wp/wp-content/uploads/publications/free/jabhat-al-nusra-a-strategic-briefing.pdf

通过暴力武装发展势力范围、在叙利亚建立一个伊斯兰主义国家并最终在大叙利亚地区建立一个哈里发国家。[①] 2011年12月23日，“支持阵线”发动了第一次自杀式炸弹袭击。据报道，截至2013年6月，在叙利亚大约70次自杀式袭击中，有57次是“支持阵线”发动的。2012年和2013年，联合国、美国、英国等先后宣布该组织为恐怖组织。

“伊拉克和大叙利亚伊斯兰国”最初于2004年出现于伊拉克，当时打出的旗号是“信主独一与圣战组织”，随后更名为“两河流域圣战基地组织”。2006年10月，该组织再次更名为“伊拉克伊斯兰国”。2013年4月8日，该组织头目艾布·伯克尔·巴格达迪宣布叙利亚“支持阵线”是该组织的分支，两个组织共同的名称是“伊拉克和大叙利亚伊斯兰国”，[②] 但“支持阵线”的头目艾布·穆罕默德·戈兰尼对此加以否认。

在伊拉克，从2006年到2012年，恐怖袭击导致的死亡数字有明显下降。2006和2007年，恐怖袭击导致的死亡人数均超过1.3万人，2008年为5000人左右，2009至2011年大约在3500人至3000人之间，2012年下降到2436人。[③] 尽管如此，但“伊拉克基地组织”（AQI）（亦称“伊拉克伊斯兰国”/ISI）的活动一直比较活跃。2010年4月，其领导人艾布·艾尤布·米斯里和艾布·欧麦尔·巴格达迪被击毙后，艾布·伯克尔·巴格达迪成为首领。该组织在2012年1月5日制造汽车炸弹袭击，导致72人死亡、

---

① Noman Benotman and Roisin Blake, *Jabhat al-Nusra: A Strategic Briefing*, in Quilliam, http://www.quilliamfoundation.org/wp/wp-content/uploads/publications/free/jabhat-al-nusra-a-strategic-briefing.pdf.

② MEMRI, *ISI Confirms That Jabahat al-Nusra Is Its Extension in Syria*, on April 8, 2013, http://www.memrijttm.org/content/en/report.htm?report=7119

③ NCTC, *Number of Deaths of Iraq Due to Terrorism between* 2006 *and* 2012, http://www.statista.com/statistics/202861/number-of-deaths-in-iraq-due-to-terrorism/

147 人受伤。2013 年，伊拉克恐怖袭击明显回潮。根据联合国的统计，在伊拉克，2013 年 5 月有 963 人死于恐怖袭击，2000 多人受伤；7 月，有 600 人死于恐怖袭击；9 月，又有 979 人死于恐怖袭击。

在也门，“基地”组织阿拉伯半岛分支从 2006 年以来一直非常活跃。也门政局动荡之后，该组织于 2011 年 5 月占领了阿比扬省省会津吉巴尔，政府军直到 2012 年才夺回控制权。此外，在舍卜瓦省、哈达拉毛省，“基地”组织的势力都比较强大。在阿比扬省的马赫法德（al-Mahfad）地区，“基地”组织建立了训练营地；在舍卜瓦省，爆炸和恐怖袭击事件接连不断。

在北非，“伊斯兰马格里布基地组织”（AQIM）一直比较活跃。该组织起源于 20 世纪 90 年代在阿尔及利亚成立的“伊斯兰战斗团”（GIA）。1998 年，部分“伊斯兰战斗团”成员脱离组织，组成“萨拉菲宣教与战斗团”（GSPC）；2007 年，该组织与基地组织建立联系，改称“伊斯兰马格里布基地组织”。2012 年，该组织利用马里的政治动荡，在该国扩展势力。2013 年 1 月 16 日，在阿尔及利亚东南部天然气厂发生了严重的恐怖袭击和劫持事件，共有 37 名外国人质被打死。2013 年 9 月，该组织声称对马里廷巴克图发生的自杀式汽车爆炸负责。

在埃及，尤其是西奈半岛地区，2011 年以来爆发了多起恐怖袭击。2012 年 8 月 5 日，35 名武装分子袭击了拉法地区的一处检查站，打死打伤 23 名士兵并夺走一辆装甲车；2013 年 9 月 11 日，北西奈省拉法市军事目标遭到汽车炸弹恐怖袭击，造成 9 人死亡。

在难民问题方面，叙利亚内战已经形成了严重的难民问题。根据联合国人口基金（UNFPA）2013 年 9 月的报告，目前叙利亚国内已经有 680 万人受到战争的影响；在叙利亚难民中，52. 3 万进入约旦，20 万进入土耳其，75. 5 万进入黎巴嫩，22 万进入伊拉克，10. 5

万进入埃及。[①] 难民问题给驻在国带来了严重的经济问题。据世界银行的估计，黎巴嫩因为难民的涌入已经损失了 3% 的国内生产总值；约旦估计到 2013 年底大约需要 17 亿美元应对难民问题；土耳其表示为了应对难民问题已经开支 20 亿美元，而其得到的国际援助仅为 1.3 亿美元。

根据联合国的估计，叙利亚难民问题会进一步恶化。预计到 2014 年底，大约有四分之一的叙利亚人会被迫流亡其他国家，成为难民。预计到 2013 年底，大约 320 万叙利亚人会成为国际难民，2014 年底则会上升到 520 万人；而在叙利亚境内，将会有 650 万人流离失所。届时，叙利亚国际和国内难民的总数会达到全国总人口的一半。[②] 严重的难民问题不仅会进一步加剧地区动荡，也为恐怖主义的发展提供了温床。

在轻武器扩散方面，利比亚已成为一个危险的中心。早在 2011 年 8 月，就有迹象显示轻武器从利比亚流向境外。对于利比亚轻武器的数量并没有准确的统计数字。根据瑞典斯德哥尔摩国际和平研究所（SIPRI）的报告，乌克兰在 2007 至 2008 年向利比亚提供了大约 10 万支步枪，俄罗斯也曾向利比亚出售过肩扛式地对空导弹。美国非洲司令部司令卡特·哈姆（Cater Ham）将军表示，截至 2011 年 4 月，利比亚至少有 2 万枚地对空导弹。[③] 在利比亚战争期间，卡塔尔和阿联酋向利比亚反对派运送了大量武器。据美国国防部前官员透露，一些武器已经流入马里的伊斯兰武装手中，还有一些流向

① UNFPA, *Region Situation Report for Syria Crisis*, Sep 30, 2013, http: //data. unhcr. org/syrianrefugees/ regional. php

② Alexander Smith, *UN: More Than 5 Million Syrian Refugees by End of* 2014, in NBC, Sep 3, 2013, http: //worldnews. nbcnews. com/_ news/2013/10/07/20855751 - un-more-than - 5 - million-syrian-refugees-by-end-of - 2014? lite

③ David Rosenberg, *Libya Threatens to Become Terrorist Arms Depot*, in The Jerusalem Post, Aug 28, 2011, Libya-threatens-to-become-terrorist-arms-depot

了叙利亚。[1] 2013 年 9 月，美国方面证实，在 2013 年夏天，伊斯兰武装分子抢劫了美军特种部队在的黎波里附近的一个训练营地，劫走了大量先进武器，包括军用车辆、手枪和步枪。2013 年 4 月，联合国的一份报告称，自从 2011 年卡扎菲下台以来，利比亚在过去的两年中变成了西亚北非地区重要的武器来源地。[2] 2013 年 9 月 2 日，俄罗斯外长拉夫罗夫在莫斯科外交学院的发言中指出，利比亚的轻武器已经扩散到 12 个国家。

五、民族矛盾与教派争端更趋复杂

中东变局发生以来，传统的民族宗教矛盾变得更为突出。宗教矛盾在中东地区表现为两种形态：一方面，在叙利亚、伊拉克和海湾地区，激烈的战争与暴力冲突在一定程度上加剧了伊斯兰教逊尼派与什叶派的矛盾；另一方面，在埃及等以逊尼派为人口主体的国家，穆斯林兄弟会和萨拉菲主义成为相互竞争的两种伊斯兰主义力量。与前一种矛盾相比，后一种矛盾表现得不是那么突出和激烈，但正是由于这个原因，后者更值得关注。“萨拉菲主义者是极端正统的清教徒式的逊尼派穆斯林，他们以先知穆罕默德最初追随者时期的伊斯兰方式来约束自己。萨拉菲主义与沙特阿拉伯占支配地位的瓦哈比主义非常相近。这也是富裕的沙特人如此喜欢支持萨拉菲主

---

① James Risen, US Approved Arms for Libya Rebels Fell into Jihadis' Hands, in The New York Times, Dec 5, 2012, http: //www. nytimes. com/2012/12/06/world/africa/weapons-sent-to-libyan-rebels-with-us-approval-fell-into-islamist-hands. html? pagewanted = all&_ r = 0

② Edith M. Lederer, UN Panel: Libyan Weapons Spread at Alarming Rate, in The Times of Israel, Apr 10, 2013, http: //www. timesofisrael. com/un-panel-libyan-weapons-spread-at-alarming-rate/

义者的原因所在”①。

萨拉菲主义者要求在伊斯兰社会中严格践行伊斯兰教法的规定，而与之相比，穆斯林兄弟会则更为温和，主张以渐进的方式推行社会和政治的伊斯兰化。对于奉行瓦哈比主义的沙特而言，以埃及穆斯林兄弟会为代表的穆兄会理念和道路是重大的威胁。在沙特等海湾国家看来，伊朗的政治体制大多为什叶派所接受，属于外部的挑战；而穆兄会则出自逊尼派，属于逊尼派内部竞争性的发展道路，更接近于内部的挑战。因此，海湾国家在与伊朗等什叶派力量对抗的同时，也对阿拉伯世界内部的穆兄会势力进行打压。2013 年 7 月 3 日，埃及军队推翻穆尔西领导的穆兄会政权，包括沙特、科威特和阿联酋在内的海湾国家迅速向埃及过渡政府提供经济援助；而此前与埃及穆兄会关系密切的卡塔尔，在 2013 年 6 月更换国家元首之后，也逐步拉开了与埃及的距离。2013 年 9 月 23 日，埃及法院裁决，禁止穆兄会在埃及的一切活动，这不仅符合埃及军方和过渡政府的利益，也反映了沙特等海湾国家的诉求。

在民族问题方面，最为突出的是库尔德问题的复杂化。2013 年 9 月 5 日，筹备中的“库尔德民族大会”（Kurdish National Convention）宣布推迟到 11 月 25 日召开。大会推迟召开的主要原因在于席位分配的问题。土耳其库尔德工人党（PKK）要求按照人口比例划分席位，主张在共 600 个席位中土耳其库尔德人应占 220 席、伊拉克库尔德人 150 席、叙利亚库尔德人 140 席、伊朗库尔德人 90 席。在 2013 年 8 月 30 日的筹备会议中，库尔德工人党的提议被否决。②

① Paul Danahar, *The New Middle East*, Bloomsbury Press, New York, First Edition, 2013, p. 11.

② Rudaw, *Kurdish National Convention Postponed for a Second Time*, Sep 5, 2013, http: //rudaw. net/english/kurdistan/05092013

尽管“库尔德民族大会”面临很多困难，而且预计很难取得实质性突破，但会议的筹备和召集本身就已经显示出库尔德问题已进入新的发展阶段，这对中东地区未来局势的走向具有深远影响。在叙利亚，与库尔德工人党关系密切的叙利亚库尔德人在叙利亚北部处于高度自治状态，叙利亚靠近土耳其边境的很大一部分地区在库尔德人的控制之下。土耳其一方面支持叙利亚萨拉菲主义势力对抗叙利亚库尔德人，另一方面在不断加强与伊拉克库尔德人的关系。土耳其的库尔德政策以及伊拉克库尔德地区的未来走向，成为影响中东地区未来局势的关键性因素之一。

六、域内外各种势力展开激烈角逐

在中东地区，地区大国角力和发展模式之争，也是造成地区形势复杂多变的重要原因之一。

在叙利亚问题上，自2011年3月叙局势动荡以来，地区国家围绕叙利亚危机形成了两个阵营，伊朗、黎巴嫩真主党支持叙利亚政府；土耳其、沙特、卡塔尔等国则支持叙利亚反对派。

在埃及，2011年穆巴拉克下台之后，埃及就成为土耳其、伊朗、沙特和以色列争夺影响力的舞台。在沙特看来，埃及的穆斯林兄弟会势力是严重的威胁；在以色列看来，穆兄会所代表的伊斯兰主义势力最终不会与以色列和平相处。土耳其和伊朗都对埃及穆兄会上台执政持欢迎的态度。在土耳其看来，埃及穆兄会与土耳其执政的正义与发展党有相似的政治理念，这有助于二者发展特殊的紧密关系。2012年9月30日，穆尔西应邀出席土耳其正义与发展党的代表大会。2013年7月3日，穆尔西政府被推翻之后，土耳其总理埃尔多安于7月5日指责埃及军方发动政变，并批评西方国家对埃及政变态度暧昧；8月20日，埃尔多安指责以色列参与了推翻穆尔西的行动。穆巴拉克下台后，埃及与伊朗的关系有所改善。2012 年 8 月 30 日，穆尔西赴德黑兰出席不结盟国家首脑峰会；2013 年 2 月 5 日，伊朗总统艾哈迈迪内贾德访问开罗。这是 30 多年来埃及和伊朗首次实现领导人访问。2013 年 3 月 31 日，埃及与伊朗两国之间的商业航班恢复运营，当日 50 多名伊朗游客抵达埃及南部旅游。但是在穆尔西政府下台之后，埃及和伊朗的关系也转趋冷淡。2013 年 10 月 1 日，埃及方面宣布，出于“国家安全”的原因，暂停伊朗人赴埃及旅游。总体上看，在埃及政局演化的问题上，沙特和以色列更支持穆巴拉克及代表世俗派的军队力量；而土耳其和伊朗则对穆兄会执政表示欢迎。在叙利亚问题上，埃及穆兄会与伊朗之间存在着严重分歧。2013 年 6 月 15 日，时任埃及总统穆尔西宣布与叙利亚断绝外交关系，伊朗则威胁断绝与埃及的经济往来。综合来看，在埃及穆兄会执政期间，土耳其与埃及的关系最为密切；在 2013 年 7 月军队干政之后，沙特与埃及保持了密切的关系。

在地区大国角力的背后，隐隐体现出不同国家之间的政治模式之争。在 2011 年中东变局爆发之初，土耳其正义与发展党的执政理念被视为阿拉伯转型国家最有可能效仿的模式。从 2013 年 5 月 28 日开始，土耳其爆发大规模游行示威。在伊斯坦布尔持续一个多月的游行示威，令世人对土耳其模式产生怀疑。2013 年 7 月，埃及穆尔西政权下台，可以视为对穆兄会理念的又一次重大打击。从土耳其正义与发展党、叙利亚穆兄会反对派到埃及穆兄会、突尼斯复兴运动的整个中东穆兄会阵营，发展势头都受到削弱；卡塔尔作为穆兄会势力的支持者，其政策也不得不进行调整。埃及穆兄会政权下台之后，沙特等海湾国家的势力有所增长，但是沙特并没有形成能够为阿拉伯转型国家所仿效的成功发展模式。在中东逊尼派地区，穆兄会模式和萨拉菲主义力量处于竞争状态，但是二者目前都没有形成成功的发展模式。在逊尼派国家没有可资借鉴的成功样板，这种局面客观上为阿拉伯国家的转型进程增加了难度。缺少了成功发展模式的支撑，地区大国角力的内容更多变成了国家利益的碰撞和国家实力的较量。

在中东地区，世界大国的影响力也是影响局势演变的重要因素。近期中东局势的发展表明，美国仍然是中东唯一占据支配地位的大国，但是其对中东的掌控能力有所减弱；俄罗斯借助叙利亚问题强势回归，但是国力依然有限，不可能在整个中东发力；中国保持谨慎介入的态度，在中东地区的影响力稳步增长。

叙利亚问题是当前大国矛盾的焦点。在叙利亚，政府与反政府势力的武装对峙已经持续了两年半。除了地区国家的介入之外，美国等西方国家对叙利亚反对派的支持以及俄罗斯对叙利亚政府的支持，是叙利亚双方长期对峙的重要原因之一；叙利亚任何一方离开了外部支持，都很难长期坚持。因此，叙利亚问题充分体现了美俄双方既斗争又妥协、既竞争又合作的态势。

自 2013 年 8 月 21 日叙利亚化武风波发生以来，美俄先是激烈对立，随后在 9 月 6 日的二十国峰会间隙，普京与奥巴马就叙利亚问题进行了近半个小时的交谈。9 月 12 日，美俄外长在日内瓦展开磋商，并于 9 月 14 日达成关于叙利亚放弃化武的框架性协议。这份协议得到了联合国安理会的支持，9 月 27 日，联合国安理会一致通过处置叙利亚化学武器决议。协议的达成避免了美国对叙利亚采取军事行动，这与沙特、土耳其等地区国家最初的设想完全不同。围绕叙利亚化武问题的协议并不意味着美俄在叙利亚问题上达成了完全一致，未来围绕化武的核查和销毁以及叙利亚政治过渡进程，美俄双方还会有进一步的较量。

在伊朗问题上，自 2013 年 6 月鲁哈尼当选新一届总统以来，美国和伊朗之间出现了和解的迹象，双方外长于 9 月 26 日实现 34 年来的首次会面，27 日两国总统还通了电话。但是伊朗核问题的复杂和艰巨性不容低估，它与 1979 年以来的美伊关系以及当前的中东战略格局紧密联系，短期内实现重大突破并不容易。在伊朗核问题上，中俄与美欧之间存在着事实上的分歧。中俄在关键的原则问题上与美国有着不同的看法，中俄坚持国家主权和不干涉内政原则，而美国则强调人道主义干预。因此，可以说中俄与美国在中东事务上还会不断产生分歧，而大国在中东地区的复杂关系又会影响到地区局势和热点问题的演变，为未来形势的发展增添变数。

阿拉伯国家的政治与社会转型

上海外国语大学中东研究所　**李　意**

【内容提要】

中东剧变发生三多来，发生政权更迭或重组的国家基本上没有步入正轨，转型之路走得异常艰难；未发生严重动荡的海湾君主制国家虽然暂时稳定，但由于受到地缘政治的影响，也面临教派冲突和恐怖主义威胁等挑战。由此可见，阿拉伯国家的政治与社会转型是一个持久的过程，它可能需要长达数十年之久才能完成。

发起于2010年底以来的中东剧变，至今已把整个地区推上了转型和重塑的轨道。各种力量在变局应对中调整定位，依循民族、教派、国家、地区组织和政治制度等不同分野互动重组。从总的局势来看，基本分为发生政权更迭或重组的国家（埃及、突尼斯、也门和利比亚）和尚未发生严重动荡的国家（如海湾国家）。埃及、突尼斯、也门与利比亚等转型四国虽然实现了政权更迭，但转型之路却走得异常艰难，地区动荡引发的后遗症与外溢效应日益明显。如今中东地区的大小乱局，几乎都与这场深刻而复杂的历史剧变有密切关系。海湾国家在此次剧变中未发生严重动荡，它们借助美国和区域组织的力量共同应对困难，影响力虽呈上升趋势但也面临一系列挑战。

一、发生政权更迭或重组的国家

2011 年以来，埃及、突尼斯、也门、利比亚四国政权更迭后，已相继建立民选政权或过渡政权，在政治上大多实行了多元化、多党制、议会民主选举。与此同时，伊斯兰势力逐步崛起，先后在上述四国赢得政权或取得议会重要席位。然而，由于政府拿不出较为务实的发展规划，导致这些国家经济疲软、民生凋敝，民众不满情绪进一步加剧。

（一）埃及：政治过渡因“二次革命”陷入困境

在埃及，伴随着 2011 年初穆巴拉克的黯然隐退以及 2012 年穆尔西执掌埃及政权，埃及政治进入转型的过渡期。然而，埃及的政治风浪从未平静过，大规模民众示威抗议浪潮、激烈的宪法权之争、教派冲突与议会选举的延期，无不凸显了埃及在复杂过渡期所面临的政治困境。虽然以穆斯林兄弟会为代表的宗教势力赢得政权，“自由与正义党”主席穆尔西当选为埃及第五任总统，但世俗反对派时刻准备着反戈一击。由于各方面的准备不足，埃及的经济形势较之穆巴拉克时代更为严峻，犯罪率上升、物资短缺，示威游行仍接连不断，政治分化严重。穆尔西曾给民众的种种承诺与如今埃及经济低迷的现实产生了巨大落差，民众期待不断落空。埃及 GDP 增长率从 2010 年的 5% 急速下滑至 1.9%，外汇储备也由 360 亿美元降至 134 亿美元，失业率从 2010 年的 9% 上升到 13%。[①] 在此背景下，在埃及军方和反对派的合力作用下，穆尔西的总统职位于 2013 年 7 月

① 陈雪梅：“埃及军方对示威下最后通牒，被指欲重新掌权”，http://www.hbtv.com.cn/news/2013/0702/416609.shtml

被废黜，埃及由此爆发了所谓的“二次革命”。

在穆尔西执政的一年中，埃及远未走上真正的民主道路。穆尔西用穆斯林兄弟会成员取代了穆巴拉克安插在政府机构的关键人物，却没有认真解决系统性管理不善和腐败问题，也未能保证科普特基督徒等非穆斯林的安全。他也没有尝试去解决议会中女性代表严重不足的问题以及该国婚姻法、离婚法及继承法中固有的、露骨的性别歧视。[①] 埃及深陷世俗与宗教、文官政府与军人政府、专制政治与民主政治等二元矛盾的对立之中，深刻体现了阿拉伯世界社会转型的阵痛。

（二）突尼斯：政治转型相对平稳，但伊斯兰政党复兴运动党仍面临严峻考验

相对埃及、叙利亚和利比亚局势而言，突尼斯的转型较为平稳，经民选的制宪议会产生的总统马尔祖基也未对前政权人员进行清算。2011 年 10 月 23 日，在突尼斯制宪议会选举中，伊斯兰“复兴运动党”获得了近一半的席位。制宪议会第二大党派“保卫共和大会党”马尔祖基任总统，而权力更大的总理职位留给了“复兴运动党”主席杰巴利。杰巴利随后推出了自己的内阁，并得到了制宪议会的许可。同年 11 月，突尼斯举行了制宪议会的第一次全体会议，囊括了 18 个政党（联盟）和 217 名议员。12 月 22 日，突尼斯制宪议会通过无记名投票方式，批准了杰巴利提交的新政府组成人员名单，并通过了杰巴利新政府的施政纲领。“复兴运动党”不但提出了力图实现 7% 经济增长率的执政目标，而且承诺在今后 5 年将努力创造 100 万个就业岗位，彻底解决突尼斯的失业问题。

尽管与其他国家的政局动荡相比，突尼斯的情况更像一场和平收场的“宫廷政变”，主要的政治人物被赶走，原政治架构和社会

---

① 卡丽·威克姆：“埃及错失的良机”，《纽约时报》2013 年 7 月 27 日。

阶层并未发生革命性的变革，新上台的领导力量基本上维持了国家的稳定和持续发展，但“复兴运动党”作为执政党仍面临着重重考验。“复兴运动党”在经济上崇尚自由主义，政治上支持多元民主和伊斯兰相结合，但在社会政策方面却极端保守。执政两年来，以“有伤风化”而治罪的情况多有发生，并被世俗派诟病。2013 年 2 月 6 日，反对议员贝莱德（Chokri Belaïd）被暗杀，民众抗议强烈，杰巴利被迫辞职。[①] 2013 年 7 月 25 日，突尼斯第二名反对派议员穆罕默德·布拉米被暗杀，“复兴运动党”再遭质疑，民众大规模抗议，突尼斯民众迅速分化为支持和反对复兴运动党两大阵营。

（三）利比亚：极端主义复活，派系斗争激烈

阻碍利比亚政治转型的一个主要因素是卡扎菲政权崩溃后对立激烈的派系斗争，后卡扎菲时代的利比亚政治力量分为五大派：一是伊德里斯国王派，即卡扎菲于 1969 年夺权前原利比亚统治者伊德里斯国王的残余势力。目前，伊德里斯国王派虽然仍是一支政治力量，但实力已相当有限。二是阿拉伯民族主义派，在这一派中，仍然隐藏着一定的卡扎菲信徒。三是伊斯兰派。四是曼苏尔·基希亚领导的民主联盟派。五是在推翻卡扎菲政权中发挥了显著作用的青年运动派。

武装革命可以推翻一个旧政权，但却不能建立一个宽容、多元、有责任感的公民社会，甚至会成为后者的“敌人”。而公民社会则是成功的民主转型必不可少的基础。事实上，在一个转型初期的国家，缺少公民社会的直接后果，就是倾向于用暴力方式来实现政治诉求。2012 年 9 月发生在利比亚的武装反美浪潮，在很大程度就是利比亚

① 胡文燕：“伊斯兰政党危机重重”，http：//international. caixin. com/2013 - 07 - 30/100562640. html

社会冲突的一个缩影。在利比亚战争结束一周年之际，美国驻班加西领事馆遭武装袭击，美国大使斯蒂文斯身亡令世界震惊。自称对袭击美国大使馆负责的“安萨尔组织”（Andaral-Sharia）和“基地”组织马格里布分支有着密切的联系。[①] 这足以表明利比亚安全形势的脆弱。来自瑞士日内瓦的中东问题专家穆罕默德·马哈茂德认为，利比亚的政治转型不同于突尼斯和埃及，而是直接由内战和外部干预建立由精英主导的政府。因此，当前的利比亚暂时看不到任何成功民主转型的因素——有凝聚力的领导层、活跃的公民社会以及统一的民族身份认同。[②]

（四）也门：“基地”组织扩展势力范围，安全形势进一步恶化

中东剧变推翻了数个世俗政权，使宗教力量在本地区迅猛扩张，客观上给了宗教极端势力与恐怖主义可乘之机。特别是变革后的经济混乱和权力真空很容易被极端分子利用。2011 年初，也门局势陷入动荡以来，“基地”组织的重心开始向阿拉伯半岛转移，趁机扩展势力范围。“基地”组织阿拉伯半岛分支趁乱夺取了阿比扬省和舍卜瓦省多处城镇，并与也门政府军激烈对抗。自 2012 年 2 月哈迪就任也门总统后，也门政府与“基地”组织间的战火迅猛升级。2012 年 5 月 16 日，也门政府军与“基地”组织武装人员在也门南部的阿比扬省发生激烈交火，引起国际社会的广泛关注。也门政府军在美方无人机协助下展开大规模清剿，夺回南部多个城镇。而“基地”人员不时针对政府机构、安全部队和油气设施发动暴力袭击。胡塞武装试图在萨达省、阿姆兰省和哈杰省等地扩充势力，不断与当地逊

---

① 韩志斌、闫伟：“后卡扎菲时代利比亚政治重建及前景”，载《国际论坛》，2013 年第 1 期。

② 杨玉国：“利比亚政治艰难转型：血腥清洗前政权缺乏宽容”，《新京报》2012 年 10 月 28 日。

尼派武装发生冲突。也门陷入严重动荡的主要原因包括：首先，也门政治与社会矛盾复杂，南部有分离势力，北部有叛乱势力，部族之间、部族与中央政府之间也是矛盾重重，为恐怖分子提供了较大活动空间。其次，也门具有特殊的地缘位置，既能方便地通向非洲之角，又与半岛其他国家陆路相连，堪称“进可攻退可守”的理想之地。[①]

近年来，“基地”组织在中东和北非的分支机构日益活跃，特别是以也门为大本营的阿拉伯半岛分支日渐强大。就各分支机构之间的交流而言，也门的地理位置比其他地区更为便利。叙利亚、利比亚和埃及的动荡不安，也为“基地”组织的发展提供了温床。据悉，中东变局发生和本·拉登被击毙以来，“基地”组织的重心已从巴基斯坦转移到阿拉伯半岛。[②]

综上所述，阿拉伯转型四国都面临着重重困难，突尼斯、埃及、也门、利比亚四国政权更迭后，相继建立了民选政权，在政治上实行了多元化、多党制、议会民主选举，但伊斯兰势力的崛起导致世俗与宗教力量的对抗不断加剧。经济发展缓慢、民生依旧艰难、社会动荡不安、恐怖主义事件频发、教派与族群冲突加剧，都是转型阿拉伯国家面临的严峻挑战。此外，无政府主义、自由主义、极端主义的泛滥，民众动辄上街游行示威，也加剧了转型国家的动荡。沙特阿拉伯资深外交家兼政治评论家贾马勒·哈什格吉认为，“阿拉伯之春”的狂热浪漫期已结束，转而面对残酷悲凉的现实世界。[③]

---

① 张金平、吴学阳：“也门：新的恐怖主义‘策源地’”载《世界知识》2012 年第 11 期。

② 戴蒙·韦克：“‘基地’组织因也门分支日渐强大拓宽核心领导层”，法新社伊斯兰堡 8 月 4 日电。

③ 于颖：“阿拉伯学者谈对‘阿拉伯之春’的看法”，载《当代世界》2013 年第 3 期。

二、尚未发生严重动荡的国家

以沙特为首的海湾阿拉伯国家在此次中东剧变中未发生严重动荡，不仅如此，这些国家的影响力还在不断提升。在中东动荡中，海合会国家凭借较强的经济实力和美国的支持，在联合维护和稳固成员国政权的同时，计划通过吸纳新成员（约旦和摩洛哥）对内加强一体化建设；对外积极干预地区事务，力图遏制以伊朗为核心的“什叶派新月带”的壮大。面对积极推进核计划的伊朗，海湾国家十分担心自身的安全，大批量购买先进装备，并谋求组建“海湾联盟”共同抗敌。目前，海湾合作委员会 6 个成员国加上约旦和摩洛哥，形成相对稳定的阿拉伯君主制国家联盟。这 8 个君主制国家虽然国情差异较大，但源于传统的政治合法性、以家族和部落为核心的政治联盟、外部力量支持是这些国家保持政权稳定的主要原因，使其能够在阿拉伯剧变中保持相对平稳。[①] 由此，如果海合会的地域范围从海湾延伸到地中海东岸和北非地区，海合会将成为阿拉伯君主制国家和逊尼派国家加强合作、应对地区变局的一个重要平台。然而，这些国家虽然暂时稳定，但也面临诸如经济、民生问题，族群、教派冲突等挑战。

（一）美国加大扶植海合会成员国

长期以来，美国都是海合会成员国的重要盟友，双方尽管在宗教文化、对以色列的政策等方面存在明显分歧，但基于能源、安全和经贸等方面的利益，双方通过能源供应和安全保障、分担战争费

① 丁隆：“阿拉伯君主制政权相对稳定的原因探析”，载《现代国际关系》2013 年第 5 期。

用和军火买卖、大笔“石油美元”存放和敛息、反恐合作等纽带，形成了错综复杂的利益关联。[①] 中东剧变以来，美国在海湾地区的主要考虑包括：扶植海合会抗衡伊朗，尽快恢复海湾地区的力量均势；确保海湾的自由航行及该地区能源运输线的安全；从长远利益着手进一步控制海湾国家；应对恐怖主义和大规模杀伤性武器扩散；推动巴以和平进程；积极应对区外新兴力量的介入。美国由以往重视双边合作转向多边合作的同时，在进一步推动海湾君主国的政治与社会改革。

2011 年，海合会和美国的贸易总额超过 1000 亿美元，其中美国有 240 亿美元的逆差，美国出口到海合会的货物总值为 380 亿美元，主要为汽车、机械设备、飞机、电子设备和眼科及医疗设备；从海合会进口总额为 620 亿美元，主要是石油、铝、化肥、化工品等。[②] 2012 年 3 月，第一次海合会—美国部长级战略对话在利雅得召开，标志着美国开始把海合会当作一个整体来开展多边合作。同年 9 月，时任美国国务卿希拉里、国防部长帕内塔在纽约会晤海合会成员国官员，提出美国希望与海合会国家组建更牢固的多边安全联盟。9 月 25 日，美国与海合会签署了促进贸易、投资和技术合作的框架协议。9 月 28 日，第二届美国—海合会战略合作论坛部长级会议在纽约顺利举行。

与此同时，美军继续增强在海湾地区的军事存在，在提高并整合海合会集体安全力量的同时，要求海合会分担美国的防务负担。2008 年以来，美国在海合会成员国驻军为 1.1 万人，其中在卡塔尔有 3432 人，巴林有 1496 人，沙特有 500 人，科威特有 5000 人，阿

---

① 陈万里、李顺：“海合会国家与美国的安全合作”，载《阿拉伯世界研究》2010 年第 5 期。

② “美国与海合会国签协议增强双边经贸关系”，http://www.tnc.com.cn/info/c-012001-d-213715.html。

联酋有546人，阿曼有26人。一方面，美国自伊拉克撤军后，加强了在海湾各国的军事存在，其中科威特有2.3万人，卡塔尔有7500人，巴林有3000人，阿联酋有3000人，沙特和阿曼各有2000人。[①] 2012年7月，两栖船坞运输舰庞塞号（USS Ponce）号被派往驻扎在巴林的第五舰队，作为扫雷直升机、快艇以及突击队的支援基地，主要担负扫雷排爆工作，这艘战舰在同年9月的国际反水雷演习中充当了旗舰。10月17日，美国“斯坦尼斯”航母战斗群加入到第五舰队序列，以接替即将退役的“企业号”航母，和现在部署在海湾地区的“艾森豪威尔”航母战斗群一起，继续保持美军在中东部署两个航母编队的规模。另一方面，美国通过军售、培训及联合演习，大力提高海合会国家的军事能力，以期帮助美国分担防务负担。2012年8月24日，美国国会研究服务局发布的研究报告显示，美国2011年武器出口额达到663亿美元，同比增长两倍多，创下历史最高纪录，其中海湾国家对此贡献最大。可以说，在经历2011年“阿拉伯之春”的冲击和美国从伊拉克彻底撤军等事件后，美国重新分析了海湾地区的新形势，其对海合会的新政策可能将提升后者在中东地区的影响力。

（二）海合会组建“海湾联盟”合力抵御外敌

中东剧变后，出于携手应对什叶派大国伊朗的威胁，在阿拉伯地区持续动荡的背景下寻求稳定，以及在复杂多变的地区乃至国际舞台上发挥更重要作用等战略考虑，在沙特的主持下，海合会国家着手组建“海湾联盟”。在2012年5月14日召开的海合会首脑会议上，六国领导人正式讨论了构建“海湾联盟”的问题，成员国一致同意进一步研究并落实这一构想。“海湾联盟”计划初步包括在统一

---

① Walter Pincus, “After Iraq Pullout, U. S. Serves a Reminder to Iran”, *Washington Post*, October 24, 2011.

的外交、国防和安全政策基础上推动更紧密的政治、经济和军事合作，成立海湾联盟外交部以及在海外设立海湾联盟使馆，共同应对地区和国际问题以及自然灾害等。海合会组建“海湾联盟”的目的在于超越目前“海湾经济共同体”的概念，将海合会打造成类似欧盟的一体化区域联盟，同时考虑建立共同的货币和市场体系。

尽管海合会六国是维护世袭制王室政体的逊尼派伊斯兰国家，但各国仍有不同比例的什叶派穆斯林。海湾国家与伊朗由于逊尼派与什叶派、阿拉伯人与波斯人、君主制与共和制、“亲美”与“反美”等方面的矛盾，一直是针锋相对。在中东剧变中，教派之间的摩擦和冲突更是不断增多。在沙特和科威特等国，什叶派民众走上街头，对逊尼派掌权的政府表示抗议；围绕阿布穆萨岛主权归属，阿联酋与伊朗的矛盾不断升级；在什叶派占多数的巴林，局势曾一度失控，直至“半岛盾牌”进驻后才得以平息。因此，海合会旨在通过建立“海湾联盟”，着力加强逊尼派国家之间的联合，为海湾国家构建一个新的防卫联盟，以避免海湾六国被什叶派势力渗透而导致政权更迭，无疑具有重要意义。

（三）共同应对伊朗核问题

一直以来，阻遏以伊朗为代表的什叶派乘势扩展影响力，是海合会加紧扩展权势的重要对外目的。2003年美国发动伊拉克战争导致什叶派上台执政，伊朗凭借与伊拉克什叶派千丝万缕的联系，不断扩展在伊拉克的利益，对伊拉克局势的影响力明显增强。随后，伊朗还进一步加强了与叙利亚和黎巴嫩“真主党”的关系。沙特、约旦等逊尼派执政的国家认为，由伊朗、伊拉克、叙利亚和黎巴嫩组成的“什叶派新月带”势力对海湾阿拉伯国家构成严重威胁。在伊朗看来，中东剧变是“反对世俗的亲西方政权的伊斯兰起义”，“一个基于伊斯兰原则的新中东正在崛起”，特别是沙特、巴林和也门等国的什叶派走上街头抗议或拿起武器与逊尼派执政者展开斗争，客观上提升了以伊朗为代表的什叶派的影响力，使沙特等逊尼派执政国家对伊朗影响力扩大的担忧达到了“狂热的高度”，进而通过在海合会框架下加强协作来进行抵御。[①]

伊朗与海湾阿拉伯国家的历史恩怨非常复杂，出于争夺宗教影响力、地区领导权和国际原油出口等利益，双方之间的矛盾和竞争从未停止过。在中东地区局势持续动荡期间，双方的矛盾与争斗愈发激烈，“暗杀门”、“间谍门”、“岛屿门”等事件层出不穷。面对不断推进核计划的伊朗，海湾国家加强统一的政治立场，大批量购买先进装备，共同抵御来自伊朗的威胁。随着伊朗威胁封锁霍尔木兹海峡等事态的不断激化，海合会作为一个整体开始制定应对各种可能突发情况的预案，包括加强成员国海军和海岸警卫队与美欧等西方国家合作等措施。2012 年 1 月，伊朗再次表示要继续推进核技术开发，海合会国家也再度明确表示了谋求开发核技术的意愿。当伊朗与美欧围绕禁止伊朗石油进出口问题展开博弈时，沙特等海合会成员表示将增加产能以保持国际油价稳定，体现了海湾国家的能力与决心。

（四）暂时稳定的同时仍面临巨大挑战

在中东剧变中，由于各国反对派充分发挥社交网络等新型媒体的作用，抗议运动呈现规模大、聚散快、时间长、掌控难等特点，对各国执政者都构成很大挑战。海合会国家同样面临抗议示威风潮的挑战，维护政权稳定的任务十分紧迫。海合会各国民众的游行抗议示威活动尽管规模不等，但也迫使各国政府严阵以待。为了相互扶持并稳固各自的政权，它们迅速搁置过去围绕主导地位等问题引发的分歧和争议，在沙特、阿联酋和卡塔尔等国的引领和积极努力

① Frederic Wehrey, “Uprisings Jolt the Saudi-Iranian Rivalry”, *Current History*, December 2011.

下，海合会帮助平定巴林局势、成功斡旋化解也门持续近一年的政治僵局，同时积极介入地区事务特别是利比亚和叙利亚问题，力图对整个地区变局施加影响，并由此使得海合会在地区格局中呈现异军突起的态势。①

目前，海湾国家虽然保持了相对稳定，但也面临着诸多挑战。如卡塔尔出于对自身安全的担忧，并表示愿意出资，在保持现有美国空军基地的情况下，帮助美军扩大在该地区的军事存在，以换取美国的安全保障。卡塔尔在利比亚、埃及问题上的异常活跃，也使其与沙特的关系出现间隙。在阿曼，政府通过承诺改革、增加社会福利开支、展开一连串逮捕行动来抑制政治反对派，但潜在的不稳定依然存在。约旦和巴林虽然对大规模的抗议进行了打压和控制，但它们显然是中东君主制国家中形势最为严峻的国家。迄今为止，约旦国王通过政治技巧和温和的改革尚能控制局面，但经济前景严峻，政府长期腐败，人口快速增长等问题都是约旦面临的严峻挑战。约旦还长期面临难民问题的困扰，约旦人口不足 700 万，其中包括大约 200 万巴勒斯坦人和几十万伊拉克难民，而叙利亚难民的大量涌入，进一步加剧了约旦的难民问题。巴林的情况更不乐观，如果没有沙特和阿联酋军队以海合会的名义进行干预，占人口绝大多数的什叶派发动的抗议或许已经推翻了逊尼派国王。如今这里虽然保持着脆弱的平静，但核心问题仍然悬而未决。②

相对其他海湾阿拉伯国家，沙特政权的合法性较为稳固，但“阿拉伯之春”也对沙特产生了一定的冲击。许多沙特年轻人对王室政治保守、官僚机构效率低下、庞大的王室家族开支、失业率居高

① 高祖贵：“中东大变局与海湾合作委员会的崛起”，载《外交评论》2012 年第 2 期。

② Steven Metz, “Strategic Horizons: American Defense and Arab Monarchies”, 13 February 2013, http://www.worldpoliticsreview.com/articles/12714/strategic-horizons-american-defense-and-arab-monarchies.

不下等强烈不满。有学者指出，尽管“沙特的大多数精英人士已被政权收编，且反对派四分五裂。但石油美元并没有赋予沙特政权抵御大众不满情绪的免疫力。”① 从长远的角度看，沙特面临着推进政治与社会改革的巨大压力。

三、阿拉伯国家政治与社会转型面临的挑战

阿拉伯政治变革与社会转型已持续两年多时间，它虽然推翻了多个国家持续数十年的威权统治，但在该运动经过初期势如破竹的风潮后却逐渐走向迷茫，广大民众对现状极度失望。一方面，埃及、突尼斯、利比亚、也门等转型阿拉伯国家基本矛盾并未得到解决，特别是经济滞后、民众生活水平普遍下降，而各国政府缺乏务实的经济发展规划，使政府的权威与公信力大跌；另一方面，利比亚战争后遗症、叙利亚危机的外溢效应扩大、恐怖主义肆虐、新老地区热点问题联动都进一步加剧了整个中东地区的动荡，加之阿拉伯世界前现代社会的部族、教派等复杂矛盾，都使阿拉伯国家的政治和社会转型异常艰难。

（一）部族制度对阿拉伯政治与社会转型的掣肘

塞缪尔·亨廷顿指出，“现代民主是西方文明的产物，它扎根于社会多元主义、阶级制度、市民社会、对法治的信念、亲历代议制度的经验、精神权威与世俗权威的分离以及对个人主义的坚持，所有这些都是在一千多年前的西欧开始出现的……这些要素也许可以在其他的文明中找到其中一二个，但是作为总体，它们仅存在于西

---

① Marc Lynch, “Saudi Arabia’s Counter-Revolution”, 10 August, 2011, http://lynch.foreignpolicy.com/posts/2011/08/10/saudi_arabias_counter_revolution.

方文明。也正是这些要素说明了为什么现代民主是西方文明的产物”。[①] 那么，现代民主作为西方的产物在多大的程度上可以在非西方社会中扎根？这的确是值得深思的问题。

当前，阿拉伯国家的政治生态仍具有传统部落社会的特征，畸形的议会、总统选举等政治活动与酋长推选十分类似，获胜者的首要任务是回馈本部族成员，而不是回应全体国民的政治诉求。可以说，阿拉伯社会缺乏真正意义上的政治组织和领袖人物，更缺乏带领全体国民实现政治变革、民族自强的核心力量。在阿拉伯社会，新兴阶层的出现和社会机构的变更，并不意味着它们已经取代原有的以血缘纽带和宗法氏族制为基础的人际关系与臣民关系。在利比亚和也门等国家，人们仍然拒绝承认部落以外的任何权威，对部落和家族的忠诚甚至超过了对民族国家的忠诚。这种维护部族团结的紧密联系，使他们对超出部落之外的公共利益不能表示忠诚，既妨碍了现代阿拉伯社会的民族认同，也使得他们在构建现代国家制度时障碍重重。[②]

此外，民主制度的建立需要完善的市民社会。在阿拉伯国家，尽管有市民社会出现，但却多是高度宗教化的市民社会，而不是世俗的、自由主义的市民社会。这也正是伊斯兰政党在“阿拉伯革命”之后成为最大受益者的原因所在。有学者指出，“民主是一个复杂的体系，它涉及教育、宽容以及建立诸如司法制度和自由出版等独立机构。目前最大的问题是，转型后的中东民众到底多大程度上想要这些民主制度，他们中的不少人似乎不愿意真正理解投票之外的民主”。[③]

---

① 塞缪尔·亨廷顿：《第三波——20 世纪后期民主化浪潮》，刘军宁译，上海三联书店 1998 年版，第 36 页。

② 王猛：“全球化时代游牧民族的祚运探微”，载《宁夏社会科学》，2005 年第 1 期。

③ Lisa Blaydes, “A Model of Democratization in the Middle East”, *Journal of Theoretical Politics*, January 2012.

（二）伊斯兰政党缺乏执政经验

在中东剧变中，伊斯兰政党借助民主化进程合法参政，成为中东政治舞台的重要力量。作为中东政治舞台的新生力量，伊斯兰政党面临着重重挑战，受命于危难之际的伊斯兰政党面临着十分复杂的处境：一是如何摒除宗教束缚，克服执政经验不足，有效整合现代政党理念；二是如何联合其他政党，组成合法政府，实现社会稳定；三是如何恢复发展经济，消解各种危机，改善社会民生。可以说，没有一项任务是可以轻松完成的。实践表明，这些缺乏执政经验的伊斯兰政党并没有提出系统的经济改革与建设纲领，也无法确保在社会利益平衡的基础上实现经济的良性发展，并迅速遭致反对派街头政治的反对。

在埃及，穆斯林兄弟会建立的自由与正义党在成立之初宣称党的目标是实现民主、妇女权利和国家统一，从而建立现代化国家。但在2012年底进行修宪时，自由与正义党把伊斯兰教法作为埃及立法源泉，从而引起诸多担忧和抗议。同时，由于自由与正义党与其他伊斯兰政党关系处理不当，导致2013年7月穆尔西被军方罢免时，萨拉菲派政党也支持军方的行动。在突尼斯，由于两次发生反对派领袖和议员被暗杀的情况，导致民众对执政党复兴运动党的不满日益加剧，并多次爆发大规模民众抗议，突尼斯围绕支持和反对复兴运动党的社会分裂在不断加深。此外，复兴运动党在社会政策方面的极端保守，也引发了民众的强烈不满。由此可见，宗教与世俗两派摒弃政治对立，实现政治和解，对转型阿拉伯国家尤为重要。

（三）恢复国家稳定和改善民生任务艰巨

阿拉伯民众投身于抗议运动，其直接诉求是改变困窘艰难的生存状况，他们对于新政权的主要期待在于尽快提高生活水平。针对转型阿拉伯国家存在的问题，阿拉伯学者阿卜杜勒·阿齐兹·奥斯曼指出，“阿拉伯之春”推翻了世袭独裁统治，并实现了通过票箱赢得选举的“民主”制度。但以这种方式上台的新当权者却采取了比其前任更为暴烈的独裁，其具体行为是通过对前任变本加厉的讨伐与惩治，来树立新政权的权威。[①] 可以说，中东剧变以狂飙突进开始，以地区国家经济衰落、社会分裂告终，既没有建立现代民主制度，也没有营造稳定的社会环境，更没有向青年人提供其所企盼的就业机会。

2013 年埃及“二次革命”爆发以来，人们又一次表达了他们的不满和希望：尊严、面包、言论自由、正义、尊重个体、改善教育和就业条件、结束独裁和专制等等。但由于宗教和世俗激烈斗争导致的严重动荡，发展经济和改善民生等目标仍被束之高阁。有学者指出，埃及等阿拉伯动荡国家需要的是稳定而不是选举，恢复稳定必须优先于重新选举。[②]

综合所述，中东剧变后阿拉伯国家固有的各种矛盾冲突不断显现，变革国家转型步履维艰，地区乱局持续向纵深发展；局势相对稳定的国家也面临经济、安全与政治方面的一系列难题。随着中东地区政治及社会转型进入深水区，将触及到越来越多的深层矛盾，其中既有不同宗教派别间的角力，也有宗教势力同世俗派力量的博弈，还有普通民众与执政集团的冲突，加上西方国家借“新干涉主义”肆意介入，都极大地加剧了阿拉伯国家转型的困难。

---

① 阿卜杜勒·阿齐兹·奥斯曼：“‘阿拉伯之春’第三年，从乐观走向失落”，中东网 2013 年 1 月 14 日。

② 吉迪恩·拉赫曼：“埃及现在需要稳定而不是选举”，《金融时报》2013 年 8 月 19 日。

转型阿拉伯国家的社会文化思潮

北京外国语大学阿拉伯语系　**薛庆国**

【内容提要】

阿拉伯变局发生三年多来，阿拉伯思想文化界开始从最初的盲目乐观转向深刻的批判与反思，开始对所谓“阿拉伯之春”存在的问题及其消极影响进行较为客观的认识。阿拉伯变局的背后不仅是地区和世界政治力量的大角逐，也意味着阿拉伯世界本土与外来思想、观念、信仰的大碰撞与大较量。在此过程中，曾经盛行于阿拉伯社会的伊斯兰主义、民族主义、自由主义、左派思想等各种社会文化思潮，或借机壮大，或遭受挫折，或发生裂变与重组。当今阿拉伯各种思潮的相互碰撞与融合，思潮本身的丰富与多面性，思潮内部隐藏的暗流与波澜，都呈现出十分复杂的态势。

被西方及许多阿拉伯媒体冠名为“阿拉伯之春”的阿拉伯大变局发生以来，如何客观认识其性质及其对阿拉伯社会发展进程和国际格局的影响，预测其发展走向，一直是各国政界、学界和社会舆论十分关注并争议不休的话题。迄今为止，各国学界对阿拉伯变局的研究，更多侧重于政治、经济、国际关系等层面，往往忽视了这场变局在阿拉伯思想文化界掀起的波澜。众所周知，政治变革与思想文化的发展密切相关、互为因果并相互影响。阿拉伯变局已历时三年，阿拉伯思想文化界已有较为充足的时间，对这场大变局作深入的观察、研判与反思；而现当代曾经盛行于阿拉伯社会的伊斯兰主义、民族主义、自由主义、左派思想等各种社会文化思潮，也都受到这场变局的影响，或借机壮大，或遭受挫折，或发生裂变与重组。因此，分析阿拉伯社会文化思潮与阿拉伯变局的交互影响，对于认识阿拉伯社会转型的复杂形势及未来发展态势有十分重要的意义。

一、阿拉伯思想界对“阿拉伯之春”的质疑

作为阿拉伯社会中思想最为活跃、掌握资讯最为全面的群体，知识分子一向对阿拉伯社会由来已久的专制、落后局面深为不满，他们欲改变现状的愿望最为迫切，对自由、民主的诉求最为强烈。当肇始于突尼斯的政治巨变席卷阿拉伯大地时，他们曾经满怀期待与憧憬，不遗余力地为之欢呼、讴歌；许多知识分子还走向街头，摇旗呐喊，成为“革命”的直接参与者。在阿拉伯变局发生后将近一年的时间内，乐观情绪一度主导着阿拉伯知识界。“阿拉伯之春”、“阿拉伯革命”等富有感情色彩的词语，是人们用以形容这场变局的主流称谓。少数质疑“革命”的人士，则成了“冒天下之大不韪”的异类。旅居英国的伊拉克大诗人萨迪·优素福是最早质疑阿拉伯“革命”的文化名人之一，他于 2011 年 5 月发表的诗作《什么阿拉伯之春?》，在阿拉伯文化界引起轩然大波。诗中写道：

只有公鸡在嚷嚷“阿拉伯之春”，
广场上难道没有一个孩子了？
我指的是：难道没有一个人能喊出真相：

“这是什么‘阿拉伯之春’?”[①]

以“最后的共产主义者”自居的萨迪·优素福，向以直言不讳、不留情面著称，他这首敢于戳穿“皇帝新装”的“反革命”诗歌，发表于阿拉伯街头“革命”如火如荼、对“革命”的异议应者寥寥之际，因而遭到了不少阿拉伯文人的讥讽和指责。这种容不得对“革命”任何质疑与非议的情况，也体现在国际社会：对“阿拉伯革命”推波助澜的西方国家，获得了许多阿拉伯知识分子的青睐——尽管这种青睐中也掺杂着许多疑虑；而对“阿拉伯革命”持谨慎态度的俄罗斯、中国等国，却受到了前所未有的指责。

然而，随着时间的推移和事态的发展，阿拉伯变局造成的消极影响逐渐显现。转型期阿拉伯各国的现实无疑是令人失望的：社会动荡日复一日，国民经济陷入衰退，派系冲突此起彼伏，极端势力日益坐大构成了转型阿拉伯各国现实的共同写照。而叙利亚危机更已演变成名副其实的内战，昔日好端端的中东强国，已经满目疮痍，生灵涂炭。纵观阿拉伯世界的主流媒体，追踪阿拉伯各地举行的各类论坛，可以发现：时至今日，阿拉伯知识界之前的乐观情绪几乎已荡然无存；相反，失望与悲观情绪正在阿拉伯社会各界弥漫。由权威的阿拉伯统一研究中心撰写的年度报告《危险突降：2012—2013 阿拉伯民族状况》为这种悲观情绪提供了注脚，报告指出，“阿拉伯多国都已具备了失败国家的若干因素，它们都面临解体或回到前现代国家时期的危险。它们进入了冲突与内战的恶性循环，将为世界列强敞开门户，任由他们根据自己

① 萨迪·优素福：“什么阿拉伯之春?” http: //www. saadiyousif. com/home/index. php? option = com_ content&task = view&id = 1176&Itemid = 1

的议程和战略利益，重新绘制阿拉伯地区的政治版图。"①

开罗人权研究中心发布的报告《分娩之痛：2012年阿拉伯世界人权状况》，也对转型阿拉伯各国的现状作了令人沮丧的描述。经历变局的阿拉伯各国，不仅经济萧条，民生凋敝，其人权状况也令人堪忧："埃及面临的问题最为严峻，因为它未能形成穆斯林兄弟会与其他政治派别的全国共识……在突尼斯，问题的严重性也不亚于埃及，因为伊斯兰政党复兴运动党出台了多项旨在损害新闻自由、妨碍改革治安机构、赋予警察更大镇压权限的法律；这种种举动，让许多突尼斯民众的期望破灭……在利比亚，政府无力行使国家权力，任由武装分子无法无天，以打击卡扎菲政权残余为由，对异己实施报复……在也门，已被罢黜的前总统家族，依然控制着军队和安全部门，媒体遭受的压制尤为严重，而绑架、折磨事件层出不穷，肇事者往往能逍遥法外……"②

近一年多来，在阿拉伯各地举行的论坛和会议也体现了笼罩在阿拉伯世界的悲观情绪。例如，2013年初，由科威特最高文化委员会组织的一次国际研讨会的主题就是"阿拉伯之春的挫折"，"与会的阿拉伯各国文化界人士几乎一致认为，阿拉伯革命的成果，已经从那些发起革命、为之奋斗的人们手中被盗走；与会者还一致认为，外国干涉正在整个地区酿成灾难。"③

相对而言，在阿拉伯各国中，利比亚、埃及、叙利亚的现状更为堪忧。在利比亚前政权垮台的两周年之际，伦敦出版的阿拉伯文主流报纸《生活报》刊登的一篇社论指出："两年前，美、英、法等国帮助利比亚人民摆脱了卡扎菲的统治，但他的垮台，并未将利

① 阿拉伯统一研究中心："危险突降：2012—2013阿拉伯民族状况"http://www.caus.org.lb/Home/publication_popup.php?ID=4910&MediaID=1

② 开罗人权研究中心："分娩之痛：2012年阿拉伯世界人权状况"http://www.cihrs.org/wp-content/uploads/2013/05/intro.pdf

③ 苏珊·艾卜塔："阿拉伯精英失望了"，载《中东报》2013年1月22日。

比亚从失败中拯救过来，也未让这个国家步入成功而有效国家的正确轨道。是西方国家应该对这种失败负责，还是利比亚人民要承担起使国家免于崩溃的责任？这种崩溃，或许让人们怀念卡扎菲的时代了！”①

穆巴拉克政权垮台后的埃及社会更是深陷动荡、混乱而难以自拔。一位学者在伦敦出版的《中东报》上撰文指出，埃及出现了“后革命综合症”，主要有两大症状：一是“革命成瘾症”：“在推翻政权的目的实现之后，人们发现一切都不完美，于是只好继续‘革命’。所有人都怀疑别人的行为，阴谋论盛行，冲突与争端四起，昔日的‘革命同志’你争我斗，在实现了共同的大目标之后，为了各自琐碎的目标而分道扬镳。”二是“革命厌倦症”：“有些人开始厌倦革命，对动荡的局势影响他们的生活、安全和生计感到不满。他们要么泄愤于革命，因为对现实不满而怀念过去；要么寄托于救星，寻找任何一根能让他们逃离失败沼泽的稻草。”作者还对局势作了颇有见地的预测：“这根稻草，或许是一位富有魅力的强人，于是，专制者在改头换面后重新回来；或许是一个能够聚合民众的政党——往往是一个思想偏激的政党；或许来自一场军事政变——当人们的愤怒达到顶点时，这也不无可能。”② 更具讽刺意味的是，在穆巴拉克下台之后，埃及一家电视台推出了一套名为“总统先生，我们向您致歉”的系列谈话节目，节目中许多参与者都表达了对穆巴拉克的同情与怀念。或许，埃及人民未必都怀念穆巴拉克时代，但人们普遍对现实不满，这无疑是一个不争的事实。

两年多来，在古老而美丽的叙利亚大地上发生的一切令许多观察

① 伊利亚斯·哈尔富希：“卡扎菲垮台后的两年”，载《生活报》2013年10月22日。

② 阿卜杜拉·贝贾德·欧太比：“承认所谓‘阿拉伯之春’的失败”，载《中东报》2012年5月19日。

者为之扼腕叹息。作家亚辛·哈杰·萨利赫曾是叙利亚最知名的异见人士之一，从他的经历中可见叙利亚现状之一斑。叙利亚“革命”爆发后，亚辛为了见证并记录“革命”，一直冒险在国内东躲西藏，频频出入反对派占领的地盘，并在西方媒体发表了许多抨击政府、讴歌“革命”的文章，被视为叙利亚反对派的主要理论家及代言人之一。在 2012 年的夏季，他还曾以不容争辩的口吻，拒绝他人批评叙利亚反对派。他指出：“只有完全倾向于革命，承认革命者为正义的人士，才能谈论捍卫革命的价值。谁不谴责政权，不要求立刻将它推翻，谁就不具备批判革命、指责革命等不当之举的道德资格。”[①]

2013 年的夏天，亚辛回到阔别多年的故乡腊卡市，去探访这座被反对派“解放”的城市，却发现这座城市已被隶属于基地组织的“伊拉克大叙利亚伊斯兰国”控制，目睹的一切让他大失所望，他在“面薄”的个人页面上记录了所见所闻：“没有什么更糟糕的事情了。抵达腊卡后，我没有庆祝，而是在这座被‘解放’的城市里躲藏起来。陌生人控制了城市，控制了人们的生活。他们捣毁了哈伦·拉希德[②]不起眼的塑像，占领了基督教堂，他们侵占公物，拘禁百姓，将政治异见人士——不仅是前政府的官员和雇员——投入监狱。他们不分青红皂白地伤人害物，丝毫没有展现出掌权者应有的公共责任心。”[③] 更出乎他意料的是，他的两位兄弟都被人绑架，而绑架者并非叙利亚政府，却是他曾经为之辩护的“革命者”。在这段惨痛的经历之后，他终于决定“暂别叙利亚”，加入到数以万计的逃难人群。亚辛的遭遇也引起了《生活报》专栏作家哈齐姆·萨厄叶

① 亚辛·哈杰·萨利赫：“关于叙利亚革命与道德”，载《生活报》2012 年 8 月 19 日。

② 哈伦·拉希德（约 764—809），阿拔斯王朝最著名的哈里发，其在位期间是阿拉伯帝国的黄金时期。

③ 亚辛·哈杰·萨利赫：“暂别叙利亚”，http://www.ahewar.org/debat/show.art.asp?aid=382407

的共鸣："看来，消灭政权，消灭伊斯兰激进势力——在它得以兴起、壮大、得到外国武装分子的撑腰后，都已经变得遥遥无期。这是叙利亚的悲剧，这是我们阿拉伯东方的悲剧。"①

另一位著名的叙利亚反政府人士米歇尔·基罗在黎巴嫩《使者报》上撰文指出："为数众多的叙利亚人感到困惑和恐惧，并常常感到后悔；许多人都相信，事态已经完全背离了他们的初衷：对自由、正义和平等的追求。"在文中，他提出了一些"在过去一直不愿直面的问题"："希望推翻政权的人都是革命者吗？他们都必定是革命者的伙伴吗？""推翻政权，就是革命吗？""在过去数十年里，我们一直以为，反对政权、奋起抗争直至推翻政权，这就是革命；现在，究竟什么是革命？"②

在这场冠以"革命"之名的阿拉伯变局发生三年之际，要对其做出客观、全面的评价为时尚早。正如评判任何历史事件都需要历史意识一样，人们或许需要再过数年、数十年的时间，才能不偏不倚地书写这段历史。但是，透过阿拉伯知识界的视角，我们已经看到许多不祥之兆：阿拉伯变局和阿拉伯世界的未来，正变得愈发难以预料。

二、阿拉伯思想界对阿拉伯变局的反思

阿拉伯大变局后，纷繁复杂的社会现实令阿拉伯知识分子充满了困惑：当世界各地都致力于区域一体化之际，为何阿拉伯世界正裂变为以教派、种族、部落为单元的碎片？一向以西方殖民主义、

---

① 哈齐姆·萨厄叶："革命的悲剧，叙利亚的悲剧"，载《生活报》2013年10月19日。

② 米歇尔·基罗："伊斯兰主义替代物不可能是民主"，载《使者报》2012年12月13日。

犹太复国主义为敌的阿拉伯民族，如今为何把拥有同一信仰、操同一语言的邻居乃至兄弟视为首要敌人？西方国家、海湾君主国家、世界各地的宗教圣战者、甚至还有以色列、土耳其，缘何为推翻叙利亚政权结成怪异的同盟？历来视西方民主、自由等理念为洪水猛兽的伊斯兰主义势力，为何借民主选举掌权，摇身变为民主的卫士？在宗教、文化上拒绝西方的部分阿拉伯国家，为何在政治上依附西方，在军事上乞求西方的干涉？阿拉伯民族作为言必称历史和过去的民族，为何对西方干预中东的惨痛历史教训视若无睹？为争取人权、自由与解放，为期待美好未来而走上街头的阿拉伯妇女，为何最后获得的只是佩戴面纱的权利和自由？归根到底的问题或许是：独裁统治者倒台之后的国家，为什么依然危机重重？阿拉伯民族究竟哪里出了问题？

在过去的一年多时间里，已经有越来越多的阿拉伯知识分子，开始思考这些令他们倍感困惑的问题。许多人都意识到，应该从文化与思想的角度深刻审视阿拉伯危机的根源。其实，在阿拉伯变局发生前后，阿拉伯思想界一直不乏严肃批判本民族社会文化积弊的有识之士，他们认为，阿拉伯传统文化与思想主要存在以下弊端：具有膜拜权威、压抑个性的专制主义倾向，对权威的顺从与膜拜与对神灵绝对权威的信仰纠结在一起，为专制主义在阿拉伯社会大行其道提供了沃土；盛行神本主义、宗教蒙昧主义思想，阻碍了科学、民主等现代价值观在阿拉伯世界的接受；不能理性地看待作为“他者”的西方，纠结于对西方既仇恨又羡慕的矛盾情结；不愿客观地认识历史，过分“向过去倾斜”；宗派主义思想难以消除，无法致力于建设统一的现代国家和健全的公民社会；男尊女卑、歧视女性的观念根深蒂固[①]……

---

① 参见薛庆国：“阿拉伯巨变的文化审视”，载《国际论坛》2011 年第 5 期，第 62—63 页。

阿拉伯变局发生以来，不少知识分子还把批判的矛头直指与阿拉伯社会结构、民族心理有关的缺陷，如现代国家的概念远未深入人心，“与世界其它地方不同，许多阿拉伯国家作为独立国家的历史都相对较短，利比亚、黎巴嫩、叙利亚、约旦、伊拉克、也门等国家的边界是人为划定的，其国民也依据教派、种族、地域而分属不同群体……因此，人民对国家的归属让位于对宗教、教派、部落、党派等群体的归属。”① 有阿拉伯知识分子指出，阿拉伯社会盛行与民主精神背道而驰的顺昌逆亡、唯我独尊的思想：“在所有经历革命的国家，排斥异己、消灭异己的言论都甚嚣尘上，政权和反对派在这方面如出一辙。”② “而暴力，依然是构成国家与社会关系、不同政治力量之间关系的最基本要素”。③ 还有人认为，阿拉伯民族缺乏自我反省与自我批评的意识，“每个派别都以革命者自居，不会认真反思自己可能犯下的错误，不会去承认自己的行为、决定或立场是导致革命陷入困境的原因之一。你若想与他们探讨真相，他们会虚与委蛇，动辄把责任推卸到他人头上。”④ 还有人认为，阿拉伯人固执己见，缺乏远见，往往只计近利，因小失大：“当今阿拉伯世界正在上演新的大国游戏，最终是为以色列、犹太复国主义和西方列强服务的。他们的目的，在于让阿拉伯人和穆斯林无力自治。遗憾的是，不少阿拉伯人出于固执、偏执和愚蠢，竟然想饮鸩止渴。”⑤

阿拉伯变局还体现出阿拉伯知识分子自身的许多不足。“革命”爆发之初知识分子群情激昂、欢欣鼓舞的乐观气氛，与近来四处弥

---

① 侯萨姆·伊塔尼：“阿拉伯之春的挫败之年”，载《中东报》2013 年 12 月 31 日。

② 哈立德·格扎尔：“民主的困境”，载《生活报》2013 年 8 月 28 日。

③ 叶齐德·萨伊赫：“令人失望的阿拉伯之春”，载《生活报》2013 年 4 月 4 日。

④ 穆罕默德·萨拉赫：“傻子万岁！”，载《生活报》2013 年 4 月 29 日。

⑤ 阿卜杜勒·阿齐兹·图韦杰利：“这是新一出的大国游戏吗？”，载《生活报》2013 年 7 月 24 日。

漫的唉声叹气、无可奈何的悲观情绪，形成了鲜明对照，这多少反映了阿拉伯知识分子不够成熟、意气用事的一面。此外，阿拉伯知识分子普遍缺乏独立精神，多数人在“革命”之前依附于权势，更多人在“革命”之后转向迎合民众。能够像阿拉伯大诗人阿多尼斯那样，在纷繁喧闹的历史关头，拒绝人云亦云，保持清醒的思考能力和批判勇气者，实属凤毛麟角。相反，善于随机应变、见风使舵的知识分子却不在少数，如利比亚著名作家艾哈迈德·法格海曾经深得卡扎菲的赏识，与其过从甚密，还为其短篇小说集《乡村啊，乡村；大地啊，大地》写过这样的评论：“他从排满了历史重任的日程中抽出宝贵时间，潜心创作文学。无疑，今天的文坛，会以拥有卡扎菲这样的历史性领袖作为一员而深感荣耀。”然而，就在卡扎菲暴毙街头不久，法格海就撰写了题为《暴君的挽歌》的文章，他不无夸张地写道：“在其黑色统治历史中的每一天，他都要杀戮利比亚公民的性命，以满足其罪恶的、魔鬼一般的私欲。他邪恶的灵魂，在利比亚的城市、大漠、田埂、海岸、平原、旷野里游荡。于是，天使便从其间遁形，善的精灵黯然远去，爱与美的源泉干枯了，玫瑰凋谢了，蝴蝶死去了，夜莺也停止了歌唱……”① 2013 年，法格海又出版了长篇小说《卡扎菲始末》，不出所料，该书只字未提他与卡扎菲的交往经历。

阿拉伯变局发生以来，对民主的思考与研究成为知识界的热门话题，各种观点层出不穷。埃及著名学者、人权活动家萨阿德丁·易卜拉欣认为，阿拉伯变局发生的主要原因，并非经济发展迟缓，而是政治专制，以及社会中自由、民主、人权的缺失。在他看来，“一旦具备了某些社会、文化和经济条件，人民就会产生参与政治和管理公共事务的愿望，这标志着中产阶级及其作用的扩大，而中产

---

① 艾哈迈德·法格海：“暴君的挽歌”，载利比亚《咫尺间报》2011 年 10 月 22 日。

阶级就是民主的孵化器。"[①] 这种观点虽有一定道理，但它无法解释中产阶级比例更高、政治制度并不民主的海湾国家，为何能在阿拉伯变局中安然无恙；更无法解释独裁者倒台后的转型阿拉伯国家为何普遍陷入困境。

在阿拉伯世界，"民主是解决之道"一说近年来也颇为盛行，这种说法在具有自由主义倾向的知识分子中尤其有市场。他们的这一口号，与宗教势力提出的"伊斯兰是解决之道"的观点看似针锋相对，但伊斯兰势力在埃及、突尼斯等国家选举中获胜的结果，却让自由主义知识分子十分困惑："民主是解决之道"竟然与"伊斯兰是解决之道"殊途同归。因此，许多知识分子意识到，以意识形态的先入之见或浪漫主义的一厢情愿去看待民主，其实都无济于事，而且往往造成事与愿违的结果。民主及相关问题需要结合实际、尊重事实，作深入、理性的思考与探索。阿拉伯知识分子的这些思考，凝结了他们切身体会的失败教训，因而对第三世界国家的民主建设颇有启迪意义。

首先，什么是民主？在许多人看来，民主就是人人一票的公平选举。沙特作家图尔基·哈麦德对此提出了质疑："民主不仅是选举和投票箱，它更代表了文化与社会价值观，理应在人们走进投票箱之前深入人心。这些价值观包括宽容、接受他者、承认选民的意愿，即使这种意愿让你失望。由于长期的专制统治，这些价值观在阿拉伯世界和阿拉伯的政治文化中是匮乏的。"[②]

民主并非只有一个模式，一个标准，阿尔及利亚大学研究民主问题的专家利德旺·布鲁西认为："在阿拉伯社会，人们通常按照标

① 萨阿德丁·易卜拉欣："阿拉伯革命兴起的原因"，载《阿拉伯未来》2011年4月刊，第134页。

② 图尔基·哈麦德："关于民主和阿拉伯人民革命的前景"，http://www.darl-brl.com/vb/showthread.php?t=23269

准化、简约化的逻辑看待民主问题，许多研究都陷入了传统与现代二元对立的陷阱，其依据的现代化理论，只局限于欧洲经验中的现代性与民主价值观……却忽视了历史经验的特殊性：这一特殊性不仅体现于不同的历史事件与进程，而且体现在不同文明语境中民主概念所隐含的不同内涵。"[①] "每个社会的情况及其经历的历史阶段各不相同……这意味着不应把欧洲的模式当作可以照搬的现成模式，仿佛这些模式已经大功告成。相反，欧洲模式也存在诸多问题，其本身也有多种设想，未必适应我们的文明环境。"[②]

其次，民主是否万能？沙特学者杰米勒·齐亚比对此予以否定："在许多人看来，民主似乎是个金色的、神奇的词语。其实，民主并非包治百病的神药，这剂药颇为复杂，需要特定的、有时还是互相制约的条件。视'民主为解决之道'，把它当作医治中东地区专制国家一切问题的灵药，这一观点过于简单，因为民主在试验之初，或许会造成政治震荡和摧毁性的社会挫折……如果缺少一种认同民主丰富内涵的文化，那么民主的失败将是必然的。"[③]

民主不仅不是万能灵药，如果施行不当，甚至可能成为一剂毒药，而且其毒性之大，在实行了民主普选的阿拉伯国家几乎都有应验。利德旺·布鲁西尖锐地指出："一切迹象都让人产生这样的印象：目前的阿拉伯变局无非打着'解放人民'、'传播民主'之名，来行使维持既有的国际格局之实。但这种民主是'有毒的民主'（Toxic Democracy），它将使更多的阿拉伯国家继索马里、伊拉克和苏丹之后沦为失败国家。"[④] 黎巴嫩思想家伊立亚·哈里格早在2001年就曾指出：

---

① 利德旺·布鲁西："民主与发展的关系之辩：探寻一条非标准的道路"，载《阿拉伯未来》2013年3月刊，第30页。

② 同上，第35页。

③ 杰米勒·齐亚比："民主适合输出吗？"，载《生活报》2013年3月18日。

④ 利德旺·布鲁西："民主与发展的关系之辩：探寻一条非标准的道路"，载《阿拉伯未来》2013年3月刊，第33页。

“我们作为阿拉伯人应该明白：民主不仅是解决方案，而且也可能是问题的一部分。想要民主的人，期待的只是民主本身，而不是发展经济、解放国家、或消灭某个阶级、某种思想等等。在我们的社会研究中，尚无证据表明民主是解决这些问题的成功方案。”

再次，民主与发展的关系如何？换言之，两者孰先孰后？这是一个在东西方都引起广泛争议的话题。迪拜设立的“阿拉伯战略论坛”执行主席苏莱曼·哈特兰认为：“关于民主与发展孰先孰后的问题，我如今坚信：在一个受困于贫穷、愚昧和无能的环境之中，不可能产生真正的民主；缺乏人的全面发展，不去关注思想、经济和基础设施，不去改变人们的生活方式，为他们敞开知识和自由思想的大门，那么，民主就不会实现，‘阿拉伯春天’的树木也不会开花结果。如果没有一场思想的革命，将阿拉伯思维从过去的牢笼中解放出来，终止过去和现实的脱节，那么，变革就只会停留在形式上，只是换几副面孔而已，争夺权力将依然是目的。”①

最后，现代民主理念与伊斯兰传统文化的关系如何？在不少穆斯林学者看来，伊斯兰传统文化包含着现代民主的内核。穆斯林兄弟会的主要理论家、著名宗教学者优素福·盖尔达维认为：“公民的伊斯兰国家建立的基础，是协商（Al-Shura），效忠（Al-Beia），是乌玛（穆斯林共同体）根据自由意志选举领袖，并向他提出忠告，实行问责。这些做法，使得伊斯兰国家最接近民主的精髓。”他同时又表示：“我们指的民主是政治民主。至于经济民主，则意味着露出尖牙利爪的资本主义，我们并不认可。同样，社会民主指的是绝对自由，我们对此也不认可。”②

---

① 苏莱曼·哈特兰：“阿拉伯之春后的若干问题”，载《生活报》2013年3月6日。

② 优素福·盖尔达维：“协商与民主的精髓一致”，http://www.qaradawi.net/articles/86-2009-12-12-10-35-10/5077-2011-11-21-19-31-56.html

针对上述说法，许多阿拉伯思想家提出质疑，他们认为伊斯兰传统文化与现代民主理念的适应性只是表面的，两者在本质上并不相符。阿多尼斯指出："在历史上，我们阿拉伯人与民主没有任何关系，我们在各个历史阶段都不知什么是民主。因为民主最基本的内容，就是承认社会中持异见的'他者'，视之为社会中的一员，享有与所有公民一样的权利，而无论其宗教和文化属性是什么。在我们的传统中，异己者或多或少意味着'异教徒'（Kafir），被视为脱离集体的异类，不被看作'乌玛'（穆斯林共同体）中的一员，不该享有同样的权利。"① 客观而言，阿多尼斯对阿拉伯传统的质疑是言之有理的，因为在阿拉伯伊斯兰政治史上，自四大哈里发时期以后，根据协商选举领袖从未付诸实践。在伊斯兰历史的初期，四大哈里发中有三人（欧麦尔、奥斯曼、阿里）遇刺身亡，这一史实表明，早期阿拉伯帝国的哈里发继任问题并未得到妥善解决。自倭马亚王朝起，历代哈里发一直按照世袭制产生。阿多尼斯还一针见血地点明要害："民主，对于埃及的穆斯林兄弟会而言，只不过是博取权力的工具。一旦大权在手，他们就对民主思想弃之不顾了。"② 突尼斯思想家本·阿舒尔也曾指出："伊斯兰神学和真正信奉自由与多元思想的民主是无法适应的。两者间只有暂时的、战术上的调和……伊斯兰社会民主演进的障碍不仅是政治层面的，而且在根本上还与价值观念有关。因此，要建立多元化的民主理性，就必须撼动神学与教法的基本结构。"③

在当前的阿拉伯世界，知识界的反思正在趋向深入。但是，阿拉伯各国尚未形成一种全民参与的文化反思氛围，知识分子的精英

① 阿多尼斯："六月，解放广场"，载《生活报》2013年7月11日。

② 同上。

③ 本·阿舒尔："民主派和神学派的政治活动"，转引自《现代化语境下的阿拉伯革命》，阿联酋《联合报》2011年3月14日。

式理念在民众和政治家那里应者寥寥。因此，阿拉伯变局并未触及存在于阿拉伯社会的根本性文化与思想之弊。相反，在选举票箱决定成王败寇的转型国家，政治家们考虑更多的是迎合、取悦选民，而不是开启民智，教化民众；民众的主要诉求，依然是改善生计，养家糊口。所以，迄今为止的阿拉伯变局，仍然局限于政治运动的范畴，而远非一场影响深远的文化启蒙运动。

三、阿拉伯变局后的社会文化思潮概述

阿拉伯变局的背后不仅是地区和世界政治力量的大角逐，也意味着阿拉伯世界本土与外来思想、观念、信仰的大碰撞与大较量。在当前的许多阿拉伯国家，都存在价值观与政见殊异的宗教和世俗两大阵营，两者内部又各有多种派别、政党、主义等分支。由于各种思潮之间颇多交集与融会之处，加上不同力量出于政治考量的合纵连横，两大阵营之间及阵营内部的分支之间，往往并不存在十分清晰的边界。此外，时局的多变也导致各种思潮处于不断的变化、调整、聚合与分化中，因此，要清晰地勾勒阿拉伯变局后社会文化思潮的版图，是颇为困难的。

阿拉伯世界的宗教阵营，可以用“伊斯兰主义”一言以蔽之，其内涵“概指坚持伊斯兰发展道路的政党、组织及其成员”[①]。在迄今为止的阿拉伯变局中，伊斯兰主义无疑是最引人关注的，因为较之其它思潮，它在阿拉伯各国拥有的群众基础最厚，对政治的参与最深，并经历了幅度最大的起伏。这种起伏在埃及表现得最为明显：从蓄势于民间，到通过选举走到权力的中心，再到被强行夺权而走

① 王凤：“中东变局与伊斯兰主义力量的发展趋势”，载刘中民、朱威烈主编：《中东地区发展报告（2012 年卷）》，北京：时事出版社 2013 年版，第 93 页。

向抗争，伊斯兰主义在埃及经历了大起大落的震荡。鉴于埃及曾是现代伊斯兰主义的发源地，也是当代伊斯兰主义的重镇，伊斯兰主义在埃及的遭遇必然对其他阿拉伯国家产生重要影响。

当代伊斯兰主义阵营主要包括以下分支：第一，以穆斯林兄弟会为代表的政治伊斯兰势力。这一势力宗教色彩浓厚，它以具有普世性的伊斯兰社团“乌玛”为其身份归宿，同时也不放弃对民族国家的身份认同。穆兄会自哈桑·班纳于1928年创立以来，历经坎坷，业已成为当今伊斯兰世界最具影响的宗教政治组织。在阿拉伯变局之前，穆兄会就已经明确强调放弃暴力，主张同世俗政权进行政治斗争，以期实现建立大一统的伊斯兰国家的终极目的。第二，宣教（“达瓦”）萨拉菲派，其教义鼓励追随者参与传教活动，通过劝善戒恶的形式，对个人和社会领域施加影响，以扩大“纯洁的伊斯兰教”的领地。该派对参与政治兴趣不高，这与穆兄会形成对比。第三，圣战萨拉菲派，是伊斯兰主义中的极端势力和“行动主义者”，主张以暴力推翻腐败的世俗政权。世界各地的伊斯兰极端组织和恐怖组织，都与圣战萨拉菲派有意识形态或组织上的关联。

伊斯兰主义者并非阿拉伯变局的发起者和主要参与者，但却得以在变局中壮大或执掌政权，其原因可归结到多个方面：阿拉伯世俗派代表的各种政体，在现当代的政治实践大都以失败告终，民众要求改朝换代的愿望强烈，愿意给伊斯兰主义尝试执政的机会；阿拉伯民众大都具有浓厚的宗教感情，容易为伊斯兰主义的理念所吸引；伊斯兰主义者一向植根于中下层，具有组织基层活动的丰富经验；世俗阵营内部分歧严重，选举中得票较为分散；等等。

阿拉伯变局发生以后，伊斯兰主义者无论上台执政或继续在野，其理念、行为都有所调整。如穆兄会已逐渐远离其激进理论家赛义德·库特卜的极端思想，开始寻求伊斯兰与现代性的结合。突尼斯“复兴运动”领袖加努西面对世俗派的质疑反问道：“为什么我们必然会走到阿富汗塔利班或沙特道路上？还有其他成功的伊斯兰模式可以效仿，如土耳其、马来西亚、印尼模式，这些国家将伊斯兰与现代性相结合。”[①] 穆兄会还常把源自西方的政治理念“民主”与“自由”挂在嘴边，作为其主要政治口号。穆尔西在埃及执政后，也基本维持了前政权的温和外交政策，既力争世界银行的贷款和美国的无偿援助，又承诺继续恪守埃以和平条约，而这些政策曾被穆兄会指责为丧权辱国的标志。主流萨拉菲派也一改不参政的传统，成立光明党，并在2012年大选中异军突起，成为埃及第二大党。萨拉菲派还修正了一向主张无条件顺从统治者的政治理念，转而认为统治者与民众之间应该建立类似社会契约的关系。以光明党为代表的萨拉菲派，在政治理念上已经缩小了与同属伊斯兰阵营的穆兄会的差异，在政治运作上，甚至展现出更为老到的手腕。他们时而与穆兄会互相倚重，如埃及大选时力助穆兄会候选人穆尔西获胜，并携手制订了宗教色彩浓厚的宪法；时而又与穆兄会作对，如穆尔西执政后，萨拉菲派因对其独揽大权失望，转而参与世俗派组织的抗议示威，最终导致穆尔西被军方夺权。

2013年7月，埃及军方以总统穆尔西无力解决国家危机为由，强行将其罢黜。此举对埃及内外的伊斯兰主义造成极大震动，并导致穆兄会与萨拉菲派内部出现新的裂变。伊斯兰主义内部产生了是否继续放弃暴力、从事政治斗争的争论。有些原本打算放弃暴力的激进派别，开始对民主选举失去信心，考虑重新走暴力抗争的道路。一位圣战萨拉菲派领导人在其“推特”网页上写道：“看来，真主想要确认‘民主’制度在今日埃及的失败，正如‘民主’20年前在阿尔及利亚的失败一样，以便为尚未完成的叙利亚革命提供前车之鉴。”基地组织下属的索马里“青年党”在其官网上更是露骨地扬

① 转引自方金英：“中东政治伊斯兰的发展趋势”，载《现代国际关系》2013年第3期，第17页。

言："到了摘去玫瑰色眼镜的时候了，应该认清现实真相，变化只能来自子弹，而不是选票。"①

埃及军方夺权，使阿拉伯世界伊斯兰主义的未来充满了变数。令伊斯兰主义者沮丧的残酷现实不仅有军方的铁腕，还有其民众基础的迅速消蚀。对于军方采取的缺乏程序正当性的"政变"，多数民众持某种默许态度。穆兄会代表的伊斯兰势力为何执政仅一年就遭受如此大的挫折？从表象看，一年来穆尔西治国无方，在发展经济、改善民生方面乏善可陈，又竭力揽权，任人唯亲，排斥异己，并逐步谋求埃及社会的"伊斯兰化"和"穆兄会化"，从而引起军方、世俗势力及民众的普遍不满。就本质而言，穆兄会的受挫又有某种必然性，因为其原教旨主义的价值取向与当代世界的现实严重脱节，它在阿拉伯变局后作出的某些调整也具有局部性、策略性的特点。穆兄会和宣教萨拉菲派一样，虽然愿意参与民主政治，但他们接受的只是作为政治工具的民主，而非民主价值观。"他们想把民主纳入伊斯兰话语体系，或者想利用民主的机制，使之为他们建立'伊斯兰国家'的政治方案服务，仅此而已。"② 不少阿拉伯学者还认为，埃及穆兄会、突尼斯复兴运动党及阿拉伯世界的其他伊斯兰主义力量，其共有的最大问题在于思想层面而非政治层面。这些力量大都以穆兄会创始人哈桑·班纳的政治理念为思想基础，这不仅与当今时代脱节，而且也背离了 19 世纪末 20 世纪初伊斯兰改革主义的理念。"伊斯兰启蒙主义者和改革家思考的问题是：我们怎样才能进步？应该怎样运用现代文明的成果？而班纳思考的问题则与之相反：我们如何面对时代的大潮捍卫身份？这是一个自我封闭的问题，体

---

① William McCants, *Salafis after the Coup*, http://www.foreignaffairs.com/articles/139565/william-mccants/salafis-after-the-coup

② 穆罕默德·艾布·鲁曼："萨拉菲派与阿拉伯之春：阿拉伯政治中的宗教与民主问题"，载《阿拉伯未来》，2013 年 5 月刊，第 20 页。

现了穆斯林的自我满足思想，认为无需借鉴他人的思想、政治和社会体系。”①

关注一下埃及穆兄会领袖巴迪阿、突尼斯复兴运动党领袖加努西等人的言论，就会发现其政治理念都具有浓厚的脱离实际的乌托邦和原教旨主义色彩，如“乌玛是本源和基础，是权力之根本，最高利益的代表者”②，“伊斯兰文本，即《古兰经》和逊奈（圣训），是最高统治者，其权力至高无上。”③ 更严重的问题在于，当伊斯兰主义有机会执掌政权时，他们依然信奉并试图实践这样的理念：“伊斯兰主义考虑的首要问题，仍然是建立伊斯兰国家，或者实现政治生活的伊斯兰化，或者按照古老的历史原样贯彻伊斯兰教法（沙里亚）。这意味着，伊斯兰主义依然受制于这样的思维，视宗教文本至高无上，不承认独立于宗教的政治领域，甚至不承认伊斯兰历史上曾有过这样的实践。”④ 由此可见，伊斯兰主义者尽管在选举中获胜，但在思想观念上并未作好与时俱进的准备，其乌托邦式的政治与文化理念，与现代国家的治理必然存在矛盾。选举，让伊斯兰主义者走向权力中心，但同时也让他们走下神坛，走下“指点江山”的道义高地，进入现实政治的“考场”。因此，伊斯兰主义者执掌大权，固然意味着其势力的勃兴与壮大，同时也可能标志着其走向衰微的转折点。

在当今阿拉伯社会，宗教阵营的对立面是构成复杂、矛盾重重

① 阿卜杜·伊拉·巴尔基兹：“伊斯兰主义的问题在于思想”，载《生活报》2013年10月8日。

② 穆罕默德·巴迪阿：“人民走上正道的时代”，http://www.ikhwanismailia.com/ismailia/12648.html

③ 转引自沃基赫·甘素：“阿拉伯革命与伊斯兰主义者的参政”，载《阿拉伯未来》2013年1月刊，第114页。

④ 沃基赫·甘素：“阿拉伯革命与伊斯兰主义者的参政”，载《阿拉伯未来》2013年1月刊，第117页。

的世俗阵营，其中较有代表性的思潮包括阿拉伯民族主义、左翼思想和自由主义。

阿拉伯民族主义亦称泛阿拉伯主义，是20世纪中东地区最重要的思潮之一。民族主义者认为，阿拉伯人拥有统一的语言、宗教和习俗，应该团结一致，最终建立统一的阿拉伯国家，成为国际舞台上的重要一极。在20世纪中叶，这一思潮曾风靡阿拉伯各国，唤醒了阿拉伯人的民族身份意识和民族自豪感。纳赛尔执政时期，埃及高擎民族主义大旗，声援阿拉伯各国摆脱西方殖民统治，推翻封建君主制，纳赛尔本人俨然成为阿拉伯世界的精神领袖，在整个地区产生了重要影响。坚持民族主义思想的政治力量，在叙利亚、伊拉克、也门、苏丹、利比亚、阿尔及利亚、突尼斯等国执掌政权，阿拉伯民族主义迎来了鼎盛期。

然而，阿拉伯国家在1967年第三次中东战争中的挫败，使阿拉伯民族主义遭受沉重打击。1990年的海湾战争，造成阿拉伯世界严重分化，并再度重创阿拉伯民族主义。发轫于2011年初的阿拉伯变局，则给了民族主义更致命的一击，因为曾经秉持民族主义理念的各个共和国，或在变局中先后垮台，或呈现风雨飘摇的颓势，以至于有人断言："在阿拉伯民族主义多年前即已临床死亡之后，阿拉伯之春的革命宣告了它的正式死亡。"①

阿拉伯变局以来的种种现象，也为民族主义的衰微提供了注脚。如阿盟史无前例地终止了成员国利比亚与叙利亚的成员资格，并呼吁西方实行武装干涉。又如，伊斯兰主义的兴盛，使得许多穆斯林对阿拉伯民族的认同，让位于对伊斯兰社团"乌玛"的认同。再如，阿拉伯国家间及一国内部的政治结盟，主要建立在教派、种族、部落、政见、利益的基础之上，导致阿拉伯民族的共同利益不断弱化。

① 穆罕默德·盖亚提："阿拉伯之春与阿拉伯民族主义危机"，http：//united-na.net/showsubject.aspx？id＝9363

2012年初，利比亚的武装分子将矗立在班加西大街上的纳赛尔雕像砸毁，而首都的黎波里的纳赛尔大街，也被更名为“独立大街”，成为阿拉伯民族主义严重衰落最具象征意义的事件。

阿拉伯民族主义政权忽视政治民主和经济发展的弊端，一向为人们所诟病；而打着民族主义旗号登台的阿拉伯领袖们，几乎无一例外地陷入专制、腐败的泥沼，这是当今民族主义的拥护者无法回避的事实。然而问题是：“阿拉伯民族主义与腐败、专制存在必然的逻辑联系吗？抑或腐败、专制就是阿拉伯政权的共同特征，无论其打着什么旗号，声称什么主义？”①

尽管阿拉伯变局再度给予民族主义以重创，但是断言其灭亡似乎为时尚早。分崩离析的阿拉伯现状，让不少民众、特别是知识精英痛心疾首，也重新勾起了他们对民族主义的记忆和想象。利比亚的一位民族主义者写道：“阿拉伯民族主义真的消亡并被狭隘的国家主义替代，将是背离人类思想潮流的现象，因为整个世界，从欧洲、北美到非洲，都在朝着区域化、一体化迈进。也许更为严峻的问题是：‘阿拉伯民族是一个真实的存在吗？或者只是一个有时显得眩目的沙文主义幻像？’”②

阿拉伯左翼，即形形色色的阿拉伯社会主义，也曾在中东地区盛极一时。阿拉伯左翼思想与民族主义有颇多相似之处：两者的政治理念存在交集，发展历程和当代境遇也颇为类似。阿拉伯左翼起源于20世纪40年代，从60年代起获得迅速发展。打着民族主义旗号的阿拉伯共和国，大都宣称实行“阿拉伯社会主义”。在知识分子阶层，左翼思想一度被视为西方殖民主义和帝国主义、宗教保守主

---

① 穆罕默德·盖亚提：“阿拉伯之春与阿拉伯民族主义危机”，http：//united-na. net/showsubject. aspx？ id＝9363。

② 穆斯塔法·费图里：“‘阿拉伯之春’真是阿拉伯民族主义的死亡证吗？”，http：//www. middle－east－online. com/？ id＝143598

义的替代物，是进步与正义的象征，因而追随者甚众。甚至可以说，阿拉伯世界最杰出的文学家、思想家和知识分子，都在一定程度上受过左翼思想的洗礼。不过，世界社会主义运动遭遇的挫折，也对阿拉伯左翼造成极大负面影响，一些左翼思想家尝试的“马克思主义阿拉伯化”的努力也未能成功，原籍埃及的旅法著名思想家萨米尔·阿明倡导的“南方马克思主义”计划，也仅仅停留在理论上。上世纪70年代，随着埃及等国家政策的右转，左翼思想开始式微。与此同时，将左翼和伊斯兰思想相结合的思潮开始兴起，如埃及哲学家哈桑·哈乃菲试图建立“伊斯兰神学解放”理论，并创办了《伊斯兰左翼》杂志，类似思潮在突尼斯、摩洛哥、伊朗等国也应运而起。但是，上世纪90年代苏联、东欧社会主义国家的崩溃，使得阿拉伯左翼思想遭受重大挫折，左翼旗下的各个派别，在阿拉伯各国都逐渐沦为边缘。

在阿拉伯变局之前，埃及的左翼人士就组建了“受够了运动”(Kifaye)、“四月六日运动”等具有反政府色彩的政治组织，获得了一定的民众支持。阿拉伯变局发生后，左派虽然并非“革命”的最积极参与者，但大都对突尼斯、埃及、利比亚等国的新政权变持欢迎态度，埃及的左翼人士哈米丁·萨巴希还参选总统，并获得不少选民支持。但是，左翼人士在看待叙利亚问题的立场上分歧较大，有些人（如叙利亚著名思想家萨迪克·杰拉勒·阿兹姆）积极加入反对巴沙尔政权的阵营，认为这是实践左翼革命理想的正义之举；有些人则对西方和海湾君主国干涉叙利亚事务、宗教极端势力卷入冲突、以色列从中获利极为反感，或明或暗地同情、支持叙利亚政府。

一般认为，脱离阿拉伯现实、拘泥于僵化的意识形态，是阿拉伯左翼力量的通病。有人指出，当今阿拉伯社会普遍对左派存有成见，“认为左派怀疑宗教；主张鲁莽的、彻底的革命，随时准备以暴力颠覆政权；还认为左派会将富人财产收归国有，赶走大大小小的投资者；还会禁锢人的思想、言论和想象；是实用主义的唯物论者，不惜破坏人际交往的道德原则……”[①] 而这些成见和误会，部分应归咎于左派自身，因为他们“远离时代，仍然生活在意识形态的藩篱之中……无法摆脱本本主义的思维方式，也没有采取实事求是的理性方式……如有人依然沿用阶级斗争的理论解读阿拉伯革命，这与现实显然不符。”[②]

由上可知，阿拉伯变局对左派的冲击并不大，相反，由于作为左派对立面的宗教势力在变局中经历起伏，被拉下神坛，有可能使左派迎来一个发展壮大的契机，但其前提是革新理念，将左翼理论与阿拉伯现实更好地结合在一起。

阿拉伯自由主义者也与民族主义者、左翼人士同属世俗阵营。自由主义思想由埃及思想家里法阿·塔赫塔维等启蒙主义者于19世纪中叶引入阿拉伯世界，迄今虽未成为主流的政治思潮，但一直受到知识精英的青睐。然而，自由主义强调的人道、理性、民主、个人自由、社会平等、世俗化、妇女解放等价值观，都与阿拉伯世界长期存在的专制传统和宗教观念之间存在巨大的文化鸿沟。在阿拉伯世界传播自由主义思想，犹如“在处女地上播种”[③]。此外，自由主义信奉的理念源自西方，而现当代阿拉伯与西方交往的惨痛经历，造成许多民众对西方、特别对美国怀有强烈的不满与怨恨，西方殖民主义、帝国主义和犹太复国主义已成为阿拉伯自由主义难以摆脱的天然包袱。所以，自由主义不仅经常受到政府的打压，而且常常为民众所误解。

---

① 阿漪黛·焦赫利：“阿拉伯左派是民众误会的牺牲品”，载《生活报》2013年4月24日。

② 乔治·卡廷：“左翼在阿拉伯之春革命中的作用”，载《知识分子报》，2011年12月6日。

③ 阿亚德·巴特尼基：“自由主义与阿拉伯之春”，http://minbaralhurriyya.org/index.php/archives/7497

在阿拉伯变局中，受到自由主义思想影响的城市青年，曾是“革命”的发起者和积极参与者，他们提出的民主、自由、人权等主要诉求，也得到民众的广泛响应。但是，自由主义政治人物在各国选举中的表现却差强人意，这反映出许多问题。一方面，长期浸淫于保守文化传统中的阿拉伯民众，对民主、自由等概念的认识较为肤浅，他们更多视之为改朝换代的工具和口号，对这些概念代表的价值体系其实并不完全认同；另一方面，自由主义人士自身也存在许多不足。埃及哲学家哈桑·哈奈菲曾撰文指出，包括自由主义者在内的世俗派在“革命”后犯下了诸多错误，如：一味抵制宗教人士，过于清高自大，忽视本国文化传统，精英思想严重，习惯于将对手妖魔化，无原则地与政权结盟，口号空洞却无实质内容，等等。[①] 无论如何，这场以民主和自由为旗帜、全民参与的阿拉伯变局，毕竟为自由主义思想的普及创造了条件，问题在于阿拉伯自由主义者能否结合阿拉伯的实际，发展出能与本土文化相适应的进步思想，并使其逐步深入人心。

鉴于篇幅所限，本文对阿拉伯社会文化思潮的分类与描述，是十分粗略而笼统的。当今阿拉伯各种思潮的相互碰撞与融合，思潮本身的丰富与多面性，思潮内部隐藏的暗流与波澜，都呈现出十分复杂的态势。此外，除上述主要思潮外，当今阿拉伯世界还有许多鲜活的思想、观念蕴蓄于阿拉伯人心中。在当今这个“乱”字当头的阿拉伯世界，众声喧嚣的阿拉伯思想是乱世的记录者，也是乱局的助推者，但愿它们也能成为未来从大乱走向大治的创造者。

---

① 哈桑·哈奈菲：“世俗派立场的七大错误”，载《今日埃及人报》2013 年 8 月 29 日。

中东地区恐怖主义的新发展

上海外国语大学中东研究所 **刘中民 舒 梦**

【内容提要】

中东国家动荡以来，"基地"组织伊斯兰马格里布分支、阿拉伯半岛分支、伊拉克分支等传统恐怖主义势力呈现强劲反弹的态势，索马里"青年党"和尼日利亚"博科圣地"等周边地区的恐怖主义势力也极为猖獗。恐怖主义势力积极利用地区形势动荡扩充力量，传播恐怖主义意识形态，并发动了一系列恐怖主义袭击。此外，恐怖主义组织还积极利用利比亚战争、叙利亚内战和马里危机造成的混乱局势，广泛介入地区热点问题，进而对地区安全造成严重威胁。转型阿拉伯国家陷入长期动荡，宗教与世俗、民主与民生、改革与稳定等矛盾不断加剧，这一切都构成了有利于恐怖主义发展的肥沃土壤。而"基地"组织的战略调整尤其是意识形态调整，以及美国中东反恐战略日趋功利化，也对中东地区恐怖主义的泛滥有重要影响。

中东变局发生以来，"基地"组织伊斯兰马格里布分支（AQIM）、阿拉伯半岛分支（AQAP）、伊拉克分支（AQI）、索马里"青年党"（Al-Shabaab）、尼日利亚"博科圣地"（Boko Haram）等传统和新兴的恐怖主义势力，积极利用地区形势动荡扩充力量，传播恐怖主义意识形态，并发动了一系列恐怖主义袭击。此外，恐怖主义组织还积极利用利比亚战争、叙利亚内战和马里危机造成的混乱局势，广泛介入地区热点问题，进而对地区安全造成严重威胁。在中东阿拉伯国家动荡的冲击下，“基地”组织积极利用“阿拉伯之春”，并根据形势变化不断进行意识形态调整，逐步扭转了“阿拉伯之春”初期的被动局面。此外，美国奥巴马政府对中东反恐战略和策略进行了重大调整，其反恐重心和反恐手段均发生了明显的变化，并对地区反恐形势产生了复杂影响。因此，本文拟对中东变局以来西亚、北非地区恐怖主义的新发展及其根源进行分析与评估。

一、西亚地区恐怖主义的新发展

中东变局发生以来，在也门政局持续动荡、叙利亚内战陷入僵持、美国从伊拉克撤军等因素的影响下，“基地”组织阿拉伯半岛分支和伊拉克分支的活动日趋猖獗，并积极利用叙利亚内战向叙利亚进行渗透，“基地”组织与来自全球的极端分子赴叙利亚进行“圣战”，使叙利亚成为继也门、伊拉克之后西亚地区又一恐怖主义活动的大本营。

（一）“基地”组织阿拉伯半岛分支以也门为据点不断扩张

也门是“基地”组织阿拉伯半岛分支的大本营。在 2010 年中东变局发生前，“基地”组织在也门的活动大致可以划分为三个阶段：20 世纪末至“9·11”事件发生是“基地”组织在也门的渗透阶段；2001 年至 2006 年是也门“基地”组织遭受重创的时期；2006 年至 2009 年，也门“基地”组织卷土重来，并与沙特的“基地”组织合并成立“基地”组织阿拉伯半岛分支。中东变局发生以来，“基地”组织阿拉伯半岛分支积极利用也门国内和地区局势动荡，掀起了新一轮恐怖主义活动的浪潮。

第一，借也门局势动荡攻城掠地，大肆进行恐怖袭击活动。2011 年以来，“基地”组织阿拉伯半岛分支借也门政局动荡在也门南部攻城掠地，并扬言以津吉巴尔为首都建立“伊斯兰酋长国”。2011 年 5 月以来，也门政府军与美军合作，加大力度打击“基地”组织，并于同年 9 月 10 日夺回津吉巴尔市。此后，也门政府军继续清剿“基地”组织武装分子，双方互有伤亡。在 2012 年 2 月哈迪宣誓就任总统后，“基地”组织仍在南部各省制造了一系列恐怖袭击事件。例如，在 2012 年 5 ~ 8 月，“基地”组织武装分子连续制造 3 起爆炸，导致 170 多人死亡；此外，在 2012 年有 40 多名也门安全部门官员遭暗杀。[①]

第二，调整活动策略，通过变换身份扩大生存空间。在行动策略上，“基地”组织半岛分支日益采取非对称作战策略，将政府、亲政府的部落武装、外国目标作为攻击的主要目标。[②] 在组织策略上，“基地”组织分支积极进行策略调整，开始以“伊斯兰教法支持者”组织（Ansar al-Sharia in Yemen）的新面目在也门出现，以争取民众支持。2011 年 4 月，“基地”组织阿拉伯半岛分支头目艾布·祖拜尔·阿迪勒·阿巴布（Abu Zubair Adil al-Abab）表示，使用“伊斯兰教法支持者”这一名称旨在对外明确该组织的行动领域和目标。

第三，利用圣战萨拉菲主义进行意识形态宣传。当前，圣战萨拉菲主义已成为“基地”组织意识形态的主要来源之一。尽管传统萨拉菲派（复古派）不主张使用暴力，但各类“圣战萨拉菲”组织号召使用暴力手段推翻独裁政权，建立以伊斯兰教法为主要法源的伊斯兰政权，以此吸引和招募恐怖主义分子。

---

① 张金平：“全国对话会议与也门政治过渡”，载《西亚非洲》2013 年第 2 期，第 95 ~ 96 页。

② *Country Reports on Terrorism* 2012，United States Department of State Publication，2013，p. 105.

（二）伊拉克的恐怖主义势力强势反弹

在中东地区整体动荡、美国从伊拉克撤军、叙利亚危机外溢效应日益凸显等外部因素的影响下，在伊拉克国内教派冲突、党派分歧、民族矛盾尖锐，自身安全能力严重不足等内部因素的综合作用下，伊拉克的恐怖主义势力出现了强劲反弹的态势。

第一，大规模恐怖袭击接连发生，安全局势急剧恶化。2011年中东动荡以来，造成严重人员伤亡的自杀式恐怖袭击接连不断，导致美国撤军后的伊拉克安全局势急剧恶化。例如，在伊拉克战争爆发十周年的2013年3月，多起恶性爆炸袭击事件导致271人死亡，906人受伤。[①] 又如，2013年7月伊拉克有1057人死于恐怖暴力事件，成为2008年以来单月死亡人数最多的月份。在2013年8月10日开斋节当天，伊拉克发生17起恐怖暴力事件，造成91人死亡，超过300人受伤。[②] 即使是美国也承认，"'基地'组织伊拉克分支仍有发动大规模袭击的能力，它利用自杀式炸弹和汽车炸弹对政府和民用目标发动了一系列袭击，削弱了公众对政府提供安全能力的信任。"[③]

第二，恐怖袭击的教派冲突特征明显。其原因主要有二：首先，在萨达姆政权垮台后，伊拉克逊尼派的权力遭到削弱，什叶派地位不断上升，导致逊尼派和什叶派的矛盾冲突始终未能得到有效解决。其次，海湾阿拉伯国家如巴林的什叶派抗议浪潮、叙利亚内战引发的逊尼派和什叶派教派冲突及其不断外溢，加剧了教派对抗，进一

---

① "伊拉克3月发生多起恶性袭击事件，共致271人死"，http://www.chinanews.com/gj/2013/04-01/4695235.shtml

② "伊拉克血腥开斋节一日死亡91人"，《环球时报》2013年8月12日。

③ *Country Reports on Terrorism* 2012, *United States Department of State Publication*, 2013, *p*. 113.

步刺激了伊拉克国内的教派冲突。受上述因素的影响，逊尼派恐怖势力和极端组织针对什叶派的恐怖暴力袭击不断发生，构成了伊拉克恐怖袭击事件的典型特征。伊拉克内政部表示，伊拉克正面临一场“公开的战争”，教派分歧正在不断加大，造成安全局势不断紧张。①

第三，“基地”组织伊拉克分支日趋活跃，并不断向叙利亚进行渗透。首先，“基地”组织伊拉克分支是一系列恐怖袭击行为的直接制造者。例如，2013 年 7 月 21 日，“基地”组织伊拉克分支的武装分子突袭位于首都巴格达的两所监狱，包括多名“基地”组织高层在内的 500 多名囚犯成功越狱逃亡，并导致 40 多人死亡，充分证明了“基地”组织伊拉克分支的强大活动能力。② 美国国务院发布的研究报告指出，尽管“基地”组织伊拉克分支的领导层和能力曾遭到削弱，但它仍具有在伊拉克全境发动恐怖袭击的能力。③ 其次，“基地”组织伊拉克分支不断向叙利亚进行渗透，从事推翻巴沙尔政权的“圣战”，极大地加剧了叙利亚的血腥冲突。美国的研究报告认为，叙利亚的“胜利阵线”（al-Nusrah Front）就是“基地”组织伊拉克分支的一部分。④

（三）叙利亚成为恐怖主义泛滥的重灾区

伴随叙利亚局势从初期的民众抗议浪潮演变成政府军与反对派之间的血腥内战，来自叙利亚国内外的恐怖势力和宗教极端势力，不断加入反对派阵营从事恐怖暴力活动，构成了叙利亚暴力冲突异

① “伊拉克血腥开斋节一日死亡 91 人”，《环球时报》2013 年 8 月 12 日。

② “恐怖分子在巴格达‘救出’五百囚犯”，《环球时报》2013 年 7 月 24 日。

③ *Country Reports on Terrorism* 2012, United States Department of State Publication, 2013, p. 105.

④ Ibid.

常血腥，政治解决异常困难的重要原因。

第一，“基地”组织在叙利亚建立分支机构，从事暴力恐怖活动。叙利亚形势动荡以来，“基地”组织领袖扎瓦希里多次发布网络视频，号召叙利亚国内及周边国家的穆斯林加入推翻巴沙尔政权的“圣战”。他指出，“我们的黎凡特（地中海东岸）兄弟们，你们正在从事的战争是为了抵抗肆虐的‘新十字军东侵’，……我和我的兄弟们会站在你们一边，以一腔热血来保卫你们。叙利亚有足够的圣战者，这一事实使我们深感欣慰。”他还号召土耳其、黎巴嫩以及约旦的逊尼派“帮助叙利亚兄弟们与异端的巴沙尔什叶派统治集团作战”。[①] 有阿拉伯专家认为，叙利亚的圣战组织很可能会发展成“基地”组织沙姆[②]分支。另据美国的消息，扎瓦希里已宣布把在沙姆地区建立伊斯兰酋长国作为“基地”组织的新战略。[③]“基地”组织向叙利亚进行渗透的最大成果是“胜利阵线”的成立。该组织在叙利亚危机爆发后成立于霍姆斯，创建者艾布·穆罕默德·戈兰曾在伊拉克战争期间负责通过叙利亚向伊拉克输送极端武装分子。从意识形态上看，“胜利阵线”主张“收编所有在意识形态上具有联系的‘圣战’分子；强化在原教旨主义指导下的战争意识；获取武器并建立自治安全区，最后建立伊斯兰国家。”[④] 近两年来，“胜利阵线”频繁在大马士革、阿勒颇、代尔祖尔、霍姆斯等地制造针对叙利亚政府军事、安全、情报等部门的恐怖袭击事件，极大地恶化了叙利

---

① 黄山伐：“‘基地’搅局叙利亚让美难堪”，《中国国防报》2013 年 4 月 9 日。

② “沙姆地区”（Bilad ash-Sham）是阿拉伯世界对于地中海东岸的整个黎凡特地区或大叙利亚地区的称谓，在不同的历史时期所指各有不同。如今阿拉伯人所说的沙姆地区一般包括叙利亚、约旦、黎巴嫩和巴勒斯坦国。

③ Brian Michael Jenkins：*Al Qaeda in Its Third Decade*：*Irreversible Decline or Imminent Victory*?，Santa Monica，CA：RAND，2012，p. 6.

④ “叙利亚‘胜利阵线’宣誓效忠‘基地’组织头目”，《环球时报》2013 年 4 月 11 日。

亚的形势。

第二，叙利亚反对派中的宗教极端力量日趋恐怖主义化。在鱼龙混杂的叙利亚反对派中，除世俗的反对派外，还活跃着形形色色的伊斯兰力量，其中不乏伊斯兰极端力量，并呈现出日趋恐怖主义化的特征和发展趋势。据英国《每日电讯报》网站报道，叙利亚反对派武装约有10万人，包括大大小小1000多个派别，包括外国人在内的“圣战”分子多达1万多人，另有3~3.5万人为强硬的伊斯兰主义者，还有3万多相对温和的伊斯兰主义者。[①] 其中“叙利亚伊斯兰阵线”（Syrian Islamic Front，SIF）就是坚持“圣战萨拉菲主义”意识形态的宗教极端力量。该组织的发言人阿布·阿卜杜勒·拉赫曼（Abu Abdul Rahman al-Souri）曾明确指出，伊斯兰阵线的目标是在推翻阿萨德政权后，建立实施伊斯兰教法统治的国家。这一主张在2013年1月“叙利亚伊斯兰阵线”发布的宪章中也得到了明确体现。该宪章强调未来的叙利亚政权应严格遵循《古兰经》和萨拉菲教义，实施伊斯兰教法统治，把逊尼派伊斯兰教确立为国教，以伊斯兰教法作为立法的唯一来源；声称一旦对叛教者做出判决，就应具有约束力；反对男女平等，西方的妇女权利概念不能为伊斯兰教接受。[②] 上述主张具有典型的极端主义的特征。有分析指出，“叙利亚伊斯兰阵线”拥有11个旅的武装力量，在大马士革、阿勒颇、拉塔基亚、霍姆斯、代尔祖尔、伊德利卜等地从事武装活动，其活动范围遍及整个叙利亚。

---

① “英报称叙叛军成员多为极端分子”，《参考消息》2013年9月17日。

② Aaron Y. Zelin, “The Syrian Islamic Front: A New Extremist Force,” http://www.washingtoninstitute.org/policy-analysis/view/the-syrian-islamic-front-a-new-extremist-force

二、北非地区恐怖主义的新发展

北非马格里布地区是中东剧变的重灾区，该地区的突尼斯、埃及和利比亚相继发生政权更迭，尤其是利比亚战争导致的混乱局势和武器流散，均有利于恐怖主义的发展壮大。阿尔及利亚伊斯兰马格里布“基地”组织是基地组织在非洲的传统力量，而索马里“青年党”、利比亚伊斯兰战斗团（Libyan Islamic Fighting Group）、尼日利亚“博科圣地”组织在中东变局后的发展十分迅速，与伊斯兰马格里布“基地”组织的联系日趋密切，并在萨赫勒地区①迅速蔓延，大有向黑非洲扩展之势。

（一）伊斯兰马格里布“基地”组织

伊斯兰马格里布“基地”组织是上世纪 90 年代阿尔及利亚陷入长期动荡的产物。在 1991 年“伊斯兰拯救阵线”（Front of Islamic Salvation，FIS）在全国选举中取得胜利后，军方对“伊斯兰拯救阵线”进行镇压，导致其极端派别组建了“伊斯兰武装集团”（Armed Islamic Groups，GIA）等组织，并几经分化组合于 2006 年 9 月成立了“基地”组织伊斯兰马格里布分支，成为“基地”组织在马格里布地区的骨干力量。该组织从非洲东北部的索马里和西北部的阿尔及利亚入手，发动东西并进的钳形攻势，使非洲北部地区原本就很

① “萨赫勒”是指撒哈拉沙漠南缘向沙漠地带过渡的地区，是一条宽 320 公里至 480 公里的半沙漠地带，跨越乍得、冈比亚、马里、毛里塔尼亚、尼日尔、塞内加尔和布基纳法索等国家。参见李意：“‘伊斯兰马格里布基地组织’萨赫勒化及其对阿尔及利亚的影响”，《国际论坛》2011 年第 6 期，第 71 页。

脆弱的安全形势急剧恶化。[①] 中东变局发生以来，“基地”组织伊斯兰马格里布分支的发展有如下特点。

第一，在阿尔及利亚仍有巨大生存空间，具有在阿本土发动大规模恐怖袭击的能力。中东变局发生以来，阿尔及利亚政府削弱了“基地”组织伊斯兰马格里布分支在阿北部的活动能力，其主要活动范围已经被挤压到东部山区和南部边界的沙漠地区。[②] 但是，该组织“依旧是阿尔及利亚面临的最重要的安全威胁”，其活动“仍具有历史延续性，即主要袭击阿尔及利亚安全力量。”[③] 美国的反恐报告指出，该组织在2012 年发动的恐怖主义袭击就多达175 次，遏制“基地”组织伊斯兰马格里布分支已经成为非洲国际反恐的焦点所在。[④]

第二，积极拓展在萨赫勒地区的影响，已发展成非洲恐怖主义的枢纽。近年来，自阿尔及利亚加大反恐行动以来，“基地”组织伊斯兰马格里布分支积极实施向萨赫勒地区进行战略转移。[⑤] 中东动荡尤其是2011 年利比亚战争和马里危机的爆发，更为“基地”组织伊斯兰马格里布分支加快在萨赫勒地区的扩张创造了条件。利比亚战争后，“基地”组织伊斯兰马格里布分支积极利用卡扎菲政权垮台后的契机进行扩张，加强了同利比亚“伊斯兰战斗团”、索马里“青

① 李意：“‘伊斯兰马格里布基地组织’萨赫勒化及其对阿尔及利亚的影响”，《国际论坛》2011 年第6 期，第70～71 页。

② Alex S. Wilner, “Opportunity Costs or Costly Opportunities? The Arab Spring, Osama Bin Laden and Al-Qaeda's African Affiliates”, *Perspective On Terrorism*, Vol. 5, Issues 3 –4, September 2011, p. 52.

③ *Country Reports on Terrorism* 2012, United States Department of State Publication, 2013, p. 106.

④ Alex S. Wilner, “Opportunity Costs or Costly Opportunities? The Arab Spring, Osama Bin Laden and Al-Qaeda's African Affiliates”, *Perspective On Terrorism*, Vol. 5, Issues 3 –4, September 2011, p. 51.

⑤ Ibid, p. 52.

年党”、尼日利亚“博科圣地”组织等伊斯兰激进组织的联系。“马里北部安全形势的恶化、利比亚武器扩散、以马里为基地的‘西非统一和圣战运动’（Movement for Unity and Jihad in West Africa，MUJAO），都构成了阿尔及利亚面临的恐怖主义威胁。”[①] 目前，该组织不断在萨赫勒地区建立和扩大训练营地，并通过贩毒等犯罪活动获取资金。美国的反恐报告指出，“基地”组织伊斯兰马格里布分支萨赫勒训练营（AQIM's Sahel-based battalions）不断利用地区形势混乱扩张控制区域，而萨赫勒地区的贩毒集团与“基地”组织伊斯兰马格里布分支的联系不断增强，使恐怖主义组织的融资能力不断增强。[②]

第三，利用利比亚战争壮大力量，介入利比亚事务和马里内战等地区危机。有分析指出，“基地”组织伊斯兰马格里布分支已从利比亚获取了部分便携式防空导弹，并走私到马里等国家。[③] 2011年10月，利比亚卡扎菲政权倒台后，曾经跟随卡扎菲部下一起作战的图阿格雷部族武装回到马里北部，与当地的伊斯兰武装合并，对抗马里政府武装，直接导致了2012年马里的军事政变。马里的反政府武装主要由“伊斯兰马格里布基地组织”、“伊斯兰捍卫者”、“西非圣战统一运动”和等极端宗教组织和恐怖势力组成。2013年1月16日，41名外国人在阿尔及利亚东部的一个天然气田遭到劫持，自称隶属于“基地”组织的“血色营”宣布对劫持人质事件负责，并声称劫持人质是对法国出兵马里的报复。[④]

---

① *Country Reports on Terrorism* 2012，United States Department of State Publication，2013，p. 106.

② *Country Reports on Terrorism* 2012，United States Department of State Publication，2013，p. 106.

③ Juan C. Zarate and David A Gordon，“The Battle for Reform with Al-Qaeda”，*The Washington Quarterly*，Vol. 34，No. 3，2011，p. 116.

④ “伊斯兰马格里布基地组织”，http：//baike. baidu. com/view/2636134. htm

（二）索马里“青年党”组织

索马里“青年党”成立于2006年8月，是一支奉行萨拉菲伊斯兰极端主义的反政府武装，它试图推翻索马里联邦过渡政府，在索马里、埃塞俄比亚、肯尼亚三国交界地区建立“东非伊斯兰酋长国”，[①]最终建立“大索马里伊斯兰国”。[②] 索马里“青年党”于2012年正式加入“基地”组织，进而彻底完成了向恐怖主义的蜕变。索马里“青年党”的发展和影响具有以下几个方面的特点：

第一，拥有较为完备的意识形态体系和明确的政治目标。“青年党”奉行萨拉菲极端主义思想，主张推行伊斯兰教法统治，强调采用暴力革命方式，通过“圣战”实现伊斯兰的复兴，在本质上具有反世俗、反西方、反对多元文化的特征。[③] 在宣誓效忠“基地”组织后，“青年党”完全接受了“基地”组织的全球“圣战”理念。“青年党”的领导人声称：“‘基地’组织是索马里‘圣战’的母亲，……我们的大部分领导人都在‘基地’组织训练营受训。”[④]“青年党”还不断吸收部落青年，极力灌输圣战思想，甚至强迫青少年参加“圣战”，实施残忍的暴力恐怖活动。

第二，拥有相对完善的组织机构和复杂的国际网络，已发展成跨国恐怖主义组织。“青年党”的最高权力机构为“协商委员会”（Shura Council），负责重大决策的制定；“协商委员会”下设执行委员会，执行委员会下设专门负责政治、军事、治安和宣

---

① Alex Wilner, *Halting al Qaeda's African Rebound*, The Macdonald-Laurier Institute, November 2011, pp. 3－4.

② 王涛、秦名连：“索马里青年党的发展及影响”，《西亚非洲》2013年第4期，第71页。

③ 同上，第79页。

④ Edmund Sanders, “Conditions May be Ripe for Al-Qaeda to Gain Somalia”, *Los Angels Times*, August 25, 2008.

传等方面工作的专门组织；“协商委员会”在索马里各地设立“青年党”的支部，负责军事行动、筹建据点和招募成员等事务。[①]“青年党”在世界范围内进行人员招募，其对象主要包括境外的索马里人和“有志于投身圣战事业的外国人”，并在国外直接进行恐怖暴力活动。例如，2009 年澳大利亚一恐怖团伙直接得到“青年党”的支持，并企图对悉尼的军事基地发动恐怖袭击；另有加拿大、美国和欧洲等西方国家旅行者在索马里接受“青年党”的训练。[②] 在2013 年9 月21 日肯尼亚购物中心恐怖袭击案的制造者中，有多名成员来自美国、英国、加拿大、芬兰等欧美国家。[③]“青年党”还在资金、军事装备等方面建立了广泛的国际联系。除“基地”组织的资金支持外，中东的伊斯兰组织、厄立特里亚政府、境外的索马里商人都是“青年党”资金的重要提供者，也门“基地”组织阿拉伯半岛分支则是“青年党”武器装备的最大来源地。[④]

第三，频繁实施恐怖袭击，阻碍国家和平进程。1991 年索马里陷入战乱以来，国家陷入四分五裂的无政府状态，北方的索马里兰（Somaliland）和邦特兰（Puntland）处于事实上的独立状态，伊斯兰法院联盟控制南部大部地区，而“青年党”则试图建立囊括整个索马里、肯尼亚东部、埃塞俄比亚欧加登（Ogaden）和吉布提在内的

---

① 王涛、秦名连：“索马里青年党的发展及影响”，《西亚非洲》2013 年第 4 期，第 80 页。

② Alex S. Wilner, “Opportunity Costs or Costly Opportunities? The Arab Spring, Osama Bin Laden and Al-Qaeda’s African Affiliates”, *Perspective On Terrorism*, Vol. 5, Issues 3 -4, September 2011, pp. 54 - 55.

③ “内罗毕袭击案疑点颇多”，《环球时报》2013 年 9 月 25 日。

④ 王涛、秦名连：“索马里青年党的发展及影响”，《西亚非洲》2013 年第 4 期，第 76 ~ 77 页。

"东非伊斯兰酋长国"。[①] 为实现这一目标，"青年党"不仅在索马里国内和周边地区大肆进行恐怖暴力活动，还坚决反对2008年索马里联邦过渡政府与反对派达成的《吉布提协议》，严重破坏了索马里的国家和平进程。

第四，破坏周边安全，威胁地区稳定。首先，索马里"青年党"致力于建立囊括整个索马里以及埃塞俄比亚和肯尼亚部分地区的"东非伊斯兰酋长国"，加剧了东非国家间的矛盾。索马里与埃塞俄比亚围绕欧加登地区归属长期对抗，而"青年党"力图将欧加登地区纳入所谓的"东非伊斯兰酋长国"，这也正是埃塞俄比亚积极介入索马里事务的原因所在。埃塞俄比亚介入索马里事务虽然对于防范恐怖势力在索马里坐大有积极作用，但也激起了索马里民众民族主义情绪的高涨，加强了"青年党"的社会基础。肯尼亚、乌干达等国对索马里事务的介入也产生了类似的效应。更为复杂的是，厄立特里亚通过向"青年党"提供资金援助和军事培训，削弱埃塞俄比亚对索马里局势的控制，而这又进一步激化了索马里联邦过渡政府对厄立特里亚的不满，最终导致厄立特里亚与埃塞俄比亚、索马里过渡政府之间的紧张关系。[②] 其次，"青年党"向周边国家的渗透，以及在周边国家从事恐怖活动，严重破坏了东非的地区稳定。肯尼亚东北部、埃塞俄比亚的欧加登地区居住着大量索马里人，"青年党"积极对这些地区进行思想渗透、招募成员，还唆使这些地区的索马里人进行"自治"，以便为"东非伊斯兰酋长国"创造条件，造成了肯尼亚、埃塞俄比亚族群关系的紧张。2011年以来肯尼亚军队跨境进入索马里，开始"国家使命"行动，

---

① Alex S. Wilner, "Opportunity Costs or Costly Opportunities? The Arab Spring, Osama Bin Laden and Al-Qaeda's African Affiliates", *Perspective On Terrorism*, Vol. 5, Issues 3-4, September 2011, p. 53.

② Stewart M. Dorsey, "Triggering Revolt: Impoverished Eritrea Financing, Arming African Militants", *National Post*, September 25, 2011.

追击在肯方境内多次绑架外国人的索马里“青年党”人员，这促使“青年党”不断在肯尼亚境内制造恐怖袭击，对肯尼亚进行报复。这也正是2013年“青年党”在肯尼亚进行大规模恐怖袭击的背景所在。

（三）尼日利亚“博科圣地”组织

“博科圣地”于2002年成立于尼日利亚东北部靠近喀麦隆边境的迈杜古里，创始人为马哈茂德·优素福（Mohammed Yussuf）。[①]“博科圣地”的英文表述“Boko Haram”事实上是非洲豪萨语和阿拉伯语中两个单词的音译，“Boko”在豪萨语的含义为“万物有灵论者、西方的或其他一切非伊斯兰教的教育”，“Haram”出自阿拉伯语，其含义为“禁止的、罪恶的”，二者结合在一起的基本含义为“西方教育的罪恶”。[②] 在西方的英文文献中又根据该组织的宗旨称其为“先知教义与圣战的传播者”（People Committed to the Propagation of the Prophet's Teachings and Jihad）。

“博科圣地”的基本宗旨是反对西方的政治制度、文化教育和世俗生活方式，主张在尼日利亚北部各州推行伊斯兰教法，最终推翻尼日利亚联邦政府，建立伊斯兰神权国家。[③] 在2009年以前，“博科圣地”的活动能力尚十分有限。2009年6月，“博科圣地”发动大规模袭击，引发尼日利亚联邦政府的严厉镇压，双方的冲突导致800

① Oluwaseun Bamidele, "Boko Haram Catastrophic Terrorism - An Albatross to National Peace, Security and Sustainable Development in Nigeria," *Journal of Sustainable Development in Africa*, Vol. 14, No. 1, 2012, p. 35.

② Adagba Okpaga, Ugwu Sam Chijioke, Eme Okechukwu Innocent, "Activities of Boko Haram and Insecurity in Nigeria," *Arabian Journal of Business and Management Review*, Vol. 1, No. 9, 2012, p. 82.

③ 参见刘鸿武、杨广生：“尼日利亚‘博科圣地’问题探析”，载《西亚非洲》2013年第4期，第60页。

多人死亡，包括其创始人马哈茂德·优素福在内的多名“博科圣地”领导被击毙。此后，“博科圣地”日益转变为“非洲最残忍、最致命的恐怖主义组织。”[①] 近几年来，该组织的发展有以下几个方面的特征。

第一，“博科圣地”与“基地”组织的联系日趋紧密。2007年，尼日利亚联邦最高法院指出，“博科圣地”创始人马哈茂德·优素福和穆罕默德·贝罗·达马冈等人从“基地”组织获取资金，用以招募恐怖分子。[②] 在组织发展方面，“博科圣地”借鉴乃至照搬了“基地”组织的意识形态宣传和组织发展模式。它采取了控制一座清真寺、建立一所寄宿学校和一个“圣战”团体的组织网络，运用电话、媒体和互联网等手段进行宣传。这一组织模式与“基地”组织同出一辙，它还直接利用“基地”组织伊斯兰马格里布分支的网站进行宣传。此外，“基地”组织伊斯兰马格里布分支和索马里“青年党”还直接为“博科圣地”提供技术培训和恐怖袭击策划。[③] 目前，“博科圣地”已成为“基地”组织在西非进行扩张的重要据点。

第二，恐怖袭击的目标日趋泛化，能力不断增强。在2009年以前，“博科圣地”的袭击目标主要以警察、监狱和政府机构为主，但在2010年以后，其袭击目标日益扩大至普通民众、教堂、市场、超市、学校等民用目标，其活动区域也逐步从过去活动频繁的北部地区扩展至全国的大部分地区。有资料显示，“博科圣地”组织已经渗

---

① Oluwaseun Bamidele, “Boko Haram Catastrophic Terrorism - An Albatross to National Peace, Security and Sustainable Development in Nigeria,” *Journal of Sustainable Development in Africa*, Vol. 14, No. 1, 2012, pp. 35-36.

② 参见刘鸿武、杨广生：“尼日利亚‘博科圣地’问题探析”，载《西亚非洲》2013年第4期，第57页。

③ Adagba Okpaga, Ugwu Sam Chijioke, Eme Okechukwu Innocent, “Activities of Boko Haram and Insecurity in Nigeria,” *Arabian Journal of Business and Management Review*, Vol. 1, No. 9, 2012, p. 82.

透到尼日利亚的 32 个州。[①]“博科圣地”使用的武器从简单低级的武器装置到地对空火箭一应俱全，其打击对象已遍布政治、安保、宗教、教育等各领域的目标。在 2009、2010、2011 年，“博科圣地”制造的爆炸事件分别为 1、11 和 74 起，发动的武装突袭事件分别为 14、35 和 89 起，造成的伤亡人数分别为 220、234 和 845 人，[②]其频率和造成伤亡的人数均呈明显上升的态势。美国发布的 2012 年反恐报告认为，“博科圣地”发动恐怖袭击的数量有明显上升的态势，其“破坏性、活动能力和袭击的组织协调性均有明显的增强”。[③]近两年来，“博科圣地”制造了大规模恐怖暴力活动，其活动方式也更加极端和残忍。例如，2013 年 7 月，该组织袭击东北部约贝州玛姆多村的一所公立寄宿中学，血腥屠杀了 30 多名师生。[④]

第三，严重威胁尼日利亚及其周边地区稳定。尼日利亚北部穆斯林与南部基督教徒的族群矛盾是“博科圣地”产生的重要背景。[⑤]2009 年尼日利亚政府加大对“博科圣地”的打击力度和 2010 年 2 月南方基督教徒乔纳森（Jonathan）当选总统，引发了“博科圣地”的强烈反弹。在此背景下，“博科圣地”恐怖袭击对象的扩大和规模的升级，都进一步加剧了尼日利亚的南北矛盾。尼日利亚诺贝尔文学奖得主沃尔·索因卡（Wole Soyinka）认为，南北矛盾的加剧已经

---

① “Northern Nigeria’s Boko Haram Movement: Dead or Resurrected?” *Terrorism Monitor*, Vol. 8, Issue 12, 26 March, 2010, p. 4.

② 转引自刘鸿武、杨广生：“尼日利亚‘博科圣地’问题探析”，载《西亚非洲》2013 年第 4 期，第 62 页。

③ *Country Reports on Terrorism* 2012, United States Department of State Publication, 2013, p. 27.

④ “博科圣地”，http: //www. baike. com/wiki/% E5% 8D% 9A% E7% A7% 91% E5%9C% A3% E5%9C% B0

⑤ Abimbola Adesoji, “The Boko Haram Uprising and Islamic Revivalism in Nigeria,” *Africa Spectrum*, Vol. 45, No. 2, 2010.

使尼日利亚接近内战状态，并有可能引发尼日利亚的南北分裂;[①] 而尼日利亚总统乔纳森认为，“博科圣地”已经渗透进国家政治和军队的高层,[②] 进而严重威胁国家的政治稳定。打击“博科圣地”还使尼日利亚政府背上了沉重的经济负担，尼日利亚政府2012年的安全支出达9210亿奈拉，约占政府总预算的20%。[③]“博科圣地”的猖獗活动还使尼日利亚的投资环境、旅游环境以及基础设施遭到了严重破坏。此外，“博科圣地”的大本营处在尼日利亚与乍得、喀麦隆和尼日尔交界的东北部地区，由于“博科圣地”进行跨国活动并在周边国家进行人员招募，加之尼日利亚与乍得等国家存在领土争端，尼日利亚认为有周边国家对“博科圣地”进行支持,[④] 进而导致尼日利亚与周边国家的关系趋于紧张。

三、中东地区恐怖主义强势反弹的根源

当前，突尼斯、埃及、利比亚和也门的社会转型已进入深水区，宗教与世俗、民主与民生、改革与稳定等矛盾不断加剧，导致社会秩序十分脆弱，并陷入长期动荡，这一切均构成了有利于恐怖主义发展的肥沃土壤。而“基地”组织的战略调整尤其是意识形态调整和美国反恐战略日趋功利化，也对中东地区恐怖主义的泛滥有重要影响。

---

① 刘鸿武、杨广生:“尼日利亚‘博科圣地’问题探析”，载《西亚非洲》2013年第4期，第64页。

② Andrew Walker, “What is Boko Haram?”, *Special Report*, United States Institute of Peace, June 2012, p. 7.

③ “尼日利亚宣布对‘博科圣地’开战”，http: //world. people. com. cn/CB/16962145. hml, 2012 - 11 - 08.

④ 刘鸿武、杨广生:“尼日利亚‘博科圣地’问题探析”，载《西亚非洲》2013年第4期，第65页。

（一）中东持续动荡有利于恐怖主义的发展

第一，宗教与世俗的严重冲突和对抗有利于滋生恐怖主义。在突尼斯、埃及、利比亚相继发生政权更迭后，伊斯兰主义势力在这些国家的政治进程中迅速崛起。但是，伊斯兰力量的迅速崛起也激化了阿拉伯国家宗教与世俗的尖锐矛盾，使围绕宗教与世俗的阵营分化与对抗日趋严重，并在埃及引发了世俗反对派与军方联手推翻穆尔西政权的所谓“二次革命”。埃及局势陷入严重动荡为“基地”组织借势卷土重来提供了重要机遇。从历史的角度看，1991 年阿尔及利亚军方对即将取得选举胜利的“伊斯兰拯救阵线”进行镇压，导致阿尔及利亚陷入长达 20 年的动荡，不仅付出了 20 余万人丧生的沉重代价，而且直接催生了“基地”组织伊斯兰马格里布分支的崛起和发展。从埃及自身的历史看，埃及政权历史上对穆斯林兄弟会的数次强力镇压，都促使极端派别与穆斯林兄弟会分离，进而走上恐怖主义道路。事实表明，正是在埃及陷入严重动荡之际，“基地”组织发出严重恐怖威胁的信号，令美国如临大敌，采取了关闭 20 多家驻伊斯兰国家使领馆的罕见举措。

针对埃及局势动荡与“基地”组织卷土重来的关系，美国布鲁金斯学会中东政策研究中心高级研究员布鲁斯·里德尔评价指出：“埃及政变以及阿拉伯觉醒运动导致的混乱局面只会为这支激进分子大军（指基地组织）注入更多的好战分子。失败的革命和正走向失败的国家就像是圣战分子的孵化器，它们就像是孕育敌意和格格不入感的潘多拉盒子。”“15 年过去了，‘基地’组织的终结还是遥遥无期。新一代‘基地’组织——即‘基地’组织 3.0——可能会伴随我们许多年。”[①] 近两年来，在伊斯兰政党复兴运动党执政的突尼

① Bruce Riedel, “The Coming of Al-Qaeda”, http: //news. yahoo. com/coming-al-qaeda - 3 - 0 - 165200713. hml

斯，宗教与世俗的矛盾同样尖锐。2013 年 2 月，突尼斯反对党统一民主爱国党总书记肖克里·贝莱德遭暗杀身亡，7 月，世俗派反对党领导人穆罕默德·布拉米遇刺身亡，都引发了民众的抗议浪潮，严重影响了突尼斯的政治稳定。

第二，地方和部落势力坐大创造了有利于恐怖主义的生存环境。 在埃及、利比亚、也门等发生政权更迭的国家，由于政局持续动荡，以及处在重建中的国家政权脆弱、治理能力低下，长期存在的地方势力和部落势力借机不断扩大影响，不仅对民族和解和政治重建构成掣肘，同时也使地方和部落成为恐怖主义势力盘踞的中心。

在也门，南部和北部的地方武装和部落势力与恐怖主义势力的合流，已构成制约也门政治重建的重要因素。自南北也门统一以来，由于历史遗留问题，原南也门地区经济发展滞后，基础设施匮乏，民生困苦，分裂势力“南方运动”由此产生，动荡的南部地区也因此成为“基地”组织半岛分支的大本营。也门北部地区的胡塞运动代表什叶派支派载德派利益，长期对抗也门政权，凭借山区天然地理优势屡次袭击政府和军队目标。2011 年以来，也门胡塞地方武装与逊尼派和政府武装的冲突时有发生。有分析人士指出，“南方运动”、胡塞反政府武装和“基地”组织半岛分支这三股势力一直都是威胁也门安全的不稳定因素，而国内局势的持续动荡更使三大势力趁机扩大了各自的势力范围。①

在利比亚，当前面临的较为突出的问题是原来支持卡扎菲政权的部落力量，由于遭到排挤选择与“基地”组织等恐怖力量的合流。例如，充当原卡扎菲政府雇佣军的图阿雷格部族武装力量流散到马里，并在马里北部萨赫勒地区同“基地”组织伊斯兰马格里布分支组建训练营，构成了马里动荡的重要根源。而阿尔及利亚的自称隶属于“基地”组织的“血色营”组织，又以报复法国出兵马里为

① 程星源：“也门新总统哈迪”，载《国际资料信息》2012 年第 4 期，第 33 页。

名，制造了震惊世界的劫持人质事件。

第三，经济与民生问题的严重恶化构成了滋生恐怖主义的肥沃土壤。民众对高失业率、高通胀率、两极分化严重、腐败肆虐等问题的强烈不满，构成了阿拉伯国家陷入严重动荡的重要原因。但是，在已经发生政权更迭的国家，经济与民生问题不但没有任何好转的迹象，反而陷入了更加严重的危机，进而为恐怖主义的滋生和发展提供了肥沃的社会土壤。首先，政治动荡与经济凋敝的恶性循环，加剧了民众的失望情绪，并极易在陷入绝望后接受恐怖主义意识形态的蛊惑。对此，有西方学者指出，"革命后的混乱与失望将不可避免地为'基地'组织扩展影响提供机遇。"[①] 其次，大量失业人口尤其是青年失业严重，极易促使失业人员将加入恐怖组织作为生存方式的选择。这也恰如埃及学者侯赛因·卡米勒·巴哈丁的分析所言："在那些失去希望、被剥夺工作、备受痛苦和绝望煎熬的人中，……恐怖主义仍将会在世界各地继续存在，而且，随着持续不断的经济萧条及其对政治、社会和心理造成的冲击，恐怖主义还会愈演愈烈。"[②]

第四，利比亚战争的后遗症有利于恐怖主义的发展。首先，利比亚政权更迭导致的枪支泛滥不仅成为利比亚国内最大的治安隐患，而且也为"基地"组织伊斯兰马格里布分支等恐怖组织获取武器创造了条件。卡扎菲政权瓦解后，利比亚的大批武器处于失控状态，其中以肩扛式地对空导弹的流失问题最令西方国家担忧。西方媒体猜测，利比亚拥有超过3000枚肩扛式导弹，其中相当一部分因政权更迭而流失。[③] 有反恐专家指出，"基地"组织伊斯兰马格里布分支

---

① Donald Holbrook, "Al-Qaeda's Response to the Arab Spring," in *Perspectives on Terrorism*, Vol. 6, Issue 6, 2012, p. 5.

② ［埃及］侯赛因·卡米勒·巴哈丁著，朱威烈、丁俊译：《十字路口》，上海外语教育出版社2005年版，第60页。

③ "利比亚大批武器流散民间让西方国家恐慌"，http://xmwb.news365.com.cn/jjlw/201109/t20110915_3135969.htm

已经通过毒品贸易和绑架赎金等方式获得的资金，购买了包括肩扛式导弹在内的武器，增强了发动恐怖袭击的能力。[①] 其次，利比亚战争的外溢效应引发地区局势动荡，恐怖组织借机介入地区热点问题。卡扎菲政权曾招募了利比亚周边国家的大量雇佣军，在卡扎菲政权垮台后，这些力量为谋求生存或者选择加入恐怖组织，进而为“基地”组织伊斯兰马格里布分支等恐怖组织提供了人力资源；或者选择向原属的国家回归，广泛介入到所在国家的民族冲突和教派争端，进而严重恶化了地区安全形势。

第五，叙利亚危机及其外溢效应有利于恐怖主义的发展。首先，“基地”组织积极利用叙利亚的动荡局势进行意识形态渗透，其目标是在大叙利亚地区建立“基地”组织的分支机构。据美国的消息，“基地”组织领袖扎瓦希里已宣布把在沙姆地区建立伊斯兰酋长国作为“基地”组织的新战略。其次，中东区内外的恐怖主义力量不断向叙利亚聚集，叙利亚已成为恐怖主义活动的又一大本营。在地区内部，“基地”组织阿拉伯半岛分支和伊拉克分支等不断向叙利亚进行渗透和扩张。有报道称，“基地”组织阿拉伯半岛分支不断在也门招募成员赴叙利亚进行圣战；“基地”组织伊拉克分支也已经渗入叙利亚，并建立了“胜利战线”。[②] 该组织不仅积极参与了关键地区的冲突，而且运用多种语言通过互联网广泛发布信息招募来自国外的圣战分子。[③] 此外，来自中亚、南亚、高加索车臣以及中国新疆的恐怖分子，也不断从土耳其等国入境叙利亚，混迹于叙利亚反对

① Felipe Pathe Duarte, “Maghrebian Militant Maneuvers: AQIM as a Strategic Challenge”, Center for Strategic and International Studies, September 28, 2011, http://csis.org/publication/maghrebian-militant-maneuvers-aqim-strategicchallenge.

② Brian Michael Jenkins: *Al Qaeda in Its Third Decade: Irreversible Decline or Imminent Victory?*, Santa Monica, CA: RAND, 2012, p. 6.

③ Donald Holbrook, “Al-Qaeda's Response to the Arab Spring,” in *Perspectives on Terrorism*, Vol. 6, Issue 6, 2012, p. 6.

派之中。最后，叙利亚危机的外溢尤其是教派冲突的加剧，导致周边地区严重动荡，有利于恐怖主义的生存发展。叙利亚危机进一步加剧了国内和周边地区的教派冲突，沙特等海湾阿拉伯国家、约旦、土耳其等国家不断配合西方，支持叙利亚逊尼派反对派推翻巴沙尔什叶派政权的斗争；伊朗、黎巴嫩真主党乃至伊拉克什叶派力量则选择支持巴沙尔政权。有国外媒体指出，叙利亚的军事冲突可能引发一场严重的教派战争：由叙利亚逊尼派、沙特和卡塔尔组成的“逊尼派轴心”对抗由叙利亚、伊朗、黎巴嫩真主党等组织以及伊拉克组成的“什叶派轴心”。[①] 叙利亚的教派冲突事实上已经外溢到整个中东地区，尤其以黎巴嫩和伊拉克教派冲突最为严重，并为恐怖主义力量借教派冲突大肆制造暴力恐怖袭击创造了条件。

（二）“基地”组织的意识形态调整增强了恐怖主义的适应能力

中东国家陷入严重动荡以来，国际社会尤其是西方多认为，以民众和平抗议浪潮为表现形式，以发展民主、改善民生、根除腐败为政治诉求的所谓“阿拉伯之春”，削弱了“基地”组织宗教极端主义和恐怖主义的意识形态影响力，并对本·拉登等“基地”组织领导被击毙后的国际反恐形势表示乐观。有西方专家将西方的盲目乐观总结为以下六个方面：第一，“基地”组织的运作能力严重下降；第二，“基地”组织保护者塔利班遭到严重削弱；第三，“基地”组织的核心领导层遭到致命打击；第四，恐怖主义的地方网络遭到严重破坏；第五，“基地”组织对穆斯林民众的杀戮使更多普通穆斯林疏远了对“基地”组织的感情；第六，国际反恐合作的加强

---

① “俄罗斯缘何反对打击叙利亚”，http：//news. xinhuanet. com/cankao/2013 - 09/01/c_ 132681656. htm

限制了恐怖主义的活动能力。①

但是，事实表明，伴随转型阿拉伯国家陷入严重困难和叙利亚危机久拖不决，“基地”组织已初步摆脱“阿拉伯之春”初期的被动局面，并积极通过意识形态调整，积极利用中东北非地区的持续动荡，力图将“阿拉伯之春”的发展纳入“基地”组织的轨道。“基地”组织领袖扎瓦希里通过论坛、视频网站、社交媒体、电子杂志等现代化手段积极输出极端意识形态，力图将“阿拉伯之春”引向“基地”组织的意识形态轨道。其内容主要包括：②

第一，扎瓦希里将“阿拉伯之春”视为实现“基地”组织目标的一部分。他认为，“阿拉伯之春”的目标是推翻世俗的独裁者，这与“基地”组织的目标并不矛盾，推翻世俗独裁者并不意味着斗争的结束，更长远的目标是建立“基地”组织倡导的所谓穆斯林共同体。“阿拉伯民众起义在很大程度上展现了伊斯兰的方向，他们揭竿而起旨在推翻涂炭穆斯林生命、妨碍伊斯兰目标实现的美国的代理人政权”。扎瓦希里针对埃及发出的呼吁强调：“我的埃及穆斯林兄弟，一个腐败的统治者已经被推翻，但腐败的统治依然存在。……我们的目标是实现伊斯兰的统治。……最大的灾难是刚刚掌权便陷入非伊斯兰的统治。”

第二，扎瓦希里对“阿拉伯之春”后建立的所谓“非伊斯兰政权”予以强烈谴责，呼吁穆斯林民众建立实施伊斯兰教法的伊斯兰国家。扎瓦希里对革命后阿拉伯国家的选举予以了强烈谴责。他谴责突尼斯伊斯兰政党复兴运动党“发明了一种令美国国务院、欧盟和海湾领导人满意的伊斯兰”，这是“一种满足自身需要的伊斯

---

① Brian Michael Jenkins：*Al Qaeda in Its Third Decade*：*Irreversible Decline or Imminent Victory*?，Santa Monica，CA：RAND，2012，p. 2.

② 以下扎瓦希里的言论均转引自 Brian Michael Jenkins，*Al Qaeda in Its Third Decade*：*Irreversible Decline or Imminent Victory*?，Santa Monica，CA：RAND，2012，pp. 8 – 13.

兰”，是“丧失了圣战的伊斯兰”，而埃及穆斯林兄弟会也“已经放弃了建立合法的穆斯林政府以取代现行世俗政府的追求”。

第三，“基地”组织试图将阿拉伯国家的内部挑战与外部挑战联系起来，不断警告穆斯林民众在进行内部反独裁斗争的同时，不要忘记反对外部敌人即西方和美国的根本目标，要继续进行反对西方的“圣战”。扎瓦希里呼吁反抗独裁的穆斯林民众要时刻铭记，“你们的兄弟——穆斯林游击队员与你们在一起与共同的敌人战斗”；“我们确信所有的穆斯林都是穆斯林游击队的战友，真主希望我们不遗余力地将克什米尔、菲律宾、车臣、伊拉克和巴勒斯坦的穆斯林从占领者手中解放出来。我们祝福突尼斯、埃及、利比亚、也门和叙利亚的起义，我们都在与他们一起进行反对美国及其帮凶的战斗。”

实践证明，意识形态的传播渗透能力构成了“基地”组织的核心影响力。而转型阿拉伯国家经济与民生问题的持续恶化、宗教与世俗势力的对抗、教派矛盾的激化、利比亚战争和叙利亚内战的灾难性影响，也为“基地”组织意识形态的渗透提供了社会环境。美国联邦调查局前特工阿里·苏凡于2013年8月7日在《华尔街日报》网站撰文指出，“基地”组织的意识形态“过去主要存在于波斯湾和阿富汗。如今，它四处蔓延，西至西非，东到东南亚。在西方的反恐策略当中，有效打击该组织的意识形态是个薄弱环节。”①

（三）美国中东反恐战略的收缩有利于恐怖主义的发展②

奥巴马一直试图改变布什执政时期全球反恐战争（war against

① 阿里·苏凡：“‘基地’组织为何能卷土重来”，载《参考消息》2013年8月13日。

② 详尽论述参见刘中民：“奥巴马政府中东反恐政策述评”，《国际观察》2013年第4期，第1~8页。

terror）主导美国安全与外交战略的不利局面，力求使反恐政策成为美国安全与外交战略的一部分，进而将更多的战略资源投入到应对经济危机，防范新兴大国崛起等重建美国领导地位的全球战略之中，但又要收到可以彰显的反恐效果。用奥巴马自己的话说，美国应进行“在道德上更容易被接受，更加集中、更加灵巧、更加有效的反恐战役”①，进而实现“打击、瓦解直至最终战胜基地组织及其分支机构和支持者，以确保美国公民和美国利益安全”② 这一反恐战略目标。

奥巴马政府的总体反恐战略的特点包括：首先，强调美国的反恐对象为信奉“暴力极端主义”的“基地”组织，美国的反恐斗争既不是针对伊斯兰教的战争，也不是针对伊斯兰世界的战争。其次，力图改变美国因反恐战争不断恶化的国际形象，致力于通过政治、经济、外交、文化等多种手段，消除中东地区的反美主义根源，重塑美国与伊斯兰世界的关系。

2011 年 6 月 29 日，奥巴马政府发布《国家反恐战略》，它既是对奥巴马执政以来反恐政策的总结，同时也是因应本·拉登被击毙、美国从伊拉克和阿富汗撤军、中东变局等形势变化的产物。该报告强调，中东地区仍是美国全球反恐的重点区域，但美国反恐的对象更加明确化，主要锁定在与“基地”组织关系密切的重点区域和组织，以及主要的“支持恐怖主义国家”，旨在锁定反恐重点，增强反恐实效。

在反恐手段上，除强调反恐合作、综合运用多种手段、支持地区国家增强反恐能力建设等举措外，奥巴马政府反恐手段的重大变

① “Obama's remarks on Iraq and Afghanistan”, *New York Times*, 15 July 2008. http：//www.nytimes.com/2008/07/15/us/politics/15text-obama.html， accessed 14 June 2011.

② National Strategy for Counterterrorism, June 2011. http：//www.whitehouse.gov/sites/default/files/counterterrorism_ strategy.pdf. p. 1.

化突出表现为改变布什政府的反恐战争和政权更迭等战争手段，转而选择更加灵活、机动的反恐手段，特别重视运用无人机打击和特种部队定点清除等手段，以增强反恐的实战效果。美国目前在非洲、阿拉伯半岛和也门秘密修建了无人机基地，重点打击索马里和也门的“基地”组织。

奥巴马政府在中东反恐的成效主要体现在三个方面：第一，美国本土安全相对得到了较好的保障，当前美国面临的威胁主要是与“基地”组织有密切关系的“独狼”，但他们试图发起的恐怖袭击都属未遂事件，进而使美国本土未发生重大的恐怖袭击事件。第二，击毙本·拉登等一批恐怖主义领导人物，是美反恐斗争取得的重大政治胜利。第三，奥巴马结束伊拉克战争，将反恐中心东移至阿富汗和巴基斯坦的战略取得了相对成功。

但是，奥巴马的中东反恐战略并未改变美反恐战略治标不治本的本质，美国在中东面临的恐怖主义威胁并没有得到根本改变，美国与伊斯兰世界的对立也未能得到缓解。第一，奥巴马政府在推动中东和平进程方面有始无终，在伊朗核问题上无突出建树，应对“阿拉伯之春”尤其是叙利亚危机的举棋不定，使美国在中东的战略困境未能得到改变。第二，美国对中东变局后恐怖主义将日趋衰落的过度乐观，使美国的中东政策存在着较大的误判，尤其是忽视了“基地”组织的反弹能力和意识形态的社会动员能力，而美国在“阿拉伯之春”过程中的双重标准，也进一步加深了中东地区反美主义浪潮的反弹。第三，在反恐实践中，美国违反国际法，运用越境打击、无人机轰炸等“秘密战争”手段，造成了大量无辜平民的伤亡，遭致了中东伊斯兰国家和穆斯林民众的强烈反对；而驻阿富汗士兵虐杀平民、焚烧古兰经事件和亵渎伊斯兰先知的电影事件等都进一步加剧了穆斯林民众的反美、仇美情绪。

综上所述，从中东地区恐怖主义的发展及其根源来看，可以得出以下几点结论。

第一，“基地”组织仍然是全球恐怖主义的核心，但其发展呈现出典型的多中心化和日趋分散化的特征。“基地”组织及其分支领导人逐渐转变战术策略，日益改变了过去垂直领导的组织结构，转向扁平化、分散化的组织结构，其分支力量活动能力日趋增强，呈现出“核心弱，分支强”的发展态势，并在中东地区形成“基地”组织分支机构、亲“基地”组织的关联机构、信奉“基地”组织意识形态的个体等多层次恐怖势力，呈现出明显的分散化、本土化、个体化的特征。①

第二，受中东变局的影响，西亚地区的恐怖势力主要表现为“基地”组织阿拉伯半岛分支、伊拉克分支等传统恐怖势力的强势反弹，而叙利亚则因为内战久拖不决成为包括“基地”组织在内的全球圣战分子聚集的大本营。在北非地区，盘踞在阿尔及利亚的“基地”组织伊斯兰马格里布分支与近年来崛起的索马里“青年党”、尼日利亚“博科圣地”组织等恐怖组织，利用北非阿拉伯国家动荡、利比亚战争、马里内战等地区性危机，大肆进行恐怖活动，并已经在北非、东非和西非形成鼎足之势。

第三，阿拉伯国家持续动荡、“基地”组织的意识形态和策略调整，以及美国中东反恐战略的收缩构成了恐怖主义强势反弹的根源。转型阿拉伯国家宗教与世俗势力的严重对抗、地方和部落势力坐大、经济与民生问题的持续恶化、利比亚战争后遗症、叙利亚内战的久拖不决及其外溢效应均构成了有利于恐怖主义发展的肥沃土壤；“基地”组织利用转型阿拉伯国家的严重困难和利比亚战争、叙利亚内战等地区热点问题，积极进行意识形态和策略调整，力图将“阿拉伯之春”引向“基地”组织的发展轨道，使其生存能力和适应能力不断增强；美国中东战略和反恐战略收缩使恐怖主义面临的反恐压

---

① Brian Michael Jenkins, *Al Qaeda in Its Third Decade: Irreversible Decline or Imminent Victory?*, Santa Monica, CA: RAND, 2012, p. 4.

力下降，而美国在中东变局中执行双重标准，违反国际法越境打击导致大量平民伤亡，则进一步加剧了中东地区反美主义情绪的高涨，都构成了有利于恐怖主义发展的重要因素。

专题报告一

转型与改革中的阿拉伯国家

埃及的政治与社会转型①

郑州大学历史学院　**陈天社**

【内容提要】

在穆尔西执政的一年中，纷争、冲突不断是其显著特点，主要表现在穆尔西政权与军方、司法界和世俗反对派的冲突，最终导致军方废黜穆尔西的总统职务。穆尔西执政时期，制定和颁布了新宪法，努力推行平衡外交政策，但在内政上无所建树，经济形势严峻。穆尔西政权昙花一现的原因有四：第一，穆尔西与穆斯林兄弟会热衷于追逐权力，没有治国理政之方。第二，穆尔西政权未能解决经济和民生问题。第三，穆尔西政权已失去一大部分民心。第四，埃及军方得到国内外支持。从深层次上看，近年来埃及的动荡源于埃及政治与社会转型的三大困境：世俗与宗教对抗之困、经济发展模式之困、民主化之困。从目前形势看，埃及军方与过渡政府虽已控制局势，但仍面临两大严峻挑战：一是如何实现安全稳定和克服经济危机；二是政治过渡的路线图能否顺利实现。埃及的转型是个长期而艰难的过程，需要从根本上探索出一条适合埃及国情的现代化道路，解决长期存在的发展困境。

① 2013 年度河南省高校科技创新人才支持计划（人文社科类）、河南省高等学校哲学社会科学创新团队“犹太—中东史创新团队”支持计划（项目编号：2013 – CXTD – 01）阶段成果。

2012 年 6 月 30 日，穆尔西就任穆巴拉克倒台后的埃及首任民选总统。但仅过了一年，穆尔西便于 2013 年 7 月 3 日被军方罢免。一年多来，无休止的纷争、冲突成为埃及的常态，开罗的解放广场成为埃及各方竞相表演的舞台。那么，穆尔西政权为何昙花一现？埃及动荡不休的深层次原因是什么？埃及政局演变的前景如何？本文将就此做一探讨。

一、一年来埃及的对抗与冲突

在 2012 年总统选举结果公布前，穆尔西曾承诺，他将致力于建设一个“世俗、民主、宪政”的现代化国家，自己将成为所有国民的仆人，保证不会采取复仇和清算政策[①]。他还放弃了自由与正义党主席及穆斯林兄弟会领导人的身份，竭力展示担任全民总统的姿态。然而，在穆尔西当政的一年时间里，埃及却陷入一系列纷争和对抗之中，游行、示威、抗议浪潮风起云涌。据埃及媒体统计，穆尔西执政时期民众抗议示威达到 9400 多次，2013 年以来每月平均超过 1000 次[②]。埃及的纷争，主要表现为三大冲突。

（一）军方与穆尔西政权的冲突

早在穆尔西当选前，埃及军方就对穆斯林兄弟会采取了防范措施。2012 年 6 月 17 日，埃及军方发布补充宪法声明，宣布新人民议会选举产生之前，武装部队最高委员会收回制宪立法权、对外宣战权以及国家预算决策权等核心权力。虽然军方如期于 6 月 30 日把权力移交给了穆尔西，但双方的明争暗斗一直存在，穆尔西

① “埃及军方祝贺穆尔西当选总统”，载《东方早报》2012 年 6 月 25 日。

② 伍亚非：“转型变革需扎根现实”，载《人民日报》2013 年 7 月 19 日。

也不断向军方发起挑战。7 月 8 日，穆尔西发布第 11 号总统令，撤销军方解散议会的决定。埃及军方则于 7 月 9 日发表声明，称解散人民议会是军方基于最高宪法法院的判决、在其职权范围内采取的行政措施，呼吁有关各方尊重补充宪法声明的内容。8 月 12 日，以西奈半岛检查站发生多起袭击为由，穆尔西解除了国防部长坦塔维和总参谋长阿南的职务，任命原军队情报首长塞西为武装部队总司令兼国防部长，任命原第三军团司令苏卜希为总参谋长。他还解除了海军司令、防空军司令和空军司令的职务，下令取消军方 6 月发布的补充宪法声明，同时颁布新宪法声明，收回立法权。

军方领导人塞西虽得到穆尔西的重用，也多次表示不介入政治，但他始终关注着埃及政局的变化。2013 年 6 月，埃及反政府示威高涨。塞西于 6 月 23 日发表公开演讲，阐明军方立场，并敦促各方在一周内解决国内危机。6 月 30 日，埃及爆发举行全国性游行，要求穆尔西下台。7 月 1 日下午，塞西发表电视讲话，要求各派政治势力在 48 小时内解决当前危机，否则军队将义不容辞地为未来宣布一份路线图，并监管路线图的实施。穆尔西则发表声明拒绝军方发出的最后通牒。7 月 3 日，在与穆尔西谈判失败后，军方与穆尔西、穆斯林兄弟会彻底摊牌，以未能化解政治危机为由解除了穆尔西的总统职务。

（二）穆尔西政权与司法界的冲突

穆尔西视司法界为旧政权的堡垒，双方的矛盾和冲突尤为激烈。2012 年 7 月 8 日，穆尔西上任仅一周后就发布总统令撤销埃及最高法院解散议会的决定。最高宪法法院则针锋相对，于 7 月 10 日裁定穆尔西的总统令无效，中止执行，后穆尔西不得不宣布尊重最高法院的裁决。9 月 23 日，埃及最高行政法院裁定年初选出的人民议会不具备法律效力。10 月 11 日，穆尔西免去总检察长马哈茂德的职务并任命其为驻梵蒂冈大使，上诉法院则坚决抵制。两日后，迫于压力，穆尔西同意马哈茂德保留原职。11 月 22 日，穆尔西再次免去马哈茂德总检察长职务。11—12 月，埃及围绕新宪法草案发生争执。12 月 2 日，埃及最高宪法法院原本有机会对新宪法草案的合法性问题及其主要争议点作出裁决，但当支持穆尔西的示威者包围最高宪法法院后，后者随即宣布“无限期”暂停工作，任由新宪法草案陷入危机。

除最高宪法法院的“不作为”外，埃及法官组织也宣布抵制新宪法公投、拒绝监督公投。2013 年以来，穆尔西与埃及司法部门的对抗持续不断。2 月 23 日，穆尔西颁布人民议会选举的总统令，而埃及行政法院于 3 月 6 日作出裁决，称议会选举法的通过程序不合法，使这一总统令无效。7 月 2 日，埃及最高上诉法院做出最终裁决，下令恢复被穆尔西解除的总检察长马哈茂德的职务，取代穆尔西任命的阿卜杜拉。

此外，穆斯林兄弟会一直想利用其在协商会议中的多数席位改革现行司法制度。在协商会议草拟的《司法权力法》修正案中，将法官的退休年龄从 70 岁降低为 60 岁。一旦该修正案通过，埃及将有近 3000 名法官退休，最高宪法法院的 11 名法官中也将有超过半数退休。埃及司法界对此表示强烈反对。在此背景下，司法部长马基宣布辞职，他在辞职声明中强调，所谓“净化”司法系统的示威活动，侮辱了司法尊严和独立；要求法官提前退休的提议，根本就未征求法官意见，是穆斯林兄弟会的一意孤行①。

（三）穆尔西政权与世俗反对派的冲突

穆尔西当政后，世俗力量组成反对派，主要由自由派、旧政府

① 黄培昭：“埃及内阁改组凸显深层矛盾难解”，载《人民日报》，2013 年 4 月 26 日。

势力以及其他非伊斯兰派别构成。穆尔西政权与反对派的矛盾不断激化。在新宪法草拟过程中，世俗政治力量不满穆斯林兄弟会为首的宗教政治势力强加意志，认为新宪法草案不能代表所有埃及人的诉求，其22名制宪委员会成员于2012年11月19日宣布退出了制宪委员会，带领民众举行院外抗议活动，指责穆尔西和穆斯林兄弟会实施新的“独裁”统治，抗议将宗教的利益凌驾于国家利益之上。世俗派对埃及新宪法草案中关于总统职权的规定也提出了质疑。11月22日，穆尔西颁布宪法声明，规定总统有权任命总检察长，强调在新宪法颁布及新议会选出前，总统发布的所有总统令、宪法声明、法令和政令均为最终决定，任何方面无权更改。各反对派当即上街示威抗议。11月24日，35个世俗力量成立全国拯救阵线，旨在阻挠新宪法的通过。12月1日，穆尔西宣布12月15日就新宪法草案举行全民公决，反对派举行了大规模抗议示威。在反对派的抗议下，穆尔西于12月9日被迫颁布新宪法声明，废除了11月22日颁布的宪法声明。

2013年以来，反对派与穆尔西的对立更趋尖锐。反对派不断示威，要求穆尔西改组政府。在反对派的压力下，穆尔西被迫于2013年1月和5月两次改组政府。对穆尔西2013年2月颁布的关于议会选举的总统令，全国拯救阵线率先提出抵制。2013年6月，反对派接连发动要求穆尔西下台的全国性游行示威。宪法党主席、全国拯救阵线总协调员巴拉迪指责穆斯林兄弟会窃取了埃及革命成果，要求穆兄会放弃政权，提前进行总统选举，同时要求领导埃及过渡时期的军事委员会为其铺平道路。青年运动领导人马哈茂德·阿菲菲也认为，穆斯林兄弟会试图“谋杀革命”[①]。此外，反对派还拒绝穆

① 中国网：“埃及反对派称穆兄会窃取革命成果管理国家失败”，http://www.china.com.cn/international/txt/2013-06/21/content_29189136.htm，2013-06-21。

尔西发起的全国对话倡议，多次举行全国范围内的示威游行活动，要求穆尔西下台。

埃及局势长期动荡，各方争执不休，为军方再次出手提供了良机。从总体上看，在一年多以来的埃及政局演变中，穆斯林兄弟会是最大的输家，其突出表现是穆尔西政权被推翻，穆斯林兄弟会再次沦为非法组织。

二、穆尔西政权的执政举措及被推翻的原因

（一）穆尔西政府的执政举措

1. 颁布新宪法

埃及新宪法的制订进程非常曲折。2011 年 3 月 19 日，埃及对关于总统选举改革的宪法修正案（内容主要涉及总统候选人资格、总统任期、议员资格等 9 项议题）进行全民公决。2012 年 3 月 26 日，新选举的人民议会组建了国家制宪委员会，负责起草新宪法。不过，这个新组建的制宪委员会很快就于 4 月 11 日被埃及行政法院叫停，理由是这个委员会受到伊斯兰政党的控制，无法反映埃及国内政治和社会的多样性。2012 年 6 月，新的制宪委员会宣告成立，开始了新宪法起草工作。新宪法草案初稿于 10 月 10 日公布。11 月 30 日，制宪委员会表决通过草案，并将其提交穆尔西。12 月 1 日，穆尔西宣布当月举行新宪法草案公民投票。在 12 月 15 日至 22 日两阶段的强行公投中，新宪法草案最终以 63.8% 的支持率获得通过，但投票率仅为 32.9%。

埃及新宪法共 234 条，分国家与社会、权利与自由、国家权力机构、独立机构和监督机构、最终条款和过渡条款五章。新宪法在规定埃及人民在政治、经济、社会和伦理道德领域权利和义务的同时，规定伊斯兰教法为立法的主要来源。新宪法规定的总统权利和

义务主要包括：总统有权任命最高宪法法院院长；总统只可连任一届；总统只能在与国防委员会协商并得到议会批准后才能宣战和对外派兵；总统对于国防部长的任命必须从现有的军队高级指挥官中挑选、军费的规划必须由国家防务委员会制定，以及军事法庭有权对“伤害军队权益”的埃及公民进行直接审判。

新宪法立即引起了巨大争议和对抗。世俗力量希望按照世俗化的标准制定宪法和改造社会，以避免埃及的“伊斯兰化”，科普特基督教徒及其政治派别也同样强烈反对埃及的伊斯兰化。自诞生之日起，新宪法的法律效力便受到司法界的冷落，立法的职能也从未付诸实践，其自身的合法性也未得到所有埃及人的认可。2013 年 7 月 3 日，军方宣布停止新宪法，这部短命宪法很快便成为历史。

2. 经济举措

穆巴拉克被推翻后，埃及经济面临严峻形势。以旅游业为例，2011 年埃及的游客数量减少三分之一，收入降至 88 亿美元，比 2010 年的 125 亿美元锐减 30%①。在选举纲领中，穆尔西承诺削减通货膨胀和公共债务，扩大基建支出，维持各种补贴，并在第一任期内将失业率降低至 7%②。为此，穆尔西政府将恢复旅游业和争取国际援助作为施政的主要方向。

为增加税收，穆尔西政府修订了所得税法（2013 年 11 号法令）、房地产税法（2012 年 101 号法令）和印花税法（2012 年 104 号法令），还颁布了债券法③。穆尔西还尝试改革补贴制度。2013 年第一季度，在一些城市和省份推行新的面包补贴制度，即公民凭借

① “埃及新政府经济政策趋向初显”，http://news.xinhuanet.com/world/2012-08/06/c_112635934.htm，2012-8-6。

② “Meet the candidates: Morsi vs Shafiq,” Aljazeera, http://www.aljazeera.com/indepth/spotlight/egypt/2012/06/201261482158653237.html, 24 Jun 2012,

③ Ibrahim al-Ghitany, “The performance of the Egyptian economy under Morsy,” *Egypt Independent*, 25/06/2013.

电子卡设备每天从国有面包房限额领取政府补贴的黑麦面饼三张，并进行严格的审查和统计，以遏制面粉走私。埃及的社会弱势阶层即占人口 40% 左右的贫困人口都依靠政府补贴为生。但这种一刀切的限量领取制度和对面包工厂缺乏监督机制，都引发了许多人的不满[①]。

穆尔西虽然承诺发展经济，但埃及经济状况一直停滞不前。在他执政的前 9 个月，埃及经济增长率仅为 2.3%，2013 年第一季度失业率也升至 13.2% 的新高。2012/2013 财年埃及的预算赤字由上一财年的 1667 亿埃镑暴增至 2399 亿埃镑，增长 44%，约占整个国内生产总值的 13.8%[②]。预算赤字导致埃及内外债务进一步增加，截止 2013 年 3 月底，埃及地方公共债务高达 1.3 万亿埃镑（2012 年 3 月份时这一数字约为 1.09 亿埃镑），相当于国内生产总值的 80%，而外债在 2013 年 6 月份已攀至 440 亿美元[③]。2013 年 6 月，埃及外汇净储备降至 149.22 亿美元（2011 年初为 360 亿美元）[④]。

3. 对外关系

穆尔西上台后，致力于推行平衡外交方针。他在接受路透社采访时表示，“所有国家之间的关系都是开放的，这一关系的基础是平衡。我们不反对任何人，但是我们要实现我们的利益。”[⑤]

（1）埃及与美国等西方国家关系。穆尔西当选后，美国总统奥巴马第一时间发来贺电，并盛邀其 9 月访美。穆尔西就职仅半个月，美国国务卿就希拉里就到访埃及，承诺美国将免除埃及 10 亿美元债

① “埃及将执行面包限购制度，凭面包卡领取定量面饼”，《观察者》，2013 年 2 月 7 日。

② “Ministry of Finance: Total budget deficit at LE239.9bn,” MENA, 13/09/2013.

③ Ibrahim al-Ghitany, “The performance of the Egyptian economy under Morsy,”.

④ “Egypt's budget deficit to decline in 2013/2014 fiscal year,” *Daily News Egypt*, July 31, 2013.

⑤ 吴冰冰：“穆尔西主义的实质”，载《东方早报》2012 年 9 月 3 日。

务，同时向埃及提供2.5亿美元的贸易信贷担保，建立6000万美元的投资基金。但美国对穆尔西的伊斯兰背景深为疑虑。2013年7月初，穆尔西政权被推翻，美国并没有把埃及军方的行动定性为政变，实际上是乐见其成。

穆尔西还积极争取欧盟国家的支持和援助。2012年9月12日，穆尔西访问欧盟总部布鲁塞尔和意大利；2013年1月30日，穆尔西访问柏林，但收获甚微。德国总理默克尔虽表示支持埃及的民主过渡进程，但同时强调埃及不同政治势力进行对话和尊重人权的重要性。在经济援助问题上，德国虽承诺支持埃及的经济建设，但却设定了许多政治前提，甚至连减免债务的问题也没有最后搞定[①]。

（2）埃及与中东国家关系。穆尔西当选后，沙特阿拉伯承诺向埃及中央银行提供10亿美元资金、5亿美元经济援助，还准备拨款2.5亿美元，以便向埃及出口天然气[②]。2012年6月，沙特批准了向埃及提供总额4.3亿美元的经济援助计划，还宣布给予埃及7.5亿美元信贷，资助其石油产品进口[③]。2012年7月11日，穆尔西访问沙特阿拉伯，其目的是要打消海湾国家的疑虑，建立信任，争取更大的政治与经济支持。据沙特《利雅得报》报道，在启程访问沙特前夕，穆尔西曾公开表示不会输出革命。

在与以色列关系上，穆尔西采取了务实态度，他于2012年9月2日任命了驻以色列的新大使，实际上维持了埃以现有关系。在与巴勒斯坦关系上，穆尔西特别加强了与哈马斯的关系。穆斯林兄弟会和哈马斯本就有密切关系。2012年7月底，埃及放松了对加沙地带的封锁。一年来，哈马斯领导人频频造访开罗。2012年11月，在

---

① 柴野："穆尔西访德为何空手而归"，载《光明日报》2013年2月2日。

② 石页："穆尔西'处女访'给了'传统密友'沙特"，载《青年参考》2012年7月18日。

③ 石页："经济让沙特对埃及如此重要"，载《青年参考》2012年7月18日。

以色列打击加沙时，穆尔西不仅发表声明支持哈马斯，还派总理甘迪勒访问加沙以示声援，足见穆尔西对哈马斯的重视。

在叙利亚问题上，穆尔西支持叙利亚反对派。2013 年 6 月 15 日，穆尔西宣布："我们决定同叙利亚的现政权断绝所有关系，埃及人民将从道义上和物质上支持叙利亚人民的斗争，埃及和埃及军队将和叙利亚人民站在一起，直到叙利亚人民实现自己的权利和尊严。"穆尔西还公开支持在叙利亚建立禁飞区，表示将召回埃及驻叙利亚外交人员，并关闭叙利亚驻埃及使馆。穆尔西在讲话中还谴责了黎巴嫩真主党："真主党武装必须离开叙利亚，这是非常严肃的，叙利亚没有真主党的一席之地。"①

埃及与伊朗关系的变化十分引人注目。1979 年伊朗伊斯兰革命后，埃伊两国长期交恶。穆巴拉克下台后，两国关系有缓和迹象。2012 年 8 月 30 日，穆尔西出席了在德黑兰举行的第十六届不结盟运动峰会，成为自 1979 年以来访问伊朗的第一位埃及总统。2013 年 2 月 5 日，伊朗总统内贾德访问开罗，成为近 30 多年来访问埃及的首位伊朗总统。

（3）埃及与金砖国家关系。穆尔西非常重视发展与金砖国家关系，在其执政的短短一年间，他先后访问了中国（2012 年 8 月）、印度（2013 年 3 月）和巴西（2013 年 5 月），还出席了 2013 年 3 月在南非举行的金砖国家峰会。

总之，穆尔西政府执政一年间在外交上不乏亮点，但在内政方面却乏善可陈。

（二）穆尔西政权垮台的原因

穆尔西上台之时，埃及民众曾对其抱有很高的期待。2012 年 10

① 张梦旭、李博雅："埃及同叙利亚政府断交"，载《人民日报》2013 年 6 月 17 日。

月，他的支持率一度高达80%[1]，但随后迅速下降。据2013年4至5月的佐格比民意调查，军队享有94%的支持率，而穆尔西的支持率从57%急剧下滑到28%[2]。在穆尔西执政一周年之际，穆尔西政权在军方的干预下迅速倒台，其原因是多方面的。

首先，穆尔西与穆斯林兄弟会热衷于追逐权力，缺乏治国理政能力。

穆尔西是以微弱优势胜出的，虽表态要做全民总统，但他和穆斯林兄弟会并没有与其他世俗派别分享权力，却热衷于追逐权力。穆尔西不断挑起与军方、司法部门的争端，核心就是要扩大权力。在穆尔西的几次政府改组中，他不断撤换非穆斯林兄弟会势力的部长，加强穆斯林兄弟会的权力。经过2013年5月的政府改组，穆斯林兄弟会成员在内阁中占据的席位由8个增加到10个。穆尔西还加强对地方的控制。在穆尔西政权被推翻前埃及的27个省中，有穆斯林兄弟会背景的省长达11人（其中7人是6月份突击任命的）。

在穆尔西执政的一年中，虽提出“百日计划”等施政纲领，但基本上未能实现，许多政策的出台也欠周全考虑。例如，穆尔西政府出台的《税法改革计划》、改革美元拍卖制度等举措均未成功。埃及经济政策的混乱在汽油价格变动一例中表现得更加明显：政府宣布上涨油价，立即造成社会恐慌；而后又迅速撤销这一政策，导致更加严重的社会恐慌。

穆尔西也没有推动埃及各派的和解，而是不断推行伊斯兰色彩浓重的政策，挑战军方权威，冷落司法系统，加剧社会分裂，这给世俗反对派提供了“二次革命”的理由。面对世俗派的不满和抗议，穆尔西拒不接受妥协，导致矛盾不断加剧，并形成“动荡加剧不满

---

① 于杰飞：“埃及还能走出动荡阴影吗?”，载《光明日报》2013年7月4日。

② 新华网：“军方真能决定埃及的命运?”，http://news.xinhuanet.com/world/2013-07/04/c_124958668.htm，2013-7-4。

一不满又加剧动荡”的恶性循环。俄罗斯中东研究所所长叶夫根尼·萨塔诺夫斯基指出：“穆尔西非常好斗，他自认为是名副其实的总统，而且是终身总统，便与法院、媒体、将军、警局吵架，甚至与穆斯林兄弟会的许多领导人争吵。”① 美国布鲁金斯中东研究中心的高级研究员埃尔金迪也称，“穆尔西最大的错误就在于把选举中的微小成功当成了全国人民对于穆斯林兄弟会极具争义的伊斯兰教法主张的支持，这让他渐渐与其他党派开始疏远。”②

面对危局，穆尔西个人缺乏应变力。在军方最后通牒期限结束前，穆尔西通过总统府发表声明，表示了拒不妥协的强硬态度，这也是导致他最终下台的一个重要原因。对此，尼日利亚《先锋报》称：“对很多人来说，穆尔西的境遇让人想起《圣经》中那位法老，他拒绝听从警告，即不释放囚禁中的犹太人，厄运将降临其身，最终为此丧了命。而穆尔西也没有听从军方的最后通牒。”③

其次，穆尔西政权未能解决经济和民生问题。

在埃及政局变化前五年，埃及经济增速一直保持在6%左右。埃及剧变后，经济增速明显放缓。为此，穆尔西就职后推出了多项举措，如“百日计划”、能源补贴改革等，力图尽快恢复埃及经济发展，解决民生问题。然而，受制于复杂的国内政治局势，以及经济领域多年形成的结构性矛盾，新政府在恢复经济方面难以有所作为，埃及经济状况持续恶化，国家主权信用评级已与希腊的评级处于同一档次即“高危”级别。在经济增长无力的同时，通货膨胀率则不断攀升。埃及民众对药品缺乏、食品和汽油价格上涨、货币贬值等强烈不满，有民众抱怨说：“这种状况之前从来没有过，埃及经济已

---

① 新华网：“‘阿拉伯之春’走向自我毁灭，4 天抗议 90 名妇女被强奸”，http://www.xinhuanet.com/world/jsbd.htm，2013 年 7 月 9 日。

② 袁幼林：“埃及转型的代价”，载《南方周末》2013 年 8 月 26 日。

③ “媒体称穆尔西像圣经中的法老，厄运终将降临”，载《环球时报》2013 年 7 月 15 日。

经完全乱掉了。”①

针对埃及的经济困境，穆尔西政府认为主要是外援不到位造成的。实际上，穆尔西政府显然难辞其咎。有美国学者评价指出：穆尔西“政府似乎采用了前政权的新自由主义经济政策，而这并不能解决埃及经济的脆弱结构。经济政策持续依赖外部来源，比如国外援助、旅游业、苏伊士运河和工人的国外汇款。他们并没有出台开发生产部门的政策，比如农业和工业，对于国内的小企业几乎没有任何扶持政策。”②

最后，埃及军方得到国内外支持。

自 1952 年革命以来，军队就成为埃及的中坚力量。埃及三代领导人纳赛尔、萨达特和穆巴拉克都是军人出身。2011 年 2 月穆巴拉克下台的关键原因就在于他失去了军方的支持。穆尔西执政后，随着埃及政治和社会动荡的加剧，军方何时出手成为埃及国内外关注的焦点问题。早在 2013 年 3 月，就有许多报纸发表文章讨论埃及军队重新掌权问题。如伦敦的《生活报》于 2013 年 3 月 13 日发表题为“埃及：人民想要军队回来”的文章，埃及《金字塔报》于 2013 年 3 月 16 日发表题为“所有道路都通向军队”的文章。阿联酋《宣言报》刊文指出：“埃及现在处于最坏状况，国家装在闷热的锡罐里，严重的经济、政治和社会困难使国家窒息。看不到有人进行应对，埃及就像一艘迷失在大海里的轮船，没有船长，没有船员，没有航海设备，没有可供停靠的海岸。普通民众视军队为能干合格的机构，有能力治理国家，除了授权给军队以外别无他法。”③ 到 2013 年 6 月底 7 月初，埃及各方都把目光投向了军方，包括世俗反对派

---

① 赵忆宁：“埃及革命经济账”，载《瞭望东方周刊》，2013 年 4 月 15 日。

② 赵忆宁：“埃及革命经济账”，载《瞭望东方周刊》，2013 年 4 月 15 日。

③ 奈比勒·欧麦尔：“埃及军队与回归政权”，载阿联酋《宣言报》2013 年 3 月 19 日，转引自《中东研究资讯》2013 年第 3 期，第 5 页。

代表人物巴拉迪、科普特大主教以及爱资哈尔大教长都表态支持军方声明。

从外部来看，军方的行动不仅得到美国的默许乃至暗中支持，还得到沙特等海湾阿拉伯国家的支持。穆尔西被埃及军方解职后，沙特阿拉伯和阿联酋很快表示将分别向埃及提供50亿美元和30亿美元的经济援助。在沙特的带动下，阿联酋、科威特、巴林、阿曼都表示支持埃及临时政府。

三、埃及政治与社会转型的困境

从深层次看，2011年以来埃及的乱局源于埃及政治与社会转型的困境。

（一）世俗与宗教对抗之困

世俗与伊斯兰两种力量的斗争一直贯穿于近代以来的埃及现代化进程之中。2011年埃及剧变后，以穆斯林兄弟会为代表的伊斯兰派别与世俗派别之间的较量，仍然是埃及近代以来两种力量斗争的延续，两种力量的斗争、冲突是埃及现代化进程中世俗与伊斯兰两条发展道路的斗争，反映了埃及现代化进程的复杂曲折性。可以预见，这两种力量的斗争、冲突仍将延续，并导致埃及社会的分裂。2012年12月2日，埃及《东方报》发表“一个国家，两个人民”的文章，称埃及社会正在走向深度裂变，宗教和世俗在激烈较量，互不相让①。

① 陈小茹：“‘宪法公投’撕裂社会埃及政局重陷不测”，载《中国青年报》2012年12月4日。

（二）经济发展模式之困

近年来埃及的动荡，其根本原因还在于埃及经济发展的困境。埃及经济发展战略长期存在着两个突出问题：

一是严重依赖外援，特别是对美国和国际货币基金组织援助的依赖。自萨达特时期起，美国每年为埃及提供十多亿美元左右的经济和军事援助，埃及长期是仅次于以色列的世界第二大美援受援国。穆巴拉克政府时期，国际货币基金组织成为埃及的重要援助者之一。穆尔西政府也与国际货币基金组织就48亿美元的贷款举行了多次谈判，但未果。严重依赖外援，使埃及经济常常受到外力的干预，这严重影响埃及的经济主权。为获得经济援助，埃及只能被迫依据国际货币基金组织的要求进行经济改革。

二是经济失衡，对民生问题关注不够。埃及拥有较完整的工业和农业体系，但服务业比重尤为突出，约占国内生产总值的50%，其中旅游业收入占国内生产总值的13%，吸纳就业人数400万，约占劳动力总人口的14.6%。旅游业每年创造的外汇收入占全国外汇收入的20%，位于埃及四项主要外汇收入之首。以2008/2009财年为例，旅游外汇收入为105亿美元，其次是石油、天然气为95亿美元，侨汇为82亿美元，苏伊士运河为47亿美元①。但埃及的经济增长忽视了可持续发展和经济与社会的协调发展，与民生有关的领域进展不大。据埃及财政部的数字，政府工资、津贴和债务偿付总计占到政府总开支的74%，这使得财政预算无法为教育、医疗等基本公共服务预留多少空间。过去十年，埃及教育预算不断收缩，而学生规模却不断膨胀。教育在预算中所占比例从2001/2002财年的17%降至2011/2012年的10.6%，同期高等教育的预算支出更是被缩减一半。更严重的是，经济发展成果被统治集团及其与之有关的

① 赵忆宁："埃及革命经济账"，载《瞭望东方周刊》2013年4月15日。

少数人所占有，如萨达特时期的“肥猫”阶层和穆巴拉克时期的权贵集团，而普通民众工资收入下降，特别是妇女和青年人失业严重，导致整个社会的不满情绪不断增长。因此，“追求言论自由和争取民主参与只是革命的表象，而大多数劳动阶层，包括中产阶层被排斥在分享经济增长成果之外，才是产生革命的根本原因。”①

穆尔西执政后，由于政局动荡和权力斗争的白热化，根本无法提出深思熟虑的经济发展战略和切实可行动的经济举措，导致经济状况不断恶化，民生问题更加突出。有评论指出：“埃及需要一个整体的宏观策略和有效的财政与税收政策，以刺激经济发展、创造就业、提高工资及扩大内需。全世界的经济体通常会遇到两种情况之一：通货膨胀或者停滞状态。最差的事情就是两者叠加，大宗商品价格持续上涨，同时没有足够的就业机会。而这就是现在的埃及。”②

（三）民主化之困

埃及民主化进程的起步在中东国家中并不算晚，但埃及的民主化进程一直存在着难以破解的困境，即民主化的意图与结果相悖。从埃及执政者而言，希望民主化举措能够增强其政权的合法性，“实际上是追求一种威权主导下的民主，即不触动威权政权垄断权力的格局，并通过形式上的民主来增强政权的正当性，为威权主义政权注入合法性因素”③。但民主化进程的结果往往适得其反。萨达特放开党禁，意在增强其统治基础，却使反对派力量大增，使其政策面临反对党的严厉抨击。穆巴拉克试图把反对派融入统治体制之内加

① 赵忆宁：“埃及革命经济账”，载《瞭望东方周刊》2013年4月15日。

② 同上。

③ 王林聪：“论中东伊斯兰国家民主化及其前景”，载《西亚非洲》2004年第2期，第61页。

以控制，却使反对派有坐大之势。穆尔西的执政也未能摆脱这一困境。穆尔西凭借民主的方式上台，但执政后却不断加强自身权力，而反对派也高举民主大旗不断发动抗议浪潮。此外，民主进程与民粹主义的结合也成为催生埃及乱局的动因。追求民主的街头运动大多会发展为暴力事件，引起社会动荡不安，严重影响经济复苏；生活没有得到改善则引起民众不满，进而引发新一轮的街头运动。有学者指出，正是这种"穷折腾"和"坏民主"，使埃及政局更加动荡、国家更加孱弱。在僵局难解的情况下，军人干政这种明显有违现代政治的现象，倒有可能成为拯救埃及的救命稻草。[①]

四、埃及政局的发展前景

（一）军方已掌控局势，过渡政府仍面临严峻挑战

第一，如何实现安全稳定和克服经济危机。当前，埃及军方与过渡政府虽基本上控制了局势，但穆斯林兄弟会支持者的抗议活动频发，暴力冲突接连发生，一些极端势力也趁机制造事端。埃及过渡政府以反恐为名对抗议活动进行镇压，在部分地区实施紧急状态，但安全形势依然堪忧。

埃及动荡的一个深层次原因是经济问题。埃及经济学专家称，2013 年 7 月初至 9 月初局势动荡带来的直接和间接经济损失超过 1200 亿埃镑（1 埃镑约合 0. 88 元人民币）。其中埃及股票和证券交易市场损失 230 亿埃镑，对穆尔西支持者的清场行动导致的损失高达 25 亿埃镑。旅游业又遭重创，国内外游客数量骤减，许多旅馆倒闭。截至 2013 年 8 月底，到埃及的游客数量约 100 万人，比 2012 年

① 林文："埃及兜头浇了'阿拉伯之春'一瓢凉水"，载《人民日报》（海外版）2013 年 7 月 5 日。

同期减少 80%[1]。动荡曾导致 4000 多家工厂停工，交通运输瘫痪，出口贸易额锐减。2013 年 6 月埃及对外出口额为 138 亿埃镑，7 月份则降至 104 亿埃镑[2]。面对严峻的经济形势，埃及过渡政府正在积极采取措施。但如何复苏经济、改善民生，如何选择正确的经济发展模式和发展战略，仍是过渡政府面临的严峻挑战。

第二，路线图能否顺利实现。埃及军方制定的未来路线图包括：中止宪法和暂停议会、宪法法院院长暂行总统职权、成立由技术专家组成的过渡政府、提前举行新的总统选举。穆尔西被罢黜后，军方立即任命曼苏尔为临时总统。7 月 16 日，组成贝卜拉维任总理的过渡政府。根据军方路线图要求，过渡政府应成立一个 10 人修宪小组负责在 30 天内初步拟定宪法修订草案并将其提交给一个 50 人修宪委员会，后者应在 60 天内完成并通过最终的宪法修订草案。随后，过渡政府将在 30 天内就最终草案举行全民公投。若草案获得通过，埃及将在 15 天内举行议会选举，最终举行总统选举。目前，过渡进程正沿着既定路线图前进。但各方在修宪等问题上存在较大分歧，新宪法修订案能否顺利通过、新议会和总统选举何时举行尚待观察。

（二）各派政治力量重新展开角逐

第一，军方。军方是目前埃及局势的实际掌控者，并力图将穆斯林兄弟会排除在埃及政治进程之外。过渡政府以武力镇压了穆斯林兄弟会的抗议活动，逮捕了包括穆斯林兄弟会最高决策机构指导局主席巴迪亚在内的大批领导人及成员。根据穆斯林兄弟会的声明，

---

① 李明波、罗宇："埃及政局持续动荡国内经济损失超千亿"，载《广州日报》2013 年 9 月 12 日。

② 刘水明、张梦旭、刘睿："埃及，动荡余波中求发展"，载《人民日报》2013 年 9 月 4 日。

已有超过1.5万名成员遭到逮捕[1]。9月23日，埃及开罗紧急事务法院做出裁决，禁止穆斯林兄弟会及其分支机构在埃及的一切活动，并没收其全部财产。目前，舆论普遍关心军方领导人塞西是否参选总统，有许多人支持其参选，而他本人表态不参选总统。鉴于埃及复杂的局势，军方不太可能走向前台，而是在幕后发挥关键作用。

第二，穆斯林兄弟会。穆尔西总统职位被废黜后，穆斯林兄弟会一直拒绝接受，不断号召支持者举行大规模抗议活动，但遭到埃及军方和过渡政府的严厉打击，其活动已被迫转入地下。穆斯林兄弟会已有80多年的历史，曾多次被迫转入地下，在基层社会有完善的网络和大批支持者，不可能从埃及政治中销声匿迹，其影响仍将长期存在。对穆斯林兄弟会来说，当前的首要任务是重新调整战略以维持组织的生存。从长远来说，它要想获得更广泛的支持，成为合法的政治参与者，唯一的途径是在宪法框架下参政议政。但鉴于过渡政府已宣布取缔穆斯林兄弟会非政府组织的合法地位，在可以预见将来其生存处境将十分恶劣。

第三，世俗主义派别。世俗主义者是反对穆尔西政权的重要力量，包括“宪法党”、“革命青年联盟”等，但没有形成一个统一的政党，2012年11月成立的“全国拯救阵线”也没有解决其内部四分五裂的问题。世俗派是埃及政治与商业精英、城市中产阶层的代表，但在社会基础方面则远逊于穆斯林兄弟会。对军方罢免穆尔西，世俗派表示支持，其政治领袖巴拉迪也曾被任命为副总统。然而，世俗民主派对军方镇压穆斯林兄弟会的方式也存在分歧，这是巴拉迪在军方对穆斯林兄弟会进行武力清场后毅然辞职的原因所在。

此外，埃及的另一政治力量是穆巴拉克旧政权的残余势力。穆巴拉克下台后，穆巴拉克为首的原权贵阶层被逮捕、审判，但仍有

---

① 刘水明、张梦旭、刘睿：“穆兄会被推到‘非法组织’边缘”，载《人民日报》2013年9月25日。

一些支持者。埃及当局的一些做法值得关注。如2012年6月，埃及最高宪法法院裁定禁止穆巴拉克时代官员参加竞选的法律违宪。2013年8月22日，面临多项指控的穆巴拉克获释，随即又被软禁在开罗马阿迪军事医院。这表明，原本属于穆巴拉克统治集团的军方有意拉拢穆巴拉克的支持者，以扩大其统治基础。但多数学者认为，穆巴拉克大势已去，不大可能对埃及政局产生重大影响。

综上所述，一年来埃及的混乱局面表明，西方竭力鼓吹的选举民主并不能拯救埃及。穆尔西政权的昙花一现和埃及随后陷入严重动荡，虽然与穆尔西和穆斯林兄弟会本身存在的问题密不可分，但根本原因在于埃及政治与社会转型的困境。埃及的转型是长期而艰难的过程，它需要埃及各方从国家和民族利益出发，通过广泛对话和充分协商实现和解，恢复社会稳定；埃及的转型不是简单的权力交替，它需要从根本上探索一条适合埃及国情的现代化道路，以解决长期存在的发展困境。

突尼斯的政治与社会转型

上海国际问题研究院 金良祥

【内容提要】

2012—2013 年期间，突尼斯的政治与社会转型在困难中缓慢前行。继 2011 年制宪会议召开以后，制宪工作虽因宗教与世俗之争遭受挫折，但为最后达成共识奠定了基础；伊斯兰政党复兴运动党主导的过渡政府的合法性面临严峻挑战，政府总理甚至一度易人，但总体上能够维持运转。由于政治重建不够顺利，期间突尼斯经济和安全形势继续恶化。相对于其他阿拉伯国家，突尼斯政治和社会转型的基础较好，但也面临政治与社会分裂、经济基础薄弱、安全环境恶化等挑战。突尼斯转型的前景虽相对乐观，但也不会一帆风顺。

2011 年 10 月制宪会议的召开，以及复兴运动党掌握国家行政和立法权力，标志着突尼斯政治由“破旧”转入“立新”的历史时期。然而，历经两年的时间，无论是政治、经济，还是安全方面，突尼斯都并未取得人们所期待的成就，其政治与社会转型仍将任重而道远。

一、突尼斯政治转型的进程

2011 年制宪会议的召开为突尼斯政治转型开启了大门，但突尼斯的政治和社会形势依然十分复杂，重建进程虽然展开，但并不顺利。

第一，废除前政权不良政治遗产取得进展。自从本·阿里政权崩溃以后，前政权拘押的政治犯被释放，网络和大众传媒的限制被取消，前政权的执政党被解散。同时，前政权的一些高级官员、本·阿里的同僚和亲属相继被捕并被审判。上述行动既是清算前政权，也是为政治重建铺平道路。

第二，各种政治力量的组织和整合进程基本完成。“茉莉花革命”“释放了被束缚已久的个人的、社会的和宗教的各种力量”[①]，随着后本·阿里时代的来临，突尼斯的各种政治力量粉墨登场。据统计，在 2011 年 10 月 23 日制宪会议（the National Constituent Assembly）选举开始之前，至少有 114 个政党通过登记而成为合法政党。即使是在制宪会议产生过渡政府之后，突尼斯仍不断有新的政党产生。各种政治力量在加紧整合的同时，围绕制宪会议的席位展开了激烈的角逐。

如同其他阿拉伯国家的穆斯林兄弟会组织一样，伊斯兰政党复兴运动党（Movement Ennahdha）在前政权时期也屡遭政治打压，但依然保持了顽强的生命力。进入转型时期以后，复兴运动党凭借其在中下层民众中的影响以及比较完善的社会服务体系，迅速整合为突尼斯政坛最具影响力的政党。2011 年 10 月 23 日，具有临时议会性质、掌握过渡时期立法权力的突尼斯制宪会议如期举行。复兴运动党一举赢得了 217 个席位中的 89 席，并得以掌握最高立法权力。

突尼斯的世俗力量也加快了力量整合的步伐。在“统一民主爱国党”与其他 10 个反对党组成“左翼人民阵线”后不久，“呼声党”也与“共和党”、“社会民主道路”、“社会党”及“爱国民主

① 牛新春：“中东政治的基本特点与发展趋势”，载《现代国际关系》2012 年第 12 期，第 39 页。

劳动党”组成了“保卫突尼斯联盟”。两大联盟成为突尼斯世俗反对派的重要阵营。另外，通过组织罢工向复兴运动党政府施压，使突尼斯全国总工会的地位不断上升，成为突尼斯的另一重要政治力量。

第三，权力机关的组建在变动中进行。继2011年10月23日制宪会议召开，制宪会议于2012年2月1日选举了宪法草案的总报告人，并确立了新宪法各起草委员会的组成人员，正式开始了起草新宪法的工作。然而，由于制宪会议内各政治力量围绕新宪法内容各执一词，尤其是伊斯兰势力和世俗力量存在严重分歧，导致宪法公投一再被推迟。

2013年3月，制宪会议成员通过投票确定4月27日举行第一次宪法审议，7月8日终审通过新宪法，以确保能在6个月之后，也就是10月15日至12月15日之间举行新的大选。然而，当制宪会议正在进行原本已经推迟了的宪法审议时，反对党领袖布拉米于7月25日遭到暗杀，突尼斯政坛风云再起，宪法审议不得不再度推迟，选举也将相应推迟。鉴于目前形势，2014年制宪会议能否通过新宪法，能否举行新的选举仍不得而知。

复兴运动党虽通过制宪会议掌握行政权力，但其权力仍不断受到挑战。制宪会议以后，复兴运动党联合“保卫共和大会”和“争取工作自由民主论坛”组成了执政联盟。其中，“保卫共和大会”主席蒙塞夫·马祖吉（Moncef Marzouki）担任国家总统，“争取工作与自由民主论坛”主席穆斯塔法·本·贾法尔（Moustapha Ben Jaafar）担任制宪会议议长。复兴运动党秘书长哈马迪·贾巴利（Hamadi Jebali）出任掌握实际权力、负责政府日常管理事务的总理一职，复兴运动党还把持着若干其他政府关键职能部门。

2013年2月，反对派领导人贝莱德遇刺，突尼斯政治局势进一步紧张。为了实现国内政治稳定，度过政治危机，总理贾巴利于2月9日提出政府改组方案，并强调如改组方案未获通过将辞去总理职务。由于政府改组方案内容包括建立没有党派人士而由技术精英组成的小政府，这项方案不仅得到了反对派和民众的广泛支持，而且得到了部分社会精英的支持。由 16 位重量级人物组成的“贤人委员会”发表声明，督促世俗派和伊斯兰主义者坚持以国家利益为重，放弃争执。

然而，由于贾巴利自己所在的复兴运动党坚决反对改组方案，拒绝让出权力，无奈之下，贾巴利履行承诺辞去总理职位。虽然继任总理阿里·拉哈耶德（Ali Larayedh）为照顾各方面利益重新制定了新政府成员的名单并获议会通过，但是新政府的合法性仍然遭到反对派的质疑，反对派甚至宣布进行“突尼斯起义”，推翻复兴运动党领导的政府。

随着突尼斯政治转型的深入，各党派、利益集团之间分歧不断扩大，始终难以就国家未来的转型方向达成一致。2013 年突尼斯召开了由 70 个政党参加的全国大会，以商讨国家局势和未来发展方向，但是会议期间发生了焚烧苏菲神庙事件，反对派纷纷指责复兴运动党纵容极端分子，遭到复兴运动党的否认，会议再度分裂，复兴运动党退出全国大会。此举虽不足以威胁其执政地位，但或多或少削弱了其执政合法性。

二、2012—2013 年突尼斯的安全和经济状况

（一）安全形势日趋恶化

随着转型进程的不断推进，突尼斯各种潜在的矛盾逐渐显现并趋于尖锐，安全形势出现恶化迹象。

2012 年 6 月 12 日，首都突尼斯市举办的一次艺术展览引发了激进宗教派别萨拉菲派与警方之间的暴力冲突。萨拉菲派认为该艺术展览包含有侮辱宗教的内容而表示强烈抗议，并引发与警察的冲突。

冲突迅速蔓延，暴力分子不仅围攻法院、警察局、政党总部、工会机构和大学，而且将暴力活动扩大到首都以外的地区。此次暴力活动造成一所法院被纵火烧毁，大量公共财产受损，65 名政府安全人员受伤。为控制局势，突尼斯警方逮捕了 162 名参与暴力的人员，并在 8 个省份实行宵禁。①

2012 年 9 月，一部诋毁伊斯兰教的美国影片“穆斯林的无知”引起轩然大波，穆斯林世界再度掀起了反美、反西方的抗议浪潮。在此背景下，突尼斯萨拉菲派也发起了以美国在突尼斯机构为目标的暴力活动。9 月 14 日，数百名突尼斯萨拉菲派教徒在美国使馆门前举行示威，并攻击位于美国使馆附近的美国学校，造成 2 人死亡和 29 人受伤。②

进入 2013 年以来，突尼斯的极端暴力活动进一步升级，伊斯兰极端分子甚至在短短 5 天内就制造了 6 起针对反对派领导人的暗杀活动。2013 年 2 月 2 日，伊斯兰极端势力袭击了“呼声党”主席埃塞卜西和“共和党”主席沙比等著名政治人物。2013 年 2 月 6 日，伊斯兰极端分子刺杀了统一和民主爱国党总书记贝莱德（Chokri Belaid）。舆论认为，贝莱德遭暗杀的原因在于他坚持反对伊斯兰主义的政治立场。贝莱德遇刺事件引起了世俗反对派的强烈反弹。数千名示威者在突尼斯内政部外进行抗议，要求惩治真凶，导致突尼斯社会矛盾进一步激化。反对派认为“暗杀贝莱德是政治谋杀，也是对突尼斯革命的谋杀”③。

2013 年 7 月 25 日，另一名突尼斯反对派领导人穆罕默德·布拉

---

① “突尼斯多地发生骚乱，政府对 8 个省份实施宵禁”，http://world.huanqiu.com/exclusive/2012-06/2817358.html。

② “突尼斯围攻美国大使馆酿成骚乱已造成 30 多人死伤”，http://www.ahradio.com.cn/news/system/2012/09/15/002404068.shtml。

③ “突尼斯反对党领袖遭暗杀，示威者号召第二次革命”，http://news.xinhuanet.com/world/2013-02/07/c_124332568.htm。

米（Mohamed Brahmi）被极端分子枪杀。布拉米是民主党的领袖以及制宪议会会员，也是执政联盟的主要批评者。暗杀事件再度引发政治动荡，工会呼吁 26 日举行全国大罢工，甚至号召机场员工参加罢工，致使航空部门不得不取消所有进出突尼斯的航班。抗议者指责执政党复兴运动党参与了刺杀行动。复兴运动党领导人拉希德·加努希否认该党参与了刺杀。

严峻的安全形势不仅激化了突尼斯的政治和社会矛盾，而且改变了突尼斯国内外对其转型前景的乐观预计。国际社会一度认为，突尼斯将成为北非阿拉伯国家政治转型的成功案例和典型，但是在一系列暗杀事件之后，人们对突尼斯的政治转型前景普遍感到担忧。世俗反对派甚至担心，这一系列袭击事件只是冰山一角，“得到阿尔及利亚、利比亚和马里的圣战者支持的本土‘基地’组织正在崛起”，[①] 一股危险的“暗流在涌动”[②]。

（二）经济形势继续恶化

在执政之初，复兴运动党承诺“带领国家走出政治、经济和社会乱局，完成政权改造、经济复兴和社会安定”[③]。然而，进入 2013 年以后，突尼斯的经济状况非但没有改善，反而在继续恶化。

第一，就业形势异常严峻。虽然 2012 年突尼斯经济增速有所回升，但仍未达到“革命”前的水平。低迷的经济形势无法创造足够的就业岗位，而政府在改善就业方面又缺乏立竿见影的政策举措。

---

① Daniel Brumberg and Eya Jrad, “A Killing in Tunis: Will Tunisia's Transition Survival?” July 29, 2013, United States Institute of Peace, http://www.usip.org/olive-branch/killing-in-tunis-will-tunisia-s-transition-survive

② Melissa M. Cyrill, “Tunisia's shaky transition”, *Euroasia Review*, April 22, 2013.

③ “突尼斯新政府正式接管国家，总理称能克服困难”，http://world.people.com.cn/GB/157278/16733605.html

因此，2012 年突尼斯的失业率达到了 18%[①]，15 到 30 岁年轻人的失业率更是接近 30%[②]，而 2013 年第一季度受过高等教育的毕业生失业率甚至达到了 33.2%。[③]

第二，人民生活水平继续下降。2012 年突尼斯通货膨胀率达到 5.6%，比复兴运动党上台执政之前高出 2.1%，其中食品类价格上升幅度最大，达到 8.4%。[④] 2013 年 1 月的通货膨胀率达到 6%，创两年来的新高。高速增长的物价使得土豆、牛肉、鸡蛋等日常食物变成了奢侈品，而牛奶则几乎难以买到。

第三，对外贸易赤字不断扩大。突尼斯经济对外依赖程度高，与欧洲的贸易占其贸易总额的 62%。[⑤] 由于经济危机造成欧洲经济发展缓慢，2012 年突尼斯的出口也由于欧洲市场萎缩出现了下降态势，造成贸易赤字同期上升了 35%，占国内生产总值的 8.1%。[⑥]

最后，旅游业恢复乏力。旅游业是突尼斯主要经济支柱和外汇收入的主要来源，直接关乎整体经济状况。自前政权崩溃以来，受政局动荡等因素影响，旅游业一直未能完全恢复。2013 年 1 月 1 日

---

① "Tunisia: Unemployment rate fell 2.2% in 2012", http://www.africanmanager.com/site_eng/detail_article.php?art_id=19722.

② Mongi Boughzala, "Youth Employment and Economic Transition in Tunisia", *Global Economy & Development Working Paper* 57, January 2013, p. 3.

③ "Tunisia's unemployment rate falls to 15.9% in Q2 2013", http://www.intellinews.com/middle-east-and-north-africa-1003/tunisia-s-unemployment-rate-falls-to-15-9-in-q2-2013-13233/.

④ "突尼斯经济形势不容乐观"，http://tn.mofcom.gov.cn/article/jmxw/201302/20130200038965.shtml。

⑤ Alexis Arieff, "Political Transition in Tunisia", *Congressional Research Service*, June 18, 2012, p. 13.

⑥ "突尼斯经济形势不容乐观"，http://tn.mofcom.gov.cn/article/jmxw/201302/20130200038965.shtml。

到 2 月 20 日的游客只有 44 万人，比 2012 年同期下降 7.7%，[①] 来自欧洲的游客更是下降了 30.1%[②]。旅游业的衰退造成政府收入大量减少，各项改革缺乏资金支持。

三、突尼斯转型的有利因素

突尼斯是北非地中海沿岸的小国，且长期受到西方文明的影响，在自然条件和人文条件方面，均具有其他阿拉伯国家缺乏的独特优势。

第一，国土和人口规模相对较小，更易于进行政治和社会整合。突尼斯国土面积约 16 万平方公里，相当于中国江西省；人口 1070 万，相当于中国的天津市。突尼斯的人口结构的同质性也很高，90% 以上的人口为阿拉伯逊尼派穆斯林。尽管突尼斯各政治力量之间的分化也非常明显，但并不存在类似于伊拉克、叙利亚和黎巴嫩等国家的教派对立。因此，突尼斯的政治整合相对容易，矛盾更易调和。

第二，社会条件优于其他阿拉伯国家。突尼斯隔地中海与欧洲相望，长期受到欧洲世俗文化的影响，社会现代化的水平相对高于大多数阿拉伯国家。以妇女权利为例，早在前政权时期，突尼斯便废除了一夫多妻制，妇女与男子享有同等的公民权利，包括提出离婚的权利等。妇女受教育的比例也较高，在突尼斯的大学里，女生的数量占到一半。

受西方世俗主义文化影响，突尼斯的各种政治力量均相对温和。当矛盾发生时，突尼斯的反对党没有诉诸暴力，而是以和平的方式进行抗议。突尼斯的穆斯林比埃及的穆斯林兄弟会“更灵活、更愿

① “2013 年初突尼斯旅游形势堪忧”，http://tn.mofcom.gov.cn/article/jmxw/201302/20130200037576.shtml。

② 同上

意做出妥协”。[①] 埃及穆斯林兄弟会和突尼斯复兴运动党在制订宪法时，都主张突出伊斯兰教法在未来国家政治结构中的地位，但具体做法有所不同。埃及穆斯林兄弟会试图向世俗力量强加自己的意志，并最终导致矛盾激化和军方干政，而突尼斯的复兴运动党则同意弱化相关表述。[②]

阿拉伯国家的军方向来有干预政治的传统。2013 年 7 月 3 日，埃及军方废黜穆尔西总统职务便是最近的例证。然而，由于受西方政治文化影响较深，突尼斯军方并没有干预政治的传统，这有利于各种政治势力按照既定的规则参与政治活动。

第三，转型进程所受到的外部干扰较少。尽管突尼斯国内政治走向也或多或少受到周边阿拉伯国家，特别是埃及示范效应的影响，但突尼斯的政治转型基本上能够在相对稳定的环境中进行。这种相对稳定的外部环境为突尼斯独立处理自己的事务创造了条件，使得各种政治势力之间的磨合相对较为容易。

总体而言，突尼斯的转型前景应该比其他阿拉伯国家更加乐观。事实上，2011 ~2013 年期间突尼斯的转型进程表明，尽管突尼斯国内也不断爆发小规模的游行示威，间或也爆发暴力冲突，但其规模和烈度均不能与埃及相比，发生内战的可能性也几乎可以排除。2013 年 7 月穆尔西总统职位被废黜后，埃及陷入了严重的冲突，宗教与世俗势力的对抗导致国家陷入严重分裂，并使埃及的政治转型陷入困境，而突尼斯各派虽然也存在一定的矛盾分歧，但尚未陷入严重的冲突与对抗，尚能通过对话和谈判的方式寻找出路。

---

① Mohamed Elshinnawi，“Tunisia's Political Transition at Crossroads”，*Voice of America*，September 10，2013，http：//www. voanews. com/content/tunisian-political-transition-at-crossroads/1746954. html

② Norman Pearistine and Tarke el-Tablavy，“Tunisia's Transition to Democracy is Sputtering”，*Business Week*，January 10，2013，http：//www. businessweek. com/articles/2013 –01 –10/tunisias – transition – to – democracy – is – sputtering

四、突尼斯政治转型面临的挑战

由于教俗矛盾客观存在、经济基础相对薄弱、安全形势短期难以改观，突尼斯的转型也难以一帆风顺。在过去的近三年内，突尼斯政治转型中面临的问题仍然没有明显改观，未来突尼斯的政治转型仍将面临严峻的挑战。

首先，政治分裂仍将是政治转型必须面对的突出困难。

宗教与世俗力量之间的分歧是目前突尼斯国内政治的主要矛盾，并将长期存在。同大多数发展中国家一样，突尼斯也是一个二元特点比较突出的社会。突尼斯北部邻近地中海的地区经济上主要依赖旅游业，古迦太基遗址以及蓝色小镇等著名景点在正常年份每年都能吸引大量海外旅游者。由于地理上邻近西欧的缘故，这一地区长期受到欧洲文化的影响，使该地区的政治、经济和文化都植入了世俗化因子。相对而言，突尼斯北部也是现代化水平较高的地区。突尼斯中南部地区的经济主要靠并不发达的农业，基础相对薄弱。尽管中南部地区有适宜橄榄生长的气候和土壤条件，但面临西班牙、葡萄牙和意大利等欧洲地中海沿岸国家的竞争，其产业优势并不明显。同时，这一地区在文化上也相对保守，是宗教和传统势力影响较大的地区。

本·阿里时期的威权统治虽然引起了广泛不满并最终垮台，但威权统治在客观上有助于抑制由于二元对立产生的尖锐矛盾。进入转型期以后，原本被压制的矛盾迅速释放，并成为破坏性力量。2012～2013 年，突尼斯所面临的教俗两大力量之间的对立以及此起彼伏的暴力事件就是这种两元矛盾的体现。

以复兴运动党为代表的宗教温和势力虽并不是“茉莉花革命”的主要力量，但它凭借在中下层和内陆地区民众中的巨大影响，很快通过选举掌握了行政和立法权力；而世俗力量则因力量分散、整合不充分等原因不得不屈居反对党地位。双方之间的矛盾和冲突不仅体现在制宪会议、政府改组以及全国大会上的博弈，而且也体现在街头政治的对抗之中。在包容文化发展并不充分的情况下，突尼斯仍将长期面临国内政治分裂的现实。这种对立将使突尼斯的政治转型付出巨大的代价。

其次，经济基础薄弱是突尼斯政治和社会转型需要面对的第二大挑战。

突尼斯的经济发展水平在阿拉伯国家中处于中等水平，2012 年人均国内生产总值为 4009 美元，高于埃及的 2578 美元。然而，由于结构单一和基础薄弱，突尼斯经济在全球化的大潮中仍然非常脆弱。突尼斯北部的旅游业在国民经济中占有重要地位，不仅是第一大外汇来源，而且每年直接或间接吸收约 35 万人的就业，占其劳动力人口的 12%。然而，在 2008 年以来的全球经济危机尤其是欧债危机的冲击下，欧洲和西方国家的游客锐减，使突尼斯旅游业遭受重创。2011 年突尼斯的游客由 2009 年 690 万急剧下降到 470 万，旅游收入也下降了 36.2%。[①]

农业虽然容纳了突尼斯 35% 的就业人口，直接关系国计民生，但其农业发展水平并不高。突尼斯是世界上主要橄榄油产地，占全球产量的 4%—9%，也是农业的主要创汇产业，但由于面临欧洲地中海国家的竞争，其产业优势并不明显。突尼斯的粮食自给率仅为 60%，使其极易受到国际大宗物资价格波动的冲击。突尼斯的工业以纺织业和资源产业为主，同样面临多重困难。其中纺织业的竞争者主要来自东亚国家，而资源产业严重受到全球经济的影响。

西亚北非动荡以来，由于安全环境急剧恶化，外来投资不断减

① 突尼斯的相关数据来源于中华人民共和国外交部网站，http://www.fmprc.gov.cn/mfa_chn/gjhdq_603914/gj_603916/fz_605026/1206_606308/。

少，进一步恶化了突尼斯的经济环境。目前，突尼斯政府力图通过鼓励吸收外资改善经济和民生状况，但安全环境的恶化却使投资环境在短期内难以得到根本改善，而不断恶化的经济状况，反过来又会加剧各种政治势力之间的矛盾，引发社会冲突与对抗。

第三，突尼斯必须妥善处理日益高涨的民粹主义和街头政治。

客观而言，公民意识的觉醒以及积极投身于政治运动，并以此维护个人的政治和经济权利，是一个社会进步的表现。然而，突尼斯现实的情况是，无论是上层精英，还是下层民众，并没有做好参与“民主政治”的准备。民粹主义的高涨和“街头政治”泛滥已经成为包括突尼斯在内的转型阿拉伯国家的共性特征。集会和示威游行权利的过度使用不仅破坏了正常社会和经济秩序，而且增加了政治转型的负担。如何规范政治精英的行为、建立新的秩序，如何把民众的参政意愿吸收到新的政权中来，扩大统治基础，如何建立一个“有效能的、有权威的、合法的政府”①，以摆脱政治衰朽，实现政治发展，引导民众以合乎法律的途径进行政治参与，将是突尼斯政治转型必须面对的严峻挑战。

① 【美】塞缪尔·亨廷顿著，《变化社会中的政治秩序》，王冠华、刘为等译，上海世纪出版集团 2008 年版，第 28 页。

利比亚的政治与社会转型

上海外国语大学中东研究所　汪　波　李　立

【内容提要】

2011 年卡扎菲政权被推翻后，利比亚进入后卡扎菲时代的政治和社会转型时期，主要包括建立过渡政府、选举国民议会和制定新宪法三个阶段。目前，利比亚的转型已经完成第二阶段议会选举，即将进入制定新宪法的第三阶段。但在转型过程中，利比亚面临着国内安全脆弱、经济重建任务艰巨、伊斯兰势力和世俗势力矛盾尖锐、民族和解与司法重建困难重重等重大问题。另外，利比亚战争后遗症还造成了地区性的难民外流、武器扩散和恐怖主义威胁加剧等问题。

2011 年 10 月 20 日，卡扎菲在其家乡苏尔特被抓捕并死于非命。至此，为期八个月的利比亚内战结束。几天后，利比亚“全国过渡委员会”宣布全国解放，利比亚正式进入后卡扎菲时代。卡扎菲政权瓦解后，利比亚国内的政治和社会形势发生了重大变化，其国内外政策也进行了相应的调整。不过，在后卡扎菲时期，利比亚的政治与社会转型也遇到了诸多棘手问题。与此同时，为期 8 个月的利比亚战争还造成了地区性的难民外流、武器扩散和恐怖主义威胁加剧等后遗症，并对北非地区的安全产生了十分消极的影响。

总结过去的一年，利比亚国内的政治与社会转型虽然取得了一定进展，但仍然面临着许多重大的挑战。利比亚新政府亟需解决安全局势问题、经济重建问题、宪法起草问题以及过渡时期的政治和解与司法问题。

一、后卡扎菲时代的政治与社会形势

1969年9月1日，卡扎菲为首的“自由军官组织”发动政变，推翻伊德里斯王朝，成立了阿拉伯利比亚共和国。1977年3月，国名又改为阿拉伯利比亚人民社会主义民众国。1986年4月，国名再改为大阿拉伯利比亚人民社会主义民众国。卡扎菲统治利比亚共42年，他采用独特的民众国体制统治利比亚，没有议会和宪法，其实质就是独裁统治。因此，卡扎菲被反对派击毙后，利比亚面临的最紧迫问题就是政权重建和转型问题。

早在2011年8月3日，即卡扎菲被击毙前两个月，在具有临时宪法意义的《宪政宣言》中，“全国过渡委员会”就宣布了为期18个月的转型时间表，规定政治转型将在卡扎菲政权被推翻后立即实施。[①] 2011年10月23日，“全国过渡委员会”在的黎波里宣布全国解放，政治重建工作正式开始。具体而言，政治重建工作大致分为三个阶段进行：第一阶段主要是建立过渡政府，颁布选举法，创建“全国高等选举委员会”，并为定于2012年6月19日的国民议会选举进行准备。第二阶段主要是在8个月内选举出由200人组成的国民议会。按照规定，国民议会完成选举后，“全国过渡委员会”立即宣布解散。第三阶段主要是国民议会任命一位总理负责组建新政府。同时，国民议会还要在2012年8月任命制宪委员会起草新宪法。届时，宪法草案将由利比亚人民进行公决，并须获得2/3的赞成票方

① Paul Salem and Amanda Kadlec, “Libya’s Troubled Transition”, *The Carnegie Papers*, June 2012, p. 3.

可通过。2013 年中期，利比亚举行立法机构选举，并依据新宪法建立永久政府，从而最终完成了政治重建。

但是，由于局势复杂多变，利比亚的政治重建计划在具体实施过程中，原定计划多次被推迟，各阶段的时间表也被迫根据不断变化的现实情况进行修改。由于利比亚国内尤其是东南部地区冲突频发，选举委员会宣布原定于 2012 年 6 月 19 日的国民议会选举推迟到 2012 年 7 月 7 日进行。[①]

2012 年 7 月 7 日，利比亚人民投票选举出 200 名国民议会议员，这也是自 1969 年以来举行的首次全国大选。在全国 280 万注册选民当中，大约 62% 的选民参加了投票。此次选举实行的是混合选举制：在 200 个国民议会议员席位中，120 个为独立候选人席位，另外 80 个席位由各政党获得。从地区分布的情况看，西部、东部、南部三个地区分别获得了 100 席、60 席和 40 席。[②] 在政党选举中，"全国力量联盟"（The Alliance of National Force）获得了 80 个政党席位中的 39 个，成为议会第一大党；而穆斯林兄弟会支持的"正义与建设党"（Justice and Construction Party）只获得了 17 席。在此次选举中，共有 21 个政党获得了席位，但其中的 15 个政党仅获得了一个席位；女性共获得 33 席，其中 32 席是通过政党选举获得的。[③]

2012 年 8 月 8 日，"全国过渡委员会"将权力正式移交给国民议会。过渡委领导人贾利勒随即放弃了国家元首的职位。国民议会掌权后，立刻开始着手任命总理、组建新政府、制定新宪法等一系列紧迫任务。9 月 12 日，国民议会选举沙古尔为总理。不过，沙古尔两度组阁的努力均以失败而告终。10 月 8 日，沙古尔因国民议会

---

① "Libya's constituent Assembly Likely to be postponed to July 10", http://news.xinhuanet.com/english/world/2012-06/10/c_123259370.htm.

② Christopher M. Blanchard, "Libya: Transition and U. S. Policy", *CRS Report for Congress*, October 18, 2012, p. 17.

③ Ibid.

的不信任投票被迫辞职。10 月 14 日，国民议会又选举扎伊丹为总理。

扎伊丹出生于 1950 年，是一位逊尼派穆斯林。他在大学期间曾攻读国际关系专业，获得硕士学位，并成为职业外交官。但他并不忠诚于卡扎菲政权，早在 20 世纪 80 年代，就在利比亚驻印度使馆工作时期“变节”了，随后生活在瑞士日内瓦和德国慕尼黑，并成为利比亚海外流亡人士最早组建的反对党“利比亚全国拯救阵线”的重要成员。[①] 扎伊丹具有强烈的自由主义思想，并得到“全国力量联盟”的支持。但同时他也强调利比亚各派政治力量必须团结起来，避免分裂。2012 年 10 月 31 日，扎伊丹的组阁方案获得通过。由于各方利益交错，矛盾丛生，扎伊丹政府今后中途夭折的可能性依旧不可排除。[②] 在政府组阁完成后，起草并通过一部各派都能接受的宪法，已成为政治转型迫切而艰巨的任务。

利比亚长期实行单一国营经济，依靠丰富的石油资源，曾一度成为非洲最富裕的国家。1992 年开始，利比亚因洛克比空难遭受国际制裁，经济状况不断恶化。1999 年联合国中止对利比亚制裁后，再加上国际油价持续居高，利比亚石油收入也大幅增加，国内经济曾出现较好的发展势头。2011 年 2 月前，利比亚日产原油约 160 万桶。然而，利比亚国内的局势动荡使石油生产受到严重影响，石油出口一度停滞。内战结束后，随着国内局势好转，石油复产势头强劲，目前其石油日产量已恢复至战前水平。[③] 不过，战后一年多来，利比亚国内物价水平明显上涨，普通民众生活负担加重。政府当局

---

① 黄培昭：“利比亚新内阁凑不齐人”，载《环球人物》，2013 年第 2 期。http：//paper. people. com. cn/hqrw/html/2013 -01/16/content_ 1193528. htm？div = -1

② 同上。

③ 中华人民共和国外交部网站：《利比亚国家概况》（2013 年 3 月更新）http：//www. fmprc. gov. cn/mfa _ chn/gjhdq _ 603914/gj _ 603916/fz _ 605026/1206 _ 605728/

对战争中死伤人员的善后工作尚未完成，国内的失业率也居高不下，新政府面临着发展经济、改善民生的艰巨任务。

利比亚新政权的外交政策可以概括为：坚持阿拉伯、非洲、伊斯兰和发展中国家属性，强调独立自主、平等互利、互不干涉内政等原则。在总体方针上，新政权奉行全方位的均衡外交，摒弃卡扎菲时代“个人外交”和“非洲领袖”的烙印，坚持相对务实、温和的“新外交”理念，将本国利益作为外交政策立场的出发点，重视民意和对外民间交往。①

首先，利比亚与美国的关系发生了明显变化。卡扎菲执政期间，利比亚与美国的关系一直紧张。2011 年 2 月，利比亚局势发生动荡后，美国公开要求卡扎菲下台。7 月 15 日，美国宣布承认“全国过渡委员会”为利比亚合法执政当局。但在新政府成立后，利比亚与美国的关系也出现过严重危机，并突出表现为美国班加西领馆遇袭事件。2012 年 9 月 11 日晚，数百名利比亚民众包围了美国驻班加西领事馆，抗议亵渎伊斯兰教先知穆罕默德的电影上映。部分武装分子纵火焚烧了领馆建筑，并同馆内安全人员发生交火，造成美驻利比亚大使克里斯托弗·史蒂文斯及 3 名使馆人员死亡，从而使得两国关系面临严重挑战。事发后，美国政府认定该事件为恐怖袭击，并表示此事不会影响两国关系。

其次，加强与欧盟国家的关系。利比亚局势发生动荡前，欧盟曾是利比亚第一大贸易伙伴和主要石油销售地。2011 年 2 月利比亚局势动荡后，欧盟于 2 月 28 日决定对卡扎菲政府实施制裁。4 月 12 日，欧盟外长发表声明，呼吁利比亚政府停火，并要求卡扎菲下台。10 月 10 日，欧盟理事会发布会议声明，承认过渡委为利比亚国家和人民唯一合法代表与合法临时政府，支持过渡委代表利比亚重返联合国。

---

① 中华人民共和国外交部网站：《利比亚国家概况》（2013 年 3 月更新）。

再次，恢复与阿拉伯国家的关系。卡扎菲执政时期，由于长期推行“个人外交”，常以“非洲领袖”自居，外交政策极富个人专断色彩，因而导致利比亚与阿拉伯国家的关系多有不睦。2011 年 2 月，利比亚局势发生动荡后，阿盟中止了利比亚在阿盟的席位。2012 年 8 月，阿盟正式承认过渡委为利比亚人民唯一合法代表，并恢复了利比亚在阿盟中的席位。利比亚新政权建立后，将恢复和发展与阿拉伯国家的关系作为外交重点，积极化解前政权与部分阿拉伯国家结下的历史恩怨，同时开展与周边及其他阿拉伯国家的友好合作。

最后，改善与非洲国家的关系。利比亚新政权建立后，坚持自身的非洲属性，明确宣布摒弃卡扎菲政权好大喜功、争当非洲领袖等做法，确立务实、平和的对非外交新基调，强调利比亚无意在非洲从事与本国地位和实力不相称的活动，大幅度缩减对非洲国家的援助，并考虑减少驻非洲国家的外交机构。在此基础上，利比亚将发展与非洲邻国的友好合作关系视作外交重点，希望以相互尊重、互不干涉内政的原则，与邻国妥善处理引渡利比亚前政权要员以及限制前政权流亡势力等问题。在打击国内恐怖极端势力和跨界有组织犯罪、加强边界管控等问题上，利比亚也着力与阿尔及利亚、突尼斯、埃及、尼日尔等国加强协调配合，推动建立地区安全协调机制，共同应对安全挑战。①

二、利比亚转型过程中的安全问题

卡扎菲政权垮台后，成千上万的民兵武装控制着利比亚大大小

① 中华人民共和国外交部网站：《利比亚国家概况》（2013 年 3 月更新）http：//www. fmprc. gov. cn/mfa _ chn/gjhdq _ 603914/gj _ 603916/fz _ 605026/1206 _ 605728/

小的地盘，地方武装割据势力与中央政府之间的矛盾凸显。为此，利比亚当局正尽其所能重新恢复国内的安全局势，力争把对军队的控制权掌握在中央政府的手中。然而，这一重建过程却面临诸多挑战，包括恢复军队和警察力量、解除国内各地的民兵武装和防止武器扩散问题。

（一）恢复军队和警察力量

在卡扎菲时期，利比亚的安全体系完全控制在卡扎菲家族手中，主要通过各种效忠卡扎菲的禁卫军来维护国内的安全局势。在利比亚内战期间，与效忠卡扎菲部队作战的并不是一支统一的叛军，而是众多独立的地方民兵武装。他们虽然拥有推翻卡扎菲政权的共同目标，但战争结束后许多民兵武装都在保留武装的同时追求自身利益。在民兵武装中，有的要建立自己的独立王国；有的要保持对某一地区的控制权并打击其他的民兵组织；还有的则与犯罪集团建立了密切联系。内战结束后，利比亚正规军的武器装备，远不及曾经在战争中通过抢夺国家武器库而壮大的民兵武装。正规军队在地方民兵武装面前毫无威信可言，也无法为转型期的利比亚提供安全保障。

为解决军队重建问题，利比亚当局决定吸纳卡扎菲政权时期的部分军官和士兵参与军队建设，但这一决定却引起了巨大争议。尽管遭到诸多批评，利比亚当局仍然继续自己的招募计划。结果，军队人数不断增长，但大部分人员都没有接受过全面系统的训练。

相比之下，警察队伍重建的情况稍好于军队重建。利比亚内战时期，警察的逃亡人数远比军队的逃亡人数要少。北约部队对利比亚警察系统的干预，也比对军队的干预要少。此外，由于没有卷入政治和情报网络，警察的公共形象也相对较为积极。当然，利比亚警察也面临着诸多挑战。警察虽然在内战结束后立即上街执行任务，但他们在地方民兵武装面前同样缺乏权威性。由于缺乏相应的制度和技术保障，警察队伍也难以成为行动高效的国内安全部队。[1] 为了克服这些困难，利比亚当局开始把大批武装人员吸纳到警察队伍中来，并与周边国家的友好政府进行密切合作。

（二）解除国内各地民兵武装

卡扎菲政权瓦解后，利比亚国内存在着多种不受政府约束的民兵武装。在反对派大本营班加西，既有激进的伊斯兰民兵武装，也有愿意与政府合作的民兵武装“2 月 17 日旅”。在东部城镇达纳赫，也有大批激进的伊斯兰武装。赞塔和米苏拉塔的民兵武装，虽然与政府保持着松散的联系，但却拒绝放下武器加入政府军。在的黎波里，有些民兵武装表现出向政府军靠拢的倾向，但也有部分民兵武装希望继续维持独立并控制着自己的地盘。

当前，利比亚政府把解除或收编国内民兵武装视为一项重要任务。政府建立的“武装人员事务委员会”（Warrior's Affairs Commission），就是执行这一任务的重要机构，它主要通过登记注册的方式，帮助卡扎菲政权时期的武装人员就业。但工作人员很快发现，申请者大多都来自叛军，而且他们所提供的材料也很难证实。兰德公司的报告指出，解除武装的过程只有通过实行整体的、全面的办法才能取得成功，即实行包括经济、社会和安全在内的综合措施才能取得成功。而武力的使用，只适用于最极端的案例。[2]

对政府来说，解决国内民兵武装问题的关键是如何区分能够通过和平手段收编的民兵武装和不能通过和平手段收编的民兵武装。对大多数民兵武装来说，他们首要考虑的是自身的安全和经济问

---

① Paul Salem and Amanda Kadlec, “Libya's Troubled Transition”, *The Carnegie Papers*, June 2012, p. 10.

② Christopher S. Chivvis, “Libya's Post-Qaddafi Transition-The Nation-Building Challenge”, Rand Corporation, October, 2012, p. 12.

题。对于这类民兵武装，政府应运用经济安抚和承诺安全保障等手段促使他们放下武器。还有一些民兵武装有明确的政治诉求，他们竭力保持自身武装力量，试图对地区乃至国家的未来政治发展施加影响力。对于这类武装，政府需要通过经济和政治利益来诱导他们放下武器，促使他们以和平方式融入政治进程。还有一类是坚持宗教极端主义，从事暴力恐怖活动的极端力量，只能通过军事和法律手段予以打击。

（三）制止武器扩散

利比亚战争期间，卡扎菲政权的军火库曾遭到武装分子抢劫，各类武器不仅流散到利比亚各地，还被走私到周边国家，严重威胁地区安全。在所有流散武器中，最令人担忧的是“肩扛式地对空防空导弹”（MANPADS）的流散，这种武器能够直接击落空中的商务飞机。因此，美国已出资4000万美元用于回收大约20000件对地区安全造成重大安全威胁的武器。到目前为止，利比亚境内大约有5000件这类武器得到回收并销毁。① 联合国和美国的官员表示，虽然没有足够的证据证明这种武器已经被走私出利比亚，但是决不能排除这种可能性。②

针对这些挑战，利比亚国防部和内政部已经制定了一项联合计划来应对国内安全问题。该计划包括三个阶段：第一阶段主要是接纳以前的武装分子，增加大城市的警察人数，并增加国内的检查站数量。第二阶段主要是严禁在没有政府授权的情况下使用武器，并动员利比亚民众自愿上缴武器。第三阶段主要是彻底取缔各种私人

---

① Paul Salem and Amanda Kadlec, “Libya’s Troubled Transition”, *The Carnegie Papers*, June 2012, p. 10.

② Christopher M. Blanchard, “Libya: Transition and U. S. Policy”, *CRS Report for Congress*, October 18, 2012, p. 20.

武器。根据来自内政部的消息，这三个阶段的任务将会在 2013 年底完成。不过，利比亚现有的安全部队人数仍然难以满足现实需求，数以千计的警察和安全部队人员还在接受训练。

三、利比亚转型过程中的经济重建问题

卡扎菲统治时期，利比亚丰富的资源都掌握在卡扎菲家族手中，成为卡扎菲巩固其独裁统治的工具。卡扎菲政权瓦解后，如何将国内丰富的资源惠及于民，是利比亚新政权面临的主要问题，也直接关系到利比亚国家政治与社会转型的成败。

利比亚内战期间，石油生产几乎完全停滞。战争结束后，石油生产逐渐恢复，目前已恢复到每天 160 万桶，已接近战前每天 180 万桶的水平，天然气产量也有所提高。[①] 丰富的能源是利比亚的宝贵财富，但如果管理不当，将会导致严重的腐败，阻碍利比亚国内非能源产业的发展，甚至对长远的政治经济发展产生不利影响。因此，为确保后卡扎菲时代国内经济繁荣和稳定，利比亚新政府必须充分合理地开发能源，并合理地分配能源带来的财富。

在利比亚，国有的利比亚国家石油公司（Libya's National Oil Company）及其下属子公司是管理国家石油资源和石油生产的机构。由国有石油公司管理国内石油资源往往有利有弊。从积极方面看，国家向国有石油公司征税要比向私人公司征税更为方便，国有企业在创造就业岗位方面也比私营企业更加容易。不过，国有石油公司也有自身的缺点和不足。首先，在国有石油公司中，人事任命和决策容易受到政治的影响，无形中降低了公司运行的效率；其次，政

① International Monetary Fund, "Libya beyond the Revolution: Challenges and Opportunities," Washington, D. C., 2012, p. 2.

府要求增加就业岗位的压力也会造成冗员的情况，从而降低生产效率并减少利润；最后，政府可能从国有石油公司抽走更多的税收，使得石油公司没有足够的资金投入新领域研发以及改进公司的管理，进而影响到石油产业的长远发展。

今后，利比亚将会继续通过国有石油公司来控制国内的石油生产。但是，利比亚新政府也应参考其他国家的成功经验，通过赋予国有石油公司足够的独立决策权来减少国有石油公司的弊端。此外，利比亚政府还应减少对国家石油公司的干预，甚至像卡塔尔国家能源部那样，把自己的职能限定为制定国家能源发展的宏观战略，从而把日常管理事务交给国有石油公司自行处理，保证能源产业持续、健康的发展。

除了合理利用本国的石油和天然气资源外，利比亚政府还面临发展私营经济、创造更多的就业机会等一系列亟需解决的问题。卡扎菲统治时期，政府极力阻碍私营企业的发展，加上政府效率低下且腐败横行，导致私营企业发展举步维艰。此外，卡扎菲政府还不断提高政府部门的工资水平，压低私营部门的工资标准，以此打击私营企业的发展。由于进口受限、招工困难、难以获得营业执照和政府许可等因素，利比亚的商业发展也非常缓慢。进入后卡扎菲时期之后，新政府必须努力消除这些不利因素，为私营企业的壮大和发展创造良好的外部环境，促进私营企业快速健康发展，推动国民经济发展多元化，提升整体经济水平，创造更多的就业岗位。

2013 年，随着国内安全局势的相对改善，利比亚政府正致力于吸引更多的外国投资。据国际货币基金组织（IMF）预测，2013 年利比亚的国内生产总值（GDP）将增长 17%，2014 ~ 2017 年的年均增长将保持在 7%。[①] 不过，利比亚的经济状况仍将受到政治局势的

---

① Mohamed Eljarh, “Libya's Year to Come”, February 21, 2013, http://transitions.foreignpolicy.com/posts/2013/02/21/libyas_year_to_come

影响。2013 年年底，利比亚将正式批准新宪法和举行议会选举，利比亚的经济前景将与此密切相关。与此同时，利比亚民众还不断要求提高工资水平和一次性补贴。尽管利比亚政府在过渡时期尚能承受不断增加的开支，但是工资和补贴的不断提高必将影响经济恢复，甚至会对经济的持续性发展带来负面影响。

四、利比亚转型过程中的制宪问题

为尽快实现政治与社会转型，利比亚政府正积极致力于起草和通过新宪法。在选举出由 200 位议员组成的国民议会并任命总理组阁之后，起草指引国家未来发展的新宪法具有至关重要的意义。目前，新宪法起草过程中争论最多的主要是宪法起草程序问题以及宗教的地位问题。

（一）宪法起草的程序问题

宪法起草的程序问题主要涉及两个方面：一是制宪委员会如何产生的问题；二是宪法起草者（即制宪委员会成员）是否应包含国民议会议员的问题。目前，关于制宪委员会成员的产生方式有两种不同意见。一种意见要求制宪委员会成员由国民议会直接任命；另一种意见强调通过选举产生宪法起草委员会的成员。相比较而言，由国民议会直接任命方式的优点在于国民议会的合法性和代表性。国民议会本身是在 2012 年 7 月 7 日的选举中产生的，在选民中具有权威性和合法性。此外，由国民议会任命制宪委员会可以避免另外举行一次费时的全国选举，有利于提高宪法起草工作的效率。不过，由国民议会直接任命的方式也有缺点和不足。因为国民议会议员是由政客而不是法律专家组成的，所以一旦采取这种方式就会使制宪委员会的专业性难以得到保障。同时，由国民议会直接任命的方式也可能导致立法、司法和行政之间的权力冲突。

利比亚各派势力在新宪法起草程序上的分歧，其实质是由来已久的中央集权制和地方分权制（联邦制）之争。在历史上，利比亚由三个相互独立的地区构成，即西部的的黎波里塔尼亚、东部的昔兰尼加以及南部的费赞地区。这三个地区有着完全不同的历史和文化，民众的区域认同感十分强烈。其中，利比亚丰富的石油资源大多集中在东部的昔兰尼加地区，而西部的的黎波里塔尼亚所占的人口比例在这三个地区中最高。

在这三个区域中，东部的昔兰尼加和南部的费赞地区希望实行联邦制，而西部的的黎波里塔尼亚地区则希望实行中央集权制。支持联邦制的势力认为，利比亚土地辽阔，各地区历史文化不同，再加上各地区的油气资源分配不均，所以应该实行各地区拥有充分自治权的联邦制。赞成中央集权制的势力则认为，利比亚战争后百废待兴，建立强大的中央集权政府有利于提高战后重建的效率，同时也能更高效地促进国家的能源出口。

卡扎菲政权垮台后，利比亚各方势力都承诺将致力于维护利比亚的统一和完整。但是，东部的昔兰尼加地区担心权力高度集中的中央政府，会像卡扎菲政府时期一样忽视东部地区的发展，从而导致东部地区边缘化。为了维护自己的利益，东部地区两次提出对制宪机构的选举程序进行修改。他们希望在新的制宪机构中，各地区的代表人数相等，而不是按照人口的多少来分配代表人数。他们的担心也并非没有理由，因为在国民议会的席位分配上，人口比例占多数的西部地区得到的席位就多于东部和南部地区（西部、东部、南部三个地区分别获得 100 席、60 席和 40 席）。

利比亚的宪法起草已经完成了如下进程：2011 年 8 月，“全国过渡委员会”颁布了具有临时宪法意义的《宪政宣言》。2012 年 3 月，“全国过渡委员会”对《宪政宣言》第 30 条进行修订，宣布即将选举产生的国民议会将按照 1951 年的宪法起草模式，任命一个由

60 人组成的宪法起草委员会，而这 60 人不能同时也是国民议会议员。在制宪委员会当中，的黎波里塔尼亚、昔兰尼加和费赞三个地区各有 20 位成员。2012 年 7 月，在国民议会选举之前，“全国过渡委员会”对选举程序进行了第二次修订，宣布制宪委员会不再由国民议会任命，而是由选民直接选举产生。这一变化是东部地区选民持续抗议国民议会按人口比例分配席位，为自己争取平等权力的结果。现在，利比亚的制宪委员会依然没有成立，议员们还在继续为制宪委员会的产生方式而争论不休。

（二）宗教在宪法中的地位问题

在利比亚，95% 以上的居民都是逊尼派穆斯林，其中既有激进的萨拉菲派，也有较为温和的穆斯林兄弟会组织，还有影响力正在逐渐减弱的苏菲派。从历史上来说，1951 ~ 1969 年统治利比亚的伊德里斯王朝，就是在苏非教团的基础上建立的。利比亚逊尼派穆斯林对伊斯兰教的解释虽然也有保守派和自由派之分，但这些教派之间的分歧远不如地中海东岸国家，诸如伊拉克、叙利亚等国家那样明显。面对伊斯兰的强大势力，利比亚国内的世俗自由派组织也深感担忧，他们正在努力限制伊斯兰宗教对宪法起草的影响。

2011 年 8 月，“全国过渡委员会”曾在具有临时宪法意义的《宪政宣言》中宣布：“利比亚是一个自由民主的国家，人民是国家权力的源泉；伊斯兰教是利比亚的国教，沙里亚（伊斯兰教法）是法律的主要来源。”利比亚人虽然大多同意将伊斯兰教法作为法律的来源，但利比亚不太可能成为一个按照伊斯兰教义来进行统治的神权国家。目前看来，尽管《宪政宣言》中的基本精神将在新宪法中得以保留，但世俗自由派组织仍然希望阻止伊斯兰教法的影响进一步渗透到新宪法的其它方面。和其他转型中的阿拉伯国家一样，利比亚国内的民间团体以及其他社会组织，还特别关心妇女地位，以及民众能否自由选择世俗生活方式的问题。

在制宪委员会完成宪法草案起草后，“全国高等选举委员会”（HNEC）将负责组织全体利比亚人民对新宪法草案进行公投。如果获得通过，新起草的宪法草案将成为正式法律；如果未获通过，制宪委员会将有30天的时间对草案进行修订，然后重新进行公投。在宪法草案获得通过后，利比亚将在7个月内举行新的立法机构和政府选举。届时，利比亚的政治和社会转型才能初步完成。

五、利比亚转型过程中的政治和解与司法问题

在利比亚战争期间以及战争结束之后，全国范围内的许多团体都被“革命”武装贴上了“亲卡扎菲分子”以及“战争罪犯”的标签。在利比亚，很多人仅仅因为他们的黑色皮肤，就被控告为卡扎菲政府时期的黑人雇佣兵。大赦国际（Amnesty International）2012年2月发布的报告表明，很多被视为卡扎菲政府支持者的外国侨民经常遭受拘留或折磨，而这仅仅是因为他们的肤色所造成的。[①] 那些支持卡扎菲的纳夫萨山区（Nafusa Mountains）部落以及来自卡扎菲政府时期主要军事据点拜尼沃利德和苏尔特等地的人，也时常成为随意拘留和施暴的对象。联合国调查委员会公布的报告指出，利比亚冲突期间，该国平民遭受了大规模的攻击。平民遭受的暴行包括谋杀、酷刑、任意逮捕和掠夺等。其中，反对卡扎菲的武装人员从其据点米苏拉塔（Misrata）发起的反攻中，曾对塔沃加城（Tawergha）的平民以及其他群体发动过有针对性的攻击。由于担心给受害者本人以及整个家族带来羞辱，诸如强奸这种在战争双方队伍中都经常发生的暴行最后都不了了之。

① Christopher M. Blanchard，“Libya：Transition and U. S. Policy”，*CRS Report for Congress*，October 18，2012，p. 5

在“联合国驻利比亚支助特派团”（UNSMIL）的帮助和鼓励下，过渡政府已将原本由地方武装控制的拘留中心控制在司法部手中。此外，过渡政府还提出要公开道歉、赔偿和整顿违法官员等措施，并且建立了事实调查与和解委员会，负责调查违反人权的事件以及人口失踪的案件。过渡政府要求对犯罪行为的裁定必须有足够的证据支撑，并能提供犯罪责任人的具体信息。在进行审判和最后判决之前，允许对案件进行彻底调查。在对受害人进行赔偿的问题上，过渡政府设立了专门的赔偿基金，资金来源以及管理的指导方针，都由过渡政府决定。

2012 年 9 月 17 日，“联合国利比亚支助特派团”公布的题为《过渡时期司法——建立新利比亚的基础》的报告指出：“过渡时期的司法体系可以为利比亚社会的前进指明方向，为一个新的民主社会打下良好的基础”。[①] 同时，这份报告还对利比亚过渡时期司法面临的挑战进行了概述。该报告强调把寻求真相作为过渡司法体系的重要任务，健全司法程序，其中包括释放没有经过法律程序就遭到拘留的 7000 名在押人员。该报告还建议，利比亚国民议会和政府应致力于在未来一年内实施全面的过渡司法程序。[②] 目前看来，尽管政府在推动政治和解和司法重建问题上已做出许多努力，但成效并不明显。现在，仍有成千上万的卡扎菲支持者还生活在突尼斯、埃及以及其他国家。很多人担心，卡扎菲家族和原政府官员会利用和解政策来破坏过渡时期利比亚的稳定。

2013 年 2 月 17 日，在利比亚革命两周年纪念日之际，时任国民议会主席穆罕默德·马贾里亚夫在班加西发表演说，特别强调了和解的重要性，承诺推动全国范围内的对话与和解，并呼吁和鼓励流

---

① UNSMIL report: “Transitional Justice - Foundation for a New Libya”, 17 September, 2012, http://unsmil.unmissions.org/Default.aspx?tabid=5292&language=en-US

② Ibid.

亡到突尼斯和埃及等国家的利比亚人重返利比亚。但与此同时，还有成千上万的卡扎菲追随者被关押在监狱里，而且没有任何迹象表明将对这些人进行审判。为此，人权观察组织的报告批评了利比亚的人权纪录。利比亚司法部长马格哈尼（Salah al-Marghani）表示认同该报告的观点，同时还表示他对司法领域迄今为止取得的进展感到失望。但他同时表示，政府已下定决心要在2013年在司法重建问题上取得突破。

联合国前秘书长科菲安南曾指出："离开了发展，我们就不能真正地享有安全；离开了安全，我们就不能真正地享有发展；只有我们真正地尊重人权，才能同时拥有发展和安全。"[①] 对于利比亚政府来说，只有实现政治和解和经济发展，利比亚人民才能享有安全和尊严。

六、利比亚战争后遗症对北非地区安全的影响

利比亚战争后遗症无疑将对北非地区，尤其是萨赫勒地区（Sahel）[②] 的安全局势带来诸多隐患，这主要表现在以下几个方面。

（一）难民问题

利比亚战争爆发后，共有超过100万人逃离利比亚，造成了冲击周边国家稳定的难民问题。利比亚周边的突尼斯、埃及、意大利等国都面临着来自利比亚的难民潮。不仅如此，战争还导致大批在

① Kofi Annan's address on receiving the MacArthur Award for International Justice, March 2008, New York, USA. http://kofiannanfoundation.org/newsroom/speeches/2008/03/kofi-annans-address-receiving-macarthur-award-international-justice

② 萨赫勒是非洲南部撒哈拉沙漠和中部苏丹草原地区之间的一条长度超过3，800千米的地带，从西部大西洋一直伸延到东部非洲之角，横跨塞内加尔、毛里塔尼亚、马里、布基纳法索、尼日尔、尼日利亚、乍得、苏丹共和国和厄立特里亚9个国家。

利比亚工作的撒哈拉沙漠以南国家的民众返回其祖国，这也给相关的国家带来了很大压力。这些从利比亚返回的人员主要来自利比亚周边比较贫穷落后的欠发达地区。根据国际移民组织（IOM）在乍得、马里和尼日尔三国所做的独立调查，这些从利比亚回国的人员当中，95%是男性，年龄大多数都在20～40岁之间。他们受教育程度很低，在利比亚主要从事技术含量低的农业、建筑业、石油以及服务业工作。[①] 他们原来生活的国家和地区大多常年饱受自然灾害、粮食危机和政局动荡之苦，民众受教育水平低下，缺少工作机会，得不到必要的医疗保障。其中一些地方族群和宗教冲突肆虐，犯罪行为和暴力活动猖獗。因此，从利比亚回归的大批人员，将给这些原本就欠发达的国家和地区带来巨大的冲击。

过去，向利比亚输出劳动力是周边欠发达国家改善经济状况的一个重要途径，这在客观上大大促进了劳动力输出国的经济发展。据国际移民组织估计，平均来说，每个在国外工作的劳动力可以养活其国内的7个人。[②] 因此，在利比亚工作的周边国家人员向母国的回归，必然会给这些本就十分贫困的国家造成严重冲击，使得当地的经济状况进一步恶化。在马里和尼日尔等萨赫勒地区国家，约有1000万人处在饥荒的边缘。根据"世界食品项目和联合国儿童基金"（World Food Programme and the UN Children's Fund）的统计，当地每5个孩子当中就有一个营养不良。[③] 毫无疑问，在利比亚务工人员的大量回流将进一步加剧这些国家的经济困境。

---

① UN Security Report："Report of the assessment mission on the impact of the Libyan crisis on the Sahel region", 23 December 2011, p. 6, http://www.securitycouncilreport.org/atf/cf/%7B65BFCF9B-6D27-4E9C-8CD3-CF6E4FF96FF9%7D/Libya%20S%202012%2042.pdf.

② Ibid.

③ Petrus de Kock and Henning Snyman："Post-Gaddafi Libya：Internal, Regional and International Security Implications", 18 November 2011, p. 5.

另外，利比亚战争后遗症还给整个地区的经济收入水平和财政预算安排带来严重的消极影响。在经济收入方面，一方面是战争对整个地区的旅游业产生了十分消极的影响，出于安全因素的考虑，前往北非地区旅游的游客不断减少。另一方面，战后政局动荡导致外部投资急遽减少，失业问题更加突出。战争后遗症也影响到相关国家的预算安排。例如，为了应对安全问题，尼日尔的国防开支增加了65%，这必然会导致其国内教育和医疗等社会公共服务开支的大量削减。

（二）武器扩散问题

1969 年卡扎菲通过政变上台后，在国内建立了庞大的轻型武器库，以应对来自国内外的威胁。在利比亚陷入动荡前的几年间，随着反政府势力的增长，卡扎菲又在公共场所和政府大楼内随处存放了大量武器，这些武器的存放地点甚至没有记录备案。2011 年利比亚内战期间，随着政府军据点不断被反政府武装占领，卡扎菲政权对未记录在案的武器存放失去控制，各武器存放点纷纷成为反政府武装、地方民兵武装、普通民众以及其他犯罪分子抢劫的对象。

内战结束后，利比亚松懈的边界检查使得武器很容易流散到周边国家，使火箭筒、机枪、自动步枪、弹药、手榴弹、炸药和安装在车辆上的轻型防空火炮等各种武器轻易走私出境，进而对周边国家乃至整个地区的和平与稳定构成严峻威胁。联合国的一份报告指出，走私到乍得、马里、尼日尔、阿尔及利亚等萨赫勒地区国家的武器，大多已落入当地恐怖分子手中。有些国家怀疑，走私武器的正是效忠卡扎菲的政府军和外国雇佣军。[①] 面对武器扩散带来的安全

① UN Security Report："Report of the assessment mission on the impact of the Libyan crisis on the Sahel region", 23 December 2011. p. 10. http://www. securitycouncilreport. org/atf/cf/%7B65BFCF9B-6D27-4E9C-8CD3-CF6E4FF96FF9%7D/Libya%20S%202012%2042. pdf.

问题，西非国家政府的武器交易量也大幅提高。

（三）恐怖主义问题

卡扎菲政权垮台后，随着大批利比亚武器外流，特别是卡扎菲外国雇佣军人员返回其所在国，再加上该地区的长期贫困和落后，使得北非地区尤其是萨赫勒地区已经成为恐怖主义滋生的温床。目前，在该地区的恐怖组织中，影响较大的主要有“伊斯兰马格里布基地组织”（AQIM），还有从利比亚转移到马里的“图阿雷格族反叛武装”。

“伊斯兰马格里布基地组织”（AQIM）的前身是阿尔及利亚的“萨拉菲宣教与战斗组织”，已被美国和欧盟列入恐怖组织名单。[①] 对于该组织的威胁，2008 年被该组织挟持 4 个月之久的前联合国驻尼日尔特使罗伯·福勒评价指出：“该小组成员都非常专注于自己的目标，并致力于进行圣战，对欧洲构成重大安全威胁。现在配备的武器大多来自利比亚，其中就包括很多重武器，比如 20，000 枚 SA－24 导弹、重迫击炮、重型大炮和数千枚反坦克地雷。”[②] 在该地区，由于政府管理不力、人口快速增长、国家间关系紧张、粮食危机而导致的地区动荡等问题，都是“伊斯兰马格里布基地组织”可以利用的因素。目前，这个组织以阿尔及利亚为据点，不断向外扩大自身的影响力，并和该地区其他恐怖组织建立起联系。按照美国“萨班中东政策中心”（Saban Center for Middle East Policy）资深研究员布鲁斯·里德尔的说法：“伊斯兰马格里布基地组织”这个 2006 年才被“基地”组织承认的偏远分支，在获得了来自利比亚的武器

---

① “伊斯兰马格里布基地组织”，http：//news. sina. com. cn/w/2007－12－13/130013073353s. shtml.

② Eray Basar's，“Report Update：Unsecured Libya weapons-Regional Impact and Possible Threats”，Civil-Military Fusion Centre，November 2012，p. 2.

之后，可能一跃成为“基地”组织中装备最为优良的分支机构。[①]

有报道说，在2011年利比亚战争期间，一些“地对空导弹”(surface-to-air missiles）被走私到周边国家。2011年10月，“人权观察组织”（Human Rights Watch）临时负责人彼得·波卡尔特（Peter Bouckaert）在苏尔特发现武器库时表示：“如果我愿意的话，我都可以带走几百件武器，当地人简直可以开着卡车运走他们想要的任何武器。而我们每到一处武器库，第一件事情就是发现‘地对空导弹’又不见了。”[②] 人们之所以关心利比亚的“地对空导弹”（又称“肩扛式地对空防空导弹”，MANPADS）的去向，是因为利比亚这种导弹的数量足以把整个北非地区变成一个“禁飞区”。尽管人们无法确切了解这些武器的流向，但“伊斯兰马格里布基地组织”一位领导人却明确表示，该组织是利比亚战争的主要受益者之一。

除“伊斯兰马格里布基地组织”外，另一个从利比亚获得大量武器的恐怖组织是马里的“图阿雷格族反叛武装”。2011年10月卡扎菲政权倒台后，曾经跟随卡扎菲部下一起作战的图阿格雷族武装回到马里北部。他们与当地的“阿扎瓦德民族解放运动”（MNLA）合作，成为对抗马里政府的反叛武装。该组织从利比亚获取了大量武器，因装备精良而比政府军更有战斗力，并在马里北部建立了自己的基地。2012年8月，美国国务院发布的旅行指南指出：“马里北部局势仍不稳定且难以预测。普通民众虽然不是打击目标，但阿扎瓦德民族解放运动已通过网站对外宣布其目标是在马里北部发动军事行动。”[③] 此外，“图阿雷格族反叛武装”还继续从利比亚走私

① Eray Basar's，“Report Update：Unsecured Libya weapons-Regional Impact and Possible Threats”，Civil-Military Fusion Centre，November 2012，p. 2.

② Eray Basar's，“Report Update：Unsecured Libya weapons-Regional Impact and Possible Threats”，Civil-Military Fusion Centre，November 2012，p. 2.

③ “Travel Warning：Mali”，U. S. State Department，August 29，2012，http：//mali. usembassy. gov/travel_ warning_ 08292012. html

武器，卖给马里境内的“阿扎瓦德民族解放运动”武装。

“图阿雷格族反叛武装”回到马里后，很快就改变了反叛武装先前与政府军力量对比的弱势地位。近两年来，马里北部的“图阿雷格族反叛武装”和其他叛乱武装已经对马里政府军造成重大威胁，叛乱武装的实力增长之快令马里当局深感震惊。马里一位政府官员指出：“我们突然发现自己要面对1000多名拥有重型武器的武装分子，整个地区的稳定都将遭受威胁。”[①] 此外，“伊斯兰马格里布基地组织”等恐怖和极端组织，也借机在马里北方地区扩充势力。

当前，利比亚的政治和社会转型依然困难重重。从未来的发展趋势看，利比亚完全有机会摆脱卡扎菲长达几十年的独裁统治，走上一条民主、繁荣的发展之路。但是，这条道路决不会一帆风顺，而是充满荆棘和陷阱。在国民议会选举完成后，利比亚目前最紧迫的任务是起草并通过新宪法。从长远来说，如何把利比亚建设成一个稳定、安全、繁荣、民主的现代国家，无疑将是一个充满风险和挑战的漫长过程。

① Eray Basar's, “Report Update: Unsecured Libya weapons-Regional Impact and Possible Threats”, Civil-Military Fusion Centre, November 2012, p. 3.

也门的政治与社会转型

上海外国语大学中东研究所　**张金平**

【内容提要】

“全国对话会议”是也门政治与社会转型中的重要环节，会议的目标是为制定宪法做准备。会议因诸多重大问题难以达成协议而延期，其中国家的国体结构是也门政治转型的矛盾焦点。也门以和解对话推进政治社会转型，既包括国内政治势力之间的对话协商，也包括国际社会以斡旋、援助等方式支持也门的对话与和解。未来也门的政治与社会转型仍面临着多重压力。

虽然也门的政治与社会转型中存在着巨大的暴力和动荡，激烈的武装冲突曾导致总统受伤，恐怖势力史无前例地在也门宣布“建国”，部族武装之间的武力对抗也一直不断。但总体来说，也门的政治社会动荡与转型具有“和解协商”的特征：以国际协调和国内政治力量间的协商妥协结束了暴力冲突和政治对抗；以选举的方式实现政权更迭和社会的初步稳定；以政治对话开始了国家政治与社会重建。从长远看，未来也门的政治与社会转型仍面临着多重压力。

一、也门政治与社会转型的主要分期

自 2011 年 1 月也门动荡开始，其形势演变可分为三个阶段：

2011年1月到2012年2月，是“动荡期”；2012年2月哈迪总统就职到2013年3月，是政治与社会转型的“筹备期”；2013年3月18日“全国对话会议”（National Dialogue Conference，NDC，也称“和解对话会议”）召开，也门政治与社会转型进入关键阶段。在“全国对话会议”结束后，也门将进行宪法制定与公投、总统选举（预定为2014年2月），届时也门政治与社会转型将基本完成。

（一）政治与社会的动荡期

2011年1月，也门的大规模游行抗议开始。抗议者反对刚刚通过的宪法修正案,[①] 进而提出了政权更迭的要求。[②] 抗议运动迅猛扩散，人数空前的“愤怒的星期五”（2011年2月18日）游行抗议在首都萨那、南部重要港口城市亚丁、西南部重要城市塔伊兹同时进行。在民众抗议活动高涨的同时，第一装甲师的指挥官阿里·穆赫辛·阿赫马尔宣布以武力支持保护反对派；主要部落、南部运动、胡塞运动都支持主要由青年参与的“广场革命”。在对“尊严星期五”（2011年3月18日）的抗议活动进行暴力镇压后，萨利赫政权认识到高压政策无法阻止抗议运动的扩散与升级，至4月初，萨利赫同意海湾合作委员会（以下简称“海合会”）斡旋。

此后，各种矛盾叠加在一起导致一系列重大事件相继发生：由于萨利赫先后3次爽约拒绝签署海合会倡议，海合会在2011年5月

---

① 2011年1月1日，也门议会投票通过了宪法修正案：取消了总统只能担任两个任期、每个任期为7年的条款，规定总统有权提名自己无限连任。这样，执政了33年的萨利赫总统可能成为终身总统。动荡爆发后，萨利赫在2011年2月2日宣布终止这一宪法修正案，在2013年任期结束后不再谋求连任也不会将政权移交给自己的儿子。但此时这一表态已经无法平息大规模的动荡。参见新华网：http://news.xinhuanet.com/world/2011-02/02/c_121048944.htm，2012-11-30。

② Bakri，Nada，“Thousands in Yemen Protest Against the Government”，*The New York Times*，27 January，2011.

22日宣布暂停斡旋；5月23日，也门最大的部落联盟哈希德部落首领萨迪克·艾哈迈尔宣布支持反抗运动，其部落武装力量与萨利赫的武装力量进行交火；[①] 5月28日，“基地”半岛分支组织在阿比扬省宣布建国；6月3日，萨利赫的武装袭击了萨迪克·艾哈迈尔两个兄弟（哈米德和西米亚）和阿里·穆赫辛·阿赫马尔在萨那的住所；萨利赫在总统府遭炮击中受伤，到沙特阿拉伯治疗并协商政治危机的解决。9月18日，也门发生了新的暴力冲突。

2011年10月21日，联合国安理会通过决议强烈谴责也门政府对和平抗议者的暴力行为并要求追究相关人的责任。在国内、国际社会的压力下，萨利赫被迫于2011年11月23日在沙特阿拉伯首都利雅得签署海合会倡议（The GCC Initiative）。海合会倡议设计了也门的政权和平交接的几个步骤：成立联合政府（吸纳反对派并由反对派领导）；总统权力移交给副总统且萨利赫须于30天内辞职；辞职后萨利赫及其家人获得豁免权；在萨利赫辞职后，也门将在60天内进行总统补选。2012年2月，阿卜杜勒-拉布·曼苏尔·哈迪总统就职。

（二）“全国对话会议”的筹备期

从2012年2月到2012年6月，哈迪政府的主要目标是集中军事行动打击南部的恐怖势力，稳定国家安全局势，为“全国对话会议”提供基本的安全环境。哈迪总统就任之初，在美国的敦促和支持下向恐怖势力发起了持续3个多月的军事攻势，到2012年6月，恐怖势力被赶出南部城镇，基本上被压缩到边远山区。

2012年5月6日，也门总统哈迪宣布成立有8人组成的联络委员会，正式启动“全国和解对话”进程，其中心工作是以海合会调解协议为框架，在听取各政治派别意见的基础上成立“全国和解对话筹备委员会”。7月14日，“全国和解对话筹备委员会”在多次被

① “Gunbattle in Yemen as Transition Deal Collapses”, *Reuter*, 23 May 2011.

拖延后宣布成立，其使命是邀请各政治派别参加全国和解对话，为对话会议设置议程。2012 年 8 月 6 日，哈迪总统控制了前总统萨利赫儿子指挥的共和国卫队（包括 7 个旅），开始着手进行国家安全与武装力量的重组。经过多次拖延，2013 年 2 月 6 日召开的筹备委员会紧急会议决定，“全国对话会议”于 2013 年 3 月 18 日召开，预计会期为 6 个月。

（三）拖延的“全国对话会议”与未来的总统大选

2013 年 3 月 18 日“全国对话会议”召开以来，原定为期 6 个月的会议一再延期。因此，“全国对话会议”之后组建制宪委员会、制定新宪法、进行宪法公投、总统选举等政治进程都没有如期进行，直到 2014 年 1 月 15 日，会议正式结束，并将哈迪总统的任期和大选都延长一年。

二、也门“全国对话会议”的议程设置

全国对话会议是也门政治社会转型的基础，[①] 其任务是吸收所有政治力量广泛参与讨论国家政治重建的一系列重大问题。

（一）会议的期限设置

会议共分为三个阶段。第一阶段从 2013 年 3 月 18 日开始，其任务是确立议题，就相关议题划分 9 个工作组。每个工作组就所承担的议题广泛征集社会意见，在不同的省份举行会议。所以，在第

① IFES, “Next Steps in Yemen's Transition”, Middle East and North Africa International Foundation for Electoral Systems, *Briefing Paper*, Washington. DC, 6 March 2011, pp. 5 – 6.

一阶段中，田野调查、会见各界人士，是各个工作组的主要活动。第二阶段从 6 月 8 日开始，各工作组就所收集的意见进行汇总，大会就相关议题的原则和具体条文的草拟进行讨论。第三阶段从 10 月 8 日开始，就各工作组提交的意见进行协商，以期就起草宪法达成共识。这一任务直至 2014 年 1 月中旬才完成。

根据海合会斡旋达成的协议，也门将通过广泛政治协商、在最大程度的政治一致基础上建构未来的国家。为此，对话和解会议必须满足三个条件：参加的政党或政治力量必须具有最广泛的代表性；任何政治派别和社会群体所关注的议题都必须得到认真讨论；必须就国家建构中的重大问题达成最广泛的一致。为满足这些条件，哈迪政府确定了参加会议的 565 名正式代表，主要来自 8 个主要政党和政治团体，其中代表的半数来自南部也门；妇女和青年的比例为 30% 和 20%；同时对代表的资格进行了明确的规定。

（二）议题和工作组的设置

工作组是也门民族和解与对话会议的核心环节。

1. **“南部问题”组**。需要解决的问题包括：也门南部与北部关系的根本性质；建设南北信任的措施；调查南部各界的不满及其原因；南部财富归还其合法所有者及相关程序；增加就业机会与发展；国家权力在也门南北间的分配方式。

2. **“萨达问题”工作组**。萨达省是也门北部的一个省份，与沙特接壤。2004 年以来该省长期存在胡塞运动与政府的武装对抗，胡塞运动力量（属于什叶派）与逊尼派部落的冲突。该工作组的目标是讨论如何缓解该省的冲突，其重点包括全面深入地了解该省冲突的历史根源；切实回应该省民众的需求；探讨缓解紧张关系与推动信任氛围的可行性途径；努力在新宪法中反映萨达省民众的关切和要求。

3. **民族和解与转型正义工作组**。其任务包括：规划出民族和解与社会正义得以切实实现的步骤；保障结束侵犯人权和违反人权国际法的现象；对人权遭受侵犯的个人及其家庭提供支持；在法律和宪法上保障遭受不公正待遇和侵害的人及其家庭得到补偿；对人权的宪法和法律保障。

4. **国家建设工作组**。该工作组为新宪法的起草准备工作发挥组织与推进的核心作用，其责任包括：借鉴国际社会宪法起草的经验；反思也门历史上的宪法起草经验和实践；确定宪法起草委员会或相关组织的人员、运作等；研究涉及国家结构的体制问题，如总统制与议会制、集权体制与分权体制、中央政府与地方政府的关系等；宪法权利的平等性与多样性特别是妇女、儿童、少数群体、弱势和边缘群体的权利。

5. **善治（good governance）工作组**。重点探讨政府如何进行善治，其关键问题有：政府权威与责任的平衡；强化责任制与透明度及其措施；公正与平等的实现；反腐败；公民的平等机会；公共管理的能力；外交政策；政党的作用、民间社会组织的作用；民众的政治参与等重大问题。

6. **军事与安全工作组**。就军事和安全问题进行商讨、决策，为重组国家武装力量、组建专业化的国家军队铺路，相关问题包括：也门军事力量的身份和地位，军事力量在政治生活中的作用，国家主权的最佳保护，以及军队所驻扎城市和检查站所在地的平民权利与安全。

7. **特别群体问题工作组**。其任务包括：调查儿童、少数民族、流动人口等易受伤害群体的生存条件与生活质量；研讨当前政策中的漏洞、缺陷及对策；关注如何确保媒体和监督机构的独立性，如何监管宗教捐赠和救助义务。

8. **权利与自由工作组**。工作重点是如何通过宪法保障公民的权利与自由，如尊重多样性、保护基本人权，维护妇女、儿童、少数民族和边缘群体权利等问题。

9. **综合可持续发展工作组**。其工作涉及一系列宽泛的议题，中心是国家的经济社会发展问题，目标是实现也门的全面可持续发展。促进经济发展是该工作组进行详细讨论的议题，如增强与国际发展机构的合作，支持小微企业、私营部门、社会组织、个人在经济社会综合发展中的作用，促进卫生、教育、基础设施等领域的发展等。

（三）达成协议的“一致同意”原则

会议的决议必须由出席会议代表的90%同意，同时需要与会的8个主要政党和团体的一致同意；如果不能达到90%的一致同意，会议的“协商一致委员会”将在不同派别和组织间进行协调以达到90%的一致同意；如果协调后仍无法达到90%的同意，则以到会的75%代表的同意通过决议；如果75%的同意票也无法达到，“协商一致委员会”将进行第二次协调以达到75%的同意票；如果第二次协调也无法通过决议，由“协商一致委员会”把问题提交总统哈迪，由总统与各不同的派别联系、协调以达成一致意见。“一致同意”原则是为了解决国家建构和社会建构的重大问题，充分体现各派的政治权利，限制任何一个政党或政治力量凭自己的代表票数强行做出决定。协商一致的原则是也门政治社会转型的一个基本原则，即使面临诸多挑战和压力，在转型进程中也一直得到各方的认同与遵守。

三、也门政治与社会转型的核心问题及其博弈

（一）国家统一问题

也门面临着突出的国家统一问题。近代以来，也门长期处于分裂状态，1990年统一后，很快又在1994年发生了内战。内战后，北方的政治力量控制了国家的政治与经济命脉，南部的大量公务员被

解职，而南部的资源特别是统一后发现的油田也由北部势力控制。南部民众和各政治派别对北部势力控制国家长期不满，南部的抵抗运动和分离主义运动也因此相继活跃起来。

如何实现国家资源在地区间的均衡分配、各政治力量在国家政治结构中的地位均衡、加强民众的国家认同，是也门政治过渡中必须解决的问题。目前，南部的要求主要有二：

第一，要求政府对 1994 年以来南部人民遭遇的苦难进行道歉，暗含要求前政府即萨利赫政权承担责任。因此，萨利赫所在的“全国人民大会”一直强烈反对这一要求，该党担心道歉将影响其在未来国家的政治地位与权力。但其他政党都比较支持南部的要求。2013 年 9 月，也门现政府正式做出了针对南部民众苦难的道歉，但没有提及责任方和责任追究。

第二，南部政治力量特别是“南部运动”组织要求南部保留自决权，要求对话和解会议的决议应确定一个政治过渡期，在政治过渡期结束后南部可以决定是否留在联邦国家之中。这一提议遭到北部政治力量的强烈反对，但得到“胡塞运动”（Houthis）势力的支持。目前，这一提议没有得到大会的同意，南部一些代表人物和“南部运动”的代表因此曾一度退出“全国对话会议”。

存在分离倾向的另一个区域是也门北部萨达省。在萨达省存在两组矛盾：一是“胡塞运动”的分离要求；二是属于什叶派的胡塞势力与逊尼派部落之间的武装冲突。主要活动在北部萨达省的“胡塞运动”属于什叶派栽德教派（Zaydi）[①]。1992 年，“胡塞运动”得到萨利赫的支持以平衡逊尼派政治势力。2000 年，侯赛因·胡塞向政府提出在也门实行政教合一的要求，遭到政府的拒绝。2003 年伊拉克战争爆发后，“胡塞运动”反对美国在中东的政策，批评政府支

---

① Lucas Winter，“Yemen's Huthi Movement in the Wake of the Arab Spring”，Combating Terrorism Center，2012，*STC Sentinel*，VOL 5，ISSUE 8，23 August 2012，p. 14.

持美国反恐的做法。从2004年起，“胡塞运动”开始以武力对抗政府并扩展其势力，政府则支持逊尼派部落对抗胡塞势力，战火时断时续但从未停止，沙特曾一度出兵帮助打击该势力。

萨达省尽管存在分裂的倾向，但由于“胡塞运动”自身实力不足的原因，这一问题还不太突出。当前“胡塞运动”最突出的要求是，在对2011年动荡发生以来受害者的补偿中，应包括萨达省冲突中遇难的人，即寻求经济补偿是其首要的诉求。

当前，也门仍存在维护国家政治统一的基本条件。首先，大多数民众支持国家政治统一。其次，国际社会支持也门的政治稳定和国家统一，分离主义难以得到外部力量的支持。第三，当前也门政府、议会掌控着国家的主要资源，能够利用国家资源促进政治统一和政治过渡。而南部政治势力则比较分散，几支政治力量意见不统一，更没有组织上、行动上的统一性。政府和议会中的政治势力[①]虽然也存在对立和矛盾，但在国家统一问题上意见比较一致。而南部政治力量则存在一个“谁代表南部”的问题。[②] 南部地区有20余个政治组织，虽然对于南部问题的解决方案有不同的意见，[③] 但他们都担心执政党全国人民大会中来自南部的成员担任南部的代表。

（二）国家体制及其落实

目前，实行联邦制已经在和解对话中得到普遍认可。其原因在

① 政府与议会中的政治力量主要包括萨利赫领导的“全国人民大会”、哈希德部落联盟首领艾哈迈尔家族领导的“也门伊斯兰改革集团”、在动荡中脱离萨利赫集团的阿里·穆赫辛·阿赫马尔等势力，以及哈迪总统及其所影响的力量。这一组政治力量相互之间的关系，以及他们与其他政治力量之间的关系，构成也门国家政治力量的主干图谱。

② Ramzy Alawi, “Who Represents the South?”, *Yemen Times*, 24 October 2012..

③ Mohammed Al-Samei, “Dr. Mohammed Mossa Al-Ameri, a Religious Sheikh, Speaks to the Yemen Times”, *Yemen Times*, 17 December 2012.

于：一是中央政府权力和萨利赫家族政治权力在此次动荡中被严重削弱；二是南部运动和胡塞运动力量的增强，其政治和经济诉求得到各界广泛的理解和认可；三是联邦制有利于平衡不同地域政治力量之间的深刻矛盾。

但是，联邦制的实施也面临许多难题，如各邦的区域和权力(特别是支配社会、经济发展资源的权力)、各邦与中央的关系的界定等难题。问题的焦点突出表现为联邦构成的数目之争。南部主张未来的国家由两个邦构成，意在保存南部的政治实体地位，在未来的国家中以整体力量维护南部的利益，并在必要时寻求南部的自治或独立。而北部的政治势力则主张国家由多个邦（目前主要的提案是 5 个邦）构成，把现在也门的 20 个省级区划打乱，主要是将原来的南部省区与北部的省区合并。其目的有二：首先，打乱南部的行政区划以消除南部的政治整体性；其次，确保北部省份在资源分配中的有利地位，继续控制国家的石油资源。

也门的政治力量具有突出的地域性，主要有南部 4 省、东部 2 省、北部萨达省和中部（其余各省和萨那直辖市）四大政治地域，南部与东部相当于统一前的南也门，北部和中部相当于统一前的北也门。中部的面积约占全国的 1/3 左右，却是全国的政治与经济中心。中部政治势力一直控制着国家政权，萨利赫集团与艾哈迈尔家族政治势力的社会基础主要集中在中部，哈希德部落联盟主要集中在萨那、哈杰、萨达 3 省，首都萨那是其势力范围的核心。也门统一以来，特别是 1994 年内战结束以来，中部的政治力量一直把持着国家的核心权力。①

南部的政治力量主要包括社会党、“南部运动”。也门统一后，南部许多有影响的政治力量大都游离于政权之外，甚至是反

① 南部在政府的职位就职中不足 9%。Ramzy Alawi, “Who Represents the South?”, *Yemen Times*, 24 October 2012.

政府的。[1] 2007 年，“南部运动”兴起，最初要求政府公平对待南也门的社会发展并调整南北关系；2009 年又提出了独立口号，一些力量还与政府武力对抗。

联邦制的具体落实是也门和解对话的核心问题，是会议成功与否的焦点问题。在进入大会的第三阶段后，这一问题更加突出，为此南部运动的代表曾多次退出大会。为了解决联邦制的落实问题（即未来的联邦单位的数目），大会在 2013 年 9 月 9 日成立了“8 +8 委员会”，南部和北部的代表各有 8 名。联邦单位的数目之争，反映了也门不同地域政治力量之间围绕权力和资源分配的矛盾，权力分配的核心是国家的政体问题，而资源分配则从属于权力分配。事实上，北部政治力量试图继续保持对国家权力和资源事实上的控制，而南部则力图借助政治转型实现权力与资源的共享，甚至取得在资源分配上的“所在地”优先权。到 2014 年 2 月，也门各派同意联邦数为 6 个。

南部问题工作组在“全国对话会议”工作组中位列第一，足见这一问题在也门政治社会转型中的重要性。鉴于“南部问题”的重要性，全国对话会议筹备委员会将半数的代表名额给予来自南部地域的代表。哈迪总统本人也来自南部地区。南部政治力量在政治上联合的呼声和趋势也越来越强。

南部问题还有历史层面的因素。南部地区民众普遍认为，也门统一后萨利赫政权掠夺南部的石油等资源，并分配给中部的部落势力，因而导致了南部的贫困落后、恐怖势力膨胀和安全形势恶化。[2]

在也门，不同地域的政治力量之间存在很深的历史积怨，信任问题是对话和解中的重大问题。但各地区、各派别之间的矛盾很突

---

① 郭宝华著：《中东国家通史——也门卷》，北京：商务印书馆 2004 年版，第 319 ~ 321 页。

② Iris Glosemeyer, “Dancing on Snake Heads in Yemen”, Canadian Defence & Foreign Affairs Institute, May 2009. p. 2.

出，特别是萨利赫所在的“全国人民大会”与“南部运动”的对抗最为激烈，而南部运动力量与北部胡塞运动是天然的政治盟友，[①] 中部政治力量和北部的政治力量则在联邦制的权力分配上具有一致的利益和立场。

（三）伊斯兰与世俗之争

伊斯兰主义与世俗主义的矛盾也是影响也门政治与社会转型的重大问题。当前，伊斯兰主义的影响在西亚北非地区日益增强，也门的宗教政党和政治势力的影响也不容小觑。“也门伊斯兰改革集团”包括 3 股主要政治力量：一是也门穆斯林兄弟会，二是北部部落（联盟）势力，[②] 三是也门的宗教主流逊尼派力量[③]。他们主张“伊斯兰法为一切法律之本”，在对外关系方面强调伊斯兰特征。[④] 该集团积累了巨大的政治资源和能量。也门胡塞运动也主张建立政教合一的政治制度，反对美国等西方国家对中东事务的干预。

当前，也门的伊斯兰主义势力已经构成影响国家政治过渡的重要力量，但它们也面临如何处理好部族政治与现代政治关系的挑战。[⑤] 不考虑国家发展，特别是就业问题、人权保障、社会经济发展

---

① Wikipedia, “South Yemen Movement”, http: //en. wikipedia. org/wiki/South_Yemen_ Movement, 2012 - 10 - 11.

② “Ruling Party Defies Al-Ahmar Family, Threatens Unity of Hashid Tribe”, *Elaf Political Independent Weekly*, 17 November 2009, International Crisis Group, p. 16.

③ “Yemen: An Election Realignment”, *STRATFOR*, 20 September 2006, http: //en. wikipedia. org/wiki/Al-Islah, 2013 - 01 - 11; Edward Burke, “One Blood and One Destiny? Yemen's Relations with the Gulf Cooperation Council”, London School of Economics and Political Science, 2012, p. 18.

④ 时延春著：《当代也门社会与文化》，上海外语教育出版社 2006 年版，第 145 页。

⑤ 王锁劳：“中东北非剧变与政治伊斯兰运动的走向”，载《国际政治研究》2011 年第 4 期，第 1 ~2 页。

等重大现实问题，任何伊斯兰主义方案都无法落实。

青年和妇女是当前也门现代政治力量的突出代表。他们发起的“广场革命”最终导致了萨利赫政权的瓦解。由于人口增长过快，也门的青年人口比例很高，25 岁以下青年占总人口的 45%。此外，也门非政府组织在全国对话会议中有 40 个席位，也有不小的政治潜力。[①] 鉴于青年和妇女影响的激增，联合国也门问题特使在 2012 年 10 月宣布，独立青年代表、无党派妇女代表、社会团体将在全国对话会议中各占 40 个代表席位，三个阶层共占总代表数的 21.3%，[②] 此外，参加全国对话会议的各政治力量的代表中都要有妇女代表。[③]

但青年和妇女政治力量不是一个整体，在参加对话会议时的代表身份或者是独立代表，或者是不同党派、联盟、团体和独立运动的代表。青年和妇女政治力量的政治主张也不尽相同，因而难以形成政治合力，其政治表达的能力也大打折扣。现代政治力量还包括一些政党，如也门社会党。[④] 在政治动荡后，社会党的政治影响也在不断增长。

也门的传统政治势力非常强大。在对话会议中，胡塞运动的作用和地位成为和解对话的重要议题。[⑤] 传统政治势力拥有影响很大的政治组织，在政治动荡中还吸纳、支持、争取妇女和青年运动力量。

---

① 林庆春、杨鲁萍编著：《列国志：也门》，北京：社会科学文献出版社，2009 年版，第 136 ~ 137 页。

② Mohammed Ghobari, Sami Aboudi, Jon Hemming, “Yemenis Agree on National Dialogue Conference”, *Reuters*, 28 November 2012

③ IFES, “Next Steps in Yemen’s Transition”, Middle East and North Africa International Foundation for Electoral Systems, *Briefing Paper*, Washington. DC, 6 March 2011, p. 7.

④ “Yemeni Socialist Party”, Mideast & N. Africa Encyclopedia, http://www.answers.com/topic/yemeni-socialist-party, 2013-01-08.

⑤ Lucas Winter, “Yemen’s Huthi Movement in the Wake of the Arab Spring”, Combating Terrorism Center, 2012, *STC Sentinel*, Vol. 5, ISSUE 8, 23 August 2012, p. 15.

艾哈迈尔家族和“也门伊斯兰改革集团”都积极支持和争取妇女和青年力量。例如，“也门伊斯兰改革集团”曾支持其女性成员塔瓦库勒·卡曼在2010年参加议会大选，并成为该集团13名女性议员之一。卡曼是也门人权运动的知名活动家，并于2011年获得诺贝尔和平奖。①

四、也门政治过渡面临的挑战

和解对话，是实现政治社会转型的理想路径。就也门的实践进程来看，这一转型方式避免了暴力冲突滑向内战的危险，避免了二次“革命”的震荡。但由于各种内外矛盾的掣肘，也门的政治社会转型在政治、安全与经济各领域都面临着诸多严峻挑战。

（一）政治领域的挑战

在也门全国和解与对话的进程中，政府与议会之间的矛盾、议会内部的矛盾、不同政治势力与政府的矛盾不断凸显。目前，也门现政府内基本上保持了“也门伊斯兰改革集团”和“全国人民大会”的平衡，但由于议会中“全国人民大会”的代表占据多数，“也门伊斯兰改革集团”的代表常常不参加议会，而“全国人民大会”则往往通过议会的决议要挟政府。当前，南部的各政治势力还没有进入政府，如果转型进程出现长期拖延的现象，南部对现政府的不满将日趋增强。在“全国对话会议”召开的过程中，各派政治力量之间的矛盾非常突出，经常出现代表拒绝与会和中途退出大会的现象。

① Nobelprize. org，http：//www. nobelprize. org/nobel_ prizes/peace/laureates/2011/karman-lecture. html，2013 -01 -21.

在哈迪就任总统后，萨利赫集团不但丧失了总统权位，对军队的控制权也逐步被削弱，其控制的政党“全国人民大会”也发生了严重的分裂，并且出现了要求萨利赫辞去党主席的强烈呼声，其他势力及一些外部力量一直要求萨利赫离开也门。2013 年 9 月，有的政治势力提出议案，要求禁止萨利赫今后从事任何政治活动。但萨利赫集团的政治影响力还会长期存在，因为“全国人民大会”在议会和“全国对话会议”中拥有的席位最多。

艾哈迈尔家族政治势力 300 年来一直世袭也门最大部落联盟的首领，领导着也门最大的反对党“也门伊斯兰改革集团”，其家族还控制着一些大公司，具有难以撼动的政治基础。该势力曾长期与萨利赫势力结盟，从对南部的控制中获益很大。艾哈迈尔家族对“全国对话会议”的影响力很大，作为部落首领的萨迪克·艾哈迈尔在会议开幕时坐在第一排显赫的位置，而他的兄弟、也门著名实业家哈米德·艾哈迈尔则宣布退出会议。

哈迪政府承担着推进也门政治过渡的主要责任，在“全国对话会议”的推进中扮演着“主持人”的角色。但哈迪面临着巨大困难，而政府内部也是矛盾重重。哈迪政府本身便是也门政治力量在激烈较量中寻求平衡的产物，反对派与原总统萨利赫的势力在政府中大致均衡，由反对派任总理。因此，哈迪总统实质上是一位弱势总统。

改组军队与组建一个强力政府，是“全国对话会议”取得成功的重要条件。2012 年 4 月，哈迪总统解除了一些萨利赫家族成员的军权；2012 年 12 月，哈迪总统宣布改组军队、在未来 5 年内重组国家军队，新设总统卫队、特种行动部队和弹道武器部队 3 支部队，由总统直接掌控。但组建新部队难以一蹴而就。哈迪总统对现有国家军队的指挥权还难以有效行使。除了中央政府直辖的部队外，还有地方军区部队、部族武装、南部运动和胡塞运动的武装，更是一时难以由中央政府有效统辖。一旦中央政府的部队重组出现失误，有可能引发大规模的暴力冲突。

（二）安全领域的挑战

也门依然面临着严峻的安全威胁，最突出的是恐怖主义泛滥，其次是部落武装之间的冲突。

在也门的政治转型中，恐怖主义泛滥是最严重的安全威胁。据统计，2012 年也门的恐怖暴力事件与 2010 年和 2011 年相比并没有减少（有的统计甚至显示有所增加）。也门的恐怖势力通过持续的恐怖袭击打击也门政府的威信，扰乱也门的全国对话会议进程和政治转型。“基地”组织阿拉伯半岛分支是也门最为活跃的恐怖势力，也门全国对话会议召开以来，恐怖分子频繁制造针对政府的袭击。例如，2013 年 4 月 27 日，也门一名省级军事情报官员遇袭身亡；7 月 6 日，也门内政部大楼遭到汽车炸弹袭击，导致 3 名士兵死亡；8 月 25 日，首都萨那空军基地附近一辆空军学员乘坐的大巴遭到炸弹袭击，导致 12 人死亡；9 月 20 日，“基地”组织阿拉伯半岛分支在也门南部袭击 3 处政府目标，导致 56 名警察和士兵死亡。

也门恐怖势力常常通过绑架外国人质以要挟政府。2012 年 3 月 28 日，沙特一名外交官在也门遭到绑架（8 月 12 日被释放），恐怖分子要求释放 5 名与“基地”组织有关的女性恐怖嫌疑犯。2013 年 7 月 21 日，伊朗一名外交官在也门首都萨那被绑架。2012 年 12 月，“基地”组织阿拉伯半岛分支悬赏三公斤黄金行刺美国驻也门大使，同时提供 500 万也门里亚尔（约合 2.3 万美元）作为刺杀一名驻也门美国士兵的赏金。2013 年 8 月，以也门为依托从事恐怖活动的美国籍“基地”组织活跃分子亚当·贾丹，不断号召对阿拉伯国家的西方外交人员进行袭击，并为此提供赏金。

美国在强化与也门政府反恐怖合作的同时，以无人机袭击作为主要反恐手段。自 2010 年以来，美国在也门已经发动了 80 多次的无人机袭击，多次造成平民的重大伤亡，进一步刺激了反美主义情绪的高涨和恐怖主义的反弹。

“基地”组织半岛分支与也门的政治力量存在错综复杂的关系。“南部运动”、也门穆斯林兄弟会、南部部族势力与“基地”组织半岛分支之间存在着或者相互利用、或者相互对抗的复杂关系。例如，2011年12月，“基地”组织半岛分支公开宣布对“胡塞运动”发动“圣战”。

部族冲突是也门面临的另一重要安全威胁。例如，自也门动荡以来，“胡塞运动”与其他部族的冲突一直连续不断。2011年10月，“胡塞运动”对萨达省逊尼派控制的地区发起围攻；2012年12月20日，双方在代迈季镇发生交火，直到2013年11月初才在联合国代表的协调下宣布停火，但双方的冲突事实上仍在继续。此外，南部和东部一些地方武装力量因石油分配问题常常与政府武装力量发生冲突。

（三）经济领域的挑战

也门经济发展长期落后。在联合国《2010人类发展报告》中，也门的发展水平在169个国家和地区中名列第133位。阿拉伯大变局以来的政治动荡使也门经济再遭重创。据世界银行统计，也门2011年的国内生产总值负增长10.4%。[①] 在2011年负增长的基础上，2012年的经济增长率仅为2.4%。[②] 也门仍面临着严重的失业问题，其中青年失业率在50%以上。[③]

哈迪总统表示当选后首要工作是处理经济危机。在海湾国家和

① http：//www.worldbank.org/en/country/yemen，2012－11－30.

② http：//www.worldbank.org/en/country/yemen/overview，September，2013.

③ “Yemen's Youth are the Key to Lasting Stability”，The National UAE，National Editoria，25 April 2011.

国际社会的援助下，也门经济逐渐稳定并有所恢复。但也门的经济基础比较薄弱，目前主要依靠石油出口和外援。[1] 2012年5月，国际社会承诺援助也门40亿美元，美国对也门新政府的援助也远高于萨利赫时期。[2] 美国国务院2013年初的文件称，在2012年度美国向也门提供了历史上最大规模的援助。[3] 2012年9月，国际社会又承诺向也门提供64亿美元援助。[4]

由于安全不断恶化，也门政府的大部分财政资源被迫投入到安保领域。2013年1月20日，也门议会通过了2013年度的财政预算，总额为129亿美元。但财政预算绝大多数被用于安全防务与内政领域，只有30%用于经济恢复的投资项目。因此，哈迪政府面临着经济与社会发展的紧迫任务，如果也门经济与社会发展状况不断恶化，并与政治、安全问题交互作用，也门将陷入新的冲突与动荡。

---

① 杨建荣：《也门经济研究》，北京：对外经济贸易大学出版社2011年，第185页。

② Craig Whitlock and Julie Tate，"U. S. increases planned aid to Yemen in fight against al-Qaeda"，The Washington Post，July 19，2012，http：//articles. washingtonpost. com/2012 - 07 - 19/world/35489603_ 1_ yemeni-branch-qaeda-military-aid

③ "U. S. Assistance to Yemen"，Office of the Spokesperson，U. S. Depart of State，March 7，2013，http：//www. state. gov/r/pa/prs/ps/2013/03/205816. htm

④ "Yemen receives its first US reconnaissance aircraft to aid in fight against Al Qaeda"，September 16，2013，http：//www. foxnews. com/world/2013/09/16/yemen-receives-its-first-us-reconnaissance-aircraft-to-aid-in-fight-against-al/

阿拉伯君主制国家的政治与社会改革

上海外国语大学中东研究所　钮　松

【内容提要】

“阿拉伯之春”使许多共和制阿拉伯国家发生剧变，而阿拉伯君主制国家由于其世袭统治的合法性和石油财富的支撑，保持了相对的稳定。卡塔尔、阿联酋风平浪静，沙特、阿曼、科威特仅有少量示威，摩洛哥危机及时化解，约旦虽有穆斯林兄弟会的政治抗议，但仍在和平框架内展开。2012年以来，阿拉伯君主制国家都进行了程度不等的政治与社会改革，但也面临着许多内外挑战，如伊斯兰极端势力、社会各阶层的利益诉求以及来自土耳其模式的压力。海合会存在向约旦、摩洛哥的扩容意向与动作，以形成阿拉伯君主制国家相互扶持且交好东西方大国的“同舟共济”局面，主导阿拉伯世界成为其共同目标。

在持续近三年的中东变局中，突尼斯、埃及、利比亚、也门和叙利亚等传统共和制国家发生严重动荡。相反，除巴林以外的阿拉伯君主制国家则保持了相对稳定。中东变局发生以来，阿拉伯君主制国家一方面从内部推进政治与社会改革，积极寻求联合自保；另一方面在地区和国际层面不断发力，尤其是沙特主导的海合会的地区影响不断扩大，其未来走向更是值得高度关注。

一、中东剧变中的阿拉伯君主制国家和海合会

虽然中东剧变也不同程度地波及阿拉伯君主制国家，但阿拉伯王室仍在有效统治国家，其政权性质未有根本改变，尤其是海合会存在向约旦、摩洛哥的扩容意向与动作，形成了阿拉伯君主制国家之间相互扶持、“同舟共济”的局面，维护王室统治、主导阿拉伯世界成为其共同目标。

（一）海湾君主制国家维稳的“三大法宝”

在海合会自 1981 年成立以来 30 多年的历史发展中，以政教联盟为基础的君主制、巨额石油美元、与美国的政治军事同盟构成了海合会维稳的“三大法宝”。政教联盟对于海合会国家伊斯兰体系和部族体系的调和发挥着重要的作用；与美国的政治军事同盟为海合会国家的安全提供了外力保障；巨额石油收益对于保障海合会的伊斯兰盟主地位，获取阿拉伯世界领导权以及调和国内矛盾起到了至关重要的经济保障作用。因此，海合会不仅是阿拉伯世界最成熟的地区一体化组织，沙特等海合会国家还长期主导伊斯兰会议组织这一“意识形态型国际组织”[①]，使海湾国家在阿拉伯伊斯兰世界具有举足轻重的地位。在阿拉伯剧变爆发之前，海合会在中东的核心定位主要得益于促进海湾阿拉伯国家的一体化进程，整合后萨达姆时代的伊拉克和泛海湾地区的也门成为海合会的主要目标。2001 年，海合会首脑会议同意也门加入其卫生、教育、劳工和社会事务等相关机构，也门也一直致力于成为海合会正式成员国。而阿拉伯大变

① Noor Ahmad Baba, *OIC*: *Theory and Practice of Pan-Islamic Cooperation*, Karachi: Oxford University Press, 1994, p. 6.

局的发生，尤其是阿拉伯世俗共和制国家的严重动荡，埃及等阿拉伯大国地位的衰落，都为海合会谋求阿拉伯世界的领导地位提供了历史契机。

（二）阿拉伯剧变与海合会的“神圣同盟”[①] 化

“阿拉伯国家联盟”虽为阿拉伯世界成立最早、规模最大的地区组织，但长期陷于内部纷争，以致在阿拉伯事务上数十年毫无作为，一方面，“阿盟是采取欧盟模式还是东盟模式，还是走有自身特色的发展道路，目前还不清晰”，“阿盟是否会和欧盟、东盟一样，成为一个政治—经济集团，在国际事务中发挥重要的作用，尚有待观察”；另一方面，“阿盟还面临内部成员国组建的区域性组织的挑战”[②]，阿盟在此次阿拉伯剧变中发挥了较为重要的作用，而背后的主要操纵者事实上则是海合会。海合会利用雄厚的石油美元为其他阿盟成员国“输血”，以换取其议案顺利上升为阿盟议案，海合会“借壳下蛋”的策略使沙特等海湾国家成为阿盟的真正主导者。

由于阿拉伯剧变涉及利比亚、埃及和叙利亚等与海合会有间隙的国家，海合会主导的阿盟罕见地在谴责或制裁以上国家方面达成一致，并积极配合西方国家的政权更迭计划。阿盟谴责穆巴拉克、卡扎菲和巴沙尔政权对人民的“屠杀”，并支持在利比亚设立禁飞区，呼吁北约协助利比亚反对派武装推翻卡扎菲政权，卡塔尔甚至派飞机直接参战。相对而言，在阿拉伯世俗共和制政权及其领导人

---

① 该组织为拿破仑帝国瓦解后，俄罗斯、奥地利和普鲁士三国君主于 1815 年发起建立的、以维护基督宗教信仰和君主制度为核心的政治组织，其后拓展至欧洲多数君主国。

② 陈万里、赵军：“浅析阿盟的功能演变及其发展前景”，载《阿拉伯世界研究》，2006 年第 4 期，第 7—8 页。

纷纷倒台之际，以海合会为代表的海湾君主制国家的合法性并未遭遇严重危机，石油美元所造就的高福利也有利于维护社会稳定。海合会国家领导人的世袭更替因其君主制度有其内生的合法性，有效规避了阿拉伯共和领导人在世袭问题上所遭遇的合法性瓶颈。巴林所出现的反政府示威主要由于什叶派问题而非民生问题，在西方的默许下，海合会30 年来首次派出“半岛之盾”机动部队予以镇压。

海合会在阿拉伯剧变中越来越关注另外两个非海湾地区阿拉伯君主制国家——约旦和摩洛哥的稳定问题，而约旦、摩洛哥也主动向海合会靠近，两国于2011 年5 月申请加入海合会并得到海合会的积极回应。2011 年9 月，海合会外长会议决定设立约旦和摩洛哥两个工作组，为它们制定五年经济发展计划并提供发展援助；12 月，海合会决定为两国提供50 亿美元的援助。2012 年，摩洛哥当选为联合国安理会非常任理事国，并在安理会提出制裁叙利亚的议案，实际上得到了海合会及其主导的阿盟的支持。2012 年2 月，阿盟秘书长任命约旦前外交大臣阿卜杜勒·哈提卜为驻叙利亚观察团主席，也具有类似的背景。总之，自中东变局以来，海合会日益重视从海湾阿拉伯国家共同体向阿拉伯世界君主共同体转型，一个跨越西亚北非地区的阿拉伯“神圣同盟”正在浮现。

二、2012 年以来阿拉伯君主制国家的政治与社会改革

（一）海合会国家（除巴林外）：阿拉伯世界受剧变冲击最小的国家

自阿拉伯剧变从北非爆发以来，逐渐向阿拉伯世界扩散。除巴林外，海湾阿拉伯君主制国家在这场剧变中基本上保持了相对稳定。在多数共和制阿拉伯国家政府和当权者陷入困境之际，沙特、卡塔

尔等国家表现出较强的攻势，甚至对许多动荡阿拉伯国家进行“干涉”，既充当西方国家马前卒，又期待掌握阿拉伯世界的领导权。总体而言，沙特在2011年有零星示威，科威特与阿曼在遭遇游行抗议后更换了内阁，而卡塔尔与阿联酋局势平稳。虽然有观点认为，“整体经济形势的好坏与否并非当前中东剧变的首要原因”[①]，但就海湾国家的形势来看，以巨额石油美元为后盾的王室与政府有雄厚的财力来控制局势，每当遇到执政危机，大笔撒钱便成为王室平抑民众不满、缓解政治危机的“杀手锏”。

海湾君主制国家地处阿拉伯半岛，是伊斯兰教的发祥地，宗教与社会思潮相对保守，民众并未过多经受过“革命”浪潮的洗礼，王室统治较为稳固，因而敢于采取一定措施，自上而下地开展政治改革。因此，沙特、科威特、阿曼的游行示威力量并非完全来自社会底层，而是来自资产阶级精英阶层的更多权力诉求。沙特的情况略显特殊，其维护国家稳定的资金以及安抚民众的资本多来自于东部什叶派聚居地的石油资源，作为“伊斯兰盟主”的沙特长期对什叶派实行高压政策，因此什叶派利用阿拉伯剧变的契机来进行抗争也属理所当然。此外，伊朗的的影响构成了沙特什叶派长期抗争的外部因素。2012年8月，卡提夫地区什叶派示威者与警察发生交火，凸显了什叶派问题对沙特政治稳定的影响。

卡塔尔地小人少，哈米德埃米尔具有开明专制色彩，巨额财富对社会各阶层均有所惠及；阿联酋具有联邦性质，各酋长国具有相对较大的自主权，阿布扎比酋长国石油储量占阿联酋的90%，因此迪拜等酋长国既迫于石油资源有限的压力而积极发展非石油产业，又能在面临危机的时候得到阿布扎比酋长国主导的阿联酋政府的大力帮助。因此，卡塔尔与阿联酋在阿拉伯剧变中保持了难得的稳定。

---

① 王联：“论当前中东剧变的国内因素及其国际影响”，载《阿拉伯世界研究》，2011年第4期，第19页。

在伊拉克战争以后，虽然美国通过“大中东民主计划”不断对沙特等保守的阿拉伯君主制国家施压，但基于能源安全、军事基地安全、遏制伊朗等因素，安全利益的重要性显然高于民主，西方默许乃至支持海合会出兵赴巴林平叛便是最好的说明。

沙特近年实施了渐进式的政治改革。首先，沙特2005年便决定在全国实行一定程度的地方选举，此举被西方誉为“走向民主的第一步”。沙特奉行的是渐进式的改革，因而不可能要求其将选举全面放开，以免出现“民主的困境”或“被劫持的民主”。其次，协商会议进一步得到发展。自1990年法赫德国王重建协商会议后，沙特王室越来越清晰地认识到他们“不可能在真空里制定政策，被迫就重要政策的制定与强大的利益集团如宗教团体和比较富裕的大商人进行磋商”。[①]

阿拉伯剧变的发生促使沙特王室进一步进行改革，其措施主要包括：第一，成立政党。受突尼斯、埃及剧变影响，呼吁改革的温和派学者获准建立了沙特首个政党[②]。第二，进一步提升妇女地位。阿布杜拉国王承诺允许妇女参加2015年协商议会和市政选举。国王还着力改善妇女就业问题，2012年10月，沙特计划招募妇女进入宗教警察部队——“提升道德防范罪恶委员会”，以结束长期没有女警的局面，但禁止她们与男性市民接触[③]。第三，改善人权。沙特是目前世界上唯一在公众场合执行斩首刑罚的国家，并饱受国内外舆论的诟病。2013年3月，沙特政府开始研究废除斩首。埃及《消息报》资深记者麦基认为，“沙特欲改变死刑执行方式，是其司法、刑法改革的一个组成部分，也是沙特整体社会变革的时代要求，反应

① Roger Owen, *State Power and Politics in Making of the Modern Middle East*, London: Routledge, 2000, p. 57.

② “亲王警告沙特，不改革必酿动乱”，载《文汇报》（香港），2011年2月19日。

③ “沙特女性将首次进部队被视为试探性社会改革”，2012年10月20日，http://military.china.com.cn/2012－10/20/content_26854064.htm

了民众的呼声和愿意。”[1]

卡塔尔与阿联酋政局最为平稳，因而两国在阿拉伯剧变中较为高调，声势甚至高过海湾地区大国沙特，尤其是在叙利亚、利比亚问题上的坚决态度，以及卡塔尔出兵参加利比亚战争，都令国际社会议论纷纷。自哈马德埃米尔1995年上台以来，卡塔尔进行了诸多政治与社会改革，如给予妇女选举权、实行全国免费医疗等，其中最为引人注目的是被称为“中东CNN”的半岛电视台的建立。在阿拉伯剧变中，许多长期执政的共和制总统及其家族，要么逃亡，要么受审，或者被俘身死。而哈米德埃米尔却在国内政局相当稳固的前提下，于2013年6月主动逊位给33岁的塔米姆王储，这在阿拉伯君主制国家乃至整个阿拉伯世界都是首例。在此之前，哈米德已承诺2013年下半年进行首次议会选举，其中2/3的席位直选，其具体操作将由塔米姆埃米尔主持进行。整体而言，卡塔尔有着浓厚的“大国情结”，其政治或社会改革，既为了维护王室地位，也为了在阿拉伯世界制造标新立异、特立独行的新闻效应。卡塔尔还不断加强与西方大国以及北约之间的合作，进一步寻求安全保障。在阿联酋，由于政府采取了高福利政策，以及几乎没有严峻的教派冲突，因此并未有出现民众抗议浪潮。但阿联酋政府仍然意识到财富分配问题，尤其是地区分配问题对于国家稳定的重要意义。2011年3月初，阿联酋政府宣布斥资16亿美元改善该国欠发达地区的基础设施建设。[2] 在外交方面，阿联酋在继续保持与西方关系的同时，坚持加快“向东看”的步伐，自2009年与韩国建立战略合作伙伴关系之后，又于2012年1月17日与中国正式建立战略伙伴关系。

---

① 黄培昭：“减少外界‘吐槽’实现国际‘接轨’：沙特可能取缔斩首刑法”，2013年3月12日，http://world.people.com.cn/n/2013/0312/c57507-20754484.html

② “UAE Stable Despite Regional Turmoil”，*Reuters*，March 8，2011.

（二）巴林：教派斗争与政府对什叶派的镇压和限制

由于历史原因，虽然海湾阿拉伯君主制国家都有什叶派的存在，但从人口比例看，在绝大部分国家都显得微不足道，即便在沙特，什叶派也主要在东部地区，逊尼派仍占总人口的绝大部分。而巴林则不同，巴林一直处在海湾逊尼派与伊朗什叶派冲突的最前沿，伊朗甚至不时宣称巴林为伊朗的一部分。在中东地区，什叶派占据人口多数的国家只有伊朗、伊拉克和巴林，巴林是阿拉伯君主制国家中唯一什叶派占多数，却由逊尼派王室统治的国家，这是巴林相对于其他阿拉伯君主制国家的最大的特殊性。在阿拉伯剧变中，什叶派的游行示威活动给巴林王室与政府造成了巨大冲击，直至在海合会的协助下以镇压收场。

巴林王室也进行过一定程度的政治改革，如建立了民选产生的下议院，什叶派团体也获得了席位，但下议院本身并没有实权，这很难真正满足什叶派的利益诉求。巴林事实上实施的是歧视什叶派的政策，甚至采取隔离政策。20 世纪 90 年代，什叶派占巴林人口的 70%，其中本土巴林什叶派占人口的 50%，祖先为 20 世纪前移居巴林的伊朗裔什叶派占人口的 20%，“巴林的什叶派问题，归根结底，首先是国家权力分配严重不公的问题”。[①] 什叶派政治地位低下，失业率较高，受到诸多歧视，这些与王室和政府宁可引进外国逊尼派劳工，甚至军警中雇佣大量外国逊尼派，也不信任本国什叶派民众有关。因为巴林政府长期鼓励外国逊尼派移民巴林，以改变人口的教派比例。

1979 年伊朗伊斯兰革命后，什叶派教士在伊朗掌权也曾对巴林什叶派的抗争产生影响，但由于伊朗的主体民族是波斯民族，其影

---

① 李福泉：“巴林什叶派穆斯林问题简介”，载《国际资料信息》，2009 年第 9 期，第 15、19 页。

响相对有限。巴林什叶派真正受到触动是在 2003 年伊拉克战争以后，占伊拉克人口绝大多数的什叶派掌握了政权，改变了过去数百年少数逊尼派统治多数什叶派的局面。巴林与伊拉克的教派结构类似，什叶派在伊拉克掌权显然对巴林什叶派产生了巨大的示范效应。

阿拉伯剧变的爆发为长期受压制的巴林什叶派提供了难得的机遇。与其他阿拉伯君主制国家多以精英为改革主导力量不同，巴林的反政府示威的主体为什叶派，巴林政府一如既往采取高压政策，将什叶派 2011 年 2 月初的改革和民生诉求与宗教信仰捆绑，导致随后出现了要求国王下台乃至要求建立共和制的抗议浪潮。巴林政府于 2011 年 2 月 17 日开始镇压什叶派抗议，同年 3 月海合会出兵协助镇压，巴林政府同时宣布进入为期三个月的紧急状态。此后，巴林政府开始清洗国会中的什叶派，并通过特别安全法庭审判什叶派反政府人士。2012 年 10 月 30 日，巴林再次宣布进入紧急状态，禁止任何游行集会。对巴林政府镇压什叶派的行为，阿拉伯国家或者视而不见，或者轻描淡写、避重就轻地进行批评，沙特则宣称海合会国家的事务不允许外部势力干涉，而西方大国实际上默许了海合会出兵镇压的行为。

在海合会和西方大国的支持和默许下，巴林在打击什叶派问题上采取了毫无松懈的高压态势。什叶派问题将继续成为威胁巴林稳定的主要因素，但很难有大的作为。作为弹丸小国，巴林的什叶派势力对于整个海湾地区和阿拉伯世界的影响也相对有限。

（三）约旦：政治改革加速，穆斯林兄弟会拒绝参与政治进程

长期以来，约旦虽然是君主立宪制国家，但国王仍然拥有巨大的权力，如有权审批、颁布法律，任免首相，解散议会等。2011 年 1 月 14 日，阿拉伯剧变浪潮开始席卷约旦。迫于来自反对派以及国王的压力，萨米尔·里法伊首相于 2 月 1 日辞职，国王阿卜杜拉二

世随即解散内阁。随后，阿卜杜拉二世授权前首相马鲁夫·巴希特组阁。2012 年 4 月，国王任命法耶兹·塔拉瓦奈为首相；同年 10 月，国王又改任恩苏尔为首相。但这一系列行为只是旧式的内阁更替，国王依旧掌握着大权，其政治体制并未有根本性的变革。在多次更替内阁后，国王阿卜杜拉二世才着手开展具有实质性内容的改革。2011 年 6 月，国王承诺下届议会选举实行比例代表制，由获得多数席位的党派负责组阁，而非此前由国王指定首相组阁。阿卜杜拉二世国王还承诺了另外两项改革蓝图：首先，经济改革，即税制改革、保障年轻人就业机会；其次，打击腐败但不容忍诬陷行为。[①]

近两三年来，能源高价、外援短缺、预算削减、叙利亚难民大量涌入，都使约旦经济发展举步维艰，其 GDP 实际增长 2011 年为 2.6%，2012 年为 2.8%；而公共财政赤字则从 2011 年占 GDP 的 6.8% 上升至 2012 年的 8.2%，达到 2009 年以来的最高。2013 年的约旦经济可望有所好转，据国际货币基金组织估计，其 2013 年实际 GDP 增长有可能达到 3.3%。[②] 由于约旦本身没有石油，大力发展教育和高新科技是约旦的长期国策，首都安曼有“中东硅谷”的美誉，2012 年被著名的“费纳风险投资公司”（Finaventures）评为全球十大高科技创业城市之一。约旦的许多技术人员也因在海湾阿拉伯国家工作赚取了大量外汇。[③] 为了促进约旦经济发展与社会稳定，国际货币基金组织于 2012 年 8 月同意给予约旦 20 亿美元的贷款。[④]

---

① 王栋栋、苏小坡：“约旦国王公开承诺改革内阁组建方式”，2011 年 6 月 13 日，http://news.xinhuanet.com/world/2011-06/13/c_121525553.htm

② Bank Audi sal, “Jordan Economic Report,” April 30, 2013, Lebanon, http://research.banqueaudi.com/documents/EconomicReports/jordan_economic_report.pdf

③ William Cohan, “Jordan VC Firms Forging Mideast Silicon Valley: William D. Cohan,” *Bloomberg*, February 6, 2012.

④ IMF Survey, “Jordan Gets $ 2.0 Billion IMF Loan to Support Economy,” August 3, 2012, http://www.imf.org/external/pubs/ft/survey/so/2012/int080312a.htm

2013 年 7 月，约旦积极进行筹划，以争取海合会援助基金项目的支持。

目前，约旦国内的政治动荡并未完全消退。随着 2012 年 6 月埃及穆斯林兄弟会候选人在埃及总统大选中获胜，受到鼓舞的约旦穆斯林兄弟会随即掀起了新一轮反政府浪潮。约旦穆兄会是埃及穆兄会的分支机构，由于特殊的地缘位置，约旦有大量巴勒斯坦难民及其后代，他们深受穆兄会理念的影响。长期以来，穆兄会既反对纳赛尔为代表的阿拉伯民族主义，也反对阿拉伯君主统治，尤其是约旦与巴勒斯坦之间的历史纠葛、王室对巴解组织的清洗和驱赶，更造成了穆兄会对约旦王室的不满。

穆兄会及其下属组织“伊斯兰行动阵线”一直是约旦最大的反对派。在埃及穆兄会掌权的刺激下，约旦穆兄会在 2012 年再度向政府发起冲击。从 2012 年 7 月开始，约旦穆兄会把斗争的矛头直指王室，对于王室的内阁改革、议会选举均予以激烈批判。宗教自由大联盟（RFC）主席威廉·莫里（William Murray）指出：“穆兄会切断了约旦城市间的道路”，“国王将警察制服分发给一万名士兵以维持秩序”，约旦形势严峻的程度由此可见一斑。黎巴嫩裔美籍分析师布里奇特·加布里埃（Brigitte Gabriel）也认为，“穆斯林兄弟会正在约旦崛起”，“阿卜杜拉国王命悬一线，他在该国只拥有 20% 的支持。埃及、利比亚、突尼斯以及如今叙利亚所发生一切，都使约旦穆兄会从中看到了机遇所在。”①

2013 年 1 月，约旦举行议会选举，这是该国迈向议会制的重要一步。但是，在城市居民和巴勒斯坦难民支持下，约旦穆兄会抵制大选，拒绝参加约旦的民主政治进程，这无疑造成了约旦社会的分裂，加大了约旦改革和转型的难度。基于选举结果，阿卜杜拉二世

---

① Michael Carl, “Muslim Brotherhood Now Targeting Jordan,” November 17, 2012, http://www.wnd.com/2012/11/muslim-brotherhood-now-targeting-jordan/

于2013 年 3 月重新任命现任首相恩苏尔为新一届首相。随着 2013 年 7 月埃及总统穆尔西被军方罢黜，穆兄会遭遇重创。约旦穆兄会领导人哈曼·赛义德（Hammam Said）开始撇清与埃及穆兄会的关系，他声称："我们的经验与埃及穆兄会分支不同。我们没有进行过统治，在穆尔西成为总统之前，我们在政治领域已存在了许久"。但他仍坚信穆尔西将会重新获得权力。而阿卜杜拉国王则称穆兄会为"披着羊皮的狼"，约旦外交大臣纳赛尔·犹德更是对埃及军方废黜穆尔西的行动表示支持，称约旦"尊重埃及人民的选择"。[①] 2013 年 8 月 27 日，约旦举行地方市政选举，穆兄会仍然予以抵制。

但同时也要看到，约旦穆兄会与王室政权虽然矛盾重重，但双方毕竟没有发生大规模流血冲突，双方的矛盾尚未发展到严重失控的程度。约旦的政治转型与经济发展得到了沙特、阿联酋、科威特等海湾国家以及西方国家的大力支持，这对于缓解约旦王室的国内压力有重要意义。在叙利亚问题上，约旦与海合会以及西方大国保持着紧密合作。2012 年 2 月，阿盟秘书长任命约旦前外交大臣阿卜杜勒·哈提卜为驻叙利亚观察团主席，足见其地区地位仍不可小觑。

（四）摩洛哥：改良式政治转型的典范

阿拉伯剧变发生后，摩洛哥于 2011 年 2 月发生民众抗议浪潮，但却没有酿成类似其他国家的严重内乱。有分析人士认为，"与其他那些发生民众抗议的国家不同，摩洛哥拥有成功的经济、选举产生的议会和改良主义的君主制，这使其在面对大规模抗议浪潮时不会像其他国家那样脆弱。"[②] 这种分析的确不无道理，摩洛哥是较早开

---

① Adam Nicky, "Jordanian Islamist may Pay Price for Egyptian Failure," *Jerusalem Post*, July 20, 2013.

② "Morocco Protests: Five Bürned Bodies Found-Minister," *BBC News*, February 21, 2011.

启民主化进程的国家，这是确保摩洛哥作为北非唯一的阿拉伯君主制国家能够保持平稳过渡的主要原因。从上世纪 70 年代以来，摩洛哥就一直在推进渐进式的民主化进程，并取得了如下成就。

第一，政党与议会制度的建立与发展。自 20 世纪 70 年代放开党禁以来，摩洛哥建立了君主立宪制下的多党制；1996 年摩洛哥实行议会制度，成立了参众两院，其中众议院议席由直接选举产生。在 2007 年第七届议会选举之中，不仅宗教政党获得了较多席位，如“公正与发展党”作为政府承认的伊斯兰政党成为众议院第二大党，柏柏尔人的政党也获得了一定席位。①

第二，非政府组织有了较快进展。20 世纪 80 年代以来，非政府组织在摩洛哥取得了较快的发展，如 1988 年成立的“摩洛哥人权组织”（OMDH）、1985 年成立的“摩洛哥妇女民主协会”（ADFM）、从法国归来的移民成立的“移民发展协会”（AMD）、维护阿马兹格人（Amazigh）利益的“大阿特拉斯协会”等都是知名度较高、影响力较大的非政府组织。

第三，保障人权、反对政治迫害。哈桑二世国王统治末期便开始修正其在位期间对思想犯的非法监禁，废除了逮捕思想犯的“1935 年诏令”（dahir），还于 1991 年关闭了塔兹玛玛特秘密监狱。国王穆罕默德六世于 1999 年继位后，建立了“真相与平等委员会”。后来又在 2004 年 1 月成立了“平等与和解委员会”（IER），旨在恢复人民对法律至上的信心。2008 年，“皇家人权咨询委员会”“对 12000 名遇难者和 45000 名家属进行了赔偿和恢复名誉”②。

第四，改善少数族群权益。摩洛哥早期原住民是阿马兹格人，

---

① Daniel Zisenwine, “Morocco’s Parliamentary Elections: The Enduring Political Impasse,” *Tel Aviv Notes*, September 19, 2007.

② Brookings Institution, “The Future of Democratic Reforms in Morocco,” June 5, 2008, at http://www.brookings.edu/events/2008/0605_morocco.aspx.

为维护原住民的利益，穆罕默德六世国王于2001年同意成立“皇家阿马兹格文化研究所”（IRCAM），并同意扩大在教育和传媒领域使用阿马兹格语言。2005年举行的阿马兹格文化节，首部阿马兹格文出版物《高地女王》获得出版，摩洛哥外贸银行（BMCE）资助建设教授阿马兹格语言的学校等，都是摩洛哥维护阿马兹格人权益的重要成果。

从某种程度上说，“阿拉伯之春”不过是加速摩洛哥早已开始的民主化变革的外部助推器，摩洛哥并未因此陷入严重动荡。中东变局发生以来，摩洛哥国王迅速许诺进行宪法公投、尊重公民权利、惩治腐败等改革举措。2011年7月，摩洛哥1300万注册选民的72.65%参加了宪法草案公投，并以98.48%的得票率获得通过，根据该宪法草案，国王权力将大幅受限，而首相和众议院的权力有较大幅度的扩大。①

2011年11月，摩洛哥举行议会大选，温和的伊斯兰政党公正与发展党获胜。自2012年1月公正与发展党领导的新政府成立以来，摩洛哥没有爆发大规模示威活动。摩洛哥王室与政府仍在继续推进其渐进式政治改革，如何协调国王与议会选举产生的政府之间的关系将成为摩洛哥面临的最大挑战。摩洛哥实业家塔兹指出：“现在，总理和国王在避免相互做出评判。国王不希望给人留下他还在操纵国家的印象，而总理还弄不清自己的地盘到底是哪些。这个国家正在靠惯性运行。”② 但摩洛哥学者李杉却认为：“一年多来的实践表明，在现行的政治体制下，王室仍然掌握着国家的绝对权力，摩洛哥政府影响力非常有限，只能充当皇室决策的执行者的角色。”③ 摩

① 林峰：“摩洛哥国王放弃部分重要权力宪政改革迈出重要一步”，2011年7月2日，http://news.xinhuanet.com/world/2011-07/02/c_121614847.htm

② 黄培昭、张梦旭：“开明国王，让摩洛哥避免阿拉伯之春”，载《环球人物》，2012年第30期。

③ 李杉：“浅析北非剧变与摩洛哥政治改革”，载《西亚非洲》，2013年第2期。

洛哥在继续保持与西方尤其是与欧盟关系的同时，正在加大与海合会发展关系的步伐。2012 年，摩洛哥当选为联合国安理会非常任理事国，它在安理会提出制裁叙利亚的议案，实际上得到了海合会及其主导的阿盟的支持。

三、阿拉伯君主制国家面临的主要问题

（一）伊斯兰极端势力的挑战

伊斯兰极端势力介入中东剧变是一个不争的事实，尤其是“基地”组织在“阿拉伯之春”中不断壮大，广泛介入利比亚、叙利亚、也门等国的内战和冲突，利用这些国家的混乱局势抢占地盘、发展人员，甚至在也门领土上建立“伊斯兰酋长国”，因此，“越来越多迹象显示，‘基地’组织的蔓延和渗透已成为中东动荡外溢效应的重要表现。”① 不仅如此，随着埃及政治进程受挫，萨拉菲派开始走上政治舞台，成为军方与穆兄会之外另一股强大的政治势力，该派别甚至提出在埃及实施伊斯兰教法、拆除金字塔和狮身人面像，其极端保守思想一览无余。虽然以“基地”组织为代表的伊斯兰极端势力与阿拉伯君主制国家都致力于推翻叙利亚巴沙尔政权，但伊斯兰极端势力也是阿拉伯君主制国家面临的潜在威胁。在伊斯兰极端势力看来，阿拉伯君主制国家有着强烈的亲美倾向，尤其是海湾阿拉伯君主制国家在海湾战争后依靠美国军事保护的行为更是被视为对圣地的玷污。

冷战结束以后，伊斯兰极端势力开始重点袭击海湾阿拉伯君主制国家及其领土上的西方军事和民事目标，其目的是“将外国人从

① 顾正龙：“中东的‘恐怖’乱局”，载《瞭望》2013 年 4 月 7 日。

阿拉伯半岛驱逐出去，并建立某种类似于塔利班的哈里发国家。”[①]随着“9·11”事件的发生，美国重拳打击塔利班、“基地”组织等极端势力，使伊斯兰极端势力遭受重创。但伊拉克战争的爆发为伊斯兰极端势力的发展提供了绝处逢生的最佳舞台，“基地”组织分支在伊拉克得到巨大发展。“阿拉伯之春”的爆发为伊斯兰极端势力提供了新的发展空间和契机，它们通过混入反对派等方式壮大其武装。随着伊斯兰极端势力不断坐大，也对阿拉伯君主制国家构成了潜在威胁。位于也门的“基地”组织阿拉伯半岛分支（AQAP）攻击的重点便是以沙特为首的海湾君主制国家。

（二）国内各阶层利益诉求的挑战

“阿拉伯之春”因内生性社会矛盾而起，其矛头首先指向统治数十载之久的共和国总统和领导人。阿拉伯君主制国家国王的终身制与世袭制虽然具有天然的合法性，但在“阿拉伯之春”的大背景下，阿拉伯君主制国家的家族统治、老人政治也面临着严峻的挑战，而财富分配不均、妇女权利等社会问题也使阿拉伯君主制国家面临着潜在的危机。阿拉伯君主制国家王室与贵族在国家权力和财富分配中占有绝对的主导地位，社会精英、大学生、普通商人的发展空间有限，尤其是女性相对更受压制，女大学生失业状况令人堪忧，其中最为严重的是沙特，沙特女大学生占大学生总数的60%，但78%的女大学生找不到工作，可供选择的职业只有专业不对口的护士和教师，失业率高达27%。[②] 自“阿拉伯之春”发生以来，虽然阿拉

① Neil MacFarquhar, *The Media Relations Department of Hizbollah Wishes You a Happy Birthday: Unexpected Encounter in the Changing Middle East*, New York: Public Affairs, 2009, p. 166.

② 高珮著：“沙特‘女儿国’：妹子出没，汉子止步”，载《青年参考》2012年8月22日，第20版。

伯君主制国家王室和政府一直在进行政治改革和调整，但其结构性矛盾仍难以克服。虽然多数国家的民众并未有推翻王室的意愿，但王室的统治合法性正在不断受到削弱。

海湾地区是全球石油蕴藏量名列前茅的地区，约旦虽不产石油，但由于其大量人才在海湾国家石油部门就业，也分享了海湾国家的石油收益，被称为“没有石油的石油国家”[①]；摩洛哥虽然石油开采步伐较晚，但其储量十分丰富，摩洛哥政府曾于2000年8月宣称其石油储量为120~150亿桶。[②] 在阿拉伯君主制国家，石油行业收入对于社会稳定而言是一把“双刃剑”：一方面，巨额石油财富有助于王室在保障自身利益的同时，大力推进基础设施建设，改善民生；另一方面，巨大的贫富差距和社会阶层的固化又使社会中下层心生不满情绪，尤其是宗教保守力量不断对王宫贵族的奢侈生活进行指责，使王室合法性面临严峻挑战。

尽管阿拉伯君主制国家希望利用石油收益来延缓剧烈的革命，但石油资源的有限性与王室力图维持长久统治之间的矛盾也已经显现，海湾君主制国家石油资源的枯竭并非是遥不可及的事情，而全球范围内替代能源的开发前景也将改变原有的国际能源格局。有评论指出：“美国发起的页岩气革命将不仅改变全球能源分布格局，而且也将改变世界的地缘政治布局。”[③] 因此，对于海湾君主制国家而言，石油收益只会暂时掩盖并延缓社会矛盾，但却无法消除阿拉伯君主制国家政治与社会转型所面临的潜在压力。

---

① 人民日报代表团：“约旦的‘走出去’与‘请进来’”，载《人民日报》，2007年3月3日，第10版。

② “摩洛哥石油储量估计超过120亿桶”，新华社，2000年8月25日。

③ Wu Sike, “Shale Gas Will Transform Geopolitics,” February 12, 2013, http://www.chinausfocus.com/political-social-development/shale-gas-will-transform-geopolitics/

（三）来自伊朗和土耳其等地区大国的挑战

在中东剧变中，土耳其与伊朗等非阿拉伯国家保持了相对稳定，其地区影响力也呈上升态势。由于伊朗为什叶派掌权的神权共和国，大部分阿拉伯国家对其有着天然抵触。随着伊拉克战争后萨达姆政权的垮台，占人口绝大多数的什叶派力量通过选举等方式掌握了伊拉克政权的主导权。在约旦国王阿卜杜拉看来，在伊拉克战争后形成了一个以伊朗为首，以伊拉克、叙利亚和黎巴嫩真主党为核心的什叶派“新月地带”。在此次阿拉伯剧变中，围绕什叶派支派阿拉维派主导的叙利亚政权，伊朗与逊尼派阿拉伯国家之间有着不可调和的矛盾。尽管伊朗的政治模式不会对海湾阿拉伯国家产生致命影响，但伊朗通过对海湾阿拉伯国家的什叶派施加影响，无疑会对海湾阿拉伯君主制国家的稳定构成威胁。

土耳其作为温和伊斯兰国家的代表，也利用此次剧变积极介入阿拉伯世界事务，对阿拉伯君主制国家形成了一定的挑战。近年来，土耳其在继续寻求加入欧盟的同时，也开始了重返中东的步伐，加沙救援船事件可以看作是土耳其重返中东的一个信号，土耳其与以色列的罕见冲突便是土耳其向阿拉伯伊斯兰世界上交的“投名状”；阿拉伯剧变爆发后，土耳其更是加快重返中东步伐，尤其在颠覆叙利亚巴沙尔政权方面不遗余力。这就出现了所谓土耳其模式与海合会模式在阿拉伯世界同台竞技的局面。

对于“土耳其模式”是否存在一直有广泛争议，但至少土耳其的政治发展有其鲜明特质，这在其历史发展过程中清晰可见。凯末尔革命后的土耳其共和国建立在完全世俗化的基础之上，《宪法》规定“土耳其共和国是一个以法治来治理的、民主的、世俗的和社会的国家”。[①] 1924

① “The Constitution of the Republic of Turkey,” http：//www. tbmm. gov. tr/anayasa/constitution. htm.

年土耳其正式废除了哈里发制度，1928 年又从宪法中删除了“国教”的所有条款，彻底排斥伊斯兰教对政治的干预。尽管土耳其早期曾执行激进的欧洲化与世俗化政策，但其宗教政策遵循的一条主线是宗教信仰自由和禁止宗教干涉政治。在冷战时期，土耳其军方曾三次干政以确保土耳其的世俗化发展方向。20 世纪 90 年代以来，从土耳其多次取缔具有伊斯兰教背景的美德党和繁荣党等政党，发展到 2002 年以来温和伊斯兰政党正义与发展党连续执政，土耳其已日益形成一种日渐成型的世俗化居主导地位和温和伊斯兰政党执政的独特发展道路。阿拉伯剧变国家主要是共和制国家，而土耳其在共和制、世俗化领域有着得天独厚的优势，对于处理世俗化与民主化、世俗化与伊斯兰复兴的关系有较为丰富的经验，土耳其正义发展党的政治理念也对埃及自由与正义党、突尼斯复兴运动党、摩洛哥公正与发展党产生了一定的影响，同时土耳其还积极通过介入利比亚、埃及、叙利亚等地区危机扩展影响，这一切均对沙特领导的阿拉伯君主制国家阵营构成潜在压力。以沙特为首的阿拉伯君主制国家只有高举“伊斯兰盟主”和阿拉伯世界领袖的大旗来抵消土耳其的影响力。

四、阿拉伯君主制国家的未来走势

首先，海合会的政治和经济辐射力将最大限度拓展至整个阿拉伯世界。海合会对于中东地区尤其阿拉伯世界的影响力逐步上升。一旦摩洛哥加入海合会，海合会的触角可延伸至马格里布地区；由于约旦与以色列已存在的外交关系，它一旦加入海合会，海合会将由此增强对阿以关系的影响，成为能与巴解组织、哈马斯和以色列进行沟通的重要一方，增强海合会在中东和平进程中的地位。

其次，海合会主导的阿拉伯世界将在一段时期内日益向西方靠拢。“中东伊斯兰国家虽是一个‘战略板块’，但在国际体系转型期间，恐仍会延续其被动惯性”[①]，这种趋势在伊拉克战争以后尤为明显。伊拉克萨达姆政权垮台以后，作为西方盟友并得到西方强力支持的海合会依靠石油美元逐步开始主导阿盟，并在此基础上引导阿盟制裁和打压反美阿拉伯国家，阿拉伯剧变中突尼斯和利比亚建立了亲西方政权更是有利于海合会力量的拓展。

最后，阿拉伯世界的权力重心将再度回到阿拉伯君主制国家的大本营——阿拉伯半岛。虽然伊斯兰教和阿拉伯民族的发展源头在阿拉伯半岛，但其后长期的重心主要在伊拉克的巴格达、叙利亚的大马士革以及埃及的开罗，尤其是埃及，曾在 20 世纪 50 ~ 70 年代充当阿拉伯统一和阿拉伯民族主义领袖的角色。自 2003 年伊拉克遭严重削弱后，埃及的中东大国地位在中东剧变中日渐衰落。当前，具有地区一体化和石油美元优势的海合会在阿拉伯世界的影响力日趋上升，阿拉伯世界权力中心向阿拉伯半岛转移的趋势日趋明显，摩洛哥和约旦与海合会的互动正是这种权力格局的最新表现形式。

① 朱威烈：《重新定位中国与中东关系》，载《环球时报》，2011 年 3 月 28 日。

专题报告二

动荡与失衡的地区格局

中东地区的主要力量与变动中的地区格局

上海外国语大学东方语学院 杨 阳

【内容提要】

中东变局冲击了中东原有的地区格局，阿拉伯世界、土耳其、伊朗和以色列作为长期以来中东地缘板块中的四大传统力量所形成的相对平稳的“多极化”态势已经被打破，各大力量分化组合，力量对比关系发生明显改变，地区格局呈现出“碎片化”态势。阿拉伯世界整体力量趋于衰弱，内部分化更趋明显；土耳其积极介入中东地区事务，试图成为地区主导力量，但已开始显现出力不从心之势；伊朗的周边环境趋于复杂，地区盟友遭到削弱，一度面临经济制裁和军事威胁的双重重压，鲁哈尼当选总统后对西方释放积极信号，伊核危机出现谈判解决的曙光；以色列周边安全环境遭受巨大冲击，边界安全受到威胁，对伊朗核发展忧心忡忡，与土耳其关系恢复尚待时日，巴以和谈又陷僵局，进而在中东地区陷入更为孤立的境地。未来中东格局的走向依然充满变数，前景尚难预料。

持续三年多的中东变局已彻底改变原有的地区格局，阿拉伯世界、土耳其、伊朗和以色列作为长期以来中东地缘板块中的四大传统力量所形成的相对平稳的“多极化”态势已经被打破，各大力量分化组合，力量对比关系发生明显改变，地区格局呈现出“碎片化”的态势。各大力量也在纷纷进行战略调整，中东已进入了一个前景尚未明朗的转型时期，中东地区格局的变动也将对未来国际体系的转型产生重要的影响。

一、阿拉伯世界持续衰落，内部分化更趋明显

在中东传统的四大力量中，尽管阿拉伯世界体量最大、人口最多，但整体实力一直呈日趋衰落之势。在中东变局中，陷入群体性动荡的阿拉伯世界整体衰弱之势更趋明显。进入转型期的几个阿拉伯国家并未实现民众所要求的改革和民主化诉求，而是继续在动荡和混乱中徘徊。

目前仍在内战中挣扎的叙利亚位于阿拉伯世界的心脏地带，也是阿拉伯世界的地区强国之一，又处于中东四大地区力量的交汇之处，其局势的走向牵动着地区格局的变化。尽管在俄罗斯的斡旋下，叙利亚就交出化学武器问题达成了协议，暂时避免了西方军事干涉的危险，但已持续了两年半的叙利亚危机仍迟迟难以解决，目前这种僵持的局面还将持续一段时间。叙利亚危机是目前中东变局中持续时间最长，伤亡最为惨烈的冲突，除造成大量人员伤亡外，战争与制裁还使叙利亚经济遭受重创，国内生产总值缩水40%，外汇储备也从内战前的200亿美元降到仅为20亿美元。[①] 据联合国难民署2013年10月1日发布的报告，叙利亚目前因国内冲突被迫逃往其他国家的难民人数已超过210万，在叙利亚境内尚有425万流离失所者。[②] 这些难民主要逃往叙利亚周边的黎巴嫩、伊拉克、约旦、埃及

① “联合国官员说局势动荡导致叙利亚国内生产总值缩水40%”，http：//world.people.com.cn/n/2013/0715/c1002－22204295.html。

② “联合国呼吁国际社会援助叙难民接收国”，http：//world.people.com.cn/n/2013/1001/c157278－23095144.html。

等阿拉伯国家，给这些国家的经济、社会、安全等方面带来沉重负担，土耳其也接收了大量叙利亚难民。叙利亚内战的外溢效应也引起了多方面的担忧，如长期以来与叙利亚关系密切的黎巴嫩近一年来安全形势不断恶化，多个地区发生爆炸、暗杀、绑架和武装冲突等事件。由于冲突影响，黎巴嫩面临数十亿美元的经济损失，大量难民涌入导致公共服务不堪重负、失业率和贫困率上升。受到叙利亚支持的什叶派真主党武装人员也已介入叙利亚内战。

除发生政权更迭的阿拉伯国家以及处于内战中的叙利亚外，其他阿拉伯国家也存在着程度不同的危机。除巴林发生什叶派的反政府动乱被以沙特为首的海合会派兵镇压外，其他富有的海湾君主国大都以大幅提高国民福利待遇这种“金钱换平安”的方式应对危机。2013 年 6 月 25 日，卡塔尔国家元首埃米尔哈马德主动退位，王位传给王储塔米姆，这与其他被迫下台的阿拉伯领导人形成了鲜明的对照。但这些君主国相对落后的政体和意识形态以及单一的经济结构仍然暗含危机，如果不顺应社会发展潮流进行必要的改革，依然有可能面临下一轮政治危机的冲击。

中东巨变导致部分阿拉伯国家政权更迭、经济滑坡、社会分裂，陷入剧烈动荡的埃及、利比亚、叙利亚都是阿拉伯世界的地区强国，在这次变局中深受重创，实力受到很大削弱，特别是传统大国埃及的持续动荡限制了其在地区事务中发挥主导作用，也丧失了对地区组织的控制权。处于动荡与转型中的阿拉伯国家将不得不把重心转向自身的改革、发展与稳定，国家行为趋于“内向化”，无暇顾及地区主导权之争。[①] 这也从整体上进一步削弱了阿拉伯世界的力量。

根据英国伦敦“阿拉伯观察”首席咨询师福劳伦斯·艾德

① 田文林：“后革命时代的中东格局”，载《现代国际关系》2013 年第 1 期，第 30 页。

(Florence Eid）的分析，当前的阿拉伯国家日益分化为五种类型：第一类是从威权政治转向民主政体的转型国家，以埃及、突尼斯和利比亚为代表，普遍存在政局不稳和社会动荡的问题；第二类通过君主立宪进行改良的国家，即摩洛哥、约旦和巴林；第三类为海合会的君主制国家，统治家族仍掌握国家的绝对权力，但也在探索自上而下的改革，沙特、阿曼和阿联酋最为典型，是当前阿拉伯国家中相对稳定、经济前景看好的国家；第四类为前途未卜的阿拉伯国家，也门、叙利亚、苏丹和索马里为典型代表，是最为动荡的阿拉伯国家；第五类是名义上的民主国家，如伊拉克、黎巴嫩、巴勒斯坦。[①] 不管上述分类是否准确，阿拉伯国家发展不平衡性和差异性的增强，以及内部分化和整体实力下降却是不争的事实。

中东变局进一步暴露了阿拉伯世界原本就存在多年的不和与龃龉，这在利比亚危机和叙利亚危机中表现得尤为明显，阿盟先后停止了利比亚卡扎菲政权和叙利亚阿萨德政权的成员资格，并承认反对派的成员资格；沙特、卡塔尔等海湾国家利用埃及等国无暇他顾之机，竭力扩大在利比亚问题和叙利亚问题上的发言权，实际上控制了阿盟等地区组织的主导权。卡塔尔和阿联酋还参与了对利比亚的军事打击，海湾国家则积极推动对叙利亚的制裁，支持叙利亚反对派，配合西方国家向安理会提出叙利亚问题决议。海湾国家的这一系列举措甚至被称为中东君主制国家对共和制国家发动的一场“阿拉伯新冷战”[②]。阿拉伯世界内部原有的平衡已被打破，出现了

① 2013 年 10 月 21 日，英国伦敦《阿拉伯观察》（Arabia Monitor）研究与咨询机构创始人、首席经济师福劳伦斯·艾德访问上海外国语大学中东研究所，并以“中东剧变背景下的中国与阿拉伯经贸关系”为题作学术演讲。关于阿拉伯国家类型划分的观点引自这场学术演讲中的观点。

② Curtis Ryan, “The New Arab Cold War and the Struggle for Syria”, *Middle East Report*, Spring 2012.

重心东移的趋势。实力上升的海湾阿拉伯国家尽管在中东变局中表现活跃，但这些国家政治体制落后，经济结构单一，军事实力孱弱，使其难以承担引领阿拉伯世界复兴的重任；这些国家与西方国家联手干预利比亚和叙利亚危机，进一步加大了阿拉伯世界的动荡与分裂，削弱了阿拉伯世界的整体力量。①

中东变局后，阿拉伯世界原有的热点问题在进一步恶化。伊拉克的教派冲突仍在延续，恐怖活动和暴力袭击事件频繁发生，安全形势依然严峻。苏丹达尔富尔各部落间的冲突仍持续不断，达尔富尔形势更趋复杂化。而巴勒斯坦问题依然看不到解决的希望，巴内部两派的和解也没有真正实现。

二、土耳其加大介入地区事务，但已显力不从心

横跨欧亚两洲、位于地中海和黑海之间的土耳其以其独特的地缘政治优势成为中东政治舞台上的一个重要力量。土耳其是北约成员国，又是伊斯兰合作组织的成员，土耳其曾与以色列保持密切的关系，多年来又致力于加入欧盟的进程，力图发挥西方世界与伊斯兰世界之间的桥梁和纽带作用。

拥有 8000 万人口的土耳其也是中东仅次于埃及的人口第二大国。2002 年正义与发展党执政以来，土耳其进行了一系列重大的经济改革，经济取得了快速发展，2008 年以前的 GDP 一直以超过 6% 的年增长率高速增长。受国际金融危机的影响 2009 年的增速有所放慢，但很快就走出了危机的阴影，2010 年和 2011 年其 GDP 增长率分别达到 9.2% 和 8.5%，总量接近 8000 亿美元，成为世界第 17 大

---

① 耶斯尔：“中东大变局中的地缘政治博弈”，载《现代国际关系》2012 年第 12 期，第 47 页。

经济体，人均收入达到1万美元，进入中上等收入国家行列。[①] 作为经合组织（OECD）的成员国，土耳其是中东地区除以色列外最发达的国家。

土耳其在中东的作用曾被外界视为各种力量之间的平衡器，土耳其正发党政府已不满足于这种较为被动的角色，提出了“战略深度主义”的外交思维，不仅要扩大在中东地区的影响力，而且追求成为多极世界中的一极；主张以软实力作为推行外交政策的工具，利用与所在地区国家在文明、历史上的渊源和联系，发展经济，推动政治融合；制定所在地区未来的战略构想，扩大其在所在地区的影响力。在巩固与西方关系的基础上，土耳其不断加强与中东穆斯林国家和与俄罗斯的关系，呈现出东西兼顾的发展趋势。

土耳其正发党执政后，奉行与邻国的“零问题外交”，目标是在维持中东地区现状的情况下，扩大和改善土耳其的生存空间。在这一实用主义原则指导下，土耳其改善了与周边国家的关系，包括与伊朗和叙利亚之间的关系都一度得到大幅改善。土耳其还积极斡旋伊朗核问题，2010年5月，土耳其与巴西合作和伊朗共同签署了交换核燃料协议；土耳其还积极充当叙利亚和以色列之间的调解人。在巴以问题上，土耳其加大了对巴勒斯坦的支持力度，甚至不惜牺牲与以色列的盟友关系来换取在阿拉伯伊斯兰世界的声誉。

中东变局为土耳其作为地区大国崛起提供了不可多得的机遇，但周边不稳定的形势也对土耳其造成了很大冲击。在此背景下，土耳其不断调整其外交政策，积极介入中东新秩序的构建，力图实现其地区领袖的抱负。

2011年中东变局发生后，土耳其开始改变其与邻国的“零问题外交”，转而积极介入陷入乱局的阿拉伯国家事务，支持其政权更

---

① 丁工：“土耳其中等强国外交的现实性与可能性”，载《阿拉伯世界研究》2012年第5期，第88页。

迭。“阿拉伯之春”伊始，土耳其对突尼斯和埃及的动乱采取了较为谨慎的立场，之后逐步转为支持民众诉求并发展到通过支持反对派推动政权更迭。埃及陷入动荡后，土耳其总理埃尔多安是第一个要求穆巴拉克下台的外国领导人。利比亚危机爆发后，由于土耳其在利比亚有150亿美元的投资和2.5万名工人①，利比亚又是土耳其重要的贸易伙伴，土耳其最初对干涉利比亚持谨慎甚至反对的立场，但其后迅速转变立场，转而支持利比亚反对派和西方的军事干涉，表明土耳其对中东变局已从审慎介入转向推波助澜和更具实质性意义的介入。

在叙利亚问题上，土耳其起初采取模糊政策，敦促巴沙尔政权采取变革，后来对其采取强硬政策，强烈要求巴沙尔下台，扶植反对派武装，充当叙反对派的大本营，并发起召开支持叙反对派的国际会议。2012年4月1日，土耳其在伊斯坦布尔主办了第二次“叙利亚之友”国际会议；2013年4月20日，“叙利亚之友”主要成员国外长会议在伊斯坦布尔举行，与会国家要求巴沙尔必须下台，并将增加对反对派的援助。土耳其还提出解决叙利亚问题的政治过渡方案，其重要作用得到了美国等西方国家的肯定，也得到了以海湾国家为首的多数阿拉伯国家的认同。

由于土耳其与叙利亚接壤，叙利亚内战的外溢效应使土耳其受到严重冲击，土叙边境地区多次发生叙利亚炮火越境进入土耳其境内，造成土耳其民众伤亡。2012年6月22日，叙利亚防空系统击落一架进入叙领空的土耳其战机，土耳其议会在2012年10月通过议案，授权政府必要时开展跨境军事行动，对叙利亚进行直接军事干预。此后，土耳其采取报复行动，炮击叙利亚境内目标，并数次以怀疑载有可疑物资为由，拦截迫降飞往叙利亚境内的民航客机和货

① 郑东超：“论土耳其埃尔多安政府的外交政策”，载《阿拉伯世界研究》2012年第5期，第78页。

机；土耳其还在边境地区部署爱国者导弹系统，拦截载有朝鲜向叙利亚走私军火的船只。2013 年 9 月 16 日，土耳其战机发射导弹击落一架深入土耳其领空的叙利亚武装直升机；同年 10 月，土耳其数次出动战机拦截飞至叙土边界的叙利亚战机和武装直升机。在应对叙利亚危机的过程中，土耳其表现日趋自信和主动，介入力度逐步增大，从最初的谨慎表态到之后的主动介入，最终发展到对叙利亚危机的直接军事干预。

中东变局后，政治变革成为阿拉伯世界的大势所趋。土耳其正发党所奉行的温和、务实、寻求宗教与世俗平衡的政策引起中东国家的广泛关注，人们将土耳其在保持繁荣稳定的框架下推进传统伊斯兰国家向现代化民主国家过渡的发展经验称为“土耳其模式”。当前，“土耳其模式”对阿拉伯转型国家颇有吸引力，对于阿拉伯国家设计未来发展蓝图具有重要的借鉴和启示意义。对阿拉伯国家而言，“土耳其模式”比西方模式更具可操作性。2012 年 2 月，土耳其经济和社会研究基金会发布的关于土耳其地区形象的一项调查报告显示，土耳其在中东地区赢得了比较高的正面评价。在 2011 年的阿拉伯民意调查年度报告中，44% 的埃及人认为其政治制度应效法土耳其，而只有 10% 的埃及人选择法国式的政治制度。①

中东变局后，土耳其借推销“土耳其模式”争当地区领袖的野心急剧膨胀，在地区事务中展现出自信、进取的姿态。然而，土耳其毕竟国力有限，其急欲充当中东和伊斯兰世界领头羊的抱负仍然受到很多因素的制约，并已呈现出力不从心的态势。土耳其在中东变局中采取的进取姿态，在很大程度上是过分高估自己在中东地区影响力的结果。例如，在叙利亚问题上，土耳其大张旗鼓地扶持反对派推翻巴沙尔政权，但叙利亚形势日益恶化也给土耳其的安全带

---

① F. Stephen Larrabee, Alireza Nader, *Turkish-Iranian relations in a changing Middle East*, Santa Monica: RAND Corporation, 2013, p7.

来了诸多问题，叙土边界交火事件屡有发生，反对派武装的炮弹不断落入土耳其境内，导致土耳其军队不得不对有“基地”背景的叙反对派武装阵地进行打击。2013 年 5 月 11 日，土耳其边境城市雷伊汉勒接连发生两起汽车炸弹爆炸事件，造成 46 人死亡，上百人受伤，土内政部长居来尔表示，实施爆炸的嫌疑人与支持叙利亚现政权的组织有联系。2013 年 9 月 17 日，土叙边境地区再次发生汽车炸弹爆炸事件，造成 7 人死亡。2013 年 8 月叙利亚化学武器危机期间，土耳其十分担心，一旦北约对叙利亚进行军事打击，土耳其有可能遭到叙利亚化学武器的报复性袭击。

此外，叙危机爆发以来，大量叙利亚难民逃到土耳其，也是土耳其政府面临的严峻挑战。据土耳其官方 2013 年 10 月公布的数字，滞留在土耳其境内的叙利亚难民已超过 60 万。[①] 除沉重的经济负担外，叙利亚各派别力量混杂在难民中进入土耳其境内，使土耳其边境的安全形势更加复杂，土耳其当地居民与叙利亚难民之间的矛盾也不断上升。土耳其民众还指责政府的反叙政策导致本国不断遭受恐怖袭击。2012 年 9 月，土耳其国内的一项民调显示，逾八成土耳其民众要求政府放弃介入叙利亚事务。土耳其在叙利亚问题上鲁莽激进政策的负面效应日益凸显，土耳其甚至有可能由中东变局的赢家变成输家。

中东变局后库尔德问题的复杂化成为土耳其面临的又一难题。叙利亚危机升级后，巴沙尔放任东北部库尔德人实行自治；伊拉克库尔德区政府主席巴尔扎尼于 2012 年 7 月调停叙利亚库尔德两大派别实现联合，成立了“库尔德最高委员会”，军事上由土耳其库尔德工人党（PKK）的分支——民主同盟党（PYD）主导；伊朗与库工党重要领导人穆拉特·卡拉伊兰达成“互不侵犯协定”并将其释放，

① “土耳其境内叙利亚难民已超 60 万”，http://news.xinhuanet.com/world/2013-10/21/c_117809159.htm。

鼓励他率领库工党进攻土耳其境内目标。[①] 在此背景下，土耳其境内的库尔德人重趋活跃。2011 年底以来，库尔德工人党武装分子多次与政府军发生冲突，造成多人死亡，库工党武装还绑架了执政党正发党哈卡里省省党部主席。原本土耳其与伊朗在库尔德人问题上有情报合作，但土耳其的叙利亚政策导致伊朗中断了与土耳其的合作。当前，库工党已经成为叙利亚及伊朗与土耳其斗争的工具，伊朗对土耳其和伊朗边境地区的库工党武装活动采取默许乃至纵容的态度。2012 年底，埃尔多安政府决定与被监禁的库工党领导人厄贾兰就结束库工党叛乱展开对话；2013 年 3 月 21 日，厄贾兰宣布同政府军实现停火；2013 年 5 月，库工党武装开始撤往伊拉克北部地区，但伊拉克政府则对库工党武装入境持反对立场。2013 年 9 月，库工党表示政府未能履行和谈中的承诺，宣布中止从土耳其境内撤离武装人员的行动。此外，由于伊拉克总理马利基表示支持叙利亚政府，以及 2012 年埃尔多安不顾伊拉克中央政府的反对，决定直接从伊拉克库尔德自治区进口原油，都恶化了土耳其和伊拉克的关系。

从 2013 年 5 月底开始，土耳其最大城市伊斯坦布尔塔克西姆广场爆发群众示威活动，抗议政府对广场周边公园的拆迁和改建工程，最后演变成为蔓延全国的反政府示威活动。6 月初，政府用强力手段驱散了示威者。这使埃尔多安和土耳其的国际形象大为受损。6 月中旬，埃尔多安政府被迫做出重大让步，决定和示威者及反对派谈判，并且承诺通过民主程序决定是否继续对塔克西姆广场周边进行改造。此后，示威抗议活动逐渐平息。土耳其一方面强力镇压国内示威，另一方面又谴责埃及军方推翻穆尔西和镇压穆兄会支持者的行动，导致国内外舆论也对土耳其在推进民主方面实行的双重标

① 田文林：“后革命时代的中东格局”，载《现代国际关系》2013 年第 1 期，第 32 页。

准提出了质疑。蔓延土耳其全国的抗议示威活动表明，土耳其社会围绕正发党的执政地位、政教关系、教俗关系、军队地位等方面仍存在着尖锐的矛盾。

在国际和地区事务方面，尽管土耳其的影响力日趋上升，但仍缺乏主导地区事务的实力与能力，也难以摆脱西方的制约。在地区事务中，土耳其与以色列的关系近年一直呈恶化的态势，直至2013年3月奥巴马访问以色列，在奥巴马的调解下，以色列总理内塔尼亚胡就2010年拦截攻击土耳其援助加沙船只向土耳其总理埃尔多安表示歉意，土耳其与以色列不断恶化的关系才得以缓解。在伊朗核问题上，土耳其能发挥的作用其实也十分有限。由于土耳其曾统治阿拉伯地区长达400年，使阿拉伯国家对土耳其推销其发展模式和主导地区事务的图谋感到不安，进而使“土耳其模式”对阿拉伯世界的吸引力大打折扣。在处理与西方的关系方面，土耳其也无法摆脱西方的制约，追随美国和尽早加入欧盟仍是土耳其的外交重点。

三、伊朗周边环境趋于复杂，伊核问题出现转机

中东变局发生后，伊朗的战略环境一度较为有利，一方面是因为陷入动荡的多为亲美的逊尼派阿拉伯国家，另一方面，突如其来的“阿拉伯之春”也吸引了人们的注意力，使西方对伊朗的压力有所缓解。伊朗官方积极评价阿拉伯世界的民众抗议行动，将其定性为“伊斯兰觉醒”，并认为这是1979年伊朗伊斯兰革命的延续，其中，伊朗尤其对于巴林什叶派民众的抗议活动给予了积极支持，并抗议沙特对巴林抗议活动的干涉和镇压。埃及政权更迭后，随着伊斯兰主义势力的壮大和穆斯林兄弟会的掌权，伊朗与埃及的关系出现了改善迹象，伊朗军舰30多年来首次被允许通过苏伊士运河令西

方和海湾国家对伊朗势力的扩展十分担忧。但随着中东变局向纵深发展，尤其是伊朗在阿拉伯世界的重要盟友叙利亚巴沙尔政权陷入危机之后，伊朗的地缘环境又趋于险恶。

叙利亚是以伊朗为首的“什叶派新月带”的重要一环，而且也是反对以色列的“抵抗阵线”和反美阵营的前沿，一旦巴沙尔政权垮台，伊朗精心构筑的什叶派阵营就可能土崩瓦解。因此，伊朗选择力挺巴沙尔政权，并在各种外交场合对叙利亚政府表示支持。据西方媒体报道，伊朗还向叙利亚政府提供了财政、后勤、情报和武器等支持，伊朗战斗人员和黎巴嫩真主党成员也进入叙利亚协同政府军作战。2012 年 8 月，叙利亚反政府武装曾抓获 48 名伊朗人，伊朗声称这些人是朝圣者，但其中一些人被证实是伊朗革命卫队成员；2012 年 9 月，伊朗革命卫队司令贾法里称伊朗革命卫队的一支精锐部队在叙利亚从事非军事性的协助工作。[①] 叙利亚境内已数次遭受以色列的空袭，据称其目标就是伊朗通过叙利亚向黎巴嫩真主党运送的导弹。

叙利亚危机久拖不决，也使伊朗与多数阿拉伯国家间的关系更趋疏远，伊朗与埃及改善关系的势头也未能得到延续。尽管时任埃及总统穆尔西和伊朗总统内贾德分别于 2012 年 8 月和 2013 年 2 月借出席不结盟运动峰会和伊斯兰会议组织峰会的名义实现了互访，但双方在叙利亚问题上的分歧影响了改善关系的步伐，两国复交未有进展，穆尔西在不结盟运动峰会上还不留情面地抨击叙利亚政府及其支持者。2013 年 4 月，伊朗与埃及的商业航班恢复不久就因埃及国内的反对浪潮而被暂停；2013 年 6 月，埃及宣布与叙利亚断交后，伊朗随即威胁与埃及中断经济关系，埃及国内也有不少势力担心伊朗向埃及输出伊斯兰革命理念；2013 年 7 月，穆尔西被埃及军方罢

① “伊朗首次证实在叙利亚黎巴嫩境内有其革命卫队”，http://mil.news.sina.com.cn/2012-09-17/0943701193.html。

黜后，伊朗对此表示谴责，并称埃及的动荡将使其变成第二个叙利亚。

伊朗通过叙利亚扶植的黎巴嫩真主党是影响黎局势的重要力量，伊朗也利用真主党对以色列形成一定的威胁。2012 年 10 月 6 日，以色列空军拦截并击落一架飞入以色列南部内盖夫沙漠地区的无人驾驶飞机，伊朗国防部长后来承认，这是黎巴嫩真主党向以色列施放的无人机，这种无人机使用了伊朗的技术，证明了伊朗的军事实力。[①] 一旦巴沙尔政权垮台，伊朗与真主党的联系纽带就将被切断。

"什叶派新月带"中的另一个大国伊拉克因教派冲突而暴力事件频发，也波及到伊朗。例如，2013 年 5 月 20 日和 6 月 7 日，伊拉克境内连续发生运送伊朗朝觐者的大客车遭到炸弹袭击的恐怖暴力事件，分别导致 8 名和 14 名伊朗朝觐者死亡。2012 年 12 月底，伊拉克多地发生大规模的反政府示威，抗议马利基政府亲伊朗的政策。在美国的压力下，为阻止伊朗向叙利亚运送武器，伊拉克加大了对伊朗经伊拉克飞往叙利亚的飞机的检查力度。

巴勒斯坦的哈马斯尽管属于逊尼派，但也属反以的"抵抗阵营"，长期以来得到叙利亚和伊朗在资金、装备和人员训练等方面的支持。叙利亚危机发生后，哈马斯不得不与叙利亚巴沙尔政权拉开距离，以避免遭致逊尼派阿拉伯国家的反对。叙利亚政府也关闭了在叙境内的所有哈马斯办事处，哈马斯与伊朗的关系也开始趋于冷淡和紧张。哈马斯指责伊朗和真主党支持巴沙尔政权，并在加沙高调迎接卡塔尔国王的来访，表明哈马斯已开始转向卡塔尔和沙特等为首的逊尼派阵营。

因此，伊朗的地区盟友及其构成的"什叶派新月带"以及"抵抗阵营"已经因叙利亚危机而遭到明显削弱。

---

① "真主党无人机获证使用伊朗技术"，http://newspaper.jfdaily.com/xwwb/html/2012 - 10/15/content_ 898824.htm

从国际方面看，从2011年底开始，伊朗因核问题面临的压力陡然增强，西方不断加大对伊朗的制裁力度。2011年11月，国际原子能机构发布伊朗核问题报告，指责伊朗曾试图发展核武器。此后，在美国的带领下，西方国家开始对伊朗实施新一轮前所未有的严厉制裁。2012年3月，全球电子银行系统“环球同业银行金融电讯协会（SWIFT）”将伊朗19家银行和25家金融机构从其系统中剔除；4月，劳氏船级社停止为伊朗船只提供担保业务；7月，欧盟宣布对伊朗石油禁运措施生效；10月，欧盟针对伊朗实施新一轮制裁，包括天然气禁运、出口限制和金融制裁；11月30日，美国参议院以94票赞成、0票反对的结果批准了针对伊朗的新制裁措施，[①] 制裁的强度空前加强。

西方的严厉制裁使伊朗经济遭到重创，并突出表现在三个方面：一是伊朗石油出口从2011年的250万桶/日锐减到2012年底的约100万桶/日，全年石油收入下降50%以上；二是汇率大幅下跌，2012年伊朗货币贬值高达60%，仅在2012年10月就急剧贬值40%。三是经济陷入多重危机，伊朗的粮食和医药等基本物资供应出现严重短缺，2012年伊朗经济出现20年来的首次负增长，下滑1.9%，而失业率和通货膨胀率则高达15.5%和27.1%。[②] 货币贬值和物资供应短缺导致民众强烈不满，局部地区出现示威游行和警民冲突，伊朗国内面临严重的经济和社会危机。

此外，伊朗还面临美国和以色列对伊朗进行军事打击的威胁，导致伊朗的内外环境持续恶化。2011年底和2012年初，美国连续向波斯湾派驻“卡尔·文森”号和“罗纳德·里根”号航母战斗群，

---

① 姚睿，茅启平，王中桥：“深度制裁下的伊朗政局走向”，载《国际石油经济》2013年第1—2期，第19页。

② CIA，‘The World Factbook”，https：//www.cia.gov/library/publications/the-world-factbook/geos/ir.html

防范伊朗采取过激行动。时任美国国防部长帕内塔明确表示，伊朗拥有核武器和封锁霍尔木兹海峡是美方动武的“红线”。为此，美国还加强了在霍尔木兹海峡的军事部署。而以色列则一再对伊朗发出警告，并表示可能会先于美国对伊朗核计划进行军事干预。

针对西方的制裁和美国、以色列的军事威胁，伊朗从经济和政治上采取了一些应急措施加以应对。如在经济上提高利率，应对货币危机，采取灵活方式，稳定既有客户等。[①] 同时，伊朗在外交和军事上高调亮相，应对西方的外交孤立和军事威胁。伊朗高官频频出访邻国以及非洲拉美等国，寻求外交支持，伊朗还于2012年8月主办了不结盟运动首脑会议。伊朗领导人不断以激烈言辞警告以色列不要轻举妄动。最高领袖哈梅内伊于2013年3月21日表示，若遭到以色列的攻击，将把特拉维夫和海法两座城市夷为平地。在军事上，伊朗则大幅度增加了军费开支，2012—2013年度预算军费开支同比增长127%，同时大规模生产反舰导弹，并频繁在波斯湾等地举行大规模军事演习。[②]

在核开发方面，伊朗继续稳步推进核计划，宣布了一系列在核领域取得的新进展，包括向核反应堆装载首批国产纯度为20%核燃料棒，以及自主生产并启用新一代用于提纯浓缩铀的国产离心机。伊朗与国际原子能机构继续展开策略性合作，允许其核查伊朗的部分核设施。伊朗与伊核问题六国的谈判也在经过一年多的中断后于2012年4月在伊斯坦布尔恢复，之后分别于同年5～6月在巴格达、莫斯科进行了数轮谈判，但都未能取得实质性进展。在中断8个月后，谈判于2013年2月和4月在哈萨克斯坦的阿拉木图恢复，但依然未能突破僵局。会谈结束不久，伊朗又宣布在核燃料生产方面取

---

① 赵建明：“制裁、反制裁的博弈与伊朗的核发展态势”，载《外交评论》2012年第2期，第83、84页。

② 同上，第86页。

得重大进展。

2013 年 6 月，温和保守派候选人鲁哈尼当选为伊朗总统，并于 8 月 4 日就职。在竞选中，鲁哈尼就批评伊朗核谈判代表贾利利谈判立场僵硬，牺牲了伊朗的重大国家利益。在就任后的首次记者招待会上，鲁哈尼表示要求与美国直接进行核谈判，并更换了核谈判团队，由外交部取代最高国家安全委员会负责进行核谈判。在 2013 年 9 月出席联大会议期间，鲁哈尼表示希望能在 3 ~6 个月内结束核谈判。鲁哈尼还频频向美国和西方甚至是以色列释放出善意的信号，如释放政治犯，用“推特”祝贺犹太新年，谴责纳粹大屠杀，希望结束与美国的敌对关系。

伊朗的示好也得到了美国方面的积极回应，进而实现了 1979 年美伊关系冰冻 34 年之后的三个“第一次”。2013 年 8 月中旬，奥巴马与鲁哈尼实现伊朗和美国总统的首次通信；9 月 26 日，美国国务卿克里和伊朗外长扎里夫在纽约联合国总部进行会晤，这是 34 年来美伊第一次部长级接触；9 月 27 日，奥巴马与鲁哈尼就伊核问题及其进展进行了 15 分钟的电话沟通，这是美伊断交以来两国总统第一次直接对话。此后，美国放出可能放松对伊朗制裁的信号。10 月 5 日，奥巴马表示伊朗距离制造核武器至少还有一年或更长时间；在第二轮日内瓦会谈结束和国际原子能机构和伊朗达成核查路线图协议后，奥巴马于 11 月 14 日敦促国会暂缓推进对伊朗的进一步制裁，旨在为外交途径解决伊核问题创造条件。

但伊朗国内的强硬派对鲁哈尼与美国改善关系表示不满，最高精神领袖哈梅内伊在对鲁哈尼的外交努力表示赞同的同时，也对鲁哈尼团队在纽约的“不恰当”言行进行批评，并表示美国政府不值得信任。2013 年 11 月 3 日，哈梅内伊又反常地告诫伊朗强硬派不要破坏核谈判。

在伊核问题的谈判中，伊朗与美国和西方围绕诸多具体问题存在尖锐的分歧。第一，美国和西方的最终目标是伊朗停止所有的铀浓缩活动，而拥有和平利用核能的权利，是伊朗参与谈判的最基本底线，鲁哈尼和扎里夫在近期多次强调，伊朗仍将保留 3%—5% 低浓度的铀生产能力。第二，在伊朗拥有的纯度 20% 的浓缩铀是否要运至第三国封存的问题上，双方仍然分歧严重。第三，伊朗已经与国际原子能机构达成核查路线图，伊朗决定向国际原子能机构核查人员开放加钦铀矿和阿拉克重水反应堆，但双方并未就帕尔钦军事基地是否接受核查达成共识。伊朗过去一直以帕尔钦军事基地涉及国防安全，以及国际原子能机构 2005 年已对该基地进行过检查为由予以拒绝。第四，在是否关闭福尔多地下核工厂的问题上，双方更是存在严重分歧。除围绕核问题的尖锐分歧外，伊核谈判以及美伊关系能否取得突破还深受诸多复杂因素的掣肘。从美伊双方看，三十多年的严重对抗使双方的信任严重缺失，美伊对抗还有更深层次的政治与意识形态根源，而奥巴马与鲁哈尼还深受国内鹰派和保守势力的掣肘。伊朗核问题能否取得突破性进展依然是一个未知数。

四、以色列更趋孤立，周边环境更为复杂

作为中东地区四大传统力量中唯一的非伊斯兰国家，以色列一直处于最为孤立的境地。除持续依旧的阿以冲突和巴以冲突外，自 1979 年伊朗伊斯兰革命以来以色列与伊朗长期对抗，以色列与唯一的中东盟友土耳其的关系也因 2010 年加沙救援船事件降至多年来的最低点。中东变局的发生使以色列更趋孤立，周边安全环境更为复杂，周边阿拉伯国家政局的变动以及伊核危机的发展都令以色列的安全神经时刻处于紧绷的状态。

在中东变局中，发生两次政权更迭的埃及和陷入持久内战的叙利亚两个阿拉伯大国均为以色列的邻国，其中，埃及是阿拉伯世界最早与以色列实现和平的国家，而叙利亚则由于其领土戈兰高地被

以色列占领而在法律上仍与以色列处于战争状态。因此，埃及和叙利亚的动荡对以色列的安全环境形成了最直接的冲击。

穆巴拉克倒台后，与以色列及巴勒斯坦加沙地带接壤的埃及西奈半岛的安全形势日趋恶化，埃及输往以色列的天然气管道屡屡被炸。继 2011 年 8 月以色列与埃及边界冲突事件后，2012 年 6 月和 9 月又发生武装分子从埃及境内潜入以色列发动袭击事件，并造成人员死亡；2012 年 11 月，来自埃及的一枚火箭弹落入以色列境内，以色列指责埃及放松边境管控造成巴勒斯坦武装人员得以从加沙经由埃及进入以色列发动袭击。西奈半岛极端势力的发展十分迅速，“基地”组织的分支已渗透到西奈半岛，并对以色列的安全构成威胁。为此，以色列在以埃边界上修建了长达 240 公里的防护网，以阻止武装人员经西奈半岛进入以色列。

此外，以色列对埃及增加在西奈的军事部署也心存忌惮，称埃及部署坦克等重型装备违反埃以和平协议关于该地区为非军事区的规定。2013 年 7 月，穆尔西被解除总统职务后，埃及暴力冲突逐渐升级，活跃在西奈半岛埃以边境附近的伊斯兰极端武装分子对埃及边境检查站和警察局的袭击造成大量人员伤亡。埃及军方 7 月 27 日开始在西奈半岛展开“沙漠风暴”行动，以打击恐怖主义和暴力活动。以色列则将“铁穹”反导系统部署至毗邻西奈半岛的海滨城市埃拉特附近，以防御来自西奈半岛等地的火箭弹袭击。

具有穆斯林兄弟会背景的穆尔西当选埃及总统也一度令以色列极为紧张，担心伊斯兰势力对以色列采取强硬立场，并对埃以和平协议提出挑战。但穆尔西执政后，出于发展经济和巩固执政地位的需要，同时也被国内政治纷争所牵制，并未对以采取激进政策。尽管穆尔西拒绝接听以色列总理内塔尼亚胡祝贺其当选的电话，但埃以双方的协调机制仍然存在。就在穆尔西就职期间，以色列总理特使曾秘密访问开罗，并与埃及军方和情报机构高级官员会谈。2012 年 9 月，埃及任命了新的驻以色列大使，为维持两国关系发出了积极信号。2012 年 11 月，以色列向加沙地带发动“防务之柱”军事行动，埃及虽然通过召回驻以大使表示抗议，但并未介入军事冲突，还积极斡旋冲突双方达成停火协议。穆尔西去职后，围绕打击西奈半岛伊斯兰极端势力，以色列与埃及之间的协调与合作得到进一步加强，时任埃及临时副总统巴拉迪还率多名军方将领突访以色列，协商打击极端势力等安全合作。2013 年 10 月，在美国决定暂停对埃及的部分援助后，以色列表示希望这一决定不会影响到以埃和平协议。

事实表明，埃及政局的急剧变化并没有动摇已存在 34 年的埃以和平协议，主导埃及政治的军方已与以色列形成了较为密切的协调机制，即使是在穆尔西执政期间也并未中断。在军方废黜穆尔西总统职位后，埃以和平协议的保障无疑将得到进一步增强，双方在边境地区的安全合作尤其是共同打击西奈半岛极端势力的合作也将继续。

由于以色列与叙利亚存在戈兰高地的领土问题，叙利亚内战始终牵动着以色列的神经。以叙两国尽管在中东和平进程中分歧较大而未能达成和平协议，但两国边境地区已保持了近 40 年的平静。以色列对叙利亚内战的发展有一种矛盾心态。以色列希望巴沙尔政权垮台，这将削弱伊朗—叙利亚—黎巴嫩真主党的联盟；但久拖不决的叙利亚内战不断升温，“基地”组织等极端武装组织混入反对派武装中又令以色列极为不安，担心巴沙尔一旦倒台，伊斯兰激进势力掌权或是极端组织处于失控状态，将对以色列安全构成严重威胁。

在叙利亚危机之初，以色列认为自身难以对叙局势施加太大影响，因此采取了一种较为谨慎的观望态度。但随着叙利亚内战的持续，其外溢效应不断显现，以色列已难以孤立于危机之外。2012 年 11 月，由于叙利亚内战的炮弹落入以色列控制的戈兰高地，以色列对叙利亚进行了警示性炮击，这是 1973 年以来以色列对叙利亚的首次袭击。以色列还在戈兰高地的边界地带修建了隔离防护带，还在北部地区、特拉维夫和耶路撒冷等地部署了“铁穹”导弹防御系统，并征召部分预备役军人，防止叙利亚的乱局向以色列蔓延。以色列还加紧了对叙利亚的渗透和情报活动，叙利亚声称在其境内战略要地发现了载有窃听和监控装置的以色列军车，还在叙利亚沿海小岛上发现了伪装成礁石的以色列间谍装置。叙利亚政府军从反政府武装手中缴获的武器也有以色列制造的武器。

尽管并无叙利亚难民大量涌入以色列，但一些叙利亚内战中的伤员，包括平民与武装人员越过边界，进入以色列请求医疗救助的情况不断发生。为此，以色列还在靠近戈兰高地的边界修建了一所野战医院。据估计，截至 2013 年 10 月，以色列已救治了约 300 多名叙利亚伤员。[①] 由于伤员的身份难以确认，为避免造成安全隐患，多数男性伤员的病房门口都有以色列军警人员看守。[②]

叙利亚的化学武器一直是以色列密切关注的焦点。化学武器无论是落入黎巴嫩真主党还是反政府武装中的激进组织甚至“基地”组织手中，都是对以色列安全的巨大威胁。

由于叙利亚将驻守戈兰高地的数千精锐部队撤离并部署至靠近大马士革的作战前线，导致靠近以色列控制区的戈兰高地一带陷入无序状态，成为各种反政府武装云集之所。2013 年 1 月 30 日，以色列在对叙利亚发出先发制人的威胁后，出动战机进入叙境内，轰炸了叙利亚的一家军事研究中心。此后，以色列多次对叙利亚的军事目标发动袭击。由于巴沙尔政权正忙于应付反政府武装，并未对以色列的行动予以过激的反应，但以色列不加收敛，一再挑战巴沙尔

① “Israeli hospitals treat three more injured Syrians”, http://www.timesofisrael.com/nahariya-hospital-treats-two-more-injured-syrians/.

② “Across enemy lines, wounded Syrians receive medical treatment in Israel”, http://www.haaretz.com/news/middle-east/1.547807.

的承受极限，无疑将“引火烧身”。2013 年 5 月 21 日，叙利亚声称一支以色列巡逻车队越过停火线，叙利亚向其开火并击毁一辆军车，这是叙利亚首次对以色列采取报复性军事行动。

2013 年 8 ~ 9 月，叙利亚一度面临西方军事打击的威胁，以色列也绷紧了敏感的安全神经，并做好了应对准备。9 月 3 日，以色列在地中海海域测试美国资助的反导系统，一度引发各方猜测西方对叙军事打击即将开始。尽管西方对叙利亚进行军事打击的威胁暂时解除，但叙利亚危机持续僵持仍将令以色列寝食难安。

叙利亚危机已蔓延到以色列北部邻国黎巴嫩，黎巴嫩国内接连发生暴力事件，使以黎边境安全不容乐观。以色列除了对叙利亚可能向真主党运送武器进行袭击外，还多次入侵黎巴嫩领空，遭致黎方的抗议。为防范以黎边境直接摩擦和交火，以色列在黎以边界以色列一侧兴建了隔离墙，代替目前的电子篱笆。2013 年 7 ~ 8 月，以黎边界地区多次发生黎巴嫩火箭弹射入以色列境内，并造成军人和平民伤亡的事件，以色列则采取了报复行动，对黎巴嫩南部进行空袭。此外，以色列还指责黎巴嫩真主党和伊朗与 2012 年 2 月以色列驻泰国、印度和格鲁吉亚使馆的炸弹袭击，以及 2012 年 7 月 18 日发生在保加利亚布尔加斯机场的以色列游客大巴爆炸事件有关。黎巴嫩则指责 2013 年 8 月 15 日发生在贝鲁特的恶性爆炸事件与以色列有关。2012 年 5 月，黎巴嫩宣布与叙利亚联手破获了一个在黎境内的以色列间谍网络。总之，叙利亚局势动荡加剧了黎巴嫩的不稳定，也增加了以色列对以黎边境安全的担忧。

以色列的东部邻国约旦与以色列签有和平协议。约旦也受到了中东变局的冲击，但总体而言尚保持稳定，以色列的东部边界线也是目前最安宁的一条边界。但是，约以边境并非风平浪静。2013 年 4 月 17 日，以色列埃拉特和约旦亚喀巴两个旅游城市同时遭到火箭弹的袭击。在输往以色列和约旦的埃及西奈半岛天然气管道被炸问题上，以色列和约旦保持了协商。以色列与约旦领导人还曾秘密会晤，商讨叙利亚局势。约旦境内的不稳定因素仍然是以色列的隐忧，约旦国内的萨拉菲圣战组织日趋活跃，并有可能把以色列当作攻击目标。

巴勒斯坦问题是以色列在中东长期陷入孤立的主要原因。中东变局一度令巴勒斯坦问题的关注度下降，但中东变局后，阿拉伯世界民意与公众舆论对政府决策的影响加大，并对阿拉伯国家政府与以色列的关系形成制约。[①] 有观点认为，中东越是民主，新当选的政府就越是反对以色列，以色列也就越孤立。[②] 2012 年 9 月，巴勒斯坦在联合国以压倒多数成为观察员国，对以色列产生了强烈冲击。

中东变局后，以色列十分担心爆发第三次巴勒斯坦人大起义，美国也促使以色列推进巴以和平进程。在此背景下，以色列内阁于 2013 年 7 月 28 日通过了分批释放 104 名巴勒斯坦囚犯的决定；7 月 30 日，巴以双方谈判代表在华盛顿举行了三年来首次直接对话，决定重开和谈。以色列总理内塔尼亚胡表示，和谈将进行 9 个月的时间，以色列将对谈判结果进行全民公决。几个月来，双方和谈代表在远离媒体的情况下进行了多轮秘密会谈，但都未取得任何进展。以色列总理强调，只有巴勒斯坦满足承认以色列国家的犹太属性和放弃巴勒斯坦难民回归权的条件，双方才能签署和平协议，这显然与巴勒斯坦的立场相去甚远。在和谈期间，以色列数次批准或宣布在东耶路撒冷和约旦河西岸修建定居点的计划，导致巴以暴力冲突时有发生；而关于阿拉法特是被以色列毒死的争论也使巴以和谈增加了新的变数。

在重启巴以和谈的同时，以色列对统治加沙的哈马斯及其他激

---

① 高祖贵，“中东大变局对以色列的影响”，载《现代国际关系》2012 年第 3 期，第 98 页。

② 耶斯尔：“中东大变局中的地缘政治博弈”，载《现代国际关系》2012 年第 12 期，第 49 页。

进力量则采取了强硬打压措施。由于以色列南部靠近加沙地区不断遭受火箭弹的袭击，以色列数次采取军事行动，对加沙进行轰炸。2012 年 11 月 14 ~21 日，以色列对加沙发动了代号为“防务之柱”的军事打击，造成 100 多名巴勒斯坦人死亡，以色列也有 2 名军人和 4 名平民死亡。在埃及的斡旋下，巴以双方才达成停火协议。“防务之柱”行动期间，以色列南部和中部部分城市甚至是特拉维夫都遭到火箭弹的攻击，致使以色列自 1991 年海湾战争以来首次响起空袭警报。11 月 21 日，特拉维夫的一辆公共汽车发生炸弹爆炸，导致 28 人受伤。据以色列方面的统计，2012 年以色列共遭到来自加沙地带的 1632 枚火箭弹攻击，其中，“防务之柱”行动期间就有 845 枚火箭弹射入以色列境内。“防务之柱”行动后，加沙地带对以色列的火箭攻击已大幅减少，以色列的铁穹防御系统也发挥了拦截作用。据统计，在 2013 年 1 ~10 月，仅有 36 枚火箭打到以色列境内，① 但以色列仍采取了报复性的空袭行动。以色列曾一度放松对加沙的封锁，并允许建筑材料运入加沙。但在 2013 年 10 月以色列发现从加沙通往以色列境内的大型地下通道后，再次加强对加沙的安全管制，并对加沙进行了新一轮军事打击，造成多名巴武装人员死亡。

2010 年以色列袭击土耳其驶往加沙的救援船事件发生后，以色列与土耳其的关系急剧倒退。中东变局后，两国关系继续下滑。在以色列空袭加沙的“防务之柱”行动期间，土耳其总理埃尔多安指责以色列进行“种族清洗”。在美国的极力斡旋下，以色列对土耳其就袭船事件表示道歉，双方关系才有所缓和。

以色列选择放低姿态主动改善与土耳其的关系，除考虑美国维护盟友体系的需要外，更重要的原因在于希望与土耳其在叙利亚问

---

① “Rocket fire from Gaza and Palestine after ceasefire violations after Operation Cast Lead”, http: //mfa. gov. il/MFA/ForeignPolicy/Terrorism/Pages/Palestinian_ ceasefire_ violations_ since_ end_ Operation_ Cast_ Lead. aspx.

题上展开合作。以色列与土耳其的传统军事和经济合作也不允许双方关系进一步恶化。2013 年 2 月，以色列向土耳其空军提供了先进的电子战设备，以色列新开发的天然气田也为两国能源合作提供了广阔的前景。以色列与土耳其还就应对伊朗核危机和叙利亚危机加强了协调。有媒体称，以色列 2013 年 7 月对叙利亚俄制反舰导弹基地的空袭是利用了土耳其的军事基地，土耳其则予以否认。以土关系虽然实现了从不断恶化重回正常轨道，但要恢复到过去的盟友关系尚有很长的路要走。

以色列目前最大的安全关切依然是伊朗核问题。由于伊核谈判一直处于僵局，伊朗核计划继续推进，以色列预计伊朗已经日益接近拥核的时间点，以色列对伊核问题做出决断的时间也更趋紧迫。2012 年以来，以色列总理、国防部长等高级官员多次发出对伊朗动武的威胁。

在以色列国内，关于是否攻打伊朗变成了一场公开的争论。以色列总理内塔尼亚胡把伊核问题视为事关以色列生死存亡的安全威胁。在 2012 年以色列大屠杀纪念日的集会演说中，内塔尼亚胡几乎通篇以伊核问题为主题，强调其作为总理的使命就是阻止犹太民族再次遭受大屠杀，阻止伊朗拥核的时间已所剩无几。[①] 但以前摩萨德首脑达甘为代表的一些情报及军方人士则反对动武，军事打击伊朗有可能在中东引起灾难性的后果，对以色列的安全构成更大威胁，以色列与美国的特殊关系也将受到冲击。

2012 年 7 ~ 9 月，有关以色列将在美国大选前对伊朗发动袭击的传闻甚嚣尘上。为此，美国官员多次访问以色列，劝说以色列暂时不要动武。2012 年 8 ~ 9 月间，内塔尼亚胡多次表示，国际社会特别

① Yehuda Ben Meir," The Israeli Public Debate on Preventing a Nuclear Iran", in Anat Kurz and Shlomo Brom, *Strategic Survey for Israel* 2012 - 2013, Tel Aviv; the Institute for National Security Studies, 2013.

是美国应为伊朗问题设定“红线”，美国则表示婉拒，强调仍有“时间和空间”和平解决伊朗核问题。2012 年 9 月 27 日，内塔尼亚胡在纽约联合国大会发言指出，伊朗发展核武的浓缩铀进程已完成70%，最迟到 2013 年夏天伊朗就将走向制造核弹的最终阶段，国际社会必须为此划定“红线”。在此期间，以色列与伊朗之间不断爆发口水战。以色列指责伊朗与以色列驻外使馆和保加利亚以色列游客遭袭有关；伊朗则指责伊朗核科学家遇害和核设施感染电脑病毒与以色列有关，还指责以色列在黎巴嫩暗杀了伊朗革命卫队高官，并多次宣布破获以色列间谍网。

2013 年 3 月，美国总统奥巴马访问以色列，公开表示以色列可自行决定攻打伊朗的时间。由于伊核谈判仍无突破，2013 年 4 月，以色列再次发出即将在几周内对伊朗动武的威胁。2013 年 6 月，鲁哈尼当选为伊朗总统，以色列要求国际社会继续对伊朗施加压力。伊朗总统大选后，尽管以色列不相信鲁哈尼有能力改变伊朗的核计划，但内塔尼亚胡还是抱有一定期待，称以色列不会给伊朗核问题划定任何“红线”。伊核谈判重启以来，以色列仍持谨慎和怀疑立场。内塔尼亚胡还将鲁哈尼称为“披着羊皮的狼”。但是，伊朗与美国关系出现和缓，将使以色列军事解决伊核问题的选择更加困难。

总之，中东变局使以色列的周边安全环境遭到了巨大冲击，以色列的地区处境更趋孤立。2013 年 1 月 22 日，以色列举行议会大选，内塔尼亚胡领导的右翼“利库德集团—以色列我们的家园”联盟获得 31 席，异军突起的中间派政党“未来党”一举赢得 19 个议席，成为第二大党。经过几轮艰难谈判，内塔尼亚胡于 3 月 18 日完成组阁，成员包括“未来党”、极右派的“犹太人家园”和由“前进党”前领导人利夫尼领导的“运动党”。在此次议会选举中，民生和发展问题成为以色列民众的最大诉求，以色列政府将不得不更多地把施政中心投向内政，如何在应对安全挑战和满足民众现实需求之间进行平衡，考验着以色列政府的智慧。

美欧俄中东战略的调整与前瞻

上海外国语大学中东研究所　**孙德刚**

【内容提要】

经过三年的发展，中东剧变已经从一场内生性、局部性和低烈度政治运动，演变为地区和全球大国纷纷介入的地区性热点问题。在外部大国和大国集团中，美国、欧盟和俄罗斯对中东剧变的介入程度最深。2012年以来，这些大国和大国集团的中东战略既有延续性，又呈现新变化，其应对中东剧变的战略与政策由美、欧、俄国内政治的发展和中东形势变化等内外部因素共同决定的。美国的中东战略以叙利亚危机和伊朗核问题为主要关注点，同时积极应对伊斯兰势力崛起和恐怖主义上升的挑战；欧盟尽管积极介入中东事务，但内部分歧明显，其介入中东事务的意愿与能力出现了矛盾；俄罗斯试图以叙利亚危机为切入口，通过议题设置彰显大国地位，但影响力局限于东地中海地区。未来，美、欧、俄围绕中东危机解决而产生的互动将进一步增加，但均难以左右中东局势的走向。

从2010年底到2013年，中东变局的发展过程大体上经过了两个阶段，第一阶段为“和平过渡期”，以突尼斯、埃及、也门、摩洛哥和约旦的政权更迭或重组为代表；第二阶段为“暴力冲突期”，以利比亚、巴林、叙利亚的暴力冲突和2013年埃及“二次革命”为代表。在此背景下，美、欧、俄的中东战略也相应发生了重大变化，本文主要对美、欧、俄中东战略调整的特点和走势进行分析。

一、美国中东战略的调整与前瞻

奥巴马入主白宫以来，放弃了小布什提出的全球反恐战略，将全球战略重心逐步转向亚太地区，战略重点从全球反恐转向防范新兴大国崛起，并通过从阿富汗和伊拉克撤军寻求逐步从中东脱身。同时，美国仍试图掌握中东事务的领导权。奥巴马第二任期以来，美国在中东地区的战略利益并未发生根本性变化，主要包括四个层面：(1) 维护美国在中东地区的领导权；(2) 阻止大规模杀伤性武器扩散；(3) 维护中东能源供应稳定；(4) 确保盟国以色列的安全。美国在中东地区的主要关切分别是叙利亚问题、阿富汗问题、伊拉克问题、巴以和平进程问题、中东能源安全问题、恐怖主义问题和大规模杀伤性武器扩散问题。①

中东剧变爆发初期，奥巴马总统一度陷入犹豫不决的境地，在支持民主还是支持亲美的阿拉伯国家领导人之间犹豫不决，但在政策宣示上始终强调支持阿拉伯国家的所谓“民主转型”。② 奥巴马第二任期以来，美国高层对中东剧变的看法开始发生转变，不再认为这是一场自发性自下而上的民主化运动和“阿拉伯之春”，而是越来越担心这将是一场导致中东国家持续动荡的“阿拉伯之冬”。③ 奥巴马政府对中东剧变的认识发生变化，一方面是因为三年来中东动荡已经造成严重的人道主义危机，另一方面是因为在中东国家政治转

---

① Daniel L. Byman, “Explaining the Western Response to the Arab Spring,” *The Journal of Strategic Studies*, May 14, 2013.

② James Petras, “Washington Faces the Arab Revolts: Sacrificing Dictators to Save the State,” *Journal of Contemporary Asia*, Vol. 41, No. 3, 2011, pp. 483 – 490.

③ Marc Lynch, *The Arab Uprising: The Unfinished Revolutions of the New Middle-East*, Cambridge, MA: Perseus Books Group, 2012.

型进程中，伊斯兰势力成为主要得益者，而美国在中东地区的实际影响力与控制力在下降。[①] 在维护所谓美国中长期利益——输出民主价值观与维护美国近期现实利益面前，奥巴马更看重后者。以利比亚为例，尽管美国推翻了卡扎菲“独裁政府”，给利比亚人民带来了所谓“自由”，但新政权并没有奉行亲美政策，2012 年美国驻利比亚大使克里斯托弗·史蒂文斯在班加西遇袭身亡令美国颇为尴尬，使奥巴马政府不得不面对中东政治力量日益多元化的现实。随着中东阿拉伯转型国家伊斯兰势力上升和经济改革步履蹒跚，美国的主导能力下降，转型中东国家的社会发展已经偏离了美国预先设置的发展轨道（即自由、民主、人权、法治、市场经济、公民社会等），奥巴马在第二任期开始对中东所谓“民主转型”失去热心，开始奉行更加务实、更加超脱的外交政策，具体表现在以下几个方面：

（一）在军事上，奥巴马政府继续保持克制，将军事干预中东剧变的风险维持在低水平

众所周知，推翻巴沙尔政府是美国的既定目标，因为美国视叙利亚为伊朗在中东地区的头号盟友，认为只有军事推翻巴沙尔政府才能从根本上瓦解中东反美、反以力量的大本营——什叶派反美联盟，斩断伊朗在东地中海的“触角”。然而，由于叙利亚反对派至今鱼龙混杂，内部尚未形成强大合力，难以在短期内推翻巴沙尔政府，所以美国不愿意冒险、积极军事介入，也没有能力在短期内改变双方的力量对比。在叙利亚民族、教派和各种政治势力矛盾尖锐、前景不明朗的情况下，奥巴马政府不愿意绕开联合国对叙利亚进行军事干预，而是以秘密、隐蔽、低烈度的“准军事介入”手段影响叙利亚局势，这种手段的经济成本更低、政治风险更小。奥巴马政府

① John R. Bradley, *After the Arab Spring: How Islamists Hijacked The Middle East Revolts*, London: Palgrave Macmillan, 2012, pp. 199 – 218.

非常清楚，尽管武力推翻巴沙尔政府从战术角度来看具有可行性，但是美国肯定会成为叙利亚民众尤其阿拉维派以及伊斯兰极端派别的敌人，而如何恢复秩序、实现民族和解则更具挑战性，并需要投入难以想象的巨大成本。

在伊拉克战争后的十多年内，美国的艰难处境已经成为一种"综合征"，使奥巴马政府在发动针对中东伊斯兰国家的新战争时十分谨慎，更希望欧洲和中东盟国冲锋在前。叙利亚、黎巴嫩与伊拉克国情相似，民族与教派矛盾尖锐，推翻巴沙尔政权势必打破传统势力之间的平衡。由于叙利亚阿拉维派与穆斯林兄弟会和库尔德人历史上积怨很深，加上穆斯林与基督徒的矛盾，以及以色列、伊朗、土耳其、沙特和埃及等地区大国之间的复杂矛盾，美国如果军事干预叙利亚，势必要面对叙利亚国内和地区权力失衡的难题。对此，奥巴马政府有充分的心理准备，因而保持低层次的军事介入，避免大规模的军事干预成为美国叙利亚政策的基本定位。美国前国防部长帕内塔和现任国防部长哈格尔多次访问中东国家，就解决叙利亚危机同土耳其、沙特、卡塔尔和欧洲大国举行磋商，他们都表示军事干预将使美国面临严峻挑战。因此，即便在 2013 年 8 月叙利亚化学武器危机爆发后，奥巴马政府虽发出军事干预的威胁，但事实上仍基于国内和国际压力无意对叙利亚动武，并最终接受了俄罗斯的"化武换和平"的倡议，使叙利亚问题再次回到联合国安理会的框架下，谋求以外交手段解决叙利亚危机。

奥巴马政府力图避免绕开联合国对叙利亚动武：一方面是因为奥巴马仍然将恢复国内经济作为第一要务，经过阿富汗战争和伊拉克战争之后，美国国内厌战情绪上升；另一方面是因为叙利亚反对派不乏逊尼派极端势力如"基地"组织成员，美国武装这些力量无异于养虎为患，重复 20 世纪 80 年代美国中央情报局武装"基地"组织的错误。当然，奥巴马在叙利亚化学武器危机后的不作为，也引起美国国内鹰派、叙利亚反对派、以色列、海合会国家及土耳其的不满，也影响了美国政府对外安全承诺的可信度。[①]

美国在叙利亚的隐性军事介入政策旨在以最廉价的方式，实现美国中东战略目标。其“准军事介入”手段主要包括以下措施：第一，积极促进叙利亚反对派各派别和组织之间的协调与整合，培养亲西方领袖和精英，避免未来叙利亚陷入类似于伊拉克的教派冲突；第二，积极地为叙利亚自由军提供军事训练和军事情报，但不提供精良武器和防空系统，以防这些武器落入圣战分子或恐怖组织手中，威胁美国和以色列安全；第三，鼓励英、法、土耳其、沙特、卡塔尔等为叙利亚自由军提供常规武器装备，美国在背后充当舵手、设置议程；第四，继续推行“叙利亚人打叙利亚人”政策，通过内战消耗巴沙尔政府的力量，最终等待时机，收拾残局。[②]

（二）在传统外交层面，奥巴马政府在第二任期更加重视多边主义

美国不断强调，美国、欧洲大国、土耳其、海合会成员国等必须采取联合行动，甚至寻求与中俄在联合国和二十国集团领导人峰会等国际机制中的协调与沟通，共同应对中东危机。奥巴马曾经发表讲话指出：“世界上追求自由的人们，总会发现美国是他们的朋友。这种信仰和理念是美国全球领导地位的基石。”[③] 奥巴马第二任期将恢复国内经济作为主要任务，但是仍然希望成为中东地区领袖，保持国际倡议能力，使埃及、利比亚、也门、突尼斯和利比亚局势朝着有利于美国的方向转变。例如，为积极应对叙利亚危机，美国

---

① Jamie M. Fly, “Obama Is Unwilling to Lead the U. S. Response to the Arab Spring,” *U. S. News and World Report*, September 27, 2012.

② 孙德刚：“美国将采取‘准军事手段’介入叙利亚危机”，载《东方早报》2012年7月24日，第12版。

③ Jamie M. Fly, “Obama Is UnwiLing to Lead the U. S. Response to the Arab Spring,” *U. S. News and World Report*, September 27, 2012.

通过八国集团领导人峰会、二十国集团领导人峰会、“叙利亚之友”会议等，积极鼓励英、法、土耳其、海合会成员国等积极提供政治支持，迫使巴沙尔下台。美国原本希望在安理会通过叙利亚问题决议，复制“利比亚模式”，使英、法、卡塔尔、沙特和土耳其等成为军事干预叙利亚局势、推动政权更迭的“急先锋”，从而迫使巴沙尔交权，但遭到中俄的抵制。中俄在安理会三次行使否决权，使美国以联合国名义推行政权更迭的做法难以实现。在联合国的斡旋计划未得到各方积极响应而搁浅后，美国转而选择外交手段。在埃及、利比亚、也门和突尼斯国内政治出现动荡时，美国也主要采取外交手段加以解决。例如，在2013年埃及因军方废黜穆尔西总统职位引发严重危机后，美国的反应也仅限于外交领域，敦促双方保持克制与对话，反对暴力冲突升级。①

（三）在经济援助层面，美国仍然等待“尘埃落定”，对中东转型国家的援助总体上是口惠而实不至

奥巴马第一任期曾经雄心勃勃，承诺对转型阿拉伯国家的经济援助将包括以下几个方面：第一，鼓励微软公司与阿拉伯国家社会团体与公司合作，改善当地信息与通讯设施；第二，鼓励美国私人投资公司（OPIC）扶持转型阿拉伯国家民营企业，支持美国—阿拉伯商业伙伴关系；第三，请求美国国会通过决议，允许建立阿拉伯国家与美国企业基金会（如美国与突尼斯企业基金会）；第四，通过美国—北非经济机会伙伴关系，鼓励美国与阿拉伯世界的企业家建立联系。② 然而，在实施过程中，奥巴马政府仍然犹

---

① 关于埃及穆斯林兄弟会走向，可参见 Carrie Rosefsky Wickham, *The Muslim Brotherhood: Evolution of an Islamist Movement*, Princeton and Oxford: Princeton University Press, 2013, pp. 247 – 289。

② Marion Dixon, “An Arab spring,” *Review of African Political Economy*, Vol. 38, No. 128, 2011, p. 313.

豫不决，对经济援助项目的前景持悲观态度。2011 ~ 2012 年，美国曾承诺将免除埃及 10 亿美元的债务，并将再拿出 10 亿美元的贷款，用于支持埃及的基础设施建设。[①] 在 2012 财年，美国承诺向也门提供 3.46 亿美元的经济援助；2013 年 3 月，美国国务卿克里提出向埃及提供 1.9 亿美元的现金援助，并另外提供 6000 万美元作为企业启动基金。[②] 上述经济援助项目的额度总体上偏低，尚未达到转型阿拉伯国家如埃及、突尼斯、利比亚、也门等国期望的水平。

奥巴马连任以来，美国的上述经济援助承诺尚未全面兑现。一方面，利比亚和埃及等已经发生政权更迭的国家，经济增长乏力，政治改革缓慢，外来投资减少，失业率居高不下，急需外部世界的援助；另一方面，也门、伊拉克、叙利亚、黎巴嫩等则面临严峻的暴力恐怖袭击风险，投资环境恶化。在中东剧变初期，尽管美国政府重申将通过各种援助项目，包括支持国际货币基金组织、世界银行等向转型阿拉伯国家提供援助，但奥巴马的援助计划并未全面实施。特别是在叙利亚危机已造成约 10 万人死亡，200 万人沦为难民等严重人道主义危机的情况下，美国迄今尚未提供大规模人道主义经济援助。目前，美国国内无论是民主党还是共和党，都对奥巴马政府采取经济援助手段应对叙利亚人道主义危机不热心。因此，在日益严重的叙利亚人道主义灾难面前，奥巴马不得不敦促海湾国家和欧盟等承担更多经济援助责任，如石油输出国组织承诺将出资 20 亿美元，用于支持转型阿拉伯国家的私营企业发展；美国还鼓励欧洲重建与开发银行向转型阿拉伯

---

① Ruth Hanau Santini & Oz Hassan, "Transatlantic Democracy Promotion and the Arab Spring," *The International Spectator: Italian Journal of International Affairs*, Vol. 47, No. 3, 2012, p. 76.

② Michele Dunne and Richard Youngs, "Europe and the US in the Middle East: a convergence of partiality," *FRIDE Policy Brief*, No. 149, March 2013, p. 3.

国家增加经济援助，帮助这些国家推动经济现代化建设[①]，而美国自己却“退居二线”，转型阿拉伯国家期待已久的中东版“马歇尔计划”迟迟没有出台。2012 年以来，沙特、卡塔尔和阿联酋等海湾国家向埃及、突尼斯和利比亚等提供了重要援助，而美国自己却并未提供实质性援助项目，使转型阿拉伯国家对美国普遍感到失望。

（四）在社会交往层面，奥巴马政府积极推动对中东国家的公共外交

美国国务院与美国国际开发署（USAID）利用非政府组织、高校、研究机构和咨询公司等，积极推进在中东的公民社会建设项目[②]，借以向阿拉伯国家社会各阶层渗透力量，试图通过教育、医疗、媒体、宗教、环保等领域的非政府组织力量，改造转型阿拉伯国家与社会，培育亲美、亲西方世俗力量。同时，奥巴马政府与转型阿拉伯各国政党、教派势力也一直保持对话与沟通渠道，密切关注阿拉伯国家大众媒体和舆论走向。在传统外交层面，奥巴马第二任期已经明显放缓了对中东热点问题的关注度，也减轻了对所谓“中东民主化进程”的支持，而是根据中东剧变和转型阿拉伯国家的实际情况，客观理性地看待这场剧变，美国在中东的民主拓展战略已经让位于公共外交，“促进民主”已经变成奥巴马政府追求的一种“希望”而非短期内争取实现的目标。[③]

---

① Ruth Hanau Santini & Oz Hassan, “Transatlantic Democracy Promotion and the Arab Spring,” *The International Spectator*: *Italian Journal of International Affairs*, Vol. 47, No. 3, 2012, p. 76.

② Marion Dixon, “An Arab spring,” *Review of African Political Economy*, Vol. 38, No. 128, 2011, p. 313.

③ Ruth Hanau Santini & Oz Hassan, “Transatlantic Democracy Promotion and the Arab Spring,” *The International Spectator*: *Italian Journal of International Affairs*, Vol. 47, No. 3, 2012, p. 75.

（五）在反恐领域，奥巴马政府积极应对阿拉伯剧变以来中东恐怖主义势力抬头的趋势

当前，奥巴马政府已经决心将全球战略重心转向亚太地区，积极应对中国等新兴大国构成的战略挑战，同时对中东极端势力仍然保持高压态势，频繁出动“无人机”加以定点清除。2012 年以来，伊拉克恐怖袭击事件明显增加，逊尼派与什叶派之间的矛盾进一步恶化；“基地”组织分支机构一度在也门阿比扬省建立了“酋长国”，也门反恐形势恶化；大批“基地”组织成员从伊斯兰世界各地涌入叙利亚从事恐怖袭击活动，使叙利亚沦为国际恐怖袭击的大本营；2013 年以来，阿尔及利亚、索马里、肯尼亚等美国反恐盟友的国内也面临严重的恐怖袭击问题，使奥巴马政府不得不积极应对激进主义和恐怖主义势力抬头的挑战，包括 2013 年 10 月 5 日在利比亚首都的黎波里采取军事行动，抓获了“基地”组织高级头目阿纳斯·利比（Anas al-Liby）；美国海报突击队同时期还对恐怖组织索马里青年党发动突袭。[①] 然而，与小布什政府在中东推行“反恐战争”的做法不同，奥巴马更加强调低成本、高隐蔽性的反恐军事行动，主要依靠在海湾地区和吉布提的军事基地，借助“无人机”对也门、海湾和亚丁湾的恐怖分子实施“定点清除”。

（六）在外交议程上，奥巴马中东政策以伊朗和叙利亚两国为主要目标

美国推翻叙利亚和伊朗政权的长期目标并没有变化，但短期的策略是对叙利亚以压促变，对伊朗以谈促变。针对伊朗问题，美国卡内基基金会伊朗问题专家卡里姆（Karim Sadjadpour）指出，在鲁

① Chris Stephen, “Son of Abu Anas al-Liby Describes Capture of al-Qaida Suspect in Libya,” *The Guardian*, October 8, 2013.

哈尼于2013年8月就任伊朗总统后，积极释放改善与美关系的信号，奥巴马政府也在积极响应。从伊朗方面来看，改善与美关系的紧迫性主要来自于消除西方的制裁和摆脱经济困境。由于西方的制裁，伊朗每年出口石油减少了50%，同时伊朗为支持叙利亚巴沙尔政府每月需提供6~7亿美元的援助，进一步加重了伊朗的财政负担。奥巴马寻求与伊朗改善关系，主要是因为美国国内厌战情绪较高，避免与另一个伊斯兰国家军事对抗已成为美国主流观点；奥巴马自获得诺贝尔和平奖以来，并没有给中东国家带来和平与稳定，国内国际批评声音也不少，因此也希望通过改善与伊朗的关系作出一种善意的姿态，进而打破两国关系的僵局。①

在叙利亚问题上，奥巴马政府对巴沙尔政权采取高压措施，并迫使叙利亚销毁化学武器，从短期来看可以改变叙利亚内战的方向，扭转叙利亚反对派在军事斗争中的不利地位，预防大规模杀伤性武器向真主党等反美力量手中扩散；从中期来看，可以削弱伊朗在地中海东岸的影响力，进一步维护以色列的国家安全；从长期来看，可以对冲俄罗斯在叙利亚的军事影响力。即使叙利亚销毁化学武器，美国仍有可能对叙利亚采取外科手术式空袭行动和惩罚性打击，主要通过精确打击摧毁叙利亚导弹发射装置、军用机场、防空与雷达设施、指挥、控制、安全和情报系统等，使巴沙尔政府丧失针对反对派发动大规模清剿的能力。

在未来几年，奥巴马政府的中东战略仍将呈现出以外交手段为主、军事手段为辅的特征。在叙利亚问题上，美国将继续联合欧盟、海合会与土耳其等盟国，协助反对派收复失地，继续推行

① 美国与伊朗关系改善很难在短期内取得实质性进展，主要是由以下因素决定的：首先，美国国会不赞成立即改善与伊朗关系；其次，伊朗宗教领袖和共和国卫队高层均反对同美国改善关系；最后，以色列内塔尼亚胡政府和沙特等美国在中东的盟友也反对美国改善同伊朗关系，冷落自己。

“叙利亚人打叙利亚人”政策，坐观逊尼派反政府极端分子与什叶派主政的巴沙尔政权及真主党相互消耗力量，等巴沙尔政权丧失对全国控制能力后再收拾残局。在海湾地区，美国将对伊朗采取既接触又遏制的双重政策；在巴以问题上，美国将继续创造条件，推动巴以和平进程取得新进展；在反恐问题上，美国将对中东伊斯兰激进势力保持警惕，同温和伊斯兰势力保持接触，同时继续利用“无人机”清剿反美恐怖分子。奥巴马在中东推行务实外交的原因主要有四：第一，美国尚未摆脱财政困难的局面，白宫和国防部均希望在中东避免再次陷入战争泥潭；第二，美国国会乃至民主与共和两党在中东政策上存在严重分歧，北约成员内部也分歧明显，限制了奥巴马制定明确中东政策的决心；第三，阿拉伯转型国家政治力量构成复杂，其中不乏极端圣战分子和伊斯兰激进势力，美国不希望极端势力和恐怖组织借机坐大并威胁美国的安全①；第四，奥巴马希望通过在中东奉行“战略模糊”的超脱政策，为政策调整留有空间和余地。

二、欧盟与欧洲大国中东战略的调整与前瞻

中东对欧盟具有十分重要的战略地位。首先，西亚北非地区是欧盟维护东部和南部侧翼安全的重要屏障，是欧盟“柔软的下腹部”，也是欧盟成员国阻止伊斯兰激进势力发动恐怖袭击和打击非法移民的重要前线；其次，中东关系到欧盟的能源利益，欧盟27个成员国每年约15%的石油进口来自于中东地区，同时还有助于减轻欧

---

① David MaMurray and Amanda Ufhei-Somers, *The Arab Revolts: Dispatches on Militant Democracy in the Middle East*, Bloomington and Indianapolis: Indiana University Press, 2013, pp. 201 - 203.

盟对俄罗斯能源的过分依赖；再次，中东在地缘上靠近欧盟，近代被视为欧盟的“后院”，是欧洲大国拓展政治影响力和文化软实力的重要舞台[1]；最后，中东是欧盟输出“自由”、“民主”、“人权”等所谓“普世价值观”的试验场，是欧盟政治改造发展中国家的重要“试验田”。

中东剧变爆发初期，欧盟成员国普遍支持阿拉伯世界的“街头抗争”行动，视其为东欧民主化运动之后世界民主化浪潮的“第二波”。为推动中东民主化进程，打破“伊斯兰民主例外论”，欧盟积极推动地中海联盟计划，先后以47亿欧元的援助项目支持北非和西亚的地中海沿岸国家，包括突尼斯、摩洛哥、阿尔及利亚、埃及、约旦、黎巴嫩和叙利亚。[2] 中东剧变发生后，欧盟积极通过“欧洲民主基金会”扩大对阿拉伯国家转型的影响，迅速推出“民主与共同繁荣伙伴关系计划”（Partnership for Democracy and Shared Prosperity），欧盟负责外交与安全事务的高级代表阿什顿（Catherine Ashton）曾经承诺向突尼斯与埃及提供1.7亿欧元的紧急援助，并希望此举将产生辐射效应，推动其他阿拉伯国家的民主化进程、司法改革、私营企业发展等。[3] 此后，欧盟再次宣布为突尼斯的政治转型提供1.4亿欧元的援助。[4] 2012年5月，欧盟派出观选团赴阿尔及利

---

① Savas Michael-Matsas, “The Arab Spring: The Revolution at the Doors of Europe,” *Critique: Journal of Socialist Theory*, Vol. 39, No. 3, 2011, pp. 421–432.

② Vicky Reynaert, “Explaining EU Aid Allocation in the Mediterranean: A Fuzzy-Set Qualitative Comparative Analysis,” *Mediterranean Politics*, Vol. 16, No. 3, 2011, p. 405.

③ Marco Pinfari, “A Changing Mediterranean: Regional Organizations and North Africa during the Arab Spring,” *The International Spectator: Italian Journal of International Affairs*, Vol. 47, No. 1, 2011, p. 134.

④ Volker Perthes, “Europe and the Arab Spring,” *Survival: Global Politics and Strategy*, Vol. 53, No. 6, 2011, p. 75; Marco Pinfari, “A Changing Mediterranean: Regional Organizations and North Africa during the Arab Spring,” *The International Spectator: Italian Journal of International Affairs*, Vol. 47, No. 1, 2011, p. 138.

亚，观察和指导阿尔及利亚的议会选举；2012 年 10 月，在欧盟与马格里布领导人峰会（“5 + 5”机制）上，欧盟委员会主席巴罗佐（Jose Manuel Barroso）会见了马格里布五国领导人，并宣布为突尼斯、利比亚、埃及和摩洛哥等国政府的民主选举和公民社会组织建设提供技术援助。[①]

（一）欧盟的中东政策

2012 年以来，在支持阿拉伯转型国家民主化进程的同时，欧盟及其成员国也逐步意识到伊斯兰势力增强、转型国家陷入严重动荡、难民冲击等潜在风险与威胁的扩大，对中东剧变深度介入的意愿也因此降低。在埃及、利比亚、也门等国家陷入动荡、叙利亚内战久拖不决、伊拉克陷入严重教派冲突、恐怖势力强势反弹的情况下，欧盟和欧洲大国认为，所谓“阿拉伯之春”并没有带来欧盟所期待的良治与民主。因此，尽管欧盟及其在外交上仍表示支持中东转型国家走民主化道路，但热情已明显降低，并转而奉行现实主义外交政策。此外，欧盟及其成员国内部面临的主权债务危机、青年人高失业率、欧元区和欧盟发展不确定性因素增加等，也促使许多国家开始将主要精力转向国内而不是中东阿拉伯国家。[②] 相对于中东变局的初期，欧盟的中东政策主要有以下几个方面的特征。

1. **在军事上欧盟谨慎介入叙利亚冲突。**叙利亚危机爆发后，欧盟成员国一致通过决议，对巴沙尔政府实施一系列经济和政治制裁，但未采取一致军事行动如设立“禁飞区”和设立人道主义

① European Commission, “EU's response to the “Arab Spring”: The State-of-Play after Two Years,” European Commission - MEMO/13/81, February 8, 2013, pp. 2 - 3.

② Volker Perthes, “Europe and the Arab Spring,” *Survival: Global Politics and Strategy*, Vol. 53, No. 6, 2011, p. 77.

援助走廊等。[①] 2013 年 8 月，叙利亚化学武器危机爆发后，阿尔巴尼亚、澳大利亚、科索沃、加拿大和土耳其等国家公开支持美国对叙利亚实施人道主义干预，沙特、阿联酋、卡塔尔等海湾富国私下表示愿意为美国的军事行动承担费用，约旦等叙利亚邻国尽管宣布不会为美国的军事行动提供前沿基地，但也在私下承诺支持美国的军事行动。相比之下，在欧盟成员国中仅法国、波兰和罗马尼亚等少数国家支持对叙利亚巴沙尔政府动武，其他国家都反对绕开联合国动武。欧盟大多成员已经明确表示不会与美国一道联合出兵叙利亚，意味着北约主导的"科索沃模式"甚至是英法美主导的"利比亚模式"均难以在叙利亚上演。

时至今日，欧盟成员国向叙利亚反对派提供了非致命性武器，如通讯设备、夜间探视仪器、医疗与后勤补给设施等，但拒绝提供诸如防空、导弹等先进武器，而是鼓动土耳其、海合会成员国向叙利亚反对派提供各种防御和进攻性武器。这一方面是因为叙利亚反对派人员构成复杂，特别是叙利亚自由军有的是来自于伊拉克、埃及和阿拉伯半岛的"基地"组织和其他极端组织成员，如果欧盟支持叙利亚自由军推翻巴沙尔政府，胜利的果实很可能被伊斯兰激进势力和极端势力所夺得。另一方面，中东剧变发生后，阿拉伯世界陷入长期动荡，经济和社会改革存在大量资金缺口，欧盟成员国大多陷入国内经济疲软状态中，在短期内难以向叙利亚反对派提供充足的援助资金。

2. **在外交上，欧盟在中东剧变的第二阶段积极提出议题和方案，充分利用外交舞台彰显国际影响力。**2012 年 11 月，欧盟宣布承认叙利亚全国委员会为代表叙利亚的唯一合法政府，迄今已经向叙利亚难民提供了 4 亿欧元的人道主义援助，其中一半来自于欧盟，

---

① Peter Seeberg, "The Arab Uprisings and the EU's Migration Policies—The Cases of Egypt, Libya, and Syria," *Democracy and Security*, Vol. 9, No. 1, 2013, p. 271.

剩下一半来自于欧盟成员国。[①] 叙利亚危机爆发后，英法等欧洲大国与美国一道，在安理会连续四次联合提出议案，其中前三次遭到俄罗斯和中国的否决，但第四次提出的有关叙利亚全面销毁化学武器的议案于2013 年9 月28 日得以全票通过。在欧盟成员国的积极倡导和参加下，“叙利亚之友”国际会议已成为欧盟为叙利亚反对派争取资金、军火和外交支持的重要舞台。[②]

3. **在经济上，欧盟重视同中东国家的经贸合作，并分步实施援助计划。**2012 年以来，欧盟应对中东剧变的经济政策开始从理想主义回归现实主义，为支持剧变国家的所谓民主转型，欧盟负责外交与安全事务的高级代表阿什顿曾经提出“3M”战略，即向发生政权更迭的阿拉伯国家提供诸如资金、市场准入和人员往来等方面的便利。为落实这些援助计划，欧盟成立了若干工作小组，任命特使，启动“伙伴关系、改革与包容性增长计划”（其缩写即所谓“春天计划”），欧盟在 2011 ~2012 年为该实施项目投入了3. 5 亿欧元；欧盟邻邦伙伴关系（ENP）2011 ~2013 年的项目经费也增加了 12. 4 亿欧元，累计援助总额达 57 亿欧元。此外，欧洲重建与开发银行（EBRD）和欧洲投资银行也在 2013 年前向转型阿拉伯国家累计提供了 10 亿欧元的援助。欧盟还决定同突尼斯、摩洛哥、约旦和埃及建立所谓“深度和全面自贸区”（DCFTA），进一步整合欧盟与阿拉伯转型国家的经贸关系。[③] 2012 年 11 月，欧盟与埃及工作组举行会议，就未来双边合作与欧盟对埃及的投资与贸易关系举行会谈，欧盟与欧洲投资银行等承诺向埃及提供

---

① European Commission, “EU's response to the ‘Arab Spring’: The State-of-Play after Two Years,” European Commission-MEMO/13/81, February 8, 2013, p. 9.

② Rachel Utley, “France and the Arab Upheavals,” *The RUSI Journal*, Vol. 158, No. 2, 2013, p. 73.

③ Muriel Asseburg, “The Arab Spring and the European Response,” *The International Spectator: Italian Journal of International Affairs*, Vol. 48, No. 2, 2013, pp. 56 –57.

50 亿欧元的一揽子金融援助，100 多位欧洲商业领袖出席会议，寻求在埃及的投资项目。①

在 2013 年，欧盟宣布通过联合国儿童基金会向约旦的叙利亚儿童难民提供 4300 万欧元的人道主义援助；在 2012 ~ 2013 年，欧盟向利比亚提供了 6800 万欧元的援助，用于利比亚职业技术培训和经济发展。2012 年，欧盟向突尼斯提供了 8000 万欧元的经济援助，并于 2012 年 9 月召开了也门援助大会，在大会上承诺向也门提供 1.7 亿欧元的援助，以支持该国的人权、安全、治理、法制建设和经济发展。② 然而，由于埃及穆尔西政府倒台，加上利比亚、也门等局势长期不稳，欧盟的上述各项目未能全面有效实施，影响了欧盟经济援助的效率。③

埃及、利比亚、也门、伊拉克和叙利亚等发生政权更迭的国家在短期内难以摆脱局势动荡、投资环境恶化的局面，欧盟成员国并不急于恢复在这些国家的投资项目，而是更看中局势相对稳定的非转型国家，如阿尔及利亚、沙特、阿联酋、阿曼等。其中阿尔及利亚能源出口占其出口商品的 98%，也是欧盟第 13 大能源进口来源地。2012 年以来，欧盟不再像以往那样批评阿尔及利亚领导人“不民主”，反而扩大了与阿尔及利亚的经贸合作范围，向阿尔及利亚提供了 3450 万欧元的援助，另出资 2350 万欧元用于阿尔及利亚文化遗产保护、交通和就业市场拓展等。④

---

① European Commission, “EU’s response to the “Arab Spring”: The State-of-Play after Two Years,” European Commission - MEMO/13/81, February 8, 2013, p. 6.

② European Commission, “EU’s response to the “Arab Spring”: The State-of-Play after Two Years,” European Commission - MEMO/13/81, February 8, 2013, pp. 7 - 11.

③ Muriel Asseburg, “The Arab Spring and the European Response,” *The International Spectator: Italian Journal of International Affairs*, Vol. 48, No. 2, 2013, p. 57.

④ Amine Ghali, “The Arab Spring: One Year after Transformation Dynamics, Prospects for Democratization and the Future of Arab-European Cooperation,” *Europe in Dialogue*, 2012 | 02, p. 98.

（二）欧洲主要大国的中东政策

从欧盟成员国尤其是欧洲大国的角度看，英、法、德欧洲三大国的中东政策存在着一定的差异性。

1. **在欧盟成员国中，英国一直积极配合美国在中东的安全战略，包括联合美法发动利比亚战争。但是，随着英国国内经济长期陷入疲软状态，对欧盟的前景普遍持悲观态度，英国政府和议会逐步丧失了支持中东和平转型的兴趣。**2013 年 9 月，英国议会否决了出兵叙利亚的决议，随后卡梅伦政府强调今后只会在政治和外交上向美国提供支持。英国的中东政策呈现出日趋保守的特征。除在中东政策上与美国协调一致外，英国卡梅伦政府还积极协调与法国的外交政策。众所周知，英国和法国近代是中东地区两大殖民帝国，与中东阿拉伯国家存在深厚的历史渊源。2012 年以来，卡梅伦首相多次与法国总统奥朗德举行双边会谈，并通过西方八国集团、二十国集团、“叙利亚之友”国际大会、北约、欧盟、联合国等多边机制为舞台，协调立场，联合向巴沙尔政府施压，共同应对中东剧变产生的影响。但总体上较为被动，缺乏积极主动性。[①]

2. **相对于英国卡梅伦政府，2012 年以来法国奥朗德政府的中东政策更加积极主动。**法国积极介入中东事务，主要出于法国最接近中东的地缘考虑，反映了其地缘战略定位的双重性——法国既是大西洋强国，又是地中海强国。奥朗德担任总统后，法国的中东政策既有延续性，又有差异性。其延续性主要表现为法国紧随美国，在中东积极推行所谓的“政治民主化”和“市场自由化”，呼吁美国、欧盟、海合会与土耳其积极协调和配合，向中东转型国家提供援助。奥朗德政府中东政策的差异性主要表现为更加激进，以实际行动回

---

① Rachel Utley, “France and the Arab Upheavals,” *The RUSI Journal*, Vol. 158, No. 2, 2013, p. 74.

应法国和欧盟内部有关法国政府“不作为”的批评。萨科奇自称为“民主总统”，认为法国必须在中东战略中占领道义制高点，高举“自由、民主和人权”的旗帜；奥朗德尽管追随美国宣扬“普世价值观”，强调推动中东民主化进程的大方向未变，但更加积极主动，对中东与非洲事务的介入程度更高，如率先承认叙利亚全国委员会、召开“叙利亚之友”国际大会、开展对中东转型国家的外交攻势、出兵马里等。① 奥朗德政府比萨科齐政府对中东变局的反应更加咄咄逼人。如法国外长洛朗·法比尤斯（Laurent Fabius）在接受《世界报》（*Le Monde*）采访时公开指责叙利亚巴沙尔政府屠杀本国平民。法比尤斯指出，“‘阿拉伯之春’开启了中东国家历史的新篇章，法国作为有影响力的大国，有责任与阿拉伯人民一道提供必要的援助，并发展成为新伙伴。”②

2012 年 7 月，第三届“叙利亚之友”国际大会在巴黎召开，奥朗德总统重申，叙利亚总统巴沙尔必须下台，国际社会必须对巴沙尔政府采取更严厉制裁，同时向叙反对派提供紧急支持。法国这一立场受到其他欧洲大国的欢迎，如德国外长韦斯特韦勒也表示，叙利亚未来的过渡进程中不应包括巴沙尔。在 2012 年 8 月以及 9 月联大会议上，奥朗德均强调将承认并支持叙利亚过渡政府加强团结，且强调只要巴沙尔在位，叙利亚危机就不会有政治解决的可能。当月，奥朗德政府与约旦就法国在约旦临时部署军事力量、维护约旦安全达成一致；法国还向叙利亚周边邻国的难民提供了各种医疗和人道主义援助。③ 同萨科奇政府在世界上率先承认利比亚全国过渡委员会一样；奥朗德政府是世界上第一个承认叙利亚全国委员会的国

① Rachel Utley, “France and the Arab Upheavals,” *The RUSI Journal*, Vol. 158, No. 2, 2013, p. 68.

② Ibid., p. 73.

③ Ibid., p. 74.

家，奥朗德对巴沙尔政府的强硬姿态更加明显。

除积极介入叙利亚外，法国还同其他转型阿拉伯国家建立密切关系，试图将这些国家纳入到法国地中海战略的发展轨道。2011 年，法国前总统萨科齐在出席八国集团领导人峰会上承诺将向突尼斯和埃及等转型国家提供 10 亿欧元的援助。[①] 此外，法国还重视同利比亚的经贸关系，利比亚是法国石油进口重要来源地。过去十几年里，法国从利比亚进口石油增加了 198%。[②] 2012 年 11 月，法国外长法比尤斯是第一个访问利比亚，并在利比亚国民议会发表演说的外国领导人。在北非之行中，他不断宣传所谓“法国的政治信仰”，强调“民主是和平与稳定的最好保证”。[③] 卡扎菲政权瓦解后，利比亚局势长期处于不稳定状态，政治、经济与社会重建步伐缓慢[④]，影响了法国对利比亚的投资兴趣。

3. **相对于法国奥朗德政府，2012 年以来德国默克尔政府对中东剧变的反应在总体上不积极，主要表现为支持欧盟的决议，利用欧盟首脑会议、八国集团、二十国集团、联合国大会等多边舞台同法国和英国协调立场。**相对于法国咄咄逼人的中东政策，默克尔政府倾向于通过政治与外交手段解决叙利亚危机，不赞成通过“利比亚模式”解决叙利亚危机，同时主张西方国家在向转型阿拉伯国家提供各种援助、帮助其实现平稳过渡方面，采取一致行动。如果说“南下”战略（建立地中海联盟，将地中海南岸和东岸国家纳入到

---

① Barah Mikail, “France and the Arab spring: an opportunistic quest for influence,” No. 110, October 2011, p. 7.

② Franz Eder, “The European Union's Counter-terrorism Policy towards the Maghreb: Trapped between Democratisation, Economic Interests and the Fear of Destabilisation,” *European Security*, Vol. 20, No. 3, 2011, p. 442.

③ Rachel Utley, “France and the Arab Upheavals,” *The RUSI Journal*, Vol. 158, No. 2, 2013, p. 75.

④ Lindsey Hilsum, *Sandstorm: Libya in the Time of Revolution*, London: Faber and Faber, 2012, pp. 243 – 249.

自己的发展轨道）是法国对外战略的优先考量，“东扩战略”（消化欧盟东扩的胜利果实）则代表了德国对外战略的优先考量。因此，应对中东变局在德国默克尔政府的全球战略并不处于中心位置。2013年9月，默克尔毫无悬念地成功连任德国总理，其今后外交自主性将进一步增强，应对中东变局仍然不会成为德国在欧盟框架下制定对外政策的首选。

（三）欧盟及其成员国中东政策的总结与前瞻

从2012年以来欧盟介入中东事务的深度和范围可以看出，欧盟干预中东问题的能力与愿望已经出现了矛盾。一方面，欧盟尤其是英法等欧洲大国强烈希望干预中东事务，另一方面，由于中东局势的复杂性和俄罗斯、伊朗等外部大国的反对，欧盟难以左右中东局势的走向。在全球金融危机爆发后，欧盟整体实力下降，不仅没有政治意愿在叙利亚设立“禁飞区”，以及向转型阿拉伯国家提供实质性经济援助，而且在中东日益严峻的人道主义灾难、恐怖威胁和教派冲突面前，欧盟在总体上没有能力也没有统一的意愿采取有效预防措施。欧盟大国试图通过经济制裁、政治施压、外交孤立和武装叙利亚反对派来推翻巴沙尔政权，但时至今日成效不明显；欧盟大国威胁将巴沙尔送往国际刑事法庭进行审判，但至今仍只是一种姿态。

未来欧盟的中东政策既面临机遇，又面临诸多挑战。首先，由于中东剧变发生在欧盟的“家门口”，欧洲大国认为有责任恢复中东秩序，推动中东的民主化进程。阿拉伯转型国家政府和民众普遍认为，欧盟专注于向阿拉伯国家输出民主和价值观，而对转型国家的经济援助经常口惠而实不至。[①] 欧盟成员国总体上将中东剧变视为一

---

① Michele Dunne and Richard Youngs, “Europe and the US in the Middle East: a convergence of partiality,” *FRIDE Policy Brief*, No. 149, March 2013, p. 5.

场自下而上的民众抗争运动，既为欧盟实施地中海战略、推进民主和加强欧盟与阿拉伯国家关系带来了机遇，又使欧盟不得不面对地中海东部和南部地区阿拉伯国家动荡对欧洲的严峻挑战。中东阿拉伯国家长期经济发展停滞，失业率居高不下，民生问题突出。在今后漫长的转型时期，阿拉伯国家积重难返的各种问题恐将集中爆发，恐怖主义反弹、非法移民增加、青年失业人口居高不下等问题都将挑战欧盟的地区治理能力。[①] 其次，2012 年以来，欧盟成员国内部对应对中东剧变已经表现出不同程度的懈怠，欧元区贸易保护主义的抬头，相关各国纷纷加大打击来自中东非法移民的力度，许多成员不愿意承担向中东转型国家提供大规模援助的项目，导致欧盟 27 个成员国越来越难以用同一个声音说话。[②] 最后，欧盟重申支持阿拉伯民众的自由与自决诉求，但却阻止巴勒斯坦加入联合国，这种“双重标准”的做法使欧盟的中东政策很难具有连贯性与说服力，也影响了欧盟在中东的道义感召力。[③]

三、俄罗斯中东战略的调整与前瞻

俄罗斯在中东利益主要包括四个层面：第一，确保其中东的传统战略利益，维护地中海—黑海航线对俄黑海舰队和商船开放，维持俄在叙利亚、巴勒斯坦等东地中海地区的传统战略利益；第

① Michael Brtnicky，“The Arab Revolts：an Impetus towards Reassessment of the European Union's foreign policy?” *Contemporary European Studies*，No. 2，2011，p. 50.

② Ruth Hanau Santini & Oz Hassan，“Transatlantic Democracy Promotion and the Arab Spring，” *The International Spectator*：*Italian Journal of International Affairs*，Vol. 47，No. 3，2012，p. 78.

③ Muriel Asseburg，“The Arab Spring and the European Response，” *The International Spectator*：*Italian Journal of International Affairs*，Vol. 48，No. 2，2013，p. 59.

二，恢复俄在中东的外交话语权，参与中东政治斡旋，反对任何大国垄断中东事务决策权；第三，增加俄罗斯在中东军火贸易中的份额，维护俄军火利益；第四，确保俄罗斯在中东的经济、能源和商贸利益。[①] 中东剧变的发生与伊斯兰激进势力的上升，对俄罗斯在中东的现实利益构成了威胁，客观上对俄罗斯车臣分裂主义势力是一种“鼓舞”，也对俄在中亚、高加索和里海等伊斯兰地区的战略利益构成了威胁。[②]

2012 年以来，俄罗斯的中东政策连贯性不强，总体上继续奉行灵活务实的选择性介入政策，在俄利益较少的也门和北非地区奉行超脱政策，而在俄战略利益集中的东地中海地区如叙利亚奉行积极介入政策，扩大军火销售。近年来，叙利亚对俄罗斯军火的需求量增加了 580%，包括“铠甲”（Pantsyr-S1）防空系统、“山毛榉”（Buk-M2）防空系统、“堡垒”（Bastion）反舰导弹系统等。叙利亚国内危机恶化后，俄罗斯再次与巴沙尔政府签订了 40 亿美元的军售合同，俄将根据合同向叙利亚提供 36 架“雅克”—130（Yak）教练机[③]，叙利亚成为 21 世纪以来俄军火在中东地区的最大买家之一。

2012 年以来，普京政府的中东政策日趋强硬，主要原因包括：第一，近年来，随着俄罗斯经济复苏和大国意识的增强，俄战略文化的进攻性一面进一步凸显，阻止西方大国主导中东事务、发出俄强烈声音日益成为普京和梅德韦杰夫政府中东政策的重要特点；第二，随着俄罗斯经济和综合国力的上升，其在中东的军火利益、能

---

① Jack Covarrubias and Tom Lansford, *Strategic Interests in the Middle East: Opposition and Support for US Foreign Policy*, Burlington, VT: Ashgate, 2007, pp. 70 – 71.

② Muharrem Erenler, “Rusya’nın Arap Baharı Politikası,” *Bilge Strateji*, Cilt 4, Sayı 6, Bahar 2012, p. 180.

③ Nicholas Kosturos, “What Drives Russia’s Unrelenting Position on Syria?” *Center for American Progress*, August 14, 2012, pp. 1 – 2.

源利益、经贸投资利益等增强，尤其是索马里海盗的猖獗和叙利亚危机的爆发迫使俄更加重视对现实利益的维护；第三，由于经济的复苏和财政状况的好转，俄罗斯军事现代化进程步伐加快，成为俄罗斯制衡西方大国推行“人道主义干涉”政策和维护现实利益的重要筹码。近两年来，俄罗斯的中东政策的特点主要表现在以下两个方面。

1. **安全利益是普京政府中东政策的重要考虑。**2012 年以来，俄罗斯在海外共部署有 25 处军事基地，其中绝大部分部署在俄罗斯主导的“集体安全条约组织”成员国和其他前苏联加盟共和国土地上，包括吉尔吉斯斯坦、塔吉克斯坦、乌克兰、白俄罗斯、阿塞拜疆、摩尔多瓦、亚美尼亚、格鲁吉亚等，其中大型军事基地 7 处。① 叙利亚塔尔图斯港军事基地是俄罗斯在独联体国家之外唯一的海外军事基地。俄在塔尔图斯陆上和海上共部署俄军 250 人左右，该军事基地虽规模较小，但却是俄罗斯维持大国地位、拓展在中东和地中海战略利益的前沿哨所，是俄罗斯黑海舰队突破美国和北约在意大利、希腊和土耳其军事基地“锁链”的重要一环，也是未来俄罗斯黑海舰队与美国在地中海第六舰队保持战略平衡的重要基地。

近年来，普京与梅德韦杰夫政府宣布大幅增加军费，自 2012 年开始，俄宣布未来十年军费总额达 7120 亿美元，其中 2013 年军费比 2012 年增加 19%。俄罗斯还计划在 2012 ~ 2028 年投入 130 亿美元用于研发作战和侦查“无人机”。② 2012 年 5 月，梅德韦杰夫再

① Zdzislaw Lachowski, “Foreign Military Bases in Eurasia,” *SIPRI Policy*, Paper, No. 18, June 2007, p. 45.

② “Russia Seeks to Set up Naval Bases Abroad,” *The Guardian*, July 27, 2012; “Russia To Build Military Bases Abroad?” http://www.therightperspective.org/2012/07/27/russia-to-build-military-bases-abroad/. 另可参见：Van Hipp, “Russia's Putin Is Making His Moves in Syria and Beyond,” July 27, 2012, http://www.foxnews.com/opinion/2012/06/27/russia-putin-is-making-his-moves-in-syria-and-beyond/.

次表示，俄罗斯将致力于恢复苏联时期的海外军事基地、拓展全球力量投射能力。在谈到恢复在海外军事基地的具体内容时，梅德韦杰夫说："关于这个问题，我们肯定是有计划的，我们不希望隐瞒事实，但是因为众所周知的原因，我不能在公开场合说出它们的名字。"①

2012 年 11 月，俄罗斯外长拉夫罗夫（Sergei Lavrov）访问中东，要求巴沙尔政府与叙利亚全国委员会举行政治谈判，并努力促成巴沙尔政府与反对派之间的和解，同时重申俄不会关闭在叙利亚的军事基地。2013 年 9 月以来，美国、英国、法国、意大利和俄罗斯等外部大国纷纷将军事力量调往地中海东部地区，中东地区大国如土耳其、以色列等也相继提高战备等级，积极应对叙利亚化武危机。目前，俄罗斯是外部势力军事干预行动的最有力反对者之一，并不断向美国施压，积极促成了"化武换和平"的路线图，为叙利亚危机的政治解决创造了条件。

此外，保护俄罗斯侨民和经济利益安全也是俄罗斯中东政策尤其是叙利亚政策的重要考虑。2012 年，俄罗斯外交部长拉夫罗夫指出，俄罗斯在叙利亚拥有 10 万左右侨民，保护俄罗斯侨民安全是俄在塔尔图斯军事基地的重要任务。② 2012 年 12 月，2 名俄罗斯人在叙利亚遭绑架后（同时遭绑架的还有 1 名意大利人），俄罗斯的 2 艘攻击舰、1 艘加油船和 1 艘护卫舰曾离开波罗的海军港前往地中海地

---

① "Overseas Naval Bases," May 31, 2012. http://www.russiadefence.net/t1951-overseas-naval-bases#19818.

② 叙利亚内战爆发后，俄罗斯侨民人数逐步减少，2012 年 8 月 4 日，《纽约时报》的一篇报道认为，截至当年 8 月，俄罗斯在叙利亚还剩下 3 万侨民，但截至 2012 年 12 月，俄罗斯驻叙利亚使馆登记的俄侨民人数是 5.3 万人。参见"Russia Said to Send Warships to Syria as Fighting Intensifies," *New York Times*, August 4, 2012; Samer Al-Hamwi, "Russia Eyes Syria Evacuation as Rebels Take Damascus District," *The Reuters*, December 18, 2012. http://www.reuters.com/article/2012/12/18/us-syria-crisis-idUSBRE8AJ1FK20121218.

区，以保护俄经济利益与侨民人身安全。[①]

2. **阻止西方大国垄断中东事务、维护中东战略均势。**普京政府在外交舞台上积极协调与中国的立场，反对西方的政权更迭与人道主义干预政策，呼吁外部大国尊重转型阿拉伯国家的主权与领土完整。普京曾经公开指出，西方大国中东政策十分虚伪，“这些傲慢的西方大国支持北非阿拉伯国家的亲美旧政权，后来又支持这些国家的革命去推翻亲西方政权。”[②] 但是，俄罗斯的中东政策并不僵化，在处理与西方的关系上采取了“斗而不破”的务实政策。2013 年 9 月 29 日，俄罗斯与美国就销毁叙利亚化学武器问题达成共识，充分展示了俄罗斯富有弹性的外交政策。有评论指出，在普京政府为斯诺登提供政治庇护后，俄罗斯与美国全面对抗，尤其在叙利亚问题上与美国迎头相撞的可能性不大，寻求与美国、欧盟和北约在中东的战略协调仍然是普京政府的重要政策。[③]

俄罗斯以叙利亚危机解决为抓手，积极参与中东政治斡旋，既维护了俄安全利益，又提升了俄外交议题设置能力。特别是 2013 年叙利亚化学武器危机爆发后，美俄通过谈判达成销毁叙利亚化学武器的协议，进一步彰显了俄罗斯的危机管理与议题设置能力。叙利亚处于中东地区的心脏地带，成为阿拉伯国家与非阿拉伯国家、逊尼派与什叶派、俄罗斯与西方战略竞争的舞台。这场危机的背后是几组短期内难以调和的矛盾：一是叙利亚政府与反对派之间的内部矛盾，斗争的焦点是政权问题；二是中东地区内叙利亚和伊朗等什叶派反美力量与海湾国家、土耳其、约旦等逊尼派亲美力量之间的

① “Russia Sends Warships to Syria,” *Khaleej Times*, December 19, 2012.

② Muharrem Erenler, “Rusya’nın Arap Baharı Politikası,” *Bilge Strateji*, Cilt 4, Sayı 6, Bahar 2012, pp. 181 – 182.

③ Luca Ratti, “‘Resetting’ NATO – Russia Relations: A Realist Appraisal Two Decades after the USSR,” *The Journal of Slavic Military Studies*, Vol. 26, No. 2, 2013, pp. 157 – 158.

矛盾，斗争的焦点是教派影响力和地区主导权；三是俄罗斯与西方大国之间的矛盾，斗争的焦点是中东事务主导权。普京政府在解决叙利亚化学武器危机问题上发挥的重要作用，再次彰显了俄罗斯中东外交原则的坚定性与政策的灵活性，也在一定程度上提升了俄罗斯大国地位。

尽管叙利亚化学武器危机已告一段落，但叙利亚危机并未消除，俄罗斯在展示对巴沙尔政权支持的同时，也面临巨大的政治风险，特别是随着叙利亚自由军等反对派武装实力不断壮大，俄叙两国特殊关系前景不明，对俄罗斯塔尔图斯军事基地的安全也构成了现实威胁。普京政府多次声明将继续向巴沙尔政府提供防御性武器，包括部署防空系统，并强调这是俄履行条约义务所必需的行动。但是叙利亚自由军认为，俄一方面反对西方大国干涉叙利亚内政，另一方面自己又秘密干涉其内政。2012 年 7 月，叙利亚自由军发言人指出："我们向俄罗斯军事力量发出警告，如果他们再继续向巴沙尔政府输送军火、屠杀我们的家人和叙利亚人民，我们会在叙利亚向他们发动攻击……我们不想攻击（塔尔图斯）港口，因为我们不是恐怖分子，但如果他们继续这样做（向巴沙尔政府提供军火），我们别无选择。"[①] 叙利亚自由军声称一直在密切监视俄罗斯在叙利亚的举动，并表示攻击俄罗斯在塔尔图斯的军事基地非常容易。"我们可以轻而易举摧毁塔尔图斯港，因为只要我们用反坦克导弹向俄罗斯在塔尔图斯的军火库发动袭击，就会产生巨大爆炸；我们也不排除直接向俄罗斯军舰开火。"[②]

---

① Ruth Sherlock & Magdy Samaan, "Syrian Rebels Threaten to Attack Russian Naval Base," *Daily Telegraph*, July 26, 2012. http://www.dnaindia.com/world/report_syrian-rebels-threaten-to-attack-russian-naval-base_1719887.

② Ruth Sherlock & Magdy Samaan, "Syrian Rebels Threaten to Attack Russian Naval Base," *Daily Telegraph*, July 26, 2012. http://www.dnaindia.com/world/report_syrian-rebels-threaten-to-attack-russian-naval-base_1719887.

俄罗斯海军司令维克托·奇尔科夫（Viktor Chirkov）向媒体透露，一旦俄罗斯塔尔图斯军事基地遭到叙利亚自由军袭击，俄罗斯将撤走驻守基地的所有俄海军官兵。[①] 2012 年 8 月，俄罗斯国防部一名高级官员告诉《俄罗斯ヨ报》（*Nezavisimaya Gazeta*）记者，俄罗斯在塔尔图斯的军事基地不会支持俄在叙利亚采取军事行动，俄不会用军事手段对付叙利亚反政府武装。[②] 如果叙利亚发生政权更迭，俄罗斯与叙利亚长达 40 多年的特殊关系将发生根本性变化，届时俄在叙利亚军事基地是否重蹈苏联关闭在埃及、也门、索马里、阿尔及利亚和利比亚等国家军事基地的覆辙，仍有待进一步观察。[③]

总之，美国、欧盟与俄罗斯的中东战略既有延续性，又呈现出新的变化。美国的中东战略以叙利亚危机和伊朗核问题为主要关注点，同时积极应对伊斯兰势力崛起和恐怖主义上升的势头，总体上趋于模糊，美国政府对于支持中东所谓“民主转型”的热情正在减弱；欧盟尽管积极介入中东事务，但内部分歧明显，法国最积极，英国其次，德国相对消极，欧盟介入中东事务的意愿与能力出现了矛盾；俄罗斯试图以叙利亚危机为切入口，通过议题设置彰显大国地位，但影响力局限于东地中海地区。未来，美、欧、俄围绕中东危机的合作与竞争将继续，但任何一方都难以左右中东局势的走向。

① “Russian Navy to Evacuate Syrian Base in Emergency,” *Reuters*, July 28, 2012. http://rt.com/news/tarturs-base-defense-evacuation-293/.

② “Deal or No Deal? —Russia Suspends Naval Base in Syria,” *the Trumpet*, August 30, 2012.

③ 参见孙德刚：《苏（俄）在叙利亚军事基地部署的动因分析》，载《俄罗斯研究》2013 年第 5 期，第 117 页。

叙利亚危机的新发展与美俄的战略博弈

西北大学中东研究所　王　猛

【内容提要】

在2012~2013年，巴沙尔政权与反对派僵持局面的持续构成了叙利亚局势的基本特点。叙利亚危机渐趋长期化的原因大致有三：第一，巴沙尔政权的权力基础依然稳固，具备打击反对派以及与国际社会讨价还价的实力。第二，由多个派系组成的叙利亚反对派，尚没有形成稳定、团结的阵营。第三，所谓“阿拉伯之春”的消极后果逐步显现，使巴沙尔政权存在的合理性和反对派力量的狭隘性都开始显现。而2013年化学武器危机的出现则构成了叙利亚局势的重要拐点，同时也加剧了美俄围绕叙利亚危机的复杂博弈。美俄经讨价还价促成化武换和平，使叙利亚危机政治解决的可能性增加。

中东变局发生以来，在突尼斯、埃及、利比亚、也门等共和制威权国家，卡扎菲、穆巴拉克、本·阿里、萨利赫等昔日强人均已下台，这些国家已进入艰难的政治与社会转型时期。唯有叙利亚，子承父业的威权统治并没有迅速坍塌，但反对派与巴沙尔政权的对抗已经使叙利亚陷入旷日持久的内战，导致族群分裂和社会动荡异常严重。考虑到叙利亚民族、宗教构成和地缘政治的复杂性，如果内战继续僵持，叙利亚就有可能分裂。有评论指出，一旦叙利亚分裂，阿萨德家族将在叙利亚西部建立以阿拉维派为主体的国家，逊尼派将在叙利亚东部、中部和北部建立新的国家。[①] 在 2012 ~ 2013 年，巴沙尔政权与反对派僵持局面的持续构成了叙利亚局势的基本特点，而 2013 年化学武器危机的出现则构成了叙利亚局势的重要拐点，同时也加剧了美俄围绕叙利亚危机的复杂博弈。

一、叙利亚危机陷入僵持的原因

2010 年底以来，以发展民主、改善民生为主要诉求的“阿拉伯之春”持续发酵，并不可避免地波及到叙利亚。2011 年 3 月，叙利亚南部德拉省的 7 名中学生信手涂鸦了一些反政府标语，被当地军警拘捕，进而揭开了叙利亚民众抗议浪潮的序幕。叙利亚民众迅速走上街头表达诉求，原本为抗议警察拘捕中学生引发的小规模街头示威，迅速发展成为由南而北、席卷全国的大规模反政府示威，其政治诉求也逐渐扩大到要求政府取消紧急状态法、推动政治改革、改善民生等。虽然后来巴沙尔总统特赦了这几个点燃星星之火的德拉男孩，取消实行了 48 年的国家紧急状态法，并承诺改组政府和修改宪法，但仍无法阻止叙利亚的动荡局势的迅速升级，尤其当政府军越来越多地进入抗议浪潮所在中心城市及周边乡镇追捕武装分子和试图恢复秩序时，血腥的暴力冲突已经无法避免，自杀式爆炸袭击和暗杀活动此起彼伏。

叙利亚危机爆发之初，很多人认为巴沙尔会像本·阿里和穆巴拉克一样很快下台，或者像利比亚和也门那样借助外部势力的干预以暴力或和平方式较快地实现权力更迭。但出人意料的是，叙利亚国内形势却陷入了久拖不决的僵持状态，并在 2011 下半年演变为内

---

① 赖海榕：“叙利亚三个层面的斗争”，载《学习时报》2013 年 7 月 22 日。

战，其胶着状态迄今已持续两年有余。期间，引起国际社会高度关注的事件主要包括2012年5月的霍姆斯省胡拉镇惨案、7月的大马士革自杀式爆炸袭击，以及2013年8月的化武袭击事件。在叙利亚内战中，死亡人数最多的地区主要集中在大马士革郊区、霍姆斯和阿勒颇等政府军和反政府武装经常发生大规模冲突的地区，阿勒颇等重要城镇的控制权已经数度易手。

具体而言，叙利亚危机渐趋长期化的原因大致有如下三点：

第一，巴沙尔政权的权力基础依然稳固，还具备打击反对派以及与国际社会讨价还价的实力。

叙利亚是一个教派结构十分复杂的国家，2253万人口中有1532万逊尼派穆斯林、360万什叶派穆斯林和314万基督徒。阿萨德家族所在的阿拉维派是什叶派支派，只占叙利亚总人口的11%（260万），而真正执掌国家权力的几个权贵家族只是阿拉维中的极少部分，长期把持政权、对逊尼派等族群的不公正、少数家族控制国家财富和军队等[①]，都是阿萨德家族统治存在的问题。然而，由于阿萨德父子苦心孤诣的多年打造，作为少数派的阿萨德政权的社会基础还算稳固，还能够把反对派势力压制在可控范围内。

首先，阿萨德父子执政期间的民族与宗教政策得到了基督教徒、德鲁兹人和库尔德人等少数族裔的支持，与占多数的逊尼派相处还算平和，甚至得到了逊尼派族群中工商业阶层的支持，其由内而外的社会基础分别是阿萨德家族→阿拉维派民众→基督徒等少数族裔→什叶派工商业阶层→什叶派民众→部分逊尼派人士。

其次，阿萨德父子以阿拉伯复兴社会党为依托，借助以色列外部威胁和领土争端，在叙利亚建立和巩固了党国一体的威权体制，拥有阿拉伯复兴社会党、官僚系统和军队等强大的统治工具，国家

① Rana Kabbani, "After Syria's Year of Revolution, The End of Assad Is in Sight," *The Guardian*, Nov. 22, 2011.

结构的完备和坚固程度远超过利比亚和也门等国家。事实上，由于叙利亚安全机构和军警等政治要害部门和国家经济命脉主要由五个阿拉维派家族组成的统治集团掌控，五大家族已经通过联姻和利益分沾等方式结成了盘根错节的利益共同体，其凝聚力虽历经战乱的考验，但并未遭到根本性削弱。虽然 2011 年以来已经有数十名军政要员逃往他国或者直接参加反对派，例如希贾卜总理和塔拉斯准将等高层人士反水，但并未出现类似利比亚在短时间内大批政府高官和驻外使节宣布脱离政权、军队成建制倒戈的情况。由于这些叛逃者本身多为逊尼派，没有进入巴沙尔政权的核心决策圈，他们的叛逃并未造成叙利亚现政权和军队的明显分裂，五大豪门组成的核心权力集团内部迄今并没有出现任何有重大影响的叛逃事件，阿萨德政权的核心统治层依然完整有效。

此外，在“亲阿萨德”和“反阿萨德”的民众之间还存在着沉默的大多数，他们认为有缺陷的秩序也好于混乱动荡，他们虽然因为不满意阿萨德政府而远离现政权，但并没有积极地投入反政府活动之中。占叙利亚人口一半左右的大马士革和阿勒颇这两大城市，直到2011 年12 月都还没有出现暴力活动。由于“沉默的大多数”的存在，叙利亚现阶段的人心向背仍有利于现政权而不是反对派。在和平时期，从阿拉维派官僚、军官士兵到逊尼派商人和宗教界人士，以及叙利亚社会的中产阶级，也许未必赞同阿萨德父子威权主义的统治方式和某些做法，但只要阿萨德政府还能够维持运转，只要政权更迭态势尚不明朗，“沉默的大多数”就不会成为现政权的反对者，甚至出于利益和生存的考虑主动迎合现政权。

对于 260 万阿拉维派民众而言，由于他们担心阿萨德政权被推翻后将遭到清算、甚至被打回 1970 年阿拉维派掌权之前的社会边缘状态，因而本能地选择支持现政权，以维护阿拉维派的整体利益。因此，阿拉维派构成了阿萨德政权维持存在和对抗反对派力量的核心民众基础。另外，由于阿萨德政权对基督徒、德鲁兹人等少数族裔的利益较为照顾，使基督徒、德鲁兹人出于对逊尼派执政后可能执行极端宗教政策的担忧，甚至担心叙利亚会出现类似于伊拉克的教派仇杀，因此也愿意支持阿萨德政权。

叙利亚内战尽管有教派斗争因素，但它主要还是基于利益博弈的权力斗争，而不是教派冲突。主要依靠国际社会援助的“全国联盟”以及“自由叙利亚军”从未提出过要建立神权国家的主张，一些极端伊斯兰派别的政治主张还受到广泛的谴责和抵制。在叙利亚危机中，支持反对派的逊尼派民众虽然反对阿萨德政权，但随着“伊拉克伊斯兰国”等境外极端武装组织的介入，他们中的一部分已经不愿再支持反对派，反对派控制区民众对极端派别用极端教义实施统治逐渐感到恐惧，一些人甚至认为进入叙利亚的外国武装力量比阿萨德还要糟糕。①

第二，由多个派系组成的叙利亚反对派，尚没有形成稳定、团结的阵营，更缺乏治理国家的经验和能力。

2011 年以来，叙利亚先后出现的反政府团体多达数十个，敦促巴沙尔总统下台是各个派别的最大共识，但在其他方面却是矛盾重重。这些力量主要有:（1）境外的“反对派和革命力量全国联盟”，简称“全国联盟”，成立于 2012 年 11 月，得到美、英、法、土和阿拉伯国家等国支持。（2）境内的“全国民主变革力量民族协调机构”，成立于 2011 年 6 月，由 15 个叙境内政党组成，主张通过和平方式进行民主变革，中国人民外交学会已经多次邀请该机构下属派别访华。（3）境内的“自由叙利亚军”，成立于 2011 年 7 月，其核心是部分变节的政府军，以逊尼派穆斯林为主体。虽然“全国联盟”在内部统合上问题多多，一些境内的反对派甚至不承认其代表性，

① 焦翔:“叙局势向有利于政府的方向偏转”，载《人民日报》2013 年 7 月 15 日。

但截至 2013 年 10 月，已经有一百多个国家宣布承认其“合法地位”，阿盟也允准其代表叙利亚参与阿盟活动。

叙利亚反对派武装大致有三个来源，即揭竿而起的小股民间武装、政府军叛军和境外涌入的极端分子，可谓鱼龙混杂。其中既有不满巴沙尔政府镇压行为的普通民众和希望叙利亚走上现代民主宪政道路的自由主义者，也有对阿萨德父子统治不满的逊尼派和希望按照伊斯兰教法原则建国的伊斯兰主义者。反对派组织的资金和武器支持来自沙特、卡塔尔、土耳其、阿联酋等国，境外涌入的极端分子来自中东、中亚、高加索和欧美地区的几十个国家。叙利亚反对派多属逊尼派，推翻巴沙尔政权是他们的惟一共识，其内部分裂严重，尚未出现可以取代巴沙尔的核心领袖。不仅如此，反对派阵营中的一些极端武装派别是典型的恐怖主义组织，与自由叙利亚军发生过火并的“伊拉克和大叙利亚伊斯兰国”和“胜利阵线”等反对派武装都宣誓效忠“基地’组织，在占领地区实施教法统治。其中“胜利阵线”已被美国政府列为恐怖组织，有 13 个叙利亚反对派组织在 2013 年 9 月底公开宣布加入了该组织。

分散的反对派武装基本上是各自为战，活动范围覆盖大部分农村地区，是一个松散的联盟而不是完整的军队，只能做到不同地区之间的呼应，但谈不上统一协调。更重要的是，由于担心叙利亚成为“极端主义聚集地”，进而在中东的心脏地区出现另一个索马里，[①] 西方国家一直不愿提高援助反对派武装的级别。欧盟默许海湾国家出资走私武器给叙利亚反对派，却直到 2013 年 6 月才勉强允许各成员国自行决定是否援助反对派武器。美国也直到 2013 年 9 月才决定援助反对派一些致命性武器，此前主要为其提供军服和无线电通讯设备等“非致命性物品’，并在美军驻约旦和土耳其基地秘密训

① 江亚平：“叙利亚：悲剧为何还在继续”，载《新华每日电讯》2013 年 3 月 5 日。

练叙利亚反对派武装。[①] 由于常规武器的优劣对于地面战争的胜负至关重要，缺乏重武器装备的反对派武装只能采用游击战与政府军对抗，虽然可以攻占政府军的一些军事目标，却没有建立稳固根据地的实力。只要政府军仍保持武器优势且后勤供应充足，反对派的劣势短期内就难以扭转。

但是，叙利亚政府军在短期内也很难彻底剿灭反对派武装。政府军的武器装备虽然远远优于反对派，阿萨德家族仍牢牢控制着安全部门以及最核心的部队，并在军事冲突中占据优势，但由于窘迫的经济实力无法支撑长期的战争开支，加之对可能同情反对派的部分军队不信任而不敢放手使用，巴沙尔政权能够大胆使用的军队和警察的数量并不多，40 万军队中仅有几个装甲师以及大约 4 万人的共和国卫队、突击队和准军事人员可用。有限的资源使政府军只能维持几个大城市的安防，对广大中小城镇和农村地区则有心无力，使其成为反对派的生存空间。

虽然巴沙尔政权和反对派在力量对比上都各有所短，但双方却都高估自己而低估对方，都自以为是地把“沉默的大多数”视为己方支持力量，因而都对和谈提出了苛刻的前提条件，都把向对方妥协视为可耻且不能接受的投降主义。[②] 巴沙尔政府视反对派的存在为武装恐怖分子，怒斥阿盟把叙利亚的代表权赋予“暴徒和土匪”，[③] 声称在谈论政治解决之前必须与恐怖主义决战，任何不放下武装的反对派都不具备与政府对话的资格。反对派则以巴沙尔下台为和谈的前提，战斗力相对较强的“胜利阵线”等 20 余个境内反对派组织

① David S. Cloud and Raja Abdulrahim, “U. S. Has Secretly Provided Arms Training To Syria Rebels Since 2012”, *Los Angeles Times*, June 21, 2013.

② 费德里克·霍夫：“谁都不想谈，和平路艰难”，载《南方都市报》2013 年 6 月 9 日。

③ Ian Black and Martin Chulov, “Qatar Pushes to Give Syria’s Seat on Arab League to Rebels”, *The Guardian*, March 25, 2013.

甚至坚决反对政治解决进程，进而拒绝承认支持和谈的“全国联盟”的代表地位。战场上的僵局和严重的立场分歧导致叙利亚局势长期处于对立胶着状态。

第三，突尼斯、利比亚、也门、埃及在政权更迭后持续动荡，使“阿拉伯之春”的消极作用逐步显现，尤其是伊斯兰势力崛起强化了中东地区根深蒂固的宗派仇恨和极端主义，使巴沙尔政权存在的合理性和反对派的危险性都开始显现。这使得叙利亚危机仍存在政治解决的可能性。

2012 年 2 月，巴沙尔政权开始推进政治改革，不仅通过了实施多党制的法律和媒体法，给予数十万库尔德人国籍，实行地方选举，而且还以全民公投的形式通过了新宪法，规定国家政治制度以多元化为原则，改一党制为多党制；总统由人民直接选举产生，任期为 7 年，只能连任一届等。新宪法还取消了有关阿拉伯复兴党地位的第 8 条规定，巴沙尔总统的任期也将在 2014 年结束。

2012 年 4 月，在联合国—阿盟叙利亚危机联合特使安南斡旋下，叙利亚冲突双方初步实现停火，联合国向叙派遣监督团，局势一度有所缓和。5 月，叙利亚投票选出新一届议会，这是叙利亚半个世纪以来首次选举多党制议会。6 月，巴沙尔总统任命身为逊尼派穆斯林的农业部长希贾卜（Riad Hijab）为新任总理，并命其组阁新政府，但由于叙政府和反对派在政治过渡有关问题上分歧严重，国际社会斡旋双方停火对话的努力最终失败。7 月，大马士革发生爆炸袭击，包括国防部长在内的多名政府高官遇袭身亡，政府军与反对派武装随即在全国多地持续激战，并蔓延至首都大马士革等中心城市。8 月，巴沙尔首次公开承认军队镇压示威民众犯错，美国总统奥巴马则发表谈话称“叙利亚危机最好解决办法就是巴沙尔下台”。在此前后，担任总理仅 60 天后的希贾卜宣布与巴沙尔政权决裂并逃至约旦，成为迄今叙利亚政府变节的最高级别官员。

2013 年 1 月，巴沙尔总统提出分阶段解决危机的倡议遭到主要反对派组织的拒绝，局势随后进一步恶化，反对派武装制造的自杀式爆炸、绑架和虐俘事件逐渐增多，甚至还出现了在戈兰高地附近绑架联合国维和人员的挑衅性事件。5~6月，叙政府军在古赛尔战役中取得了两年来最重要的军事胜利，并逐步开始收复失地，整体局势似乎向有利于政府的方向发展。[①] 在此背景下，海合会、阿盟国家紧急重启对“叙利亚自由军”的援助，欧美开始考虑支援“叙利亚自由军”，反对派政治和军事领导层也进行全面改组，整编后的“自由军”在全国范围发起较大攻势。此后，化武袭击事件成为叙利亚危机的焦点，并迫使一直不愿意干预叙利亚内战的奥巴马政府开始认真考虑军事干预选项。在严峻的压力面前，加之俄罗斯的调停，叙利亚政府同意交出库存的化学武器，并成为禁止化学武器组织的第190个成员国。

从禁止化学武器组织接受叙利亚成为其成员国这一情况来看，事实上国际社会仍承认巴沙尔政权的国际合法性，巴沙尔政权依然是叙利亚在国际社会的合法代表。叙利亚反对派尚无法推翻巴沙尔政权的事实也表明，任何将巴沙尔政权完全排除在外的政治安排都是一种幻想。

二、化武风波：叙利亚危机的转折点

（一）化武袭击事件是国际社会介入叙利亚危机的重要转折点

化学武器虽然早在第一次世界大战期间就已经被使用，但因为其使用后果的反人类性，世界大国在1925年就达成了在战争中禁止使用化武的共识，但当时签署的《日内瓦公约》虽禁止使用化武但

---

① David Schenker, “US and EU Must Arm the Syrian Rebels or Watch Assad Destablise the Region,” *The Guardian*, May 30, 2013.

并未禁止其生产和储存。在第二次世界大战中，除德日曾使用化学武器外，几乎没有国家在战争中使用化武攻击对方。此后，化武屡次被一些国家及恐怖组织使用。在此次叙利亚化武事件前，最近一次得到确认并被谴责的化武袭击事件是伊拉克总统萨达姆 1988 年对本国库尔德人的残忍屠杀。在 1992～1993 年签署的《禁止化学武器公约》中，在禁止使用化学武器的基础上，增加了禁止化学武器生产和储存的内容。1997 年建立的禁止化学武器组织（OPCW）致力于彻底消除化学武器，在叙利亚化武危机发生前已有 189 个国家加入公约。

在当今国际社会，几乎所有的国家都已经加入了禁止生产、扩散与使用化武的公约，阿尔巴尼亚和印度等国已经全部销毁了库存的化学武器，美国、俄罗斯以及利比亚正在销毁库存的化学武器。但对严重缺乏安全感的个别国家而言，化武仍然是他们对抗外部威胁的廉价“保险”。在过去数十年间，长期处于中东风口浪尖的叙利亚生产了近千吨的沙林、芥子气和 VX 神经制剂，50 多处存放地点大多处于城市中心及其周边地区。①

叙利亚化武危机尽管导致巴沙尔政权面临的国际压力空前增大，但在俄罗斯推动下达成的化武换和平协议，却为国际社会介入僵持不下的叙利亚危机提供了转机，巴沙尔政权也由此躲过了美国的军事干预，同时也通过化武核查与销毁为政权延续赢得了宝贵的时间。有评论甚至指出，针对叙利亚的“化武换和平”计划一旦执行，实际上就等于开始了一场叙利亚还可以部分掌控主动权的旷日持久的猫鼠游戏。②

① Jamie Fly，“The Menace of Syrian Chemical Weapons”，*The Wall Street Journal*，Jan 1，2013.

② Peter Foster，“Syria Crisis：Obama Entertaining Russian-Led Peace-For-Weapons Plan Reflects Weak Domestic Position”，*The Telegraph*，Sept 10，2013.

残酷的叙利亚内战不仅导致伤亡惨重，损失巨大，教派仇杀愈益残忍，极端势力日渐坐大等消极后果，其外溢效应尤其是难民问题、教派冲突问题、库尔德问题的复杂化还加剧了中东的地区动荡。[①] 截至 2013 年 10 月，内战已经导致 10 多万叙利亚人在冲突中丧生，超过 200 万人成为难民，还有 500 万人流离失所，经济发展几乎停滞。[②] 有预测指出，如果内战持续，2014 年将有 650 万人流离失所，境外难民人数将达 400 万，境内需要人道主义救助的人数将增至 830 万。两年多来，久拖不决的叙利亚内战已经成为国际社会面临的难题。以联合国为代表的国际社会既不能无视内战导致的惨重平民伤亡以及数百万无辜难民，但又确实缺乏直接干预的法理基础，因为以“保护的责任”为由支持介入的西方和坚持尊重主权和不干涉内政原则的中俄在安理会形成了势均力敌的局面。[③] 安理会从 2011 年 3 月到 2013 年 9 月对叙利亚危机的斡旋均以失败告终。在叙利亚化武袭击事件发生后，联合国安理会在 2013 年 9 月 27 日一致通过了决定核查和销毁叙利亚化学武器的第 2118 号决议，要求叙利亚与禁止化学武器组织和联合国合作消除其化学武器。随后，联合国计划派遣约 100 名国际专家分三个阶段销毁叙利亚化武，前两个阶段将于 11 月 1 日结束，内容为完成初步核查，监督销毁化学武器的制造、混合以及填充设备。第三阶段计划从 11 月开始至 2014 年 6 月结束，内容为支持、监督和确证销毁全国所有地区的化学武器。尽管大国之间就叙利亚化武事件本身仍存在诸多争议，但核查和销毁叙利亚化学武器无疑是联合国安理会的共识所在，使得叙利亚问题得以回到联合国的机制和框架之下。

---

① 方金英：“叙利亚内战的根源及其前景”，载《现代国际关系》2013 年第 6 期，第 18 ~ 20 页。

② Michael Abramowitz, “Does The United States Have A Responsibility to Protect the Syrian People?”, *The Washington Post*, September 7, 2013

③ “叙利亚内战考验美国外交”，载《联合早报》2013 年 8 月 26 日。

鉴于第一阶段的工作进展顺利，如果能达成暂时停火且各方配合的话，2014 年消除化武的目标就有可能实现，届时巴沙尔总统的任期也将正常结束，有条件按照 2012 年通过的新宪法实施选举。因此，俄罗斯的“化武换和平”提议为和平解决叙利亚危机打开了“机会之窗”，联合国安理会随即全票通过的第 2118 号决议阻止了军事干预叙利亚，把叙利亚局势从一触即发的战争边缘拉回到政治解决的和平轨道。虽然 2118 号决议的执行因为不能援引《联合国宪章》第七章的相关条款而缺少威慑力，该决议案也无法实现叙利亚问题的全面解决，但该决议无疑为推动叙利亚问题的政治解决提供了新的机遇。目前虽然尚无法确定决议执行的实际后果，但该决议至少增强了国际社会介入叙利亚危机的力度，并使叙利亚危机出现了向政治解决方向发展的可能。

（二）化武袭击事件是国际社会认识叙利亚危机巨大威胁的重要转折点

从理论上讲，巴沙尔政权和反对派均有使用化武攻击的可能性。外部国家甚至从叙利亚政权曾经在 1982 年哈马事件（指哈菲兹·阿萨德政权镇压哈马地区的逊尼派骚乱事件）中使用过化学武器，来推导巴沙尔政权使用化武的可能性。① 但从逻辑上讲，当时在战场上占据优势的政府军没有必要使用化武引火烧身，倒是处于不利位置的反对派可能更需要某种形式的苦肉计来栽赃巴沙尔政权，以博取国际社会的同情，并达到迫使美国军事干预的目的。有报道称，反对派组织“胜利战线”已经在其所控制的地区部署一种低水平、由氯材料制成的化学武器。②

① Sami Moubayed, “Syria's Suffocating Economic Reality”, *Gulf News*, March 27, 2012.

② Claire Spencer, “The West's Alliance against Assad Is Riddled with Contradictions”, *The Guardian*, March 26, 2013.

尽管目前对化武事件尚无定论，但叙利亚化学武器的巨大威胁却引起了国际社会的高度重视。化学武器存在使用门槛低但危害巨大的特点，用普通大炮投射10公斤炭疽杆菌可以导致半径30公里以内的90万人丧生，1吨沙林毒气将导致半径7.8公里以内的23万人死亡。因此，在阻止“基地”组织获取包括化学武器在内的大规模杀伤性武器方面，国际社会存在着广泛的共识。[①] 伴随叙利亚化武事件的发生，西方对宗教极端组织和国际恐怖组织获取化武充满了忧虑，[②] 进而使西方对通过军事干预推翻巴沙尔政权心存忌惮。

一般而言，拥有化武的国家在正常状态下都会很小心地保护或销毁化武，但在陷入长期内战的状态下，导致化武被恶意使用的可能性就会空前扩大。例如，有分析认为，无法排除受反对派影响的政府军军官擅自使用化武的可能。因此，对于国际社会而言，叙利亚化武危机的本质不在于确认化学武器使用者，而是如何防范叙利亚化武库失控尤其是防止其落入恐怖分子手中。事实上，巴沙尔政权遵守国际法和接受国际体制约束的可靠性，无疑远高于宗教极端组织和国际恐怖主义分子，混迹于激进伊斯兰主义者中间的恐怖分子在动荡时期对化武的觊觎更令人担心和恐惧。[③] 西方还十分担心黎巴嫩真主党正在帮巴沙尔政权转移化武或者直接占为己有。[④]

在2011年利比亚卡扎菲政权垮台后，虽然美欧国家对利比亚小规模化学武器库的保护有效防止了化学武器的外流，但大量传统武器落入恐怖组织手中也产生了十分消极的后果，其突出后果是增强

---

① Con Coughlin, “Russia’s Plan For Syria’s Chemical Weapons Is Likely To Fail”, *The Telegraph*, Sept 10, 2013.

② Aryn Baker, “The Failed Saudi-Russian Talks: Desperate Diplomacy as Syria Implodes”, *Time*, August 9, 2013.

③ Jamie Fly, “The Menace of Syrian Chemical Weapons”, *The Wall Street Journal*, Jan 1, 2013.

④ Ehud Eilam, “Israel’s Approach to Syria”, *The National Interest*, April 26, 2013.

了“基地”组织马格里布分支制造大规模恐怖袭击的能力，同时也加剧了利比亚周边国家的动荡。因此，美俄达成的“化武换和平”协议，至少为国际社会销毁叙利亚化武，防范恐怖分子获取化武提供了相对可行的机制，降低了因化武被滥用酿成更大灾难的可能性。

（三）化武袭击事件是美国叙利亚政策的重要转折点

奥巴马总统就职以来显示出了强烈的反战倾向，结束伊拉克战争，从阿富汗撤军到伊拉克撤军，以及对伊核问题、埃及政局动荡、叙利亚危机都始终表现出耐心和克制，并全力修复在伊拉克战争中受损的“软权力”，更稳妥地谋求对中东事务的影响力。为了避免在叙利亚问题上使美国再次陷入战争泥潭，“奥巴马宁愿求助普京也不想弄脏自己的手”，[①] 甚至有意回避一旦发动战争将导致的灾难性后果，自欺欺人地将对叙利亚的军事打击定义为有限并可以控制的所谓“可以选择的战争”（a war of choice），[②] 竭力避免使美国再次陷入战争泥潭。

但是，为回应国内外的压力，奥巴马于 2012 年 7 月在叙利亚问题上划定了“不得使用化武”的红线，“使用化武”成为美对叙利亚进行军事打击的底线。[③] 因此，只要美国的情报机关认定叙利亚政府使用了化学武器，作为总统的奥巴马就必然要高调地予以谴责并宣示军事打击决心。应该说，作为三军统帅的奥巴马确实可以不受其他机构牵制发动对叙利亚的军事打击，他完全可以在展开军事打击后再履行法律程序，但他却将是否对叙利亚动武的决定权移交国

① Walter Pincus, “Decision on Syria is a No-win for Obama”, *The Washington Post*, August 28, 2013.

② Jonathan Steele, “Syria: The US Public Faces A Grim Reality TV Choice”, *The Guardian*, Sept 1, 2013.

③ “President Obama’s speech on Syria”, *The Washington Post*, Sept 10, 2013.

会，足见奥巴马在叙利亚问题上的谨慎。

尽管“化武换和平”的倡议令俄罗斯在国际舞台上风光无限，奥巴马也因此遭致国内外的批评和讽刺，但在美国国力相对衰落、国内问题成堆的背景下，在避免美国卷入叙利亚战争这一目标上，奥巴马的政策选择无疑符合美国的国家利益。即便叙利亚政府接受了俄罗斯的提议并加入联合国《禁止化学武器公约》，美国仍然可以用一种引而不发的军事和政治高压态势保持对叙利亚局势的影响：既要求巴沙尔政府接受美国设定的销毁化武时间表，又迫使普京总统确保巴沙尔政府在销毁化武问题上的合作；既不完全迎合反对派诉求，也不完全排斥巴沙尔政权，使美国在叙利亚问题上保持可进可退的灵活性。

三、俄罗斯和美国的叙利亚政策

阿萨德父子执政的叙利亚，既是前苏联与美国全球争霸的重要地区盟友，又是冷战后俄罗斯在中东的重要战略支点。俄罗斯继承了1980年苏联与叙利亚建立的盟友关系，迄今已持续了30多年。普京时代的俄罗斯国家战略，是以联合国体系和在安理会的主导地位为基础，推动更有利于俄的世界秩序建设，在未获得联合国授权时禁止使用武力，并拒绝某些国家在联合国框架外的单边行动，不允许俄罗斯因受到外部压力而发生制度改变，[①] 成为俄罗斯抗衡美国和西方的为数不多的选择。

在塞尔维亚、伊拉克、利比亚等传统势力范围屡屡陷落，在俄美反导博弈屡落下风的背景下，俄罗斯对阿萨德政权的支持，包含

① 德米特里·特列宁：“俄欲借亚太提升大国地位”，载《人民日报》2013年1月16日。

了战术和战略等多层面的考量。具体而言，叙利亚是俄罗斯重要的贸易伙伴和军火销售市场，对叙的总投资额接近200亿美元，[①] 2005年以来签订的军事合同价值40亿美元。基于叙利亚与俄罗斯的盟友关系，俄罗斯还免除了叙利亚98亿美元的债务（占叙苏联时期全部债务的73%）。更为重要的是，叙利亚对俄罗斯具有重要的战略意义，叙利亚是俄罗斯在中东硕果仅存的重要政治盟友，塔尔图斯港是俄罗斯在独联体国家之外唯一的军事立足点，在叙利亚部署反导导弹可以打破美欧国家对俄罗斯的包围和孤立。俄罗斯的叙利亚政策既寻求保护自身在叙的具体物质利益，防范叙利亚内战风险外溢导致俄反恐压力增加，又着眼于维护俄罗斯在中东的地缘政治支点，借力叙利亚与美欧争夺国际事务的主导权。

在危机伊始的2011年，俄罗斯本能地选择支持阿萨德政权，三度否决安理会涉叙决议草案，坚持履行局势动荡前俄叙双方签署的军售合同，尽量满足阿萨德政权对高精尖武器的渴求，一度摆出不惜动用全部手段反对外部力量军事干预的强硬姿态。随后，因为局势一度向有利于反对派的方向发展，2012年俄罗斯对阿萨德政权的支持又逐步退缩。1月，俄外交部公开否认和巴沙尔总统的朋友和盟友关系。3月，俄罗斯对叙利亚危机两面下注，既派特种部队抵达塔尔图斯港展示肌肉以支持阿萨德政权，又批评巴沙尔总统严重拖延改革，呼吁内战各方达成每日停火两小时的人道主义协议，强调“维护公正和叙利亚人民民主选择的权利”，微妙暗示俄没有义务向可能遭到军事入侵的阿萨德政权提供军事援助。5月，俄罗斯外长借胡拉镇袭击事件罕见地对巴沙尔政府进行了谴责（后又否认），应和美、澳、英、法等8国政府驱逐叙利亚外交官行动。12月，总统普京在访问土耳其时甚至表现出要与阿萨德政权拉开距离的姿态，

① Samuel Charap, “Why Russia won't Help on Syria”, *International Herald Tribune*, January 2, 2013.

同时也似乎准备接受和应对叙利亚政府可能失败的局面，希望与敌视俄罗斯的反对派“全国联盟”接触。

2013 年 1 ~ 2 月，俄罗斯继续反对西方军事介入叙利亚，宣称叙利亚“要么在国际社会监督下实现民族和解，要么是一场永无休止的内战，不会有第三种情况”，但显然已经认定巴沙尔政权的处境更加艰难，小规模的撤侨行动随即展开，同时与反对派在德国慕尼黑举行了首次直接会谈。这段时期舆论界还有巴沙尔曾移居俄罗斯军舰并受俄海军保护的传言。

2013 年 5 月，俄罗斯确认先前与叙利亚签署的武器供应合同已至收尾阶段，而且不打算与叙方签订新的军售合同，表示愿意与英国合作发起有关叙利亚问题的国际会议，并期待美国就此做出回应。然而，也正是从 5 月份开始，叙利亚局势开始向有利于政府的方向发展，俄罗斯又开始有保留地加强对阿萨德政权的支持，刻意营造一种可进可退、对各方都有交代的外交环境。俄罗斯的重要政策选择主要有三。第一，向叙利亚提供了“S－300”型防空导弹系统的部分组件，但随后又暂停了后续供货，并设定了继续向叙提供该导弹系统的前提条件，即西方在未得到联合国授权的情况下对叙利亚发动攻击。第二，在否认叙利亚政府使用化武的同时，表示如果叙利亚阿萨德政权确实发动了化武袭击，在得到联合国授权的情况下，不排除同意外界对叙利亚发起军事干预的可能性。第三，抓住美国在军事打击叙利亚问题上的困难，在迫使叙利亚同意“化武换和平”协议的同时，力争使美国按照俄罗斯的节拍共同解决叙利亚化武危机。

普京“重振俄罗斯”的梦想就是重塑俄罗斯在地区和全球政治的地位和影响力。叙利亚是俄罗斯的传统势力范围，这是得到普遍认可的国际地缘政治现实。例如，在叙利亚进行过领事登记的俄罗斯公民就多达 8000 人左右，另外还有多达 2.5 万嫁给叙利亚人却没有进行领事登记的俄罗斯妇女。但面对得到阿盟和欧美国家支持的叙利亚反对派，俄罗斯虽然在战术应对上灵活多变，但整体战略意图却明显摇摆不定，始终根据巴沙尔政权与反对派的力量对比变化维持其政策的动态平衡。在 2013 年 9 月的俄美化武危机博弈中，俄罗斯虽然掌握了主动权，但叙利亚危机无疑是俄罗斯外交面临的重大挑战。

奥巴马就任美国总统以来，摆脱伊拉克战争和阿富汗战争的泥潭，在中东实行战略收缩，构成了美国中东政策的主要特征。在中东变局问题上，美国一方面支持突尼斯、埃及、利比亚、叙利亚等动荡国家的反对派，但又极力避免深度的军事介入，主要通过西方盟国和地区盟友施加影响，这在利比亚战争问题上得到了鲜明的体现。在叙利亚问题上，由于深受国内经济危机深重、民众反战情绪高涨、联邦政府财政紧缩等因素的困扰，奥巴马政府始终不愿对叙利亚进行直接军事干预。有评论认为，所谓的“化武红线”本质上就是变相的免战声明，背后是越来越力不从心的美国对“世界警察”角色的严重疲劳感。①

2013 年 8 月 21 日，叙利亚化武袭击事件突破了奥巴马划定的所谓“红线”，这对奥巴马政府无疑是一种严峻考验。尽管奥巴马政府不愿意军事干预叙利亚，但化武袭击事件迫使奥巴马必须做出反应，并被迫把有限军事打击巴沙尔政权作为应对叙利亚化武危机的政策选择。② 但是，美国又一直保持引而不发态势，并与俄罗斯一起通过应对化武危机，迫使叙利亚政府和反对派参与相关的政治进程。具体而言，就是敦促巴沙尔政权履行承诺顺利销毁全部化武，开启更具实质内容的让步和政治改革，监督和提升叙利亚反对派的内部团

① 张云：“叙利亚危机下美国与全球治理的未来”，载《联合早报》2013 年 9 月 25 日。

② Jonathan Steele, “Syria: The US Public Faces a Grim Reality TV Choice”, *The Guardian*, Sept 1, 2013.

结，推动叙利亚的政治解决进程。

在叙利亚局势继续僵持的局面下，俄罗斯和美国均缺乏在叙利亚问题上全面对抗和殊死一搏的勇气与实力，因此俄美不会进行彻底摊派，双方也都对巴沙尔政权坍塌后叙利亚将出现混乱与失控状态充满忧虑，如化武等杀伤性武器的扩散和大规模的教派冲突等。[①]对于美俄围绕叙利亚博弈的未来走势，大致可以做这样的谨慎预测：作为阿萨德政权传统盟友的俄罗斯在整体上仍将处于守势，参与叙利亚事务的动力在于“止损”，即维护在中东的既有战略利益，并与美国争夺地区事务话语权，其利益保全的程度取决于阿萨德政权的保全程度。而美国则在吸取阿富汗和伊拉克战争教训的基础上，日益摒弃了此前一味迷信武力的僵化思维，不愿因军事干预叙利亚而陷入另一场战争泥潭，而是更多依靠欧洲和地区盟友影响叙利亚事务。在可预见的将来，美国将继续坚持这种政策选择，并以化学武器核查和销毁为重点介入叙利亚事务，通过以拖待变的方式等待颠覆巴沙尔政权的机会。

---

① Aryn Baker, “The Failed Saudi-Russian Talks: Desperate Diplomacy as Syria Implodes”, *Times*, August 9, 2013.

叙利亚危机的外部根源及其影响

中国现代国际关系研究院　田文林

【内容提要】

叙利亚危机很大程度是外力干预所致。美国等西方国家干预叙利亚局势，最终目的是在叙利亚实现政权更替，从而达到分化和削弱阿拉伯世界的目标。总体来说，对叙利亚的外来干涉造成了阿拉伯世界分裂加剧、教派冲突升级、地区保守力量上升、恐怖主义泛滥等多重负面影响。

相对其他政局动荡的阿拉伯国家，叙利亚危机的外部根源最为复杂。西方和地区国家积极介入叙利亚事务，其最终目标就是推翻巴沙尔政权。叙利亚的遭遇在中东乃至整个第三世界颇有典型性，对其进行深度剖析，有助于认清当前新干涉主义本质与危害。

一、叙利亚危机：外力主导的地区危机

近年来，政权更替日趋成为西方大国谋求霸权利益的主要法宝。塞尔维亚（2000 年）、格鲁吉亚（2003 年）、乌克兰（2004 年）、吉尔吉斯斯坦（2005 年）都是这方面的成功案例。2011 年中东剧变则为西方大国提供了更大的试验场。这场剧变刚开始，西方媒体便抢先将其冠名为“阿拉伯之春”，力图向所谓的“民主

化”方向引导。突尼斯、埃及等国政权更替背后，都暗藏着西方干预的阴影。而在叙利亚危机中，外部干涉的作用比其他阿拉伯国家更加突出。

叙利亚危机表面上是叙政府军与反对派，或者说是不同教派间的搏杀，实则自始至终受到外部势力的操纵和干扰。据“维基解密”称，自2006年启动“中东伙伴倡议”以来，美国就开始秘密资助叙利亚反对派。在2006~2010年间，美国斥资600万美元实施培训叙利亚记者和社会活动分子的计划（包括在伦敦的穆兄会分支机构“正义与发展运动”）。许多美国智库还设有“叙利亚小组”或“叙利亚工作组”，用以同叙利亚反对派进行联系。[①]“叙利亚全国委员会”的多名领导人与美国“民主输出”机构有瓜葛。2011年1月底，在埃及民众抗议升温、叙利亚国内抗议蠢蠢欲动之际，美国马上将大使罗伯特·福特派往大马士革，以加强对叙利亚民众抗议的“指导”。

此外，西方还向叙利亚发动媒体战。在2011年叙利亚民众抗议浪潮爆发前，“脸谱”网站和有关叙利亚的博客上就出现呼吁示威的帖子，这些帖子都是在美国撰写、由美国人发布的。叙危机爆发后，西方媒体有意识地把巴沙尔政权界定为“独裁政权”，将民众抗议浪潮定义为“民主运动”，但对反对派的恶行则视而不见。

叙利亚危机升温后，美国等外部势力的干涉力度也随之加大。美国总统奥巴马于2011年8月11日明确要求巴沙尔下台，[②]同时加大武装叙反对派的力度。据报道，中情局和美军特种部队在驻约旦和土耳其的军事基地秘密培训叙利亚反对派，并向叙反对派提供了

① Aisling Byrne, “A Mistaken Case for Syrian Regime Change”, *Asia Times Online*, January 5, 2012

② Jason Ukman and Lizsly, “Obama: Syrian President Assad must Step down”, *The Washington Post*, Aug. 11, 2011.

价值 1.23 亿美元的“非致命性物资”。[①] 中情局还帮助将 3500 吨军事物资从沙特和卡塔尔运往叙利亚。[②] 2013 年 5 月，美国指使欧盟解除对叙利亚反对派的武器禁运。6 月 22 日，美国等 11 国外长参加“叙利亚之友”国际会议，强调要向叙反对派提供紧急军事援助。正是由于美国等西方国家的推波助澜，才使叙利亚反对派武装从无到有，由弱到强，直至与政府军分庭抗礼。然而，即便如此，反对派武装始终未能推翻巴沙尔政权。相反，2013 年 5 月以来，叙利亚政府军节节胜利，战场形势日渐有利于巴沙尔政权。在通过间接方式策动叙政权更替的“A 计划”泡汤之际，美国索性从幕后转向台前，以 8 月 21 日化武袭击事件为借口，几欲实施对叙进行采取军事干预的“B 计划”。目前，尽管“化武换和平”使战争阴云暂时散去，但美国推翻巴沙尔政权的目标并无变化，未来仍会继续进行打压。

近十年来，西方大国对中东国家的政权更迭大体经历了三个版本：2003 年武力推翻萨达姆政权是“1.0 版”；2011 年在突尼斯、埃及等国实现“民主转型”是“2.0 版”；对利比亚和叙利亚的干预则属“3.0 版”，即主要采取非暴力干涉，干涉失败后，转而使用或威胁使用武力。西方的新干涉主义正在进入新阶段。

二、更迭叙利亚政权是美国既定中东战略的延伸

美国中东政策有多重战略目标，其中，确保以色列安全、防止地区大国崛起是两大互为因果的战略目标：其他中东国家越弱，以

---

① Liam Durfee, “Implications of Chemical Weapon Use on U.S. Aid Decision”, May 1, 2013. http://www.understandingwar.org/syria-update-implications-chemical-weapons-use-us-aid-decision.

② Peter Dale Scott, “Hawks, doves and pipeline politics in Syria”, *Asia Times Online*, June 19, 2013.

色列就越安全；反之，其他国家越强，以色列就越不安全。策动叙利亚政权更替，正是美国既定战略的延续和具体体现。具体说，这可以从两方面解读。

（一）重构中东的地缘政治版图

从地缘政治角度看，确保以色列安全最根本的办法，就是设法颠覆和重构阿拉伯世界的地缘版图，使阿拉伯国家日趋分裂、内耗，从而无暇、无力对付以色列。

曾任以色列外长的奥代德·伊农早在 1982 年 2 月就提出，要将整个中东分裂为尽可能最小的领土单位，并提到根据族群分布使叙利亚分裂为几个国家：东部将变成一个什叶派的阿拉维国家；阿勒颇地区变成一个逊尼派国家；大马士革将出现另一个与其北部邻国对立的逊尼派国家；德鲁兹派也要建立自己的国家。

1996 年美国智库曾提出一份被称为“清晰的断裂：确保国土安全的新战略”的报告，首次公开提出颠覆萨达姆政权，并对巴勒斯坦、叙利亚采取咄咄逼人的军事威慑。“9·11 事件”前，小布什政府就将该问题提到优先地位。[①] “9·11 事件”发生后，小布什进一步接受了夏兰斯基、刘易斯、亨廷顿等人的理论，主张利用阿拉伯世界的族群、部落、教派的断层带，重塑阿拉伯—穆斯林世界，并将该战略称为“创造性混乱”战略。

2006 年 6 月，国家战争学院的军官拉尔夫·彼得斯在《武装部队杂志》发表文章，描绘了一份重构后的“新中东”地图。他认为，为实现西方主导的世界新秩序，中东出现冲突是必要的。[②] 分析

---

① F. William Engdahl, “Egypt's Revolution, Creative Destruction for A ‘Greater Middle East’?” *Global Research*, February 7, 2011.

② Mahdi Darius Nazeniroaya, “Plan For Redrawing the Middle East: The Project for a “New Middle East”, *Global Research*, November 18, 2006.

认为，这一观点体现了美国对中东战略的长期目标。小布什政府在中东推行的“建设性不稳定”（Constructive instability）政策，实际就是这种战略思路的翻版。该战略试图通过推动政权更替，乃至地缘版图重组，来保护美国的安全和利益。武力推翻伊拉克和阿富汗政权，对阿拉法特采取“胡萝卜加大棒”政策，以及在埃及和沙特推动政治改革，均是这一政策的组成部分。①

2009 年奥巴马上台后，看似摒弃了小布什政府“武力 + 民主”的行为方式，但实际上无论是目标还是手段并无根本性变化。小布什时期成立的人道主义基金会、非暴力民主组织等非政府组织，继续得到奥巴马政府的资助和后勤支持。2002 年小布什执政期间确立的中东伙伴倡议（MEPI），在奥巴马任期内仍是美国中东外交的重点。在 2011 年以来的中东变局中，美国政府及各种非政府组织在中东政治转型过程中或明或暗的干预，都是美国长期战略的组成部分。

叙利亚现政权无疑是美国实现中东战略的一大绊脚石。叙利亚是阿拉伯民族主义思想的发祥地，也是阿拉伯世界反以斗争的主力军。叙利亚还是伊朗在阿拉伯世界的铁杆盟友，担负着连通伊朗与真主党、哈马斯的纽带作用。由于这些因素，美国一直将叙利亚视为眼中钉。2005 年启动的“建设性不稳定”政策，就将叙利亚列为政权更替的重点目标之一。分析认为，美国在叙利亚策动政权更替，目的是使叙利亚与以色列签署打折扣的和平协议，乃至摧毁叙利亚的民族国家基础，使其分裂成彼此冲突的若干板块。②

叙利亚教派和族群矛盾复杂的弱点也恰好为西方提供了可乘之

① Robert Satloff, “Assessing the Eush Administration’s Policy of Constructive Instability (Part II): Regional Dynamics”, The Washington Institute for Near East Policy, March 16, 2005. http://www.washingtoninstitute.org/policy - analysis/view/assessing - the - bush - administrations - policy - of - constructive - instability -

② “McCain Urges Lawmakers to Back Obama’s Plan for Syria”, *The New York Times*, August 28, 2013.

机。在叙利亚2300万人口中，逊尼派占65%，阿拉维派至多占15%，此外还有相当数量的基督徒、德鲁兹派、伊斯玛依派、库尔德人等。长期主导叙利亚政权的阿萨德家族来自占人口少数的阿拉维派。尽管阿萨德政权主张世俗化，刻意淡化教派分界，竭力将在宗教属性上遭到逊尼派质疑的阿拉维派整合进穆斯林群体，[①] 但教派矛盾和族群关系的复杂性，尤其是在1982年哈菲兹·阿萨德在哈马事件中血腥镇压逊尼派导致的逊尼派和什叶派的历史恩怨，都使教派矛盾成为可资外部利用的工具。2011年叙利亚危机升温后，美国等外部势力刻意制造教派冲突，试图借此加快叙政权更替，乃至肢解叙利亚。《纽约时报》专栏作家、“中东通”托马斯·弗里德曼公然宣称，对叙利亚最有可能的做法，就是实现某种事实上的“分区而治”：由阿拉维派控制一个区域；逊尼派和库尔德人控制剩下的区域。[②] 这是因为，唯有如此才能使美国在中东长期扎根，才能使以色列安全得到根本保障。此外，更迭叙利亚政权，还可削弱夙敌伊朗的势力范围。《纽约时报》甚至露骨地指出，“打击叙利亚是对付伊朗的最好办法。”[③]

（二）削弱中东国家的政治自主能力

防止地区性大国崛起是美国中东政策的重要目标之一，落实到操作层面，就是尽可能容忍、扶植那些体制落后的亲西方国家，打压那些综合实力较强、又不肯臣服西方的地区性强国，最终使这些

---

① Stephen Crittenden, “The Clash Within Civilizations: How The Sunni-Shiite Divide Cleaves The Middle East”, http://www.theglobalmail.org/feature/the-clash-within-civilisations-how-the-sunni-shiite-divide-cleaves-the-middle-east/349/

② Thomas Friedman, “Arm the Rebel, Shame the Assad”, *The New York Times*, September 6, 2013.

③ Andrew J. Tabler, “Attacking Syria Is the Best Way to Deal with Iran”, *The New York Times*, September 4, 2013.

国家在意识形态向西方靠拢。由此不难理解，中东为何会成为世界上传统君主制保留最多的地区，而且这些国家在中东历次重大事件中几乎总是自愿地与西方结盟。[①]

美国中东政策的重要目标之一，就是遏制中东国家的政治自主能力，重点打压那些相对先进的意识形态和政治体制。冷战时期，美国的政策重点是遏制共产主义意识形态在中东扩张，因而在一定程度上可以容忍包括纳赛尔在内的阿拉伯民族主义政权，对萨达特的埃及民族主义更是大加赞赏。但当苏联解体、共产主义威胁消失后，这些民族主义政权便成为美国控制该地区的主要对手，伊拉克、利比亚、叙利亚、伊朗等美国过去可以容忍的政权，便逐一成为打压、颠覆的目标。

美国对叙利亚的打压就属于这种情况。叙利亚在中东属于中等强国，其政治体制基于阿拉伯复兴社会党和军队的绝对忠诚，具有很强的决断力和执行力。有学者指出，叙利亚和伊拉克等国政权，不同于沙特甚至埃及的政权，它“并不是建立在懦弱无能的社会之上的一种低级独裁。……它对于居统治地位的掌权者都具有令人生畏的纪律约束：它设法把它能够在政治上动员其国内民众支持改革性目标的能力作为权力基础，这和新月地带的其他政权不同。因此，它并不是依靠西方强国来维护其国内的安全的。”[②] 就叙利亚而言，它奉行“统一、社会主义、自由”的强国之策；领导人巴沙尔威望较高，得到约70%民众支持[③]；阿拉伯民族主义为主导意识形态，国家认同高于教派认同；妇女权益能够得到充分保障。巴沙尔政权在各种外部势力联合打压下屹立不倒，充分说明该政权的顽强生命

---

① Bart Hesseling, “Qatar’s Trailblazing Diplomacy”, http: //arabsthink. com/2011/11/21/qatars-trailblazing diplomacy/.

② 【美】彼得·高恩著：《华盛顿的全球赌博》，顾薇、金芳译，江苏人民出版社2003年版，第217~218页。

③ Pepe Escobar, “Meet the ‘Friends of Jihad’”, *Asia Times Online*, June 5, 2013.

力。对美国来说，叙利亚是具有西方文化背景，带有社会主义色彩，主张阿拉伯民族自决和资源国有化，主张世俗政治，遏制教派斗争的力量。这种“政治典型”正是美国半个多世纪来在中东集中打击的对象。

2011 年中东剧变为西方乘势在叙策动政权更替提供了难得契机。美国为首的西方国家的目标并不是在中东实现民主，而是借机整肃中东政治秩序，保证相关国家继续服从美国全球战略的要求。其中最重要的一环，就是摧毁那些抵制这一战略的国家和政治力量，在那些与西方格格不入的国家（如利比亚和叙利亚）策动政权更替。2011 年 10 月，西方在武力推翻卡扎菲统治后，集中力量在叙利亚策动政权更替，实际上就是利比亚政权更替政策的延续。可以想见，如果巴沙尔政权倒台，伊朗必将是下一个政权更替对象。①

三、叙利亚危机为中东打开“潘多拉魔盒”

叙利亚地处阿拉伯世界心脏地带，是各种地区力量和地区热点问题的交汇点。而巴沙尔政权的存在，很大程度发挥着“安全稳定器”作用。西方为一己之私，在叙策动政权更替，如同打开“潘多拉魔盒”，不仅使叙利亚局势更加动荡，而且其外溢效应也使整个地区面临“不能承受之重”。

首先，阿拉伯世界日渐失去联合自强的“最后火种”。阿拉伯世

① 在 2009 年伊朗总统选举争端中，外部势力已经对伊朗进行了试探性进攻：利用社交网络动员伊朗民众；美国国务院要求“推特”予以配合，以方便伊朗反对派的沟通；西方主流媒体也大量灌输和传播未经证实的消息。但由于伊朗政府应对得当，西方的“颜色革命”最终未能得逞。

界人口众多，资源丰富，完全有潜力成为世界有影响力的一极。但一战后英法将该地区分割成若干小国，由此导致阿拉伯世界孱弱无力，难以阻挡外部干涉。阿拉伯世界要想实现民族复兴，唯一出路就是尽可能联合自强，对内加强政治团结和经济一体化，对外“用一个声音说话”。

在推动阿拉伯联合和阿拉伯统一方面，叙利亚发挥着重要的作用。一方面，叙利亚是阿拉伯民族主义思想的主要发源地。萨提·胡斯里、米歇尔·阿弗拉克等阿拉伯民族主义的代表人物都是叙利亚人，执政的阿拉伯复兴社会党，其政策纲领是“统一、社会主义、自由”，其中“最主要和最根本的是阿拉伯民族团结”。[①] 另一方面，叙利亚还是阿拉伯统一和团结的实践者。1958 年，叙利亚曾与埃及实现短期合并。1970 年上台的阿萨德同样高举阿拉伯统一大旗，他曾指出：“阿拉伯统一不仅仅是一种感情，它是永恒的历史真理，是阿拉伯力量的源泉，它还是全体阿拉伯人民争取与世界上其他人民平等相处的斗争。”[②] 巴沙尔尽管不像其父那样高调，但其政策主张中仍保留了“阿拉伯属性”和“反对以色列”两大特征。这使巴沙尔政权得到多数民众的支持。即使连续两年多的内战也未能动摇民众对现政权的支持。卡塔尔基金会 2013 年 9 月的民调显示，有 46% 的叙利亚民众认为巴沙尔是“好总统”，55% 的民众不愿巴沙尔下台，68% 的民众不赞同阿盟对叙制裁。[③]

然而，内外势力的联合干涉使叙利亚由治到乱，元气大伤。一是人员伤亡惨重。据联合国难民署 2013 年 9 月 3 日公布的报告，逃往邻国的难民人数超过 200 万，难民人数一年增加近 10 倍，还有

---

① 【以色列】摩西·马奥茨著，殷罡等译：《阿萨德传》，世界知识出版社 1992 年版，第 33 页。

② 同上，第 122 页。

③ Aisling Byrne, “A Mistaken Case for Syrian Regime Change”, *Asia Times Online*, January 5, 2012.

400多万人因战乱离开家园，背井离乡的人口总数已达620万，约占全国人口总数的三分之一。二是经济损失巨大。从2011年3月到2013年3月的两年间，叙利亚内战毁损了9000多栋公共建筑，公共部门损失超过150亿美元。前叙利亚计划部长阿卜杜拉·达达里（Abdullah al-Dardari）估计，叙经济由冲突前的年均增长6%到现在下降3.5%，GDP损失超过40%，外汇储备由战前的170亿美元降至40亿美元，失业人数由50万升至250万，叙镑与美元兑换比例由47：1跌至200：1，西方制裁使叙石油产业每月损失4000万美元。[①] 联合国的报告称，2012年叙利亚GDP同比下降29.1%，失业率达35%。如内战持续，2015年底失业率将超过60%。叙利亚由于动荡而遭到严重削弱，使阿拉伯世界正在失去阿拉伯民族主义的最后保留地。

在叙利亚危机中，卡塔尔、沙特等海湾国家与西方结成“神圣同盟”，在西方削弱阿拉伯世界整体实力的过程中扮演了帮凶的角色，卡塔尔半岛电视台重复播放经过歪曲的消息。另一家卡塔尔电视台宣称“巴沙尔背板了穆斯林”，呼吁进行宗教对抗。这些海湾国家对叙利亚局势“人为的黎巴嫩化”负有不可推卸的责任。东正教教长格雷高里奥三世指出：“如果阿盟为巴勒斯坦所作的能达到它为叙利亚的民主化所作的十分之一，巴勒斯坦可能早就立国了。”[②] 从美国中东战略的角度看，叙利亚由治到乱、元气大伤，以及海湾等阿拉伯国家引狼入室，恰恰意味着阿拉伯民族主义火种正在中东彻底熄灭，意味着美国重构中东地缘版图战略的日渐成功。

---

① Jamal Halaby, “Syrian official: War causes ＄15 billion in losses”, *The Associated Press*, July 6, 2013.

② “叙利亚：人为的黎巴嫩化”，http：//news. xinhuanet. com/world/2013－10/01/c_ 125454618. htm

其次，中东政治转型异化，“主义之争”演变为“教派之争”。外部干涉不仅使叙利亚政治纷争演变为全面内战，还极大改变了中东政治转型的议题和方向。中东变局原本带有反权贵统治、反新自由主义以及反对依附西方的历史进步性，是阿拉伯民众对原有政治经济模式的否定，其最终目的本是探求替代性的治国方案。但叙利亚危机的持续发酵，已经将这种正常的“主义之争”，演变为不分青红皂白的教派冲突。

当前的阿拉伯国家大多是一战后根据英法殖民者划定的势力范围而建立的。欧洲殖民者划定的阿拉伯国家边界背离了宗教、教派和族群构成等人文地理现实，导致跨界民族、教派关系异常复杂。在许多阿拉伯国家，不少民众的教派、部族认同意识，明显高于国家认同，除内部因素外，无疑与西方殖民主义的历史遗产密切相关。随着各种外来意识形态在中东的相继失败，阿拉伯世界的宗教复兴日渐高涨：1967年第三次中东战争失败，使阿拉伯民族主义日趋衰落；2011年中东剧变更意味着阿拉伯民族主义的破产。而世俗威权政体的垮台，往往会使教派政治大行其道。2003年萨达姆垮台后，伊拉克很快陷入教派冲突，周边国家也纷纷向与本国属性相似的教派提供资金乃至武器支持。[①] 2011年卡扎菲倒台后，利比亚同样面临部族冲突的问题。

叙利亚危机引发的教派冲突更具爆炸性和传染性。在部分逊尼派国家看来，“阿拉伯之春”为重塑后殖民时代的中东地缘政治版图提供了难得机会，而推翻阿拉维背景的巴沙尔政权则是重要组成部分。叙利亚萨拉菲主义的最终目标就是摧毁叙利亚教派的多元共存，宣称“这种神圣抵抗将一直持续下去，直到叙利亚国土

① Mostafa Boroujerdi, “West’s Policy Is to Sow Discord among Muslims Iranian”, http://www.irdiplomacy.ir/en/page/1916092/West%E2%80%99s+Policy+Is+to+Sow+Discord+among+Muslims.html

从卑鄙的阿拉维派手中解放出来，使逊尼派从被压迫状态解脱出来”。[①]

叙利亚地处中东教派断裂线的中心位置，且国内冲突明显受到外力推动，因此叙利亚危机引发的教派冲突，很快就演变为地区性教派对峙，形成逊尼派对抗什叶派的教派政治格局。叙利亚逊尼派反叛势力得到沙特、卡塔尔、土耳其等国家的大力支持，其目的在于重绘中东政治地图，扩大和建立“逊尼派地缘政治弧”，削弱伊朗的地区影响力。[②] 巴勒斯坦的哈马斯虽然属于逊尼派，但过去一直是叙利亚和伊朗的地区盟友，伊朗每月为其提供2000 万美元及各种武器，但叙利亚冲突升级后，哈马斯与巴沙尔政权日渐疏远[③]，转而投向埃及、卡塔尔甚至土耳其怀抱[④]，这无疑反映了哈马斯在巴沙尔政权陷入危机后开始向逊尼派靠拢的变化，其更深层次的考虑是惟恐自身在逊尼派阵营被严重边缘化，乃至遭致逊尼派的排挤和报复。

什叶派国家对巴沙尔政权采取了或支持或同情的态度。伊朗更是不遗余力，为巴沙尔政权提供了大量武器、资金和军事顾问。黎巴嫩真主党同样力挺巴沙尔，真主党总书记纳斯鲁拉坦直言：“叙利亚是抵抗运动的主要支持者，因此抵抗不能停止，直至打碎极端逊

① Stephen Crittenden, “The Clash Within Civilizations: How The Sunni-Shiite Divide Cleaves The Middle East”, http://www.theglobalmail.org/feature/the-clash-within-civilisations-how-the-sunni-shiite-divide-cleaves-the-middle-east/349/

② Robert Maginnis, “Syrian conflict a proxy war to reshape the Middle East”, http://www.humanevents.com/2012/08/07/syrian-conflict-a-proxy-war-to-reshape-the-middle-east/.

③ Nidal al-Mughrabi, “Hamas says its Iran ties worsen over Syrian civil war”, http://www.reuters.com/article/2013/06/19/us-syria-crisis-hamas-idUSBRE95I0W220130619.

④ Colin H. Kahl and Marc Lynch, “U. S. Strategy after the Arab Uprisings: Toward Progressive Engagement” *The Washington Quarterly*, Vol. 36, No. 2, 2013, p. 45

尼派分子的脊梁。"[1] 有报道称，真主党派遣了8000多名士兵参加叙利亚内战。[2] 伊拉克什叶派背景的马利基政府，因担心逊尼派在叙利亚掌权对伊拉克什叶派政府不利，因此表面宣称不干涉叙利亚内政，实则站在巴沙尔政权一边，允许伊朗利用其领空援助叙利亚，同时默许什叶派武装人员赴叙利亚参战。[3]

叙利亚逊尼派与什叶派敌对的日益增强，重新点燃了伊拉克、黎巴嫩、也门的教派激情，并由此引发什叶派大国伊朗与逊尼派大国沙特、土耳其之间的博弈。"在伊斯兰教1400多年历史中，周期性爆发的教派对立再次发作"[4]，叙利亚危机已演变为一场"文明内的冲突"。[5] 而美国等西方大国在中东维系统治的前提之一，就是地区国家与地区势力内斗不断。叙利亚危机导致逊尼派与什叶派矛盾升温，客观上符合美国的战略利益。

第三，落后保守势力在中东日渐占据主导。中东动荡之初，发生政权垮台或政局动荡的国家，大多是亲西方国家（如突尼斯、埃及、也门、巴林），由此使西方在中东影响力日趋下降。为扭转不利局面，以美国为首的西方国家不断加大干预力度。一方面，他们力

---

① Jefirey White, "Hezbollah's Declaration of War in Syria: Military Implications", The Washington Institute for Near East Policy, May 29, 2013. http://www.washingtoninstitute.org/policy-analysis/view/hezbollahs-declaration-of-war-in-syria-military-implications

② Victor Kotsev, "Atrocities, Disunity threaten Syrian rebels", *Asia Times Online*, May 31, 2013.

③ Suadad al-Salhy, "Iraqi Shiites flock to Assad's side as sectarian split widens", June19, 2013, http://in.reuters.com/article/2013/06/19/iraq-syria-militants-idINDEE95I0G920130619.

④ "A Climate of Change, Special Report", *The Economist*, July 13, 2013, p. 4

⑤ Stephen Crittenden, "The Clash Within Civilizations: How The Sunni-Shiite Divide Cleaves The Middle East", http://www.theglobalmail.org/feature/the-clash-within-civilisations-how-the-sunni-shiite-divide-cleaves-the-middle-east/349/

挺中东的亲西方国家，尽可能保住这些政权（如沙特、巴林等），如果当权者大势已去（如穆巴拉克政权），美国便顺水推舟，借以赢取民心，并通过经济援助等手段试图将这些国家继续留在西方体系内。另一方面，对叙利亚等不肯臣服西方、强调自主发展的地区国家，则借机大举挞伐。而海湾国家出于自保，也积极参与打击利比亚、颠覆叙利亚的干涉行动。

这种内外联合的最终结果，就是使地区进步势力遭到削弱，而保守势力则日渐站稳脚跟，声势日壮。巴林民众抗议遭沙特和阿联酋出兵镇压，但并未遭致美国谴责。突尼斯在本·阿里倒台后，政权落入更加亲西方人士之手，该国南部成为英国、法国和卡塔尔等国向利比亚输送武器和雇佣兵、推翻卡扎菲政权的中转基地。卡扎菲政权倒台后，利比亚也转而成为向叙利亚输送武器和武装人员的基地。可以想见，如果叙利亚政权垮台，中东落后保守势力势必影响更大。近六十年来，纳赛尔统治下的埃及、布迈丁治下的阿尔及利亚、萨达姆统治下的伊拉克，以及阿萨德家族统治下的叙利亚，都是奉行阿拉伯民族主义的政权。而伴随作为阿拉伯民族主义最后中心的叙利亚遭到严重削弱，中东有可能迎来沙特等海湾君主国主导的保守主义时代。

地区保守势力上升对美国显然不是坏事，中东保守势力一直是美国应对左翼政党和民族主义政党的帮凶和仆从。但对中东国家来说，地区力量对比的显著变化，意味着中东主流意识形态日渐退化。当年民族解放运动后颇受推崇的“独立自主”、“反对霸权”、“经济自立”等事关国家安危的民族主义话语，在中东剧变后逐渐被“民主还是独裁”、“世俗还是宗教”等二元对立的意识形态话语所取代。中东统治精英越是纠缠于“是否实现民主自由”、“是否应实行沙里亚法”等细节性问题，他们越有可能忽略那些对国家繁荣富强真正重要的东西——国家主权、国家稳定与经济独立自主。

第四，恐怖主义势力更趋泛滥。叙利亚陷入动荡后，“基地”组织头目扎瓦希里公开呼吁穆斯林发动“圣战”，推翻巴沙尔政权。境外宗教极端分子纷至沓来，将叙利亚视为“新版阿富汗圣战”的试验场。而西方为尽快推翻巴沙尔政权，不惜纵容、利用极端宗教势力。有分析指出，西方和以色列情报机构甚至秘密支持伊斯兰武装组织对叙利亚政府机构发动多起恐怖袭击。[①]

当前，叙利亚已逐渐成为全球圣战分子的目的地。[②] 叙新闻部长祖阿比 2013 年 4 月称，在叙作战的武装分子中，外国人超过 80%，来自 29 个国家。美国国务卿克里坦承，叙境内可能有 800 ~1200 个反对派武装，其中 15 ~25% 的武装团体是“坏家伙”。[③] 简氏防务咨询机构称，叙境内约 10 万名反对派，其中近半数是极端分子。德国情报部门称，叙境内 90% 以上爆炸袭击事件是与“基地”组织关系密切的势力所为。2013 年 4 月 10 日，叙反对派武装中战斗力最强的“胜利阵线”公开宣布效忠“基地”组织。9 月 25 日，又有 13 个叙反对派组织宣布加入“胜利阵线”，叙境内恐怖势力日渐壮大。

美国纵容恐怖势力不啻是打开“潘多拉魔盒”。当年美国在阿富汗扶植伊斯兰武装分子，结果使阿富汗成为极端势力的大本营，美国最终自食其果，遭受“9·11”恐怖袭击；2003 年美国入侵伊拉克导致该国成为恐怖主义的新天堂和输出地；2011 年西方为武力推翻卡扎菲政权，纵容极端恐怖势力壮大，最终招致 2012 年 9 月 11 日美国驻利比亚大使遭袭身亡；2013 年 8 月，

① 【加拿大】米歇尔·科塞多夫斯基著，禾田编译：《揭秘叙利亚战争背后的西方之“手”》，http://www.Global. research. ca/Syria-nato-s-next-humanitarian-war/29234

② Elliott Abrams，“Syria's European Jihadis”，*National Review Online*，March 28，2013.

③ Joe. Giambrone，“The Grim，Relentless March to War with Syria”，*Global Research*，September 7，2013.

美国因担心遭受恐怖袭击，史无前例地关闭了西亚北非地区近二十家使领馆。

当前，西方为推翻巴沙尔政权在叙利亚纵容恐怖势力，后果将更加危险而严重。叙利亚地处中东地缘政治中心，恐怖活动泛滥不仅危害本国民众安全，还会与地区恐怖势力联动，威胁地区和国际社会安全。叙利亚还是中东的化武大国，一旦化学武器落入恐怖主义之手，国际社会面临的恐怖威胁将成倍放大。2013 年 4 月，叙利亚总统巴沙尔就警告说，西方在叙利亚支持恐怖势力将付出惨重代价。[①] 如果反对派武装推翻现政权，将产生多米诺效应，给中东地区造成数十年的动荡。[②] 从长远看，美国等西方国家执意在叙利亚策动政权更替，还会使美国成为“独狼式”恐怖分子的打击目标。2013 年 4 月在波士顿制造恐怖袭击的嫌犯，其主要作案动机就是不满美国的中东政策。

① “Syria’s Assad says West will pay for supporting Qaeda”, *Khaleej Times*, April 18, 2013.

② “Rebel victory will destabilize Middle East”, *Khaleej Times*, April 8, 2013.

专题报告三

纷繁复杂的伊斯兰力量

大起大落的穆斯林兄弟会

西北民族大学中东文化研究所　丁　俊

【内容提要】

“穆斯林兄弟会”是中东地区最具影响的宗教政治组织。长期以来，穆兄会一直谋求通过推翻世俗政权、建立伊斯兰政权，实现阿拉伯民族复兴和伊斯兰文明的重建。然而，由于穆兄会奉行激进路线，甚至不惜采取武力夺权的方式，因而屡遭镇压，起伏不定。近年来，为了适应国际及地区形势的快速变化以及阿拉伯国家的政治转型，穆兄会开始进行自我调适，出现温和化、政党化的发展趋势，并逐步走向政治舞台的前列。尽管如此，穆兄会依旧难有作为，走上执政舞台刚满一年就在一夜之间垮台，再次陷入山穷水尽的困境。不过，由此断言穆兄会在埃及的政治博弈中已被淘汰出局还为时尚早，作为有着80多年历史的老牌伊斯兰政治组织，穆兄会依然具有不可小视的社会影响和政治能量。

在当前中东地区动荡不定、跌宕起伏的政治风浪中，“穆斯林兄弟会”（以下简称“穆兄会”）的命运和前景成为令世界关注的热点问题。穆兄会的性质如何？它有着怎样的组织机构、思想理念以及政策主张？在国际及地区形势急速变化的今天，穆兄会自身又有着怎样的变动与调整？攀上埃及权力巅峰的穆兄会为何在一年后轰然倒塌？在风云变幻的埃及乃至中东地区的政治博弈中，穆兄会的发展趋势和前景又将如何？本文试就上述问题进行梳理和研判。

一、穆兄会概说

（一）发展历程与思想理念

穆兄会于 1928 年由哈桑·班纳在埃及伊斯梅利亚创立，1932 年总部迁至开罗，并陆续在埃及各地吸纳会员，建立支部。经过十多年的发展，穆兄会在埃及各地的支部数量多达数千个，快速发展的穆兄会将矛头由最初的殖民主义转向埃及法鲁克王朝，因而受到法鲁克王朝的打压。1948 年 12 月，法鲁克王朝内阁总理诺克拉西宣布解散穆兄会，并查封其总部；作为报复，穆兄会策划暗杀了诺克拉西。1949 年 2 月，穆兄会最高领导人哈桑·班纳遭当局情报机构暗杀身亡，穆兄会从此陷入长期与执政当局对抗并频遭打压的历史怪圈之中。

在 1952 年革命中，穆兄会曾全力支持以纳赛尔为首的“自由军官组织”成功推翻法鲁克王朝，但在当代埃及，穆兄会一直受到当局的严密防范甚至残酷镇压。在 80 多年的发展历程中，穆兄会始终难以摆脱这一历史命运，其内在的原因的确值得穆兄会成员特别是其高层领导深刻反思。

穆兄会既是宗教组织，也是政治组织。在宗教方面践行伊斯兰教的信仰，恪守《古兰经》和圣训；在政治方面推翻世俗政权、建立伊斯兰政权，是穆兄会的最高目标。哈桑·班纳把穆兄会的基本特征概括为八个方面：（1）先贤的召唤，即正本清源，回归到圣门弟子时代对于伊斯兰教的理解和实践中去；（2）圣行的道路，即遵循先知穆罕默德的道路；（3）苏菲的真谛，即弘扬伊斯兰教“敬主爱人”的传统，涤心滤性，修行育德；（4）政治的机构，即建立伊斯兰政权；（5）体育的团体，强调穆斯林要强身健体，才能担当复兴伊斯兰的使命；（6）科学文化的协会，主张崇尚知识，激励学习，视求知为穆斯林的天命；（7）经济的公司，即关注现实生活，鼓励穆斯林积极谋生；（8）社会的理念，即穆斯林应承担社会责任，止恶扬善。[①]

显然，穆兄会的思想理念与阿拉伯伊斯兰世界的现实存在着巨大的距离。在宗教层面，穆兄会所诠释的“全面的伊斯兰教”，事实上并未得到全体穆斯林的认同，包括苏菲派在内的其他一些伊斯兰教派都指责穆兄会误导教众；在政治层面，由于穆兄会以攫取国家最高权力为目标，自然难逃阿拉伯各国执政当局的镇压与封杀；在社会层面，穆兄会坚持的宗教复古主义缺乏应有的包容性，受到阿拉伯社会世俗主义、自由主义的抵制。

（二）组织机构和运行机制

穆兄会有其独特的组织结构和运行机制，其最高权力机构由“创建委员会”亦即“总协商议会”、“总导师”和“总指导局”组成。总协商议会是穆兄会的最高决策结构，主要负责阐释穆兄会的思想路线、制定穆兄会的行动纲领、选举总导师及总指导局成员等重大事务；总导师是穆兄会的最高领导人，经总协商议会推选产生，配有副总导师、秘书及助手若干名；总指导局是穆兄会的最高执行机构，由包括总导师在内的 13 名成员组成，负责执行各项行动计划，指导各地支部及国外分支机构的工作，下设多个专门事务的执行部门，分管政治、经济、财务、教育、宣传、媒体、教法裁判、翻译、家庭、妇女、学生、对外联络等专门事务。穆兄会对各级管理人员及会员均有相应要求，层层审查把关，以防异己分子渗入。由于穆兄会长期处于“非法”状态，其活动多在地下开展，有关其组织结构及运行机制的真实内幕以及其领导层人员的信息、会员的

① 侯赛因·本·穆哈辛·阿里·贾比尔：《通向穆兄会之路》（阿拉伯文），开罗：忠贞书局 2002 年版，第 256—257 页。

人数等，实际上迄今都鲜为外界所知。

穆兄会历任总导师

姓名	生卒年	任期	届别
哈桑·班纳	1906—1949	1928—1949	第一任
哈桑·胡岱必	1891—1973	1951—1973	第二任
奥马尔·塔勒姆萨尼	1904—1986	1973—1986	第三任
穆罕默德·哈米德·艾布·纳赛尔	1913—1996	1986—1996	第四任
穆斯塔法·马什胡尔	1921—2002	1996—2002	第五任
穆罕默德·迈厄穆恩·胡岱必	1921—2004	2002—2004	第六任
穆罕默德·马赫迪·阿基夫	1928—	2004—2010	第七任
穆罕默德·巴迪亚	1943—	2010—2013. 8	第八任
马哈茂德·伊扎特·易卜拉欣	1944—	2013. 8—	临时接任

二、穆兄会的变化与调整

在穆兄会 80 多年的发展历程中，无论是其思想理念、组织机构，还是其运行方式、实践活动，都始终处于不断变动与调整之中。进入 21 世纪以来，特别是中东变局发生以来，由于国际及中东地区政治格局发生了重大变化，穆兄会在思想理论和政治实践等各方面均发生了显著变化，备受世人瞩目。

（一）思想渐趋温和

穆兄会的变动与调整首先体现为政治思想渐趋温和。有专家指出："为适应中东国家的政治转型，伊斯兰势力正在进行自我改造，出现温和化、政党化和民族化倾向。所谓温和化，是指其主张日趋温和与理性，排斥以暴力手段夺取政权的激进道路，转而注重走参与选举的和平渐进道路；在对待西方态度上，也趋于理性，改变了过去一味排斥的立场。”[①] 穆兄会日益清楚地认识到，激进主义路线不仅不能带来预期的成功，反而还会带来更大的政治风险。“9·11”事件之后，穆兄会在思想理论方面受到伊斯兰中间主义思潮的影响，明确强调中正和谐之道才是伊斯兰文明的成功之道，因而不断调整思想路径，日益改变过去激进甚至极端的各种主张，特别是“暴力夺权”的主张，强调走和平变革之路。

需要注意的是，这种“温和化”的价值取向并非是穆兄会领导层和全体成员的广泛共识，事实上，在穆兄会内部长期以来一直存在思想路线之争和派系斗争。2002年退出穆兄会的新生代领导层骨干舍尔瓦特·哈尔巴维在《穆兄会内幕》一书中披露，穆兄会长期存在温和派与激进派之间的严重分歧和斗争，[②] 前者相对宽容温和，主张走维新变革、和平对话之路，后者趋于激进和极端，主张走暴力革命、武装夺权之路，两派之间的斗争一直延续至今。同时，在穆兄会元老级领导人与新生代领导人之间也存在不少分歧，新生代领导人思想更趋开放和包容。这里所说的“温和化”的趋势，主要是指在近年来穆兄会内部的主流价值取向倾向于走维新变革的和平之路。[③] 然而，目前埃及穆兄会的严酷处境，有可能会再次激起其内部的思想路线之争，甚至不能排除宗教极端主义再次抬头的可能性。

（二）行动趋于务实

穆兄会的变动与调整还体现为其政治实践日趋灵活与务实。穆兄会在穆巴拉克时期就致力于参与议会政治，强调走和平变革之路。

① 刘中民、朱威烈主编：《中东地区发展报告（2012年卷）》，北京：时事出版社，2013年版，第313页。

② 舍尔瓦特·哈尔巴维：《穆兄会内幕》（阿拉伯文），开罗：复兴书局2013年版，第276页。

③ 舍尔瓦特·哈尔巴维：《穆兄会隐情》（阿拉伯文），开罗：复兴书局2012年版，第295—302页。

近年来，中东各国的穆兄会大都抛弃了昔日武装斗争、暴力夺权的极端方式，努力走合法参政的道路。

多年来，穆兄会成员不断化整为零，分散行动，以个人身份进入议会、军队、政府职能部门，甚至组建政党，出现政党化与合法化的发展趋势，积极参与各种竞选活动，埃及的“自由与正义党”、约旦的“伊斯兰行动阵线”、摩洛哥的“正义与发展党”、突尼斯的伊斯兰“复兴运动党”、利比亚的“公正与建设党”，都是通过和平竞选方式走向政治舞台的中心甚至上台执政的。穆兄会之在政治实践活动中日趋务实有多方面的原因。

首先，穆兄会自身不断对过去的思想路线进行反思、调整。实践证明，一味采取激进的方式与当局进行斗争，其结果往往是得不偿失，甚至事与愿违，而灵活多样的和平方式事实上更为有效。

其次，长期以来，穆兄会一直重视在民间的经营，通过开展扶贫济困、资助教育等多种公益慈善活动，赢得众多支持者，具有较为广泛的民意基础，为其走政党化发展之路奠定了群众基础。

最后，中东地区形势不断变化，特别是阿拉伯大变局为穆兄会的政党化发展提供了机遇。穆兄会日益清楚地认识到“选票”比“宝剑”更有力量。

然而，穆兄会要成功蜕变为一个能够适应现代社会、有效运用现代政治游戏规则、驾驭复杂局势的成熟政党，无疑还有很长一段路要走。它只有学会现代政党政治的运作规则与斗争艺术，学会尊重异己，包容他者，才有可能在中东政治舞台上持久立足，在治国理政的实践中有所作为。埃及“自由与正义党”短暂执政后便惨遭失败，显然与穆兄会的执政能力不足有重要关系。

（三）调整内外政策主张

随着思想路线与政治实践渐趋温和务实，穆兄会的政策主张也处于变动与调整之中。

在政治领域，谋求建立伊斯兰政治制度一直是穆兄会长期以来始终坚持的政治主张。值得注意的是，穆兄会思想家对“伊斯兰政治制度”的理论阐释在不断发生变化。其中最为显著的变化是，不再像过去那样强调要在伊斯兰世界建立政教合一的大一统的“哈里发”制度，而是强调建立现代“伊斯兰公民国家”。尽管穆兄会依旧强调伊斯兰教经典《古兰经》在立法中的根本地位不可动摇，但同时也强调伊斯兰政治体制绝非欧洲中世纪那种政教合一的“神权”体制，而是体现伊斯兰原则的共和、议会、宪政的民主政体，其核心是确立“舒拉制”（即伊斯兰协商制）并实施即伊斯兰法。

穆兄会认为，“舒拉制”与“民主”的精神并行不悖，确立“舒拉制”旨在推行多党合作的议会民主政治，尊重社会的多元属性，因为现代“伊斯兰国家”是具有多元属性的“公民社会”。[①] 也正是由于这一政治主张的变化，才使穆兄会朝着政党化的方向蜕变，并且强调“伊斯兰政党”不是“伊斯兰教党”，而是“公民政党”，从而淡化其宗教色彩。与此相适应，穆兄会过去高呼的“伊斯兰是唯一解决之道”也被“反对独裁，争取民主”、“改善民生、惩治腐败”等新的政治口号所取代。

穆兄会主张，伊斯兰政体应包容不同政见，保障公民自由，因为“自由”是伊斯兰法赋予公民的一项基本权利，所有限制个人自由的法律包括紧急状态法均应予以取消，过去埃及军事法庭及其附属法庭裁定的案件应予复查，并应在普通法庭重审，冤假错案应予平反。埃及穆兄会发言人曾明确表示，埃及不允许宗教专制，比如在是否禁酒的问题上，穆兄会主张埃及的非穆斯林有造酒、饮酒的权利。穆兄会强调军队承担着保卫国家安全、捍卫国家主权的职责，但军队必须远离政治舞台，不能干预国家行政。基于此，穆尔西上

① 尤苏夫·盖尔达维：《宗教与政治》（阿拉伯文），都柏林（爱尔兰）：世界穆斯林学者联合会2007年印行，第134—150页。

台后，就开始大刀阔斧地削弱军队权力，试图将长期居于埃及权力中心的军方排除在国家最高权力之外，但这也让他付出了被军方罢黜的沉重代价。

在社会方面，穆兄会也不再一味强调伊斯兰社会的纯洁性，不再主张建设高度宗教化的伊斯兰社会，而是主张建设“公民社会”——包容多种民族、文化和宗教的多元社会，其中非穆斯林文化有足够的空间和生存自由。非穆斯林与穆斯林享有同等的权利，承担同等的义务。埃及的科普特人等少数族群及其基督教信仰都是埃及社会的组成部分，是“民族的伙伴”，其权利受到伊斯兰教法的保护，穆兄会在竞选纲领中曾多次重申这一主张。[①]

在经济领域，穆兄会强调阿拉伯伊斯兰国家应选择适合自身的经济模式，走独立自主的经济发展道路，摆脱对西方经济的严重依赖，强化阿拉伯伊斯兰国家之间的经济合作，重视社会分配的公平性。穆兄会主张建立与伊斯兰政治体制相适应的伊斯兰经济制度，其中包括现代伊斯兰金融制度，其基本特征是禁止利息以及各种变相的高利贷盘剥。

埃及等绝大部分阿拉伯国家的经济，长期存在结构失衡问题，产业单一，农业、制造业落后，国家财政严重依赖油气资源、侨汇和旅游业，财政赤字、外债、通胀率、失业率长期居高不下，社会财富高度集中，两极分化、贪污腐败现象严重。“阿拉伯之春”的根本动因就在于经济发展严重滞后以及与之相伴的民生问题。因此，穆尔西上台后，迫不及待地提出旨在重整经济的“百日计划”，内容涉及安全、能源、环境、食品补贴和交通五大类共计64项议题，其主要内容大都是关乎国家经济发展的政策。然而冰冻三尺非一日之寒，严重滞后的埃及经济积重难返，穆尔西的“百日计划”基本上

---

① 伊萨姆·伊尔亚尼：《穆兄会与公民国家》（阿拉伯文），开罗：阿拉伯传媒中心2011年版，第29—45页。

都未能兑现。

在国际关系与对外政策方面，穆兄会赞同《联合国宪章》的基本准则，强调国际关系中的相互尊重、平等互利、互不干涉原则，反对霸权主义与强权政治，反对将一种政治模式或价值标准强加于别国，反对包括国家恐怖主义在内的各种形式的恐怖主义。穆兄会批评埃及等阿拉伯国家长期奉行追随西方的外交政策，主张奉行独立自主、多元平衡的外交政策，强调在保持与西方国家正常交往的同时，应进一步提升和发展与阿拉伯伊斯兰国家、非洲国家、中国等亚洲国家的外交关系，开展全方位的多元平衡外交，提升阿拉伯国家在国际社会中应有的地位。

在发展对外关系方面，穆兄会强调阿拉伯国家特别是埃及外交应“向东看”，要进一步发展和提升与中国、俄罗斯以及其他亚洲国家乃至拉美国家的关系。穆尔西上台后，一反埃及外交的传统，将任职后首访的非阿拉伯大国由美国更换为中国，穆尔西还到访印度、巴西等发展中大国，谋求与世界新兴经济体发展长期稳定的合作关系。这些都是穆兄会强调“向东看”战略、奉行多元平衡外交的具体体现。尽管穆尔西执政一年间的内政受到多方批评，但其外交却被认为“可圈可点”[①]，受到国际社会关注。

但是，秉持穆兄会外交理念的穆尔西在外交方面的调整与转向，实际上触动了美国、沙特等国际与地区大国的战略利益，这一“平衡外交”最终却导致其自身陷入被动。因此，在埃及国力严重衰落的背景下，穆兄会的外交“转向”很难产生实质性的效果。

总体来看，穆兄会的一系列政策主张多偏于宏观与理论层面而疏于微观与现实层面，理想色彩浓重，实际操作性不强，一些政策主张只是纸上谈兵，与埃及等阿拉伯国家的现实相差甚远，难以真正付诸实施。穆尔西作为穆兄会政治理想的实践者，虽雄心勃勃，

① 殷罡：“穆尔西的外交可圈可点”，载《东方早报》2012 年 8 月 31 日。

迫不及待地按照穆兄会描绘的内政外交蓝图改造埃及，但在执政短短一年后便被废黜的悲惨结局，无疑证明穆兄会尚缺乏治国理政的足够能力，穆兄会再次站在了生死攸关的十字路口。

三、重陷困境的穆兄会

（一）从借势崛起到大权旁落

穆兄会借“阿拉伯之春”乘势而上，快速崛起，从政治幕后走到前台，使穆兄会在中东地区的政治影响力骤然提升。2011 年 2 月，穆尔西被推举担任穆兄会所属政党“自由与正义党”主席，继而以该党主席身份参与埃及总统竞选。2012 年 6 月 30 日，以微弱多数获胜的穆尔西就任埃及第五任总统，成为埃及首位民选总统，也是埃及历届总统中首位没有军方背景的总统。

从穆尔西上台伊始，穆兄会与军方主导下的世俗主义阵营之间的矛盾就开始反复较量，一次巅峰对决在所难免。中国中东问题专家就此曾有预判：“从本质上说，此次总统选举是以穆斯林兄弟会为代表的伊斯兰力量和以军方为代表的世俗主义力量的对决……总统及其背后的兄弟会势力与军方的妥协和平衡无疑将异常艰难，双方的矛盾和对抗仍然有可能导致埃及陷入严重的冲突与动荡。”[①] 另有学者指出：“当前，军方与穆斯林兄弟会的斗争仍未尘埃落定，甚至仍无法排除军方以军人干政和政变的方式与穆尔西对决，以保障自己的权力以及世俗政体的基础。”[②] 中国学者的预判不幸言中，穆尔

① 刘中民：“埃及仍处在畸形的政治过渡期”，载《东方早报》，2012 年 6 月 26 日。

② 刘中民、朱威烈主编：《中东地区发展报告（2012 年卷）》，北京：时事出版社，2013 年版，第 106 页。

西执政刚满一年，两大阵营间的矛盾就已达到白热化程度，最终导致军人干政，酿成重大流血冲突，也致使埃及社会再次陷入分裂与动荡。

埃及“二次革命”的实质是各大政治力量特别是穆兄会与军方支持下的世俗主义政治力量间的对决，凸显了世俗和宗教两大阵营围绕埃及发展道路的彻底分裂与对抗。埃及基督教思想家拉菲格·哈比卜在最近出版的《两次革命间的国家与穆兄会》一书中指出：“穆兄会以及所有伊斯兰政治力量，并非是埃及政治生活中的外来者，而是埃及政治生活与埃及社会的组成部分”，因此，试图从政治生活中清除穆兄会的做法，必将导致埃及社会的长期动荡。[①]

武力“清场”和铁腕打压固然能暂时清除广场上的示威者，却无法从根本上消除埃及社会根深蒂固的伊斯兰复兴思想及其社会力量。“当代伊斯兰复兴思想和运动兴起的现实根源，在于内部现代化进程滞后和外部生存环境不断恶化的双重危机，本质上是一种运用伊斯兰文化传统探索自身发展道路，重建伊斯兰辉煌文明的尝试。尽管伊斯兰复兴运动普遍带有鲜明的反世俗化、反西方化的特征，至今也不能说已经找到了成功的路径，前景也还不很明朗，但其主旨思想是与伊斯兰教追求公正、和平的社会理念相一致的，与恐怖主义绝无任何必然联系。”[②] 显然，埃及军方及临时政府强力打压穆兄会的做法不仅不能带来国家的长治久安，相反，还可能制造更加严重的危机，加剧政治对立，进而撕裂埃及社会，导致持久的社会动荡，因为穆兄会绝不会就此善罢甘休，很可能再次转入地下，汇为暗流，伺机涌动，甚至进一步外溢，不断渗透到周边的

① 半岛网：新书介绍——《两次革命间的国家与穆兄会》（阿拉伯文），http：//aljazeera. net/books/pages/444ce132 – 986f – 49a0 – 9f64 – fbbffad6b7a1

② 朱威烈等：《中东反恐怖主义研究》，北京：时事出版社 2010 年版，第 159—160 页。

阿拉伯伊斯兰国家，据报道，穆兄会已开始在巴基斯坦寻求新的栖身之地。[①]

因此，无论是眼下埃及军方制定的路线图，还是今后埃及政治变革的进程，都不会一帆风顺，在可预见的未来，埃及社会也难以迎来真正稳定安宁的局面。“无论如何，穆兄会仍将是埃及社会一股不可忽视的力量，它还有力量组织大规模的抗议游行。经过这次清场，埃及社会进一步撕裂，真正恢复稳定，决非易事。”[②]

（二）重陷困境，路在何方

从2012年6月到2013年8月，仅仅在一年之间，埃及穆兄会的命运发生了从借势崛起到大权旁落的戏剧性变化。在历史上，穆兄会也曾屡遭严酷镇压的厄运，但不同的是，这一次恐怕是攀爬得最高、也摔得最痛的一次。那么，埃及穆兄会为何再次横遭厄运，从权力的巅峰快速跌落呢？其中的原因异常复杂，既有内因，也有外因，而最致命的还是内因。穆尔西一上台，不仅没有在施政中体现和落实温和包容的精神，不愿与其他政治力量分享权力，而且急于统揽军队、司法及行政大权于一身，因而被反对派指斥为“新法老”，有专家从治国理政的技术层面对穆尔西政权失败的原因做了分析，认为“执政理念缺乏”、“干部准备不足”、“舆论准备不足”是导致穆尔西下台的三大原因。[③]

除穆兄会自身的原因外，埃及的“二次革命”还有复杂的地区及国际因素。从地区层面看，埃及周边的阿拉伯国家以及以色列、

---

① 阿拉伯新闻网：“国际穆兄会埃及受挫，转向拉哈尔寻求栖身之地”（阿拉伯文）：http：//www. alarabiya. net/ar/arab – and – world/egypt/2013/09/26/????? – html

② 安惠侯：“‘清场’进一步撕裂埃及”，载《解放日报》2013 年 8 月 15 日。

③ 朱威烈：“穆兄会执政有三大缺失，为何下台需做深刻反思”，载《新民晚报》2013 年 8 月 29 日。

伊朗和土耳其，都不同程度地对埃及的政治博弈施加了重要影响。以穆兄会为代表的伊斯兰政治力量的崛起，使那些长期奉行家族专制统治的阿拉伯君主制国家不寒而栗，因为穆兄会的崛起直接威胁到了君主世袭制。因此，在穆尔西被解职后的第一时间，沙特阿拉伯就向埃及军方发电致贺，并与阿联酋、科威特联手向埃及临时政府提供高达120亿美元的巨额经济援助；穆兄会及伊斯兰力量的崛起也让以色列倍感忧虑，因此以色列对埃及军方推倒穆兄会的行动自然是乐见其成；而与穆兄会具有相似价值取向的突尼斯、土耳其等国，则对埃及军方的“政变”予以谴责。

从国际层面看，对埃及政治进程最具影响力的国家就是美国。美国对于埃及军方罢免民选总统的做法态度暧昧。一方面，军人干政特别是武力清场的做法，与美国向来标榜的“民主”、“人权”的价值观背道而驰，致使奥巴马总统不得不在口头上要求埃及军方尽快恢复民主，并宣布终止与埃及军方预定在9月份举行的联合军演；但另一方面，美国又从其自身利益出发，默许甚至怂恿埃及军方罢黜穆尔西，打压穆兄会，以使埃及继续依附美国，为美国在中东的战略利益服务。

因此，有分析认为，扳倒穆尔西，抑制穆兄会，实际上是埃及军方及其所支持的世俗主义力量与国外“倒穆”力量的一次合谋。“如同许多中东国家一样，经历了半个世纪军人独裁统治的埃及民众渴望民主自由，但同时他们的血脉里又流淌着一千多年传承下来的伊斯兰意识形态和文化……在将近一个世纪的时间里，以穆兄会为代表的伊斯兰主义和世俗主义的文化和政治诉求在埃及社会的发展是齐头并进的，两股政治势力几乎势均力敌。60年的军人统治掩盖了它们之间的矛盾。但随着穆巴拉克倒台，埃及向何处去的问题又尖锐地摆在埃及人面前。不同利益的社会群体分别将希望寄托于两大政治集团。双方都企图以自己的政治蓝图来改造埃及，引发了一场殊死的搏斗。这就是两年多来埃及冲突的根源。”①

路在何方？这既是重陷困境的埃及穆兄会面临的重大现实问题，实际上也是整个埃及社会所面临的问题。就穆兄会而言，走逆势抗争之路，还是顺势合作之路，亦即走“吉哈德”（圣战）之路还是走“伊智提哈德”（创制）之路，是摆在穆兄会面前的重大战略抉择。如果走上与军方的暴力对抗之路，将会前途黯淡，甚至最终走上绝路。因此，唯一正确的抉择应是走和平对话的合作之路。尽管穆兄会还可能继续号召和组织规模不等的示威游行活动，但其能力已大大减弱，穆兄会高层中的强硬派人物几乎已悉数被抓。在此背景下，其内部很可能会进一步分化，滋生出新的极端主义团伙，同时也会形成新的温和力量。据悉，已有名为“穆兄会青年”和“非暴力穆兄会”两个新的温和派组织分化出来，谋求与临时政府当局开展和平对话。值得注意的是，穆兄会主流价值取向仍然倾向于走非暴力的和平之路，就在 2013 年 8 月 20 日穆兄会总导师巴迪亚被逮捕后，穆兄会随即宣称不会以暴力方式回应巴迪亚的被捕，而将继续以和平方式抗议。尽管埃及穆兄会再次遭受重大打击，但其坚持和平变革的基调迄今尚未改变，穆兄会仍宣称其路线是“和平，和平，还是和平”，“我们对和平路线的选择，绝不是一时的策略，而是基于伊斯兰教法原则以及对现实与历史正确理解之上的战略抉择”。②

以穆兄会为代表的伊斯兰力量与世俗主义力量之间的明争暗斗将会长期影响埃及乃至诸多阿拉伯伊斯兰国家的政治变革进程，因此，如何处理稳定、变革与发展的问题，将是长期困扰这些国家的

---

① 环球网：华黎明：“结束埃及乱局，需要一个‘曼德拉’”，http：//opinion.huanqiu.com/opinion_world/2013－08/4273202.html

② 穆兄会网：“和平，和平，和平——穆兄会的公开信”（阿拉伯文），http：//www.ikhwanonline.com/Article.aspx？ArtID＝162319&SecID＝211

重大现实问题，而实现宗教力量与世俗力量两大阵营的和解与合作，才是埃及等中东国家实现长治久安的唯一正确出路。“转型变革之路是一个较长时期、充满矛盾和利益较量的过程，不是换一个总统或政府就能解决的。社会各派政治力量需在激烈的碰撞博弈过程中反视自己，理解和尊重社会的多样性，任何一种力量都不能凌驾于他人之上。穆兄会作为埃及社会的一支重要力量，应学会平等参与，共同协商；其他政治力量也应给它磨合的机会，切不可‘冤冤相报’，都应接受‘和而不同’，在新的基础上通过相互妥协达成共识，使‘街头政治’导致的流血不白流。只有这样，才是埃及国家之幸、民众之福，也可成为有古老文明的埃及在新时代对人类的新贡献。”①

当前，穆兄会在埃及遭受重创，大批领导人被捕或逃亡，资产遭冻结或被没收；继埃及之后，沙特阿拉伯、阿联酋等海湾国家近期也加大了对穆兄会的防范和打击力度。但是，穆兄会仍将是埃及乃至中东政治变革进程中的重要力量。穆兄会作为有着 80 多年历史的老牌伊斯兰政治组织，在阿拉伯各国有广泛的社会基础，具有不可小视的社会影响和政治能量。因此，现在断言穆兄会在埃及政治舞台已经完全出局还为时尚早。

① 吴思科：“走好转型之路，埃及需要包容”，载《解放日报》2013 年 7 月 8 日。

中东变局中的伊斯兰政党

上海外国语大学中东研究所　**刘中民　李志强**

【内容提要】

中东变局发生以来，伊斯兰主义力量迅速崛起，以之为基础的伊斯兰政党纷纷通过参与民主选举参政议政，一些较为温和的伊斯兰政党在埃及、突尼斯、摩洛哥等地先后通过议会选举成为执政党，而土耳其老牌的伊斯兰政党正义与发展党也在中东变局中发挥了重要作用，伊斯兰政党在意识形态以及政治实践方面也发生了明显的变化。面对各种复杂的国内外形势，伊斯兰政党的表现虽然各不相同，但均面临着十分严峻的挑战，而埃及自由与正义党在执政一年后便惨遭失败，则成为伊斯兰政党遭遇的最大挫折。

时至今日，中东变局已持续三年有余，在阿拉伯国家政治转型过程中借势而起的温和伊斯兰政党也经历了国内外复杂形势与环境的洗礼。面对不断变化与发展的国内外形势，伊斯兰政党在意识形态和政治实践方面均发生了变化。因此，本文主要以埃及的自由与正义党、突尼斯的复兴运动党、摩洛哥的公正与发展党以及土耳其的正义与发展党为代表，分析中东变局中温和伊斯兰政党在意识形态以及政治实践方面的新发展及其面临的挑战。

一、伊斯兰政党的发展简况

政党是一定社会集团中有着共同意愿的人们自愿结合在一起，以取得政治权力为首要目标的政治组织。[①] 政党主要由建党的思想基础、党纲、组织原则、组织结构及党员等要素组成。宗教政党是以特定的宗教政治思想为基础，由特殊的宗教群体建立的政党，这种政党同时追求宗教与政治的双重目的。宗教政党的目标在于维护特定宗教群体的利益，通过参与国家政治生活对社会发展施加影响。就其本质而言，宗教政党首先是一种政党，不是以宣教为主，而是以参政议政为主，企图利用宗教的社会力量达到获取政治权力的目的，但同时又具有鲜明的宗教属性，其政治纲领多以宗教为意识形态基础。宗教政党一般出现在政教关系比较密切的国家。[②]

伊斯兰政党是相对于世俗政党而言的，主要是指以伊斯兰教作为立党的理论基础，主张用伊斯兰原则建设国家，维护伊斯兰伦理，并且通过参政、议政等手段实现独掌或分享政治权力的宗教政党。

伊斯兰政党广泛分布于中东、非洲、南亚等地，它们是20世纪以来出现在伊斯兰世界的一种特殊类型的宗教政党，基本上都以现代伊斯兰主义作为立党的思想根基，坚持在复兴伊斯兰文化的基础上以伊斯兰原则建设国家。根据宗教思想倾向的不同，伊斯兰政党可分为温和与激进两派。温和派主张在法律允许的限度内开展各种政治活动，希望通过政治参与来影响政府的决策，以渐进的方式使政治进程朝着有利于其政治目标的方向演进。激进的伊斯兰政党主

① 王长江：《政党政治原理》，北京：中共中央学校出版社2009年版，第52页。

② 梁丽萍：“现代社会宗教的政治参与及其对政治稳定的影响”，载《当代世界与社会主义》2007年第2期，第122页。

张将伊斯兰教作为一个无需改革的系统全盘接受，彻底推翻世俗政权，建立以伊斯兰教法为基础的伊斯兰国家，在政治、法律和文化等各领域推行全面的伊斯兰化。按伊斯兰政党是否在体制内活动，也可分为两类。一类为体制内的宗教政党组织，它们是被政府所认可的宗教政党组织，可以通过参与议会选举等方式参政议政。另一类是体制外的伊斯兰政党，这些政党组织或被取缔，或被剥夺合法政党的地位，不能通过正常的议会选举等民主方式来参政议政。如埃及的穆斯林兄弟会于 1954 年被政府宣布为非法组织，直到 2011 年 3 月 28 日埃及新选举法生效后，政党合法地位才得以恢复。但在穆尔西政权遭废黜后，埃及过渡政府先是宣布穆兄会为非法组织，后又将其定性为恐怖组织，导致穆兄会再次失去合法性。突尼斯的复兴运动党在 1992 年遭到政府镇压，直到 2011 年才得以复出。本文的分析对象主要是在中东变局中异常活跃的温和伊斯兰政党，如埃及的“自由与正义党”、突尼斯的“复兴运动党”[①]、摩洛哥的“公正与发展党[②]”以及土耳其的“正义与发展党”[③] 等。

伊斯兰政党最早产生于实行议会民主制的伊斯兰国家内部，其最早的代表是由哈桑·班纳于 1928 年创建的穆斯林兄弟会。伊斯兰政党的发展主要经历了以下几个阶段：

---

① 突尼斯复兴运动党的前身为 1981 年成立的“伊斯兰行动”组织，1989 年更名为复兴运动党后被禁止参与选举活动。在本·阿里时期，复兴运动党遭到政府大肆镇压，大量党员被捕入狱，1992 年被政府取缔，直到 2011 年 3 月，该党才获得合法政党地位。

② 摩洛哥公正与发展党，前身为 1967 年成立的“人民民主宪政运动”，1998 年更名为公正与发展党。该党为温和的伊斯兰政党，拥护君主制，反对暴力和恐怖主义，主张以渐进方式对社会进行变革。

③ 土耳其正义与发展党缘于上世纪 90 年代被取缔的繁荣党，但该党否认其自身宗教属性，称自己为“保守的民主党”，主张将伊斯兰教与民主政治、现代化和民族国家进行整合，认同多元主义，寻求经济发展和社会正义，2002、2007、2011 连续三次赢得土耳其议会大选。

从20世纪初至80年代，伊斯兰政党组织积极投身国家的独立与解放运动，但随后由于与世俗政党在治国理念等诸多方面产生分歧，逐步发展成为政治反对派力量。除了土耳其的部分伊斯兰政党有一定的参政经历外，绝大多数伊斯兰组织都遭到政府的强力打击，并使伊斯兰组织内部的极端派别转向从事暴力活动。例如，埃及的穆斯林兄弟会在20世纪50年代曾积极协助以纳赛尔为首的自由军官组织发动政变，推翻埃及法鲁克王朝，后因双方在建国理念等方面的分歧，走上反对纳赛尔政权的道路。1954年10月，穆兄会因刺杀总统纳赛尔未遂而遭到政府大规模镇压，大量党员被捕；此后，从穆兄会内部分化出大量极端组织，它们多次制造恐怖袭击事件，并在1981年10月制造了刺杀总统萨达特的恐怖事件。

从20世纪80年代到20世纪末，尤其是冷战结束以来，随着民主环境的改善，全球化进程的加快，两极格局的终结和中东民主化进程的推进，伊斯兰政党的社会处境得到了逐步改善，部分伊斯兰组织开始以议会选举的合法斗争方式参政议政，并在部分国家取得了执政党地位，但由于世俗力量的反对以及地区形势的变化，伊斯兰政党最终又再次被赶下台来。例如：埃及穆兄会于1984年首次以新华夫脱党候选人名义参选并赢得议会中的9个议席。1987年，它又与社会主义工党和自由党组成伊斯兰同盟，赢得议会中的31个议席。[①] 阿尔及利亚的伊斯兰拯救阵线[②]先后在1990年6月的地方议会选举和1991年12月全国议会选举中获压倒性胜利，但最终由于军方干预，使其与国家政权失之交臂。在约旦，穆兄会组织的伊斯兰行动阵线在1989年和1993年的全国议会选举中成为最大的政治集

① 杨晓璐："埃及穆斯林兄弟会政党化问题研究"，外交学院2011年硕士学位论文，第24页。

② 伊斯兰拯救阵线成立于1989年3月，为阿尔及利亚最大的反对党；1992年3月4日，阿尔及利亚地方法院宣布解散伊斯兰拯救阵线。

团。此外，土耳其繁荣党[①]于 1987 年、1995 年先后两次参加大选，并于 1995 年 12 月在全国大选中获得了总共 500 个议席中的 158 个席位，成为当时土耳其的第一大政党，[②] 并与其他政党组建联合政府，但由于繁荣党试图改变土耳其的世俗化发展方向，最终在 1998 年被土耳其宪法法院取缔。摩洛哥公正与发展党也曾在 1997 年 11 月的议会下院选举中获得 325 席中的 14 席。[③]

进入新世纪以来，随着“9·11”事件的发生，美国加大了对中东伊斯兰极端组织的打击力度，中东国家政府也借机对伊斯兰势力进行打压。在此背景下，伊斯兰组织开始进一步分化，大量伊斯兰政党开始采取更加务实的态度，更多通过参与民主选举等方式参政议政，表达政治诉求；而部分伊斯兰政党的激进派别则蜕变为更加极端的暴力恐怖组织。与此同时，伴随中东地区民众反美情绪的高涨，加之世俗政权在治理国家、发展经济等方面的糟糕表现，温和伊斯兰政党组织的民意基础不断扩大，其政治影响力不断提升，其中尤其以土耳其正义与发展党的崛起为代表。2002 年，土耳其正义与发展党赢得议会选举胜利，成为土耳其历史上单独执政的首个伊斯兰政党。而摩洛哥公正与发展党在 2002 年 9 月立法院选举中获得的席位也有大幅增加，共获得 42 席，一跃成为议会第 3 大党。2003 年美国发动伊拉克战争后，由于谴责美国入侵伊拉克的政策，公正与发展党在群众中赢得了极大支持。[④] 在 2005 年 12 月的埃及议会选

---

① 土耳其繁荣党成立于 1983 年 7 月，有深厚的宗教色彩。它公开反对世俗化，主张按照伊斯兰教法治国；在对外政策上，主张维护土耳其的民族利益和民族独立。

② 李艳枝：“中东穆斯林民主政党的兴起”，载《国际论坛》2013 年第 2 期，第 74 页。

③ 王建平：“摩洛哥伊斯兰激进组织、活动及政治主张”，载《西亚非洲》2004 年第 2 期，第 55 页。

④ 王建平：“摩洛哥伊斯兰激进组织、活动及政治主张”，载《西亚非洲》2004 年第 2 期，第 55 页。

举中，穆兄会也获得了19%的选票，取得454个席位中的88席位，成为最大的反对党。①

中东变局发生以来，阿拉伯国家先后发生的民众抗议运动为伊斯兰政党的发展提供了极为有利的条件。温和伊斯兰政党通过议会选举，纷纷成为转型阿拉伯国家的重要政治力量。如在突尼斯议会选举中获胜并执政的复兴运动党、在埃及议会和总统选举中获胜的自由与正义党，以及在摩洛哥议会选举中获胜的公正与发展党。但是，埃及自由与正义党在执政一年后便惨遭失败，成为伊斯兰政党遭遇的最大挫折。

二、中东变局后温和伊斯兰政党的新发展及其特点

中东变局为伊斯兰政党的发展提供了千载难逢的机遇。在中东变局中，伊斯兰政党纷纷参政议政，并在部分国家取得执政党地位。

在突尼斯，被本·阿里政权长期打压的复兴运动党在2011年10月23日举行的制宪议会选举中获胜，共获得41.47%的选票，取得制宪议会全部217个席位中的90个席位，成为第一大党，并与“保卫共和大会”、“争取工作和自由民主论坛”等政党组成执政联盟，共同负责临时政府的日常工作，并着手制定新宪法。②

穆巴拉克政权倒台后，埃及于2011年3月28日出台新选举法，穆兄会借机组建自由与正义党，恢复合法政党地位。在同年11月底举行的埃及人民议会选举中，自由与正义党大获全胜，赢

① 杨晓璐：“埃及穆斯林兄弟会政党化问题研究”，外交学院2011年硕士学位论文，第36页。

② “伊斯兰复兴运动党赢得突尼斯大选” http://news.ifeng.com/world/special/tunisizongtongxiatai/content-2/detail_2011_10/29/10253856_0.shtml

得人民议会 503 个议席中的 235 席，占议会席位的 47.2%，该党书记穆罕默德·萨阿德·卡塔特尼当选新一任议长，自由与正义党主席穆尔西也于 2012 年 6 月 24 日当选埃及总统，但在一年后惨遭军方废黜。

在 2011 年 11 月 25 日的摩洛哥议会选举中，公正与发展党获 27% 的选票，赢得 395 个席位中的 107 席，成为第一大党，并与独立党、公民运动和进步与社会主义党组建联合政府。该党领袖阿卜杜拉·本·基兰被国王任命为首相。[①]

土耳其老牌的伊斯兰政党正义与发展党自从 2002 年单独执政以来，其影响力不断上升，并先后赢得 2007 和 2011 年大选，尤其是在 2011 年大选中，它赢得 49.91% 的得票率，成为中东地区最具影响力的伊斯兰政党之一。[②] 在此次中东变局中，正义与发展党借机不断扩展地区影响力，积极对利比亚、埃及和叙利亚事务施加影响，力争使正义与发展党创造的“土耳其模式”成为转型阿拉伯国家效仿的对象。

纵观温和伊斯兰政党在中东变局中的具体表现，虽各有不同，但在总体上有以下两个显著特点。

第一，在伊斯兰化与世俗化关系的问题上，伊斯兰政党更多坚持伊斯兰主义立党原则与世俗化治国策略相结合的执政理念。

纵观在转型阿拉伯国家参政议政的伊斯兰政党，很多都是打着伊斯兰主义的旗帜，通过参与民主选举而走上政治前台的，但多数伊斯兰政党在执政后并未全面推行伊斯兰化，而是在推行温和伊斯兰化的同时，并不谋求改变国家的世俗化的发展方向，其主要原因

① “公正与发展党缘何赢得摩洛哥立法选举”，http://finance.qq.com/a/20111128/004109.htm

② 王林聪：“伊斯兰力量的崛起与中东的政治转型”，载《当代世界》2012 年第 10 期，第 33 页。

包括：首先，转型阿拉伯国家世俗化程度较高，国内有一批强有力的世俗精英和中产阶级反对国家的全面伊斯兰化；其次，伊斯兰政党上台执政后的首要任务是解决民生发展问题，若一味推行伊斯兰化路线而忽视民生问题，有可能引发民众不满情绪，并引发“二次革命”，这也是埃及自由与正义党惨遭失败的原因之一；最后，伊斯兰政党过去长期遭受政府控制和打压，他们已对早期较为激进的伊斯兰主义思想进行了重大调整，取而代之的多为以伊斯兰主义为旗帜的实用主义思想。

在执政过程中，阿拉伯国家的伊斯兰政党从土耳其正义与发展党世俗化与伊斯兰化相结合的成功经验中受到了一定的启示。2002年上台执政的正义与发展党将自身定位于“民主保守党”，强调党的全民性与民主性，坚持世俗化方向，主张政教分离。上台执政后，在坚持伊斯兰价值观的同时，正义与发展党将议会民主、政治多元化等现代政治思想融入其执政理念，主张实行宪政和政治改革，支持多党轮流执政，努力通过改革实践淡化其宗教色彩，其成功经验无疑对阿拉伯国家的伊斯兰政党有着重要借鉴意义。

在突尼斯，取得执政地位的复兴运动党明确否认其宗教性质，仅承认其伊斯兰特色，强调并不谋求改变突尼斯的世俗政治统治。它主张实行多党民主制，强调学习土耳其模式，实行温和的伊斯兰化，同时反对伊斯兰极端主义，主张将伊斯兰与现代性相结合。该党领导人也多次表示，伊斯兰教法在突尼斯没有生存空间，伊斯兰与现代化具有兼容性，并承诺支持政治多元化，带领突尼斯走向现代、世俗的多党民主制国家。[①] 摩洛哥的公正与发展党在强调伊斯兰认同和穆斯林团结的同时，也主张协调伊斯兰教与现代化、经济发

---

① 详尽论述参见王凤：“中东变局与伊斯兰主义力量的发展趋势”，载刘中民、朱威烈主编：《中东地区发展报告》（2012年卷），北京：时事出版社2013年版，第100页。

展、民主化和社会主义之间的关系。[①]

埃及自由与正义党主席穆尔西也宣称，自由与正义党没有宗教性质，也并非传统意义上的伊斯兰政党，而是非神权的公民政党；自由与正义党支持政治多元化发展，支持各党和平轮流执政；主张取消紧急状态法，恢复公众自由，允许自由组建政党，实行新闻和言论自由；主张在维护伊斯兰价值观的同时，实行制宪会议和政治改革；坚持世俗化路线，采取渐进方式对社会进行变革。[②] 但是，在现实的执政过程中，由于自由与正义党及穆尔西总统缺乏治国理政经验，未能妥善处理与军方、司法部门等世俗力量的关系，不断谋求垄断权力等原因，自由与正义党最终仅执政一年便惨遭失败。

第二，在政治参与的方式上，伊斯兰政党逐步放弃暴力斗争的政治实践，更多通过合法方式参政议政。

在转型阿拉伯国家的政治变革中，伊斯兰政党已改变过去较为激进的伊斯兰主义路线，放弃了原先所推崇的极端口号，以及暴力推翻世俗政权等激进路线，转而通过参加选举等民主方式参与政治生活，表达自身的利益诉求。作为中东变局主要受益者的伊斯兰政党，它们都刻意与包括“基地”组织在内的极端伊斯兰主义划清界限。其主要原因包括：一方面，伊斯兰政党在与当局长期的较量中屡遭重创，在付出巨大且惨痛的代价后逐步意识到通过暴力夺取政权的方式难以实现；[③] 另一方面，民主化终究是中东政治发展的大势，各国的执政者不可能永久地将伊斯兰力量排除在政权之外而独

① 李艳枝：“中东穆斯林民主政党的兴起”，载《国际论坛》2013年第2期，第75页。

② 详尽论述参见王凤：“中东变局与伊斯兰主义力量的发展趋势”，载刘中民、朱威烈主编：《中东地区发展报告》（2012年卷），北京：时事出版社2013年版，第101～103页。

③ 权新宇：“中东伊斯兰力量掌权前景分析”，载《江南社会学院学报》2012年第4期，第52页。

享国家权力。随着中东各国政治变革的深入发展，民主选举将成为伊斯兰政党表达其诉求最为可行的方式。一旦这些国家实行真正公开、透明的选举，越来越多的伊斯兰政党将选择放弃暴力斗争方式，转向遵守民主政治的规则，与其它世俗政治派别公平竞争国家权力。

三、伊斯兰政党面临的挑战

目前来看，所谓的“阿拉伯之春”并未给阿拉伯国家和民众带来期望的结果，相反一些国家却陷入了内乱、动荡和衰退之中。政治上，新的政治秩序迟迟无法建立，国内政治派别林立，各种力量间的分歧、矛盾更加突显，内斗不止；安全上，国内治安形势不断恶化，恐怖活动与暴力事件频发，伊斯兰极端势力也借机卷土重来；经济上，由于国内投资环境恶化，能源出口、旅游业等经济支柱产业遭到严重破坏，一些经济发展原本不错的国家也陷入停滞，失业率和通货膨胀率居高不下，民众的生活水平不仅未能得到提高，反而大幅下滑。

伴随阿拉伯国家的转型进入深水区，缺乏治国理政能力和经验的伊斯兰政党面临着严峻的考验。在中东变局后，随着很多伊斯兰政党从反对派摇身一变成为当权者，被寄予厚望的伊斯兰力量在走上政治舞台后，必须面对实现经济增长、降低失业率、改善民生、发展教育和惩治腐败等众多任务，但是伊斯兰政党并没有作为执政者管理社会、应对危机的经验，并因各种问题陷入了重重危机之中。

（一）多数伊斯兰政党缺乏执政经验与能力

纵观中东的伊斯兰政党，除土耳其的正义与发展党有着长达十余年的执政经历外，其余均为剧变发生后入主政坛的政党。在此之前，伊斯兰政党大多处于或被取缔或被打压的政治反对派地位，很少有机会参与国家管理与决策。埃及穆兄会和突尼斯的复兴运动党分别于 1954 年和 1992 年被政府宣布为非法组织，其活动多在地下秘密进行，而政党骨干分子、领导人等成员很多或下狱或被驱逐，他们很难及时掌握国内形势的发展，并在执政后做出正确的应对。例如，埃及穆兄会副主席海拉特从 1992 到 2011 年一直被政府监禁长达近 20 年；突尼斯现任总理哈马迪·杰巴里（复兴运动党领导人之一）自 1990 年后有 16 年在牢狱中渡过。[①] 由于长期被排除在国内政治生活之外，"革命"胜利后归国的伊斯兰政党领袖，很难在短时间内制订出符合国家发展需要的政策方针，他们提出的政策路线要么过于激进，要么过于异想天开，要么朝令夕改、反复无常，很难符合国家的实际发展需要，更难以应付中东变局发生后更加复杂多变的国内外局势。此外，在执政之前，由于伊斯兰政党处在反对派的位置，较少有机会参与治理国家的实践，其执政能力不足的缺陷与弱点尚未显现，但一旦执政后，其执政能力不足的弊端则暴露无疑。这在很大程度上也是伊斯兰主义力量"批判能力有余、建设能力不足"这一致命缺陷在执政后的鲜明体现。

（二）伊斯兰政党面临世俗力量的严峻挑战

转型阿拉伯国家大都是世俗化程度较高的国家，国内有大量的中产阶级，以及包括军方势力、自由派等力量在内的强大世俗力量。虽然在"革命"中这些力量与伊斯兰政党合作推翻前政权，但并不意味着他们将接受伊斯兰政党的统治，反而对伊斯兰政党的发展时刻保持着高度警惕。一旦他们认为伊斯兰政党的执政实践超出其能够容忍的范围，以军人阶层为代表的世俗力量就会进行直接或间接的干预。军人干政以确保国家的世俗化方向在中东有悠久的历史传

---

① "北非成长中的伊斯兰政党"．http：//www. hao1111. cn/a/nfch2010/46239. html。

统。例如，自土耳其建国以来，军方为维护国家世俗化发展道路，在上世纪60～80年代先后三次发动政变推翻执政当局。虽然土耳其的军方势力目前受到正义与发展党政权的极大削弱，其力量与过去已不可同日而语，但其力量仍不可小觑，一旦正义与发展党推行的政策超出其忍受范围，军方极有可能联合其它力量推翻正义与发展党政府。

2013年7月，土耳其历史上多次上演的军人干政在埃及重演。为确保国家的世俗化发展道路，军方采取行动解散穆尔西领导的政府，再次展示了军方作为世俗化捍卫者所拥有的巨大能量。此外，包括宗教保守势力在内的其它政治势力也因所持政见不同，逐渐与伊斯兰政党为主导的执政联盟发生分裂，这无疑会对今后伊斯兰政党的参政议政道路造成严重的影响。2013年2月和7月两个月内，突尼斯国内有两名左翼反对党领袖连续遇袭身亡，虽然临时政府成立了事件调查委员会来处理该事件，但一直未能给出明确答复，从而引发反对派的强烈不满和民众抗议活动。与此同时，本应在一年内完成的突尼斯新宪法和选举法的制定工作至今尚未结束，社会各界普遍抱怨制宪会议不断被拖延，并抨击临时政府阻碍民主化进程。

（三）伊斯兰政党缺乏政治和解的意愿与能力

部分伊斯兰政党上台执政后不仅没有着力进行政治和解工作，缓和本已高度紧张的政治局势，反而热衷于与过去的政治宿敌明争暗斗，从而势必阻碍国家政治和解进程。

埃及自由与正义党执政后，极力扩充权力，并通过修宪等手段削弱司法、军方以及包括世俗派在内的反对派力量。穆尔西在获胜之初，承诺将建立一个具有广泛包容性的联合政府，任命一个技术专家内阁，并任命一名女性和一名基督徒担任副总统。但是从后来的施政实践来看，穆尔西并没有完全兑现自己的诺言，而是一味扩充穆兄会的权力。穆尔西先是颁布临时《宪法声明》，声称为了实现

“革命”目标，总统发布的所有总统令、宪法声明、法令及决定在新宪法颁布和新议会选举产生前都是最终决定，任何方面无权更改。其后，穆兄会又主导制定了伊斯兰色彩浓厚的《宪法》草案，虽然该宪法在公投中获得了通过，但是投票率只有32.9%。此外，穆兄会还大量在内阁、省长、司法部门中安插穆兄会的忠实成员，反对派指责这一举动是在将整个埃及“穆兄会化”。自由与正义党在全国范围内推行伊斯兰化路线，激化了宗教与世俗的固有矛盾，全国不断爆发大规模民众游行抗议活动，不仅使穆斯林兄弟会失去了不少埃及民众的支持，而且最终导致埃及军方于2013年7月4日进行干预，穆尔西惨遭废黜，穆斯林兄弟会也于10月9日被政府宣布解散。

在突尼斯，自从本·阿里下台后，一直缺乏一个具有向心力的政府和领导人，国内安全形势严重恶化，宗教势力与世俗势力、执政党与反对党为各自利益争斗不休，导致国内政局持续动荡。与此同时，复兴运动党并未兑现竞选时关于改善民生、惩治腐败、发展经济的承诺，对民众关心的反腐问题至今未提出明确、具体的解决措施。此外，它还试图通过出台《保卫革命法》排斥政治对手，而试图通过控制媒体来改善形象的做法也引发了民众的强烈不满。

（四）执政的伊斯兰政党受到朝野上下多元力量的掣肘

在执政过程中，伊斯兰政党多与其它世俗党派组成联合政府，不同政党间的政治理念和意识形态差异制约了联合政府的良性运行，从而对伊斯兰政党领导的政府构成严峻挑战。纵观如今在中东地区执政的伊斯兰政党，除了土耳其正义与发展党有连续三次取得大选胜利并单独执政的绝对优势外，其余伊斯兰政党只具有相对优势，只能迫于国内选举法的相关规定，被迫与其它世俗政党组成联合政府。

在摩洛哥，公正与发展党虽然在2011年立法会议选举中获胜，取得 395 个席位中的 107 席，但由于未达到法定多数，不得不与“独立党”、“公民运动和进步党”以及“社会主义党”组建联合政府。摩洛哥为君主制国家，国王拥有很大的权力。尽管 2011 年出台的新宪法对国王权力已经有所限制，但国王仍对很多政治决议拥有否决权。此外，摩洛哥国内长期存在政党势力较弱，并被国王控制的情况。因此，新政府不仅要与联合执政的世俗政党在国家治理等方面进行协调，还要应对议会内主要反对党的掣肘，并设法得到国王的认可与支持。

在突尼斯，复兴运动党虽然在 2011 年制宪会议选举中获胜成为第一大党，但由于未达法定多数，最终与“保卫共和大会”、“争取工作和自由民主论坛”等政党组成执政联盟。目前，突尼斯国内政治势力分化严重，形成了复兴运动党领导的执政联盟、全国劳联（工会组织）、在野的反对派三方政治力量并存的复杂局面，三方围绕临时政府和制宪会议存废、新宪法和选举法的制订以及未来的总统大选等问题展开博弈。反对派要求解散议会和临时政府，未来通过全国政治对话制定出路线图，解决组阁和制宪问题；突尼斯全国劳联则主张改组临时政府，成立由技术官僚组成独立的“救国政府”以完成制宪和大选，并呼吁尽快展开全国政治对话会议，缓解执政党与反对党间的矛盾；但执政的复兴运动党只同意扩大临时政府的规模，坚持保留制宪会议，主张成立一个包容各派政治势力的“全国联合政府”来继续推进民主过渡进程。[①] 最终，迫于各方的压力，复兴运动党做出让步，并与各个政治派别就举行全国对话大会达成一致，宣布召开全国对话大会来解决政治危机，以该党为首的临时政府也将在全国对话大会开始后的三周内正式辞职，此后由一个独立人士领导的技术政府接管国家权力，直到完成议会和总统选举。

---

① “三方对峙困扰突尼斯政局”，http：//www. people. com. cn/24hour/n/2013/0827/c25408 – 22701331. html

若突尼斯全国对话大会进展顺利，复兴运动党将失去执政党地位，转而备战来年举行的议会大选。

正义与发展党在土耳其虽然是一党执政，但也面临着其它党派尤其是世俗力量的挑战。例如，2013 年土耳其关于空姐着装的保守规定和严格的限酒令，都被世俗派解读为土耳其日趋伊斯兰化和保守化的表现。2013 年塔克西姆广场抗议事件的爆发，在很大程度上与民众发泄对社会伊斯兰化的不满有重要关系。在外交方面，正义与发展党近年来大力倡导“零问题外交”政策，但由于在利比亚、叙利亚、埃及等问题上执行激进的政策，片面支持政治反对派尤其是穆斯林兄弟会等伊斯兰势力，联合美国和海湾国家推动对叙利亚进行军事干预，导致土耳其外交陷入了严重被动，难民冲击、边境动荡、库尔德问题复杂化都对土耳其产生了十分消极的影响，并遭致国内世俗派力量的强烈抨击。

（五）伊斯兰政党在改善经济与民生方面毫无作为

经济、民生问题是中东变局发生的主要诱因，但伊斯兰政党上台后未能有效发展经济、改善民生，转型阿拉伯国家经济普遍陷入了比“革命”前更为困难的境地。

在穆尔西政府执政埃及的一年中，面对经济增长乏力以及居高不下的财政赤字、通货膨胀率和失业率一直束手无策。自穆巴拉克政权垮台以来，受外资锐减和旅游业萧条等因素的影响，埃及的经济增速已经由穆巴拉克时期的 5% 左右下降至 2% 左右，这意味着人均 GDP 增长几乎为零；埃及的外汇储备一度减至 135 亿美元以下，仅够维持 3 个月的进口；由于埃镑对美元持续贬值，粮食、能源的进口成本进一步增加。在 2013 年 6 月结束的财年里，预算赤字占埃及国内生产总值比重高达 11.3%，远超过 3% 的国际警戒线；政府对生活必需品的巨额补贴高达全年财政支出的 1/4，但居民消费价格指数的涨幅仍高达 8% ~9%。[①] 作为埃及外汇收入重要来源的旅游业持续萧条，外资大量撤离造成许多工厂倒闭，导致失业人数不断增长。

突尼斯临时政府执政一年多来，就业状况持续恶化，财政赤字不断增加，外贸、旅游等支柱产业收益大幅下滑，投资增速持续减缓，通胀率明显上涨。在 2011 年突尼斯经济出现 1.8% 负增长情况下，2012 年的增长率也只有 2.7%。目前，突尼斯平均失业率接近 20%（2010 年为 15% 左右）。2012 年底突尼斯的外汇储备只能维持 119 天的进口，到 2013 年 5 月，突尼斯外汇储备为 102.9 亿美元，仅能维持 95 天的进口，已接近国际警戒线。[②] 正义与发展党执政的土耳其虽然近年来经济保持了较快的增长，但受叙利亚内战的影响，目前土境内的叙利亚难民人数已超过 60 万，大量的财政资源被用于救助难民，无疑会引起土耳其国内其它党派的不满，从而对正义与发展党的执政构成一定的挑战。[③]

（六）执政的伊斯兰政党面临恐怖势力强势反弹等安全威胁

持续动乱的国内外安全形势、日益猖狂的恐怖袭击事件都是伊斯兰政党执政面临的巨大考验。从目前来看，转型阿拉伯国家虽然已完成临时政府的组建，政治重建进程正在加快，但国内安全形势不容乐观，暴力、恐怖袭击事件时有发生。

在埃及，政局的持续动荡给国内的极端势力提供了极为有利的活动环境，埃及国内的极端组织频频制造恐怖袭击事件，造成大量

① “穆尔西为什么会失败”，http://news.xinhuanet.com/world/2013-07/05/c_124962052.htm

② “革命两年又乱了，突尼斯成埃及第二”，http://www.clady.cn/2013/shiju_0906/105347_2.shtml

③ “土耳其境内叙利亚难民已超 60 万”，http://news.dahe.cn/2013/10-21/102475626.html

的人员伤亡和财产损失，引发民众极大的抗议。在埃及陷入动荡后，“基地”组织积极借势从事招募人员、宣传恐怖主义意识形态、发动恐怖袭击等恐怖主义活动。在埃及各地尤其是西奈半岛的部落地区，2011 年以来爆发了多起恐怖袭击。2013 年 9 月 5 日，埃及一个政府车队遭遇袭击，导致两人丧生，20 多人受伤，内政部长易卜拉欣险些丧命。[①] 针对埃及局势动荡与“基地”组织卷土重来的关系，美国布鲁金斯学会中东政策研究中心高级研究员布鲁斯·里德尔评价指出：“最近全球发布的恐怖袭击警报表明，在‘基地’组织首次袭击美国 15 年后的今天，该组织正在发展壮大。埃及政变以及阿拉伯觉醒运动导致的混乱局面只会为这支激进分子大军注入更多的好战分子。失败的革命和正走向失败的国家就像是圣战分子的孵化器，它们就像是孕育敌意和格格不入感的潘多拉盒子。”“15 年过去了，‘基地’组织的终结还是遥遥无期。新一代‘基地’组织——即‘基地’组织 3.0——可能会伴随我们许多年。”[②]

即使是在安全形势相对较好的突尼斯，由于周边国家如利比亚、马里、埃及等国局势动荡，大量武器和人员流入到相对稳定的突尼斯，伊斯兰极端派别和恐怖组织不断扩充实力，大肆制造恐怖袭击活动，也使突尼斯的安全稳定面临严峻威胁。2013 年 2 月，突尼斯反对党统一民主爱国党总书记肖克里·贝莱德遭暗杀身亡，7 月，突尼斯世俗派反对党领导人穆罕默德·布拉米遇刺身亡，[③] 都引发了民众的抗议浪潮，严重影响了突尼斯的政治稳定。当前，突尼斯国内的恐怖组织活动有不断升级的趋势，其活动区域开始向该国中心区域及经济发达的城郊、人口稠密的沿海地带扩展，国内民众长期

① “埃及内政部长险些遭暗杀”，http：//qzxw. qzwb. com/gb/content/2013 －10/28/content_ 4713486. htm

② Bruce Riedel，“The Coming of Al-Qaeda”，http：//news. yahoo. com/coming-al-qaeda －3 －0 －165200713. hml

③ “突尼斯大罢工抗议政治谋杀”，《环球时报》2013 年 7 月 27 日。

处于恐慌之中，也进一步加剧了对临时政府的不满。

从目前来看，尽管执政的伊斯兰政党表现不尽如人意，但伊斯兰力量在中东地区的崛起已是不争的事实，并且在一定程度上改变了这些国家的政治生态。基于该地区深厚的伊斯兰历史以及伊斯兰政党长期经营的传统，在可预见的将来，伊斯兰政党仍将是转型阿拉伯国家中举足轻重的政治力量，主要有下几方面的原因：第一，中东地区是伊斯兰教的发源地，绝大多数民众信仰伊斯兰教，伊斯兰教对民众有着巨大的影响力。第二，伊斯兰政党都有着较长的发展历史，通过长期的发展，已经在国家内部形成了庞大的组织网络与分支机构，有较深厚的社会基础。最后，与亲西方的前政权和世俗政党相比，伊斯兰政党在外交政策方面更强调国家的独立性，更容易赢得民心。但由于各个国家都有其独特的政治环境，故伊斯兰政党在各国的发展状况也将不尽相同。

中东变局发生以来，所谓的“土耳其模式”逐渐成为其他伊斯兰政党争先效仿的典范。但“土耳其模式”是土耳其具体国情的产物，是土耳其历史、文化、宗教、政治等方面长期积淀的产物，别国不可能完全照搬，也不可能完全适应于其他伊斯兰国家。经过几十年的发展，土耳其如今已是中东地区世俗化程度最高的国家之一，国内有很多对伊斯兰化思想和主张进行限制的法律，这是很多阿拉伯伊斯兰国家无法比拟的。此外，因为土耳其的前身奥斯曼帝国曾统治阿拉伯世界长达近 400 年，留下了深刻的历史积怨，使阿拉伯国家对土耳其存有先天的排斥。总之，其他伊斯兰政党在效仿“土耳其模式”的过程中需要从本国实际情况出发，走具有自身特色的发展道路。

埃及军方废黜穆尔西总统导致自由与正义党在执政一年后下台的残酷现实，虽然有一定的特殊性，类似情形未必会在别国再次上演，但它也给其它伊斯兰政党敲响了警钟。伊斯兰是一把“双刃剑”，它可以在大选中为伊斯兰政党赢得更多的选票与民众支持，但如果伊斯兰政党在执政后一味推行全面伊斯兰化的政治路线，同时无力解决政治和解、经济与民生等根本问题，就会重蹈穆斯林兄弟会的覆辙而难逃失败的命运。

总之，未来中东伊斯兰国家的政治转型将会呈现出世俗化与伊斯兰化交互影响的趋势，而非单纯的伊斯兰化。伴随阿拉伯国家的转型进入深水期，执政的伊斯兰政党将会面临越来越多的挑战。

中东变局与萨拉菲主义的新发展*

上海外国语大学政治学博士后科研流动站、中东研究所　**包澄章**

【内容提要】

中东变局发生以来，广泛分布于多个阿拉伯国家的萨拉菲主义力量迅速崛起，因内部分化严重，萨拉菲主义力量呈现多样化的发展态势。以光明党为代表的“政治萨拉菲主义”力量在阿拉伯国家的政治影响力持续上升，政党化倾向明显；以“圣战萨拉菲主义”为代表的宗教极端势力上升势头迅猛，但“圣战萨拉菲派”内部亦出现明显的分化趋势，主张暴力与非暴力的分支派别同时存在。萨拉菲主义力量的上升导致中东的教派矛盾不断激化，令伊斯兰世界与西方的对立进一步扩大，同时也加剧了以沙特为代表的海湾阿拉伯国家对中东地区事务控制权的争夺。

在阿拉伯大变局中，阿拉伯国家世俗威权政体的倒台使得伊斯兰主义力量释放出前所未有的巨大能量和活力，伊斯兰主义力量的强势崛起成为中东变局的一个重要现象。在数个阿拉伯国家威权政权垮台后，伊斯兰政党通过合法选举走上执政舞台，成为主

* 本文为“上海高校青年教师培养资助计划”中期成果，并受上海外国语大学第二届“青年教师科研团队培育计划”资助。

导中东变局和政治转型走向的重要力量。因此，“在中东政治生态中，不同程度地强调伊斯兰属性以及现代政治理念已经成为中东政治演进中的一种趋势。从这层意义上看，中东变局加速了伊斯兰政治力量的崛起。”[①] 但是，在温和伊斯兰力量崛起的同时，保守的萨拉菲主义势力也正在多个阿拉伯国家迅速崛起，部分萨拉菲派政党与组织的政治参与意识明显增强，积极通过组建政党、参加选举等合法途径参与政治进程，并正在发展成为一支不容小觑的政治力量。

一、萨拉菲主义的基本内涵

在阿拉伯语中，“萨拉菲”的基本含义为“祖先”。源于中世纪的萨拉菲主义是坚持奉行伊斯兰教原初教义和信仰的宗教思潮，主张穆斯林应严格遵守《古兰经》和“圣训”规定的生活方式，将圣门弟子、二传弟子及三传弟子这三代人[②]视作坚守纯正伊斯兰道路、恪守《古兰经》和“圣训”、远离外来思想侵蚀的典范。以伊本·泰米叶为代表的教法学家在当时掀起了一场尊经崇圣的中世纪萨拉

① 王林聪：“伊斯兰力量的崛起与中东的政治转型”，载《当代世界》，2012 年第 10 期，第 33 页。

② 萨拉菲派之所以将这三代人视为典范，主要依据“圣训”中的一段话：“你们中最优越的人是与我同时代的人（圣门弟子），其次是紧挨他们之后的人（二传弟子），再其次是他们之后的人（三传弟子）。他们之后将出现一伙人，他们背信弃义，不可信托，不要求他们作证，他们就乱作见证，不落实诺言，他们的特征是大腹便便。”（布哈里圣训：2651）。译文参见《布哈里圣训实录全集》（第二卷），祁学义译，朱威烈、丁竣校，北京：宗教文化出版社，2008 年 12 月版，第 133 页。

菲运动。①

伊斯兰近代史上的瓦哈比运动、赛努西运动、泛伊斯兰主义运动以及穆斯林兄弟会早期的运动都曾受到萨拉菲主义思潮的影响。穆斯林兄弟会创始人哈桑·班纳认为，“一直以来，伊斯兰教的革新是一种萨拉菲式的、革命式的立场，因为这种革新意味着拒绝各种使宗教丧失革命性和有效性的附加因素，回归纯净的本源，使宗教信仰恢复纯洁性，让穆斯林‘运动’从已有的异端迷信、外来思想的束缚中解脱出来。”② 瓦哈比运动的先驱穆罕默德·本·阿卜杜·瓦哈卜也深受伊本·泰米叶和罕伯里学派思想的影响，在18世纪中叶发动了一场宗教改良运动，萨拉菲主义成为这场运动的主要思想来源。瓦哈比主义源自萨拉菲主义，“瓦哈比主义”和“瓦哈比派”是该派反对者对其使用的称号。事实上，很少有自称为“瓦哈比派”、“瓦哈比主义者”的个人，所谓的“瓦哈比派”自称“认主独一者”，也很难找出在名称中使用“瓦哈比”或采用“瓦哈比派”

---

① 中世纪罕伯里学派教法学家伊本·泰米叶（1263—1328）追随阿拔斯时期罕伯里学派创始人伊本·罕伯勒（780—855）的脚步和传统，主张回归伊斯兰教的纯洁本原，提出“回归《古兰经》和‘圣训’、回归‘纯洁的祖先’（As-Salaf As-Saalih）”的口号，严格按《古兰经》、“圣训”和三代先辈的言行立教，强调创制须在严格程序下进行，反对理性主义，在当时掀起了一场萨拉菲运动。由于在教法问题上与当局意见相左，这场运动最后以失败而告终，但伊本·泰米叶的思想代表了当时要求恢复正统信仰、重构伊斯兰社会、摈弃异端腐朽的愿望，产生了一定的社会影响。他的学生伊本·盖伊姆（1349—1292）通过著书立说广泛传播伊本·泰米叶的思想主张，瓦哈比运动奠基人穆罕默德·本·阿卜杜·瓦哈卜（1700—1792）、印度近代伊斯兰教改革家赛义德·艾哈迈德汗（1817—1898）、泛伊斯兰主义运动创始人哲马鲁丁·阿富哈尼（1838—1897）、埃及伊斯兰宗教和社会改革家穆罕默德·阿布杜（1849—1905）及其学生拉希德·里达（1865—1935）、巴基斯坦哲学家和诗人伊克巴尔（1877—1938）以及穆斯林兄弟会创始人哈桑·班纳（1906—1949）都曾受到过伊本·泰米叶萨拉菲主义思想的影响。

② 穆罕默德·易马拉：《伊斯兰觉醒与文明挑战》（阿文版），开罗：东方出版社，1991年版，第56页。

意识形态的组织。西方语境下常会出现类似的称法，而阿拉伯世界更多地将其称为“瓦哈比—萨拉菲派”。[①] 有学者指出，萨拉菲主义与瓦哈比主义之间并无本质区别，只是一枚硬币的两面，两者拥有相同的信仰和思想，在阿拉伯半岛内部被称为“罕百里—瓦哈比主义”或“瓦哈比—萨拉菲主义”，在阿拉伯半岛以外的国家或地区则被称为“萨拉菲主义”。[②]

现代萨拉菲主义兴起于 20 世纪 20 年代，在很长一段时间内，萨拉菲派一直是以宗教团体的身份出现，始终保持政治上的无为态度，西方学者将其称为“民粹主义的清教徒”（populist puritans）。[③] 20 世纪 70 年代末，“萨拉菲宣教”（Salafi Da'wah）组织在埃及成立，组织的成员遍布埃及各地，并以“萨拉菲主义者”自称。然而，“萨拉菲宣教”组织[④]成员并非像穆斯林兄弟会那样具有较为完整的组织结构，只是以自己追随的某个教长为单位分散于埃及各地。到了 80 年代，由宗教人士领导的“觉醒运动”在沙特高校中产生了广泛影响。“觉醒运动”既包含瓦哈比—萨拉菲派的传统宗教思想，也在一定程度上反映出类似穆斯林兄弟会的现代政治理念。此后，沙

---

① Quintan Wiktorowicz, "Anatomy of the Salafi Movement," *Studies in Conflict & Terrorism*, Vol. 29, 2006, p. 235.

② 哈桑·本·阿里·赛卡夫：《瓦哈比—萨拉菲主义的基本思想和历史根源》（阿文版），贝鲁特：伊玛目拉瓦斯出版社，2007 年版，第 19—20 页。

③ Robin Wright, "Don't Fear All Islamists, Fear Salafis," *The New York Times*, 2012/08/19, http://www.nytimes.com/2012/08/20/opinion/dont-fear-all-islamists-fear-salafis.html.

④ 20 世纪 70 年代中期，由一群学生运动领导人发起的“科学萨拉菲主义”（Scientific Salafism）思潮首次在埃及亚历山大大学出现，并由此蔓延至埃及多所高校。这些学生拒绝加入穆斯林兄弟会，他们自称“萨拉菲学派”（al-Madrasah al-Salafiyah），将这场运动的领导人艾布·伊德里斯称为“萨拉菲学派价值观之名”，同穆斯林兄弟会展开了激烈的竞争，包括吸纳年轻成员、控制清真寺等行动。1979 年底，“萨拉菲学派”出版了“萨拉菲主义谈话录”系列书籍。为进一步提升自身影响，“萨拉菲学派”开始关注群众行动，并改名为“萨拉菲宣教”组织，“萨拉菲学派”一词遂成为历史。

特的瓦哈比—萨拉菲派开始鼓动民众反对王室，要求推行更具伊斯兰色彩的外交政策和社会改革。一些萨拉菲派人士拿起武器，以“圣战”名义反对统治者，反对“异教徒”，用极端方式来对抗现代化和西方民主，有些分支派别最后异化为宗教极端势力和恐怖主义势力，现代萨拉菲主义的发展也开始走向多元化。

在当代阿拉伯伊斯兰世界，萨拉菲主义在内涵上存在一定的模糊性和不确定性。萨拉菲主义“并不是具有同质性的运动，尤其在现代，已演变为一场复杂的、甚至在不同地区发展趋势互为矛盾的运动。”① 阿拉伯学界对萨拉菲主义的看法主要分成两派，一派意见认为萨拉菲主义是一股保守、僵化甚至是反动的思潮；另一派意见认为，萨拉菲主义摆脱了迷信和异端思想，尤其是在宗教思想领域，是最自由、最开明的一股思潮。② 媒体在报道萨拉菲派时乱贴标签的现象时有发生，其原因之一就在于没有弄清萨拉菲派内部流派的区别。西方媒体多报道萨拉菲派激进的一面，但这并不符合萨拉菲派多元化的事实。在埃及“一·二五革命”期间，萨拉菲主义者冒着极大的风险保护西奈半岛和其它地区的基督教堂免遭蓄意破坏和盗窃，但西方媒体对此事却鲜有报道。③ 萨拉菲派内部在对待是否参与政治的问题上存在分歧，并由此分化成具有不同倾向的分支派别，中东变局以来，这种分化趋势表现得更为明显。

---

① Roel Meijer, *Global Salafism*: *Islam's New Religious Movement*, New York: Columbia University Press, 2009, p. 1.

② 阿卜杜·拉赫曼·巴达维：《阿拉伯—伊斯兰文明百科全书》（第二卷）（阿文版），贝鲁特：阿拉伯研究和出版机构，1995 年版，第 261 页。

③ Christian Caryl, “The Salafi Moment,” *Foreign Policy*, Septewber 12, 2012, http: //www. foreignpolicy. com/articles/2012/09/12/the_ salafi_ moment.

二、中东变局中萨拉菲主义发展的基本特点

第一，社会影响力不断增强。在中东变局以前，传统萨拉菲主义力量在阿拉伯国家就已广泛存在。在一些国家，萨拉菲派有自己的清真寺、俱乐部、宗教团体、医院和学校，成为萨拉菲派活动的重要社会基础。过去五年间，由于受到沙特宗教组织和财团的巨额资助，多个宗教卫星频道在埃及开通，萨拉菲派宗教领袖利用卫星频道进行宣教，扩大萨拉菲派的话语权。萨拉菲派还使用新兴媒体以及社交网站进行活动，扩大其社会影响力。

第二，内部分化趋势明显。中东变局以来，萨拉菲派内部分化更加明显，呈现多样化的发展态势。“萨拉菲宣教”组织仍坚持严格奉行《古兰经》和“圣训”规定的生活方式，主张远离政治，拒绝民主，体现出传统萨拉菲派的保守主义倾向；以埃及光明党（al-Nowr Rarty）为代表的“政治萨拉菲派”努力适应现代政治理念，积极融入政治进程，探寻伊斯兰发展道路，代表了政治萨拉菲主义的兴起；“圣战萨拉菲派”尤其是主张暴力的分支派别，在中东变局中活动猖獗，对地区国家安全形势构成严重威胁。

第三，政治影响力显著上升。中东变局加速了政治萨拉菲主义力量的崛起，萨拉菲派开始进入政治舞台崭露头角。突尼斯的改革阵线党（Reform Front）、埃及的光明党、正统党（Authenticity Party）、改革与复兴党（Reform and Renaissance Party）、建设与发展党（Building and Development Party）、美德党（Virtue Party）、改革党（Reform Party）先后成立，表明萨拉菲派内部逐渐分化出政党化倾向明显的分支力量，政治影响力正在持续迅速上升。埃及光明党在2012 年人民议会选举中表现抢眼，一举成为议会第二大党，成为继穆斯林兄弟会之后又一重要的伊斯兰政治力量。

第四，宗教极端势力趁势泛滥。中东变局以来，受转型国家局势动荡、利比亚战后武器流散、叙利亚危机溢出效应、美国中东反恐战略调整等因素的综合影响，以“圣战萨拉菲主义”为代表的宗教极端势力发展迅猛，在突尼斯、利比亚、摩洛哥、埃及、叙利亚、黎巴嫩、伊拉克等等地区动荡国家及其邻国表现活跃。“基地”组织阿拉伯半岛分支（AQAP）、伊斯兰马格里布分支（AQIM）、伊拉克分支、西奈半岛分支、“伊斯兰教法支持者”（Ansar al-Sharia）、叙利亚反对派中的“胜利阵线”（Jabhat al-Nusra）等打着“圣战萨拉菲主义”旗号的组织或武装团体利用地区国家的动荡局势趁虚而入，伺机制造混乱，频频发动暴力恐怖袭击，意识形态极端化趋势明显。当前，“圣战萨拉菲主义”力量已扩散至阿富汗、巴基斯坦、哈萨克斯坦等中亚国家，对地区安全构成潜在的威胁。

三、萨拉菲主义的主要流派及其在中东变局中的新发展

根据行为方式的不同，当代萨拉菲主义可分为传统萨拉菲主义、“圣战萨拉菲主义”和政治萨拉菲主义三个主要流派。

（一）传统萨拉菲主义

“传统萨拉菲主义”基本上沿袭了中世纪萨拉菲主义的特点，在信仰上具有尊经崇圣、追本溯源的保守主义特点，在行为上注重履行宗教功修，远离世俗事务。由于将宗教与世俗严重对立，传统萨拉菲主义在行为上较为保守，如必须穿戴萨拉菲派标志性的头巾和传统服饰，拒绝参与政治，反对建立政党，视民主为“异端”，反对妇女参政，拒绝男性与女性在公共场合发生肢体接触，反对绘画、音乐等现代艺术。

传统萨拉菲派注重宣教影响穆斯林的个体行为，主张潜心履行

纯正的伊斯兰教教义和教规，具有固步自封、盲目偏执，缺乏包容的特点。“在他们（萨拉菲派）看来，人类的本性在于生来成为伺候其创造者的奴隶，如同奴隶服从主人那样。当然，这个派别并没有向我们解释如何去了解这个创造者在现代世界的具体要求，比如他们对涨工资到底是接受还是反对。”① 传统萨拉菲派反对理性和批判精神，提倡在日常行为上回归《古兰经》和“圣训”，在治国方略上坚持伊斯兰教法。但是，传统萨拉菲派虽然比较保守，仍反对任何形式的暴力行为或武装行动。

（二）“圣战萨拉菲主义”

“圣战萨拉菲主义”是一股将“圣战”观念融入传统萨拉菲主义的思潮，主张通过“圣战”方式建立以伊斯兰教法为基础的伊斯兰政权。中东变局以来，圣战萨拉菲主义力量显著上升。从行为方式上来看，圣战萨拉菲派内部既存在从事暴力活动的宗教极端组织，也存在主张非暴力的政党组织。以突尼斯为例，有的“圣战萨拉菲派”日常从事慈善和医疗活动，不参与任何暴力活动；有的“圣战萨拉菲派”则卷入地区动荡趁势作乱，进行暴力恐怖活动，如 2012 年 9 月策划袭击美国驻班加西领馆的“伊斯兰教法支持者”组织。主张暴力的“圣战萨拉菲主义”，呼吁采用武装暴力手段颠覆阿拉伯国家的世俗政权，其实质是宗教极端主义。

“圣战萨拉菲派”中主张暴力的分支将传统萨拉菲派一味“尊经崇圣”视为与社会日益脱节的“愚蠢行为”，主张把低效腐败的政治制度改造成“公正的”伊斯兰政府或哈里发制度，最有效的方式便是通过暴力手段推翻独裁政权。“基地”组织、多个阿拉伯国家的“伊斯兰教法支持者”组织、叙利亚“胜利阵线”、中亚“伊斯

---

① 赛米尔·艾敏：“阿拉伯革命一年后”，《文明对话》（阿文版）第 3632 期，2012 年 8 月 2 日，http://www.ahewar.org/debat/show.art.asp?aid=294505.

兰解放党”（伊扎布特）等宗教极端组织的意识形态都源于“圣战萨拉菲主义”，这些组织都主张推翻伊斯兰世界的世俗政权，建立“伊斯兰酋长国”，而武装行动是实现这一目标的途径。

“圣战萨拉菲派”激进的意识形态还体现为对其他文明的排斥。埃及“圣战萨拉菲派”领导人穆尔坚·萨利姆·朱哈里曾要求对埃及的文物进行甄别，属于伊斯兰教的，如清真寺等伊斯兰教建筑，要加大保护和弘扬力度；属于非伊斯兰教的，包括教堂在内的基督教建筑，都被视为十恶不赦的“异教符号”，必须予以清除。朱哈里甚至在电视节目中呼吁“摧毁金字塔、狮身人面像以及埃及境内所有异教徒的雕像”。[①] 从表面上看，“宗教信条似乎并不能解释为何萨拉菲派中同时存在具有严重暴力倾向的恐怖主义分子和反暴力倾向的极端保守主义者，并且这两类萨拉菲主义者还经常前往同一座清真寺做礼拜，追随同一个宗教学者，在同一所大学念书”。[②] 但是从深层次看，对“圣战”观念的不同解读，尤其是围绕暴力的“圣战”是否具有合法性的争议，是导致圣战萨拉菲派内部分化的主要原因。因此，对于“圣战萨拉菲主义”应一分为二地看。

（三）政治萨拉菲主义

中东变局以来，部分阿拉伯国家的萨拉菲派内部出现宗教组织政党化倾向，并积极参政议政，代表了“政治萨拉菲主义”的兴起。有评价指出，“萨拉菲主义在动员各类团体与个人方面的能力惊人，它无需借助西方观念便能挑战其对手。”[③] 埃及的政治萨拉菲派通过

---

① 黄培昭：“埃及极端势力鼓吹摧毁金字塔”，《环球时报》，2012 年 11 月 14 日，第 4 版。

② Will McCants：“A New Salafi Politics,” *Foreign Policy*，October 12，2012，http：//mideast. foreignpolicy. com/posts/2012/10/12/a_ new_ salafi_ politics.

③ Roel Meijer，*Global Salafism*：*Islam's New Religious Movement*，New York：Columbia University Press，2009，p. 16.

“萨拉菲宣教”组织积累了广泛的民众基础，并利用这一优势发动街头抗议。在人民议会选举前夕，萨拉菲派政党光明党利用选民的宗教情感，在低收入阶层和文盲等被边缘化的社会底层群体中迅速吸引了一大批支持者，最后以黑马姿态获得 123 个议会席位（包括 96 个政党候选人席位和 27 个独立候选人席位），占总选举席位的 24.7%，成为埃及人民议会的第二大党。

埃及的萨拉菲派在过去数十年间一直受到国家安全部门的打压，“就萨拉菲派本身而言，它并没有主导革命进程强有力的有效手段。”[①] 但是，在穆巴拉克政权倒台后，萨拉菲派内部出现具有明显政治倾向的分支，并在应对社会变革的过程中积极调整政治理念，逐渐摆脱了萨拉菲派过去留下的“拒绝参政”、“固步自封”的刻板印象，试图将重心从对教令（法特瓦）合法性的关注逐渐转向对选举合法性的关注。“将萨拉菲派聚集到一起的并非是穆斯林兄弟会这样具有深层结构的组织，而是教令的权威性与教法证据的效力，这令萨拉菲派青年在处理政治问题时陷入了真实的困境。用政治决议来否定教令是不可接受的，用政治协调来反驳教法证据也是无法实现的。”[②] 为摆脱这一困境，很多萨拉菲派学者开始从政，以务实的态度参与政治，并在一些问题上逐渐妥协，对宗教信条表达方式也不再像从前那样咄咄逼人。[③]

埃及光明党既反对政教合一的“神权模式”，也反对失去文化根基和文化认同的“去宗教化模式”。尽管光明党在一些问题上立场相

---

① 穆斯塔法·宰赫兰等：《革命后的埃及萨拉菲派》（阿文版），利雅得：宗教与政治研究中心、贝鲁特：阿拉伯传播机构，2012 年版，第 9 页。

② 阿马尔·艾哈迈德·法伊德：《埃及萨拉菲派：从教令合法性到选举合法性》（阿文版），多哈：半岛研究中心，2012 年 7 月 1 日，第 10 页，http://studies.aljazeera.net/reports/2012/07/201271103413876925.htm。

③ Jonathan Brown, "Salafis and Sufis in Egypt," *The Carnegie Papers*, Washington: Carnegie Endowment for International Peace, December 2011, p. 8.

对模糊，但在许多方面与“萨拉菲宣教”组织的传统立场完全不同。[①] 光明党在其政治纲领中呼吁，国家应建立在多元化和立法、司法和行政三权分立的基础上，以平衡互补的方式运作，保护本国全体人民的自由、实现公正，确保机会平等，维护各种权利，兼顾透明度和诚信度的标准。光明党认为，保护基本权利和公共自由至关重要，必须尊重司法完全独立于行政机构，必须尊重人民选择立法、司法和行政三个权力机构的意愿。[②]

光明党通过合法选举成为埃及人民议会第二大党，是萨拉菲派从纯宗教领域转入政治领域的大胆尝试。2012 年 12 月，以伊斯兰教法原则作为立法主要来源的埃及新宪法草案通过后，世俗派和宗教势力间的斗争趋向常态化。光明党和穆兄会在“以伊斯兰教法治理国家”目标上一致，只是前者的做法更显激进，后者则寻求相对温和的渐进式变革。穆兄会吸收了不少现代西方的意识形态，能够灵活地使用“革命”、“民主”等现代政治话语。在具体目标的实现方式上，穆兄会的做法较之政治萨拉菲派更加务实和包容。有学者认为，穆兄会和政治萨拉菲派在以伊斯兰教法治国这一最终目标上没有根本性的差别，[③] 打出“温和伊斯兰主义”的旗帜或许只是穆兄会的一种行动策略。

“政治萨拉菲主义”反映了萨拉菲派寻求融入现代政治的改良倾向，“如何在政治世界中非政治性地行动（act non-politically）是现代萨拉菲主义的核心问题。”[④] 虽然部分穆斯林兄弟会领导人自称为

---

① Stephane Lacroix, “Sheikhs and Politicians: Inside the New Egyptian Salafism,” *Policy Briefing*, Washington: Brookings Institute, June 2012, p. 6.

② 参见埃及光明党官方网站：http://www.alnourparty.com

③ Mark Durie, “Salafis and the Muslim Brotherhood: What is the difference?,” *Middle East Forum*, June 6, 2013. http://www.meforum.org/3541/salafis-muslim-brotherhood.

④ Roel Meijer, *Global Salafism: Islam's New Religious Movement*, New York: Columbia University Press, 2009, p. 17.

“意识形态上的萨拉菲派”（Salafist in ideology）[①]，但是由于萨拉菲派内部存在采用极端意识形态的分支派别，使得穆斯林兄弟会在上台后急于同萨拉菲派撇清关系，政治萨拉菲派也努力与“圣战萨拉菲派”内部主张暴力的分支划清界限。光明党曾围绕“反圣战”等议题举办过持续三天的系列讲座，表明自己反对暴力、反对激进主义的立场。这种有意与圣战萨拉菲派划清界限的做法体现出政治萨拉菲派努力扩大群众基础、融入政治进程的强烈意愿。

在具体的政治实践中，以前依靠萨拉菲派长老影响力和宗教认同走向政治舞台的光明党逐渐发现，要想真正在政治舞台有所作为，就必须摘掉萨拉菲派长老这顶帽子，淡化教令的权威性，强化自身的政治合法性。光明党通过合法途径进入议会下院，完成政治合法性的构建，体现了政治萨拉菲派力图顺应现代政治的发展趋势。但是，究竟是通过民主手段进行政治参与、获取政治利益，还是运用民主之名行伊斯兰教法治国之实，当前尚难以确定。伴随穆尔西政权垮台和穆兄会遭镇压，萨拉菲派在议会中的地位已化为乌有，其政治前景显然也因此蒙上了厚重的阴影。

四、萨拉菲主义对中东政治的影响

中东变局以来，地区和国际势力展开激烈博弈，动荡国家沦为各方势力角逐的竞技场，西亚北非地区原有的政治生态已被打破，地缘政治版图正在经历深刻调整和变化。萨拉菲主义的迅速兴起可能会导致中东地缘政治格局进一步复杂化。

首先，中东乱局助长了宗教极端主义势力和恐怖主义势力的抬

① “Political Islam: Everywhere on the Rise,” *The Economist*, Vol. 401, Dec 10, 2011, p. 50.

头，尤其是“圣战萨拉菲主义”正在成为宗教极端组织和恐怖团体改头换面、开展暴力恐怖活动的一个新工具。

以“圣战萨拉菲主义”为代表的宗教极端主义在转型阿拉伯国家中掀起了新一轮恐怖袭击狂潮，利比亚战后武器流散、叙利亚危机溢出效应加速了宗教极端组织和恐怖团体的壮大。当前，圣战萨拉菲主义已扩散至整个中东和中亚地区，可能会对地区温和的伊斯兰主义产生负面影响。各类以宗教之名实施暴力恐怖活动的宗教极端组织和恐怖团体利用地区动荡局势浑水摸鱼，活动日趋猖獗，呈现出行动分散化、手段多样化、意识形态极端化的特点。叙利亚司法部长称，来自全世界 83 个国家的极端、恐怖分子在叙利亚境内打着“圣战”的旗号进行各类暴力恐怖活动。[①]

值得注意的是，中东变局以来，“基地”组织正以“伊斯兰教法支持者”的新面孔在整个中东地区和中亚地区重新布设恐怖网络，扩大影响范围。“基地”组织的战术已从制造大规模恐怖袭击活动转向利用地区动荡局势和热点问题制造混乱，并与当地武装团体结盟，通过输出宗教极端主义的意识形态和制造混乱局面扩大影响。

其次，中东伊斯兰世界内部的教派矛盾正日益激化，萨拉菲主义将加大以沙特为首的逊尼派国家和以伊朗为首的什叶派国家之间的对立。

中东变局以来，沙特加大了萨拉菲主义意识形态的输出。一方面，萨拉菲主义已成为沙特开展外交的重要工具。沙特积极通过对埃及萨拉菲派提供巨额资助，避免埃及与伊朗走得太近，以此遏制以伊朗为首的什叶派阵营以及本国内部 10%—15% 的什叶派力量；

---

① 阿里·阿卜杜拉：“叙利亚司法部长：悬赏举报或抓捕恐怖分子的人”，黎巴嫩《时代报》（阿文版），2013 年 9 月 6 日，http://www.alahednews.com.lb/essaydetails.php? eid = 83160&cid = 76&st = 。

另一方面，出于对维护本国在伊斯兰世界盟主地位的现实考虑，沙特依靠传播和推行瓦哈比—萨拉菲主义，抗衡和阻遏埃及穆兄会等温和的伊斯兰势力对国内政治的影响，进而加强沙特王室的家族统治。沙特还力图通过萨拉菲主义向叙利亚进行渗透，以实现削弱伊朗及其主导的“什叶派新月地带”的目的。与此同时，伊朗也在加大同叙利亚巴沙尔政权、黎巴嫩真主党和伊拉克什叶派的联合，通过这些战略支点来巩固“什叶派新月地带”。从这个意义上讲，萨拉菲主义运动具有明显的教派性质，在教派斗争中充当了意识形态的工具。

再次，自中东变局以来，萨拉菲主义在阿拉伯国家的号召力和影响力不断增强，中东伊斯兰国家与西方的对立进一步扩大，可能促使美国重新寻找或加快扶植亲美的世俗势力。

在中东变局中，政治萨拉菲派的兴起，打着“圣战萨拉菲主义”旗号的宗教极端组织和恐怖团体活动日益猖獗，也是美国和西方必须面对的一大课题。美国学者罗宾·莱特（Robin Wright）在《别害怕伊斯兰主义者，害怕萨拉菲主义者吧》一文中明确表达了对萨拉菲派势力崛起的担忧。在他看来，一个横跨波斯湾和北非地区的“萨拉菲新月”（Salafi Crescent）地带正在形成，萨拉菲派团体的崛起是“阿拉伯‘起义’中最被低估和令人不安的附带产物”。[①] 以美国为首的西方世界试图削弱中东伊斯兰主义力量的做法，极有可能导致萨拉菲主义势力的不满，进一步加深伊斯兰世界与西方之间的隔阂。

最后，海湾阿拉伯国家对地区政治话语权、控制权的争夺将日益加剧，但总体上不会改变沙特在海合会中的主导地位。

---

① Robin Wright, “Don't Fear All Islamists, Fear Salafis,” *The New York Times*, August 19, 2012, http://www.nytimes.com/2012/08/20/opinion/dont-fear-all-islamists-fear-salafis.html.

中东变局以来，以沙特和卡塔尔为首的海合会国家在埃及“一·二五”革命、也门政府重组、利比亚战争、叙利亚危机等问题上积极介入，一方面为了防止动荡波及至本国，另一方面也为了通过进一步控制阿盟来夺取地区事务主导权。其中一个重要手段便是通过资助海外的萨拉菲派宗教机构来扩大地区影响力，并以此遏制以伊朗为首“什叶派联盟”。

在对埃及的争夺中，沙特和卡塔尔通过巨额“石油美元”分别资助萨拉菲组织和穆斯林兄弟会，反映了沙特与卡塔尔对地区事务主导权的争夺。沙特和科威特的萨拉菲派在埃及成立了一系列慈善机构，为埃及光明党参加2011年议会选举筹集了数量可观的资金，进而通过扶植萨拉菲派光明党，对埃及政局施加影响。由沙特资助的埃及萨拉菲派卫星频道也在议会选举中发挥了舆论造势的重要作用，并在美国电影《穆斯林的无知》引发穆斯林抗议事件的报道中颇受关注。在沙特巨额资助埃及萨拉菲派政党的同时，卡塔尔则积极支持穆斯林兄弟会。自2012年8月至穆尔西政权垮台前，卡塔尔多次提供巨额援助，累计多达80多亿美元。需要指出的是，卡塔尔尚难以改变沙特主导海合会的局面，但卡塔尔运用政治、经济、外交、媒体等手段，不断扩大地区影响也是不争的事实。

总之，在中东变局中，萨拉菲主义力量的影响呈上升的态势，其内部分化呈现出多元化的复杂发展态势，并对中东国家的政治生态和地缘政治格局产生了一定的影响。埃及光明党通过合法选举进入人民议会以及多个萨拉菲派政党成立的情况表明，萨拉菲派政党化趋势日趋明显，政治参与意识和能力显著增强，地区政治影响力持续上升。“圣战萨拉菲派”内部出现明显的分化趋势，部分主张暴力的“圣战萨拉菲组织”和打着“圣战萨拉菲主义”旗号的各种宗教极端组织，对地区安全构成重要威胁萨拉菲主义力量的上升正在日益激化中东伊斯兰世界内部的教派矛盾，进一步加深中东伊斯兰世界与西方的对立局面。以沙特为代表的海湾阿拉伯国家通过资助各国的萨拉菲派组织、输出萨拉菲主义意识形态等手段，争夺地区事务主导权，也势必对中东地区格局的重组产生一定的影响。

中东变局与宗教极端主义的新发展*

上海外国语大学政治学博士后科研流动站、中东研究所　包澄章

【内容提要】

中东变局发生以来，北非马格里布地区、阿拉伯半岛地区的宗教极端主义利用动荡局势趁乱逐利，上升势头迅猛，伊拉克的恐怖主义也出现强势反弹。各种打着宗教旗帜的极端组织和恐怖团体活动日益猖獗和复杂化，呈现出行动分散化、手段多样化、意识形态极端化的特点。以“圣战萨拉菲主义”为代表的宗教极端主义在利比亚、也门、叙利亚等转型阿拉伯国家的活动尤为活跃，中东地区局势动荡、利比亚战后武器流散、叙利亚危机的溢出效应，都助长了宗教极端组织和恐怖团体的壮大。

中东变局发生以来，北非马格里布地区、阿拉伯半岛地区的宗教极端主义和恐怖主义上升势头迅猛，伊拉克的宗教极端主义和恐怖主义也出现强势反弹的迹象，而叙利亚局势的持久动荡使得宗教极端主义和恐怖主义伺机渗透和泛滥，并外溢到叙利亚周边地区。当前，利比亚战后武器流散、叙利亚危机的溢出效应、伊拉克国内暴力袭击活动频发、穆尔西被罢黜后埃及局势持续动荡，都成为助长宗教极端组织和恐怖团体发展壮大的推动因素。

---

* 本文为“上海高校青年教师培养资助计划”中期成果，并受上海外国语大学第二届“青年教师科研团队培育计划”资助。

一、中东变局以来宗教极端主义发展的新特点

中东变局发生以来，宗教极端主义和恐怖主义势力的活动呈现出行动分散化、手段多样化、意识形态化等特点。

（一）行动分散化

中东变局导致的严重动荡为极端恐怖组织借机坐大提供了新的机遇。在这场声势浩大的变局中，“基地”组织从“阿拉伯之春”初期的严重受挫和静观其变，到之后利用地区动荡局势趁势搅局，再到如今借“阿拉伯之春”渔翁得利，其行动模式具有典型的分散化、碎片化的特点。

阿富汗战争后，尤其是本·拉登被美军击毙后，“基地”组织在阿富汗的核心力量遭到重创，分支力量转移至西亚和北非地区，并同当地的极端势力和武装团伙相互勾结，形成了“基地”组织的若干个分支并行发展的趋势。在无人机打击成为美国的反恐利器后，“基地”组织及其分支领导人逐渐转变战术策略，其组织结构日益呈现出“去中心化”的特点，各分支力量活动能力日趋增强，其活动重心逐渐转向地区动荡国家。也门南部的“基地”组织阿拉伯半岛分支（AQAP）、“基地”组织伊拉克分支“伊拉克伊斯兰国”（ISI）、北非“基地”组织伊斯兰马格里布分支（AQIM），以及叙利亚反对派中的“胜利阵线”（Jabhat al-Nusra）近来表现活跃，正在采取分散化的行动模式，利用地区动荡频繁制造各种袭击活动。尽管“基地”组织核心领导层受到严重削弱，但其残余势力已重组成若干个小规模的实体，采取分散式的行动策略，使其活动更难受到追踪。中东变局以来，“基地”组织的分支数量及其成员人数不减反

增，其自主行动能力呈显著上升的态势。[1] 2012 年 7 月 31 日，美国国务院发表《2011 年国家反恐报告》，称“基地”组织核心受到重创，但其在世界各地的分支迅速兴起。“基地”组织阿拉伯半岛分支构成“尤其严重的威胁”，“基地”组织伊斯兰马格里布分支也表现得更加活跃。[2]

（二）手段多样化

中东变局发生以来，在突尼斯、利比亚、埃及、也门几个政权更迭国家以及叙利亚、伊拉克、巴林等动荡国家，均发生了大量自杀性炸弹或连环爆炸袭击事件。因局势动荡产生的溢出效应导致暗杀、绑架和劫持人质事件也时有发生。2013 年 2 月 6 日，突尼斯左翼反对党统一民主爱国党总书记肖克里·贝莱德遭恐怖分子暗杀身亡。在此前的 1 月 16 日，阿尔及利亚伊利济省艾因阿迈纳斯市天然气田发生了大规模劫持人质事件，数百名当地工人和外国工人遭武装分子劫持，解救行动最终使 685 名阿尔及利亚人和 107 名外国人获救，但也导致 23 名人质死亡。近年来，通过抢劫或劫持外国人勒索巨额赎金，已成为北非地区极端组织主要资金来源之一。宗教极端组织、恐怖团体和武装团伙常年通过边境走私获得大量武器，而利比亚战时和战后武器的流散更为其提供了便捷的武器来源。这些事件表明，爆炸、暗杀、绑架和劫持人质等仍是极端、恐怖组织采用的主要手段，但其攻击对象选择的随意性更加突出。

---

① Adam Entous, “Regrouped al-Qaeda Poses Global Threat,” *The Wall Street Journal*, August 5, 2013. http://online. wsj. com/article/SB10001424127887323420604578648482570494670. html

② “Bureau of Counterterrorism, Country Reports on Terrorism 2011,” United States Department of State Publication, April 2012, p. 5.

（三）意识形态化

在当前的中东地区，以“圣战萨拉菲主义”（Jihadi Salafism）为代表的宗教极端意识形态的影响日益上升，并对主流的相对温和的伊斯兰主义组织构成挑战。宗教极端组织、恐怖组织利用政局动荡、经济滞后、失业问题所引发的民众消极失望和反社会情绪，加强招募处于社会边缘、具有激进思想的青年，借宣教之名曲解和篡改伊斯兰教教义，灌输“圣战萨拉菲主义”等极端意识形态，加深了这些青年对政府和社会的仇恨，并对社会实施报复性袭击。在中东变局中，地区动荡局势为“圣战萨拉菲”组织迅速崛起提供了巨大的活动空间。某些打着“圣战萨拉菲主义”旗号的极端组织和恐怖组织，“把被片面引用和歪曲解读的‘圣战’观念内化为指导自己行动的价值理念”，[①] 鼓吹以极端暴力手段推翻世俗政权，建立以伊斯兰教法为基础的政权。

在中东变局初期，以改善民生为主要诉求、以民众抗议为主要形式的“阿拉伯之春”，一度使“基地”组织“以暴力手段推翻独裁政权”的意识形态严重受挫。西方世界最初认为，中东变局会削弱“基地”组织的号召力和行动力。但是，随着事态的发展，“基地”组织不仅在行为上频频发动恐怖袭击，在组织上不断进行重组，而且在意识形态上也在进行积极调整。值得注意的是，扎瓦希里在接过“基地”组织领导大旗后，不断通过论坛、视频网站、社交媒体、电子杂志等现代化手段传播极端意识形态，而阿拉伯国家的持续动荡、民生困难等现实也为“基地”组织意识形态的传播提供了肥沃的社会土壤。

---

① 陈敏华：《冷战后中东极端组织行为研究》，北京：时事出版社，2008 年 11 月版，第 299 页。

二、宗教极端势力的区域分布及其活动

中东变局的深入发展和调整使得北非马格里布地区、阿拉伯半岛地区、叙利亚及其周边地区的宗教极端主义、恐怖主义势力趁乱逐利、上升势头迅猛；受教派矛盾、族群冲突、美国撤军、中东变局等多重因素的影响，伊拉克的恐怖主义出现复苏回潮的迹象。阿拉伯国家的持续动荡加剧了地区安全局势的恶化，为宗教极端组织和恐怖组织提供了巨大的活动空间，进而使地区安全和稳定受到严峻挑战。

（一）北非马格里布地区

在北非马格里布地区，突尼斯、埃及和利比亚先后发生政权更迭，动荡的局势为宗教极端主义和恐怖主义的滋生提供了肥沃土壤，暴力事件和恐怖袭击活动日益成为常态。尤其是利比亚战争引发的武器流散为极端、恐怖组织获得大量非法武器装备提供了便利，枪支泛滥不仅成为利比亚国内最大的治安隐患，也令周边国家的安全局势受到严重威胁，马里危机、阿尔及利亚人质事件都是利比亚战争溢出效应的表现。“基地”组织伊斯兰马格里布分支趁势发展壮大，加强了同利比亚“伊斯兰战斗团”（LIFG）、索马里“青年党”（al-Shabaab）、尼日利亚“博科圣地”组织（Boko Haram）等伊斯兰极端组织的联系，结成了更加强大的“恐怖同盟”。其中，索马里“青年党”、尼日利亚“博科圣地”与“基地”组织伊斯兰马格里布分支的联系日益紧密。2012 年 5 月 5 日，索马里“青年党”宣称该组织与“基地”组织伊斯兰马格里布分支有联系，并一直与萨赫勒—撒哈拉地区的数个国家存在接触，为实施恐怖活动运送了大量武器。2013 年 1 月 19 日，法国一家七口在喀麦隆遭“博科圣地”组

织绑架，这个被称为“尼日利亚塔利班”的组织此前曾多次在尼日利亚、马里、乍得、毛里塔尼亚等地发动恐怖袭击活动。

利比亚卡扎菲政权倒台导致的武器大量流散，构成了北非马格里布地区宗教极端主义和恐怖主义猖獗的重要原因。利比亚战争期间，卡扎菲的武器库遭武装组织洗劫，部分武器流入国际市场。随着卡扎菲政权的倒台，此前作为卡扎菲政府雇佣军的图阿雷格族武装分子携带大量武器返回马里，在马里北部萨赫勒地区同“基地”组织伊斯兰马格里布分支组建训练营，对地区稳定和安全局势构成严重威胁。俄罗斯总统中东事务特派代表博格丹诺夫表示，马里事件是利比亚危机的“直接后果”。[①] 时任美国国务卿的希拉里也承认，马里事件是利比亚卡扎菲政权被推翻的后果。[②] 随后，法国出兵马里诱发了 2013 年 1 月的阿尔及利亚人质事件，宣布对劫持人质事件负责的“血色营”自称隶属于“基地”组织，并宣称劫持人质是对法国出兵的报复。因此，这些事件在本质上都是利比亚危机溢出效应和连锁反应的表现。

（二）阿拉伯半岛地区

“基地”组织阿拉伯半岛分支利用乱局趁势深入动荡地区，通过变换身份开展行动，并加紧推广极端主义意识形态。

首先，趁势深入动荡地区。近几年来，“基地”组织在也门、叙利亚等动荡国家的活动十分猖獗。“基地”组织阿拉伯半岛分支通过与当地部落建立联系，开辟恐怖活动的新阵地，公开与也门政权对抗。2011 年 5 月 28 日，“基地”组织阿拉伯半岛分支占领了也门南

① “马里事件是利比亚危机的直接后果”，http：//chinese. ruvr. ru/2013_ 02_ 09/104110704/。

② “希拉里承认马里事件系推翻卡扎菲政权后果”，http：//world. huanqiu. com/exclusive/2013 - 01/3580512. html。

部阿比扬省省会津吉巴尔市，宣布以该市为首都建立“伊斯兰酋长国”。在叙利亚，“基地”组织伊拉克分支“伊拉克伊斯兰国”成员利用叙利亚危机加紧渗透，并成立了效忠“基地”组织的“胜利阵线”。

其次，变换身份开展行动。随着中东变局的深入发展，“基地”组织加快了战术调整和策略转变，通过改头换面的方式进行活动。在也门，“基地”组织阿拉伯半岛分支开始以“伊斯兰教法支持者”组织（Ansar al-Sharia）的新面目出现；在伊拉克，“基地”组织伊拉克分支“伊拉克伊斯兰国”领导人宣布与叙利亚“胜利阵线”合并为“伊拉克和沙姆[①]伊斯兰国”。也门“伊斯兰教法支持者”组织的建立是“基地”组织阿拉伯半岛分支为重塑“基地”组织形象而采用的一种策略。2011 年 4 月，“基地”组织阿拉伯半岛分支头目艾布·祖拜尔·阿迪勒·阿巴布（Abu Zubair Adil al-Abab）表示，使用“伊斯兰教法支持者”的名称旨在向人们更清晰地宣示其行动目标。[②] 不久后该组织便占领了也门南部阿比扬省和邻省舍卜沃省，直至 2012 年 6 月也门政府在美国无人机的协助下才重新夺回上述两省。也门“伊斯兰教法支持者”组织发布消息称，该组织能够提供电力、水利、安全、司法、教育和通讯等也门政府无法提供的服务，迅速获得了一大批对政府失望的底层民众的支持。

最后，加快推广意识形态。“基地”组织阿拉伯半岛分支一方面利用地区动荡局势和热点问题加紧渗透，另一方面积极进行意识形态的推广。“圣战萨拉菲主义”当前已成为“基地”组织意识形态

① 沙姆地区（Bilad ash-Sham）是阿拉伯世界对于地中海东岸的整个黎凡特地区或大叙利亚地区的称法，在不同的历史时期所指各有不同。如今阿拉伯人所说的沙姆地区一般包括叙利亚、约旦、黎巴嫩和巴勒斯坦国。

② 阿卜杜·斯塔尔·阿伊迪：“‘伊斯兰教法支持者’是‘阿拉伯之春’国家的‘基地’组织的后盾”，《塔尼特社电子报》（阿文版），2012 年 9 月 27 日，http://www.tanitpress.net/analyses/3715-2012-09-27-09-41-32.html。

的主要思想来源。尽管“传统萨拉菲派”和“政治萨拉菲派”不主张使用暴力，但各类圣战萨拉菲组织和打着“圣战萨拉菲主义”旗号的武装团伙，却号召使用暴力手段推翻独裁政权，建立以伊斯兰教法为主要法源的伊斯兰政权（“伊斯兰酋长国”），旨在通过加紧推广极端意识形态，扩大自身影响力。

（三）叙利亚

2011 年 3 月，中东变局蔓延至叙利亚。当前的叙利亚已沦为各方势力角逐的场所。在此过程中，“基地”组织阿拉伯半岛分支以及其他宗教极端组织和恐怖组织积极利用叙利亚的混乱局势不断扩张和渗透，通过制造各种恐怖活动来扩大自身影响力。叙利亚反对派中的各方势力鱼龙混杂，既有像“叙利亚伊斯兰解放阵线”（Jabhat al-Tahrir al-Souriya al-Islamiya）、“先知子孙旅”（Liwa Ahfad al-Rasoul）这类由海湾阿拉伯国家在背后提供资金支持的宗教极端组织，也有像伊拉克“基地”组织分支“胜利阵线”这样的恐怖组织。①

2012 年 12 月，美国将叙利亚反对派“胜利战线”定性为恐怖组织，认定“胜利战线”是伊拉克“基地”组织的分支。从意识形态上看，“胜利阵线”“与多数以推翻巴沙尔政权为直接目标的派别不同，有更远大的目标规划，包括收编所有在意识形态上具有联系的‘圣战’分子；强化在原教旨主义指导下的战争意识；获取武器并建立自治安全区，最后建立伊斯兰国家。”② 西方不愿轻易向叙利亚反对派输送大批致命性武器，也是出于对这些武器可能会辗转落

① David Ignatius: “Sorting out the Syrian opposition,” *Washington Post*, April 2, 2012, http: //articles. washingtonpost. com/2013 - 04 - 02/opinions/38212360_ 1_ rebel - damascus - mezzeh.

② “叙利亚‘胜利阵线’宣誓效忠‘基地’组织头目”，载《环球时报》，2013 年 4 月 11 日，第 2 版。

入“胜利阵线”手中的担忧。有专家认为，叙利亚危机若久拖不决，当地的圣战组织很可能会发展成“基地”组织沙姆分支，活动范围将覆盖整个沙姆地区。[①] 据美国“寻找国际恐怖组织”（SITE）网站称，“基地”组织头号人物扎瓦希里已宣布实施新战略，呼吁“为在沙姆地区建立‘伊斯兰酋长国’进行‘圣战’，不依靠阿拉伯国家、西方、美国和土耳其”；同时还要求沙特人民“模仿‘阿拉伯之春’的模式，推翻沙特现政权。”[②]

叙利亚危机爆发后，叙政府指责多起针对该国政府部门的袭击活动系恐怖分子所为。2013 年 9 月，叙利亚司法部长纳吉姆·艾哈迈德称，叙利亚战场上有来自全世界 83 个国家的极端主义分子打着“圣战”的旗号进行暴力恐怖活动。叙利亚政府已决定对每个提供外籍恐怖分子信息的人奖励 2500 美元，对每个帮助政府逮捕外籍恐怖分子的人奖励 1000 美元。[③] 事实表明，“基地”组织积极利用叙利亚反对派的内部纷争进行渗透和扩张，其中部分成员曾参与“基地”组织在伊拉克的恐怖活动。扎瓦希里曾呼吁土耳其、伊拉克、黎巴嫩、约旦等国的穆斯林“一起帮助叙利亚人民推翻巴沙尔的统治”，[④] 使得反政府活动开始向极端化、恐怖化的方向发展。有报告称，“基地”组织阿拉伯半岛分支也在也门为“叙利亚圣战”组织招募新成员。因此，“基地”组织是在借推翻巴沙尔政权之名制造暴

---

① 阿莱·法扎尼：“约旦专家哈桑·艾布·哈尼亚：‘基地’组织正利用‘阿拉伯之春’进行扩张”，沙特《东方报》（阿文版），2012 年 9 月 7 日。http：//www.alsharq. net. sa/lite-post？id = 475485.

② 参见 SITE 网站：http：//www. siteintelgroup. com

③ 阿里·阿卜杜拉：“叙利亚司法部长：悬赏举报或抓捕恐怖分子的人”，黎巴嫩《时代报》（阿文版），2013 年 9 月 6 日，http：//www. alahednews. com. lb/essaydetails. php？eid = 83160&cid = 76&st = 。

④ “扎瓦希里呼吁穆斯林帮助叙利亚人反对巴沙尔政权”，BBC Arabic，2012 年 2 月 12 日，http：//www. bbc. co. uk/arabic/middleeast/2012/02/120212 _ syria _ alqaida. shtml。

力袭击和杀戮活动，并推行其建立“伊斯兰酋长国”的极端主义意识形态。

（四）伊拉克

2011 年底美国从伊拉克撤军后，伊拉克国内仍频现暴力袭击事件。事实表明，伊拉克尚未从战争“后遗症”中恢复过来，尤其是中东变局以来，伊拉克的宗教极端主义和恐怖主义呈现强势反弹的迹象，甚至有卷土重来之势。伊拉克的宗教极端主义和恐怖主义势力，不仅在国内频频制造暴力恐怖活动，还向叙利亚反对派输送“圣战”分子。有分析指出，“基地”组织在伊拉克的恐怖活动有可能蔓延至叙利亚西部。[1]

伊拉克学者认为，“少数国家为支持叙利亚反对派，不惜为恐怖分子提供武装，推动其发动所谓‘圣战’，助长了‘基地’势力在伊拉克重新抬头。”[2] 此外，伊拉克国内政治阵营意见不一，且各自掌握安全部队的武装组织，导致安保工作难以协调一致，为宗教极端势力和恐怖组织提供了可乘之机。受教派冲突、党派分歧、族群矛盾、部落斗争、国内腐败、权力失衡、外国干涉、大国博弈等多重因素的影响，伊拉克国内的安全体系已经脆弱不堪。中东变局后，叙利亚危机的溢出效应进一步加重了伊拉克的教派和族群矛盾，助长了伊拉克国内的宗教极端主义和恐怖主义势力。一方面，宗教极端势力和恐怖组织正不断向伊拉克渗透，暴力冲突又现抬头之势；另一方面，“基地”组织伊拉克分支“伊拉克伊斯兰国”也在向叙利亚输送恐怖分子。

---

① Brian Michael Jenkins, “Al Qaeda in Its Third Decade: Irreversible Decline or Imminent Victory?,” CA: RAND, 2012, p. 6.

② “新闻分析：西亚北非乱局加重伊拉克恐怖阴影”，新华网，2012 年 07 月 25 日，http://news.xinhuanet.com/world/2012-07/25/c_112529995.htm。

三、圣战萨拉菲主义及其组织

中东变局以来，萨拉菲主义呈现上升趋势，并表现出多样化的发展态势："萨拉菲宣教"组织（Salafi Da'wah）坚持严格奉行《古兰经》和"圣训"规定的生活方式，主张远离政治，拒绝民主，体现出传统萨拉菲主义的保守主义倾向；埃及萨拉菲派政党光明党在议会选举中表现抢眼，一举成为议会第二大党，"政治伊斯兰化"倾向明显，代表了政治萨拉菲主义新势力的兴起；"基地"组织阿拉伯半岛分支、伊斯兰马格里布分支、"伊斯兰教法支持者"、叙利亚反对派中的"胜利阵线"等打着"圣战萨拉菲主义"旗号的组织，利用地区国家的动荡局势出现的安全漏洞趁虚而入，伺机制造混乱，甚至发动恐怖主义袭击，表明"圣战萨拉菲主义"的影响正在持续上升。

（一）"圣战萨拉菲主义"的实质

"圣战萨拉菲主义"与消极出世、主张正本清源的"传统萨拉菲主义"不同，具有严重的暴力倾向。以"基地"组织为代表的极端、恐怖组织借萨拉菲主义之名，利用中东阿拉伯国家的政治动荡、经济低迷和社会混乱，推行以建立"伊斯兰酋长国"为目标的意识形态，将武装暴力行动视为实现政治目标的合法途径。"圣战萨拉菲派"提出，要将低效腐败的政治制度改造成"公正的"伊斯兰政府或哈里发制度，最有效的方式便是通过暴力手段推翻独裁政权。"基地"组织主张推翻伊斯兰世界独裁政权、建立"伊斯兰酋长国"的意识形态便源自"圣战萨拉菲主义"。

从本质上看，"圣战萨拉菲主义"是一股打着"萨拉菲主义"旗号、通过歪曲宗教教义来宣扬宗教极端主义的思潮，它主张通过发动"圣战"等暴力手段颠覆阿拉伯国家的世俗政权，建立以伊斯兰教法为立法基础的伊斯兰政权。“圣战萨拉菲主义”是“基地”组织、叙利亚反对派中的“胜利阵线”、中亚的“伊斯兰解放党”（伊扎布特）等宗教极端组织和恐怖组织意识形态的主要思想来源。

（二）“圣战萨拉菲组织”

2012 年 9 月，一部侮辱伊斯兰教先知穆罕默德的电影引发了大规模的全球反美浪潮，美国驻利比亚大使等 4 名外交官遭火箭弹袭击身亡。美国白宫表示，驻班加西领馆遇袭是一起恐怖袭击。但根据国际恐怖组织搜索情报集团的声明，“基地”组织阿拉伯半岛分支宣称，对美国驻班加西领事馆的“致命袭击”是为了报复该组织二号人物阿布·叶海亚·利比被杀。[①] 有情报显示，名为“伊斯兰教法支持者”的组织策划了美国驻班加西领事馆袭击事件，该组织被认为和“基地”组织分支有联系，并涉嫌在抗议美国的浪潮中煽动袭击美国使馆。

中东变局以来，在转型阿拉伯国家中，采用“圣战萨拉菲主义”意识形态、主张严格实行伊斯兰教法的“伊斯兰教法支持者”民兵武装组织迅速兴起，越来越受到媒体和学界的关注。被突尼斯媒体描述为“伊斯兰癌症”的“伊斯兰教法支持者”组织被指参与了针对美国大使馆的袭击。毛里塔尼亚“圣战”理论家艾布·蒙迪尔·辛齐提（Shaykh Abu al-Mundhir al-Shinqiti）于 2012 年 5 月发表题为“我们是伊斯兰教法支持者”的文章，号召人们警惕“民主制度”和人为的世俗法律，避免对西方观念产生依赖，并呼吁穆斯林实施伊斯兰教法，在各国建立自己的“伊斯兰教法支持者”组织。[②] 当

---

① “‘基地’称袭馆是报复利比被杀”，http://news.xinhuanet.com/world/2012-09/16/c_123720847.htm。

② 艾布·蒙迪尔·辛齐提：“我们是伊斯兰教法支持者”（阿文版），http://www.tawhed.ws/dl?i=18061202。

前，在突尼斯、摩洛哥、利比亚、埃及、也门等阿拉伯国家，都出现了“伊斯兰教法支持者”组织。尽管这些组织拥有相同的名称和相近的意识形态，但尚未形成统一的指挥机构或领导层，也未进行跨区域的行动。因此，上述国家的“伊斯兰教法支持者”组织至今仍处于各自为战的状态。

在利比亚，数个激进组织在命名时都有“伊斯兰教法支持者”这一名称，如“班加西伊斯兰教法支持者旅”（Ansar al-Sharia in Benghazi）被认为是2012年9月11日袭击美国驻班加西领事馆的主要嫌疑对象；另一个影响力略低的组织是由前关塔那摩监狱犯人艾布·素福彦·本·库姆（Abu Sufyan bin Qumu）领导的“德尔纳伊斯兰教法支持者”组织（Ansar al-Sharia in Derna）。2012年2月，“班加西伊斯兰教法支持者旅”首次发表声明，称该组织的领导人为曾被关押在艾布·赛利姆监狱（Abu Salim prison）的犯人穆罕默德·扎哈维（Muhammad al-Zahawi）。2012年6月，有近千人参加了该组织举办的成立大会，吸收了数个小型民兵组织参加，其目标是在利比亚实行伊斯兰教法。据估计，“班加西伊斯兰教法支持者旅”可能有数百名成员。[①]

“伊斯兰教法支持者”组织在不同国家扮演了不同的角色，并非所有的“伊斯兰教法支持者”组织都从事武装暴力活动。新近成立的摩洛哥“伊斯兰教法支持者”组织只注重宣教活动，并声明该组织与也门、突尼斯、利比亚或埃及的“伊斯兰教法支持者”没有联系，只负责“传播真主言论和伊斯兰教法，向贫困群体提供社会和经济服务，揭露西方的堕落并将社会从西方的魔爪中解放出来”[②]。

① Aaron Y. Zelin: “Know Your Ansar al-Sharia,” *Foreign Policy*, September 21, 2012, http: //www. foreignpolicy. com/articles/2012/09/21/know_ your_ ansar_ al_ sharia.

② 阿卜杜·斯塔尔·阿伊迪：“‘伊斯兰教法支持者’是‘阿拉伯之春’国家的‘基地’组织的后盾”，《塔尼特社电子报》（阿文版），2012年9月27日，http: //www. tanitpress. net/analyses/3715 – 2012 – 09 – 27 – 09 – 41 – 32. html.

在中东变局中，伊斯兰力量的作用不断上升，但中东变局的性质并非是伊斯兰革命，也不是由伊斯兰政党或伊斯兰集团发起的。但是，转型阿拉伯国家的动荡为宗教极端组织、恐怖组织的发展提供了契机。宗教极端主义和恐怖主义的抬头为阿拉伯国家的动荡局势增加了更多不确定因素，伊斯兰主义力量正面临内部温和势力、激进势力和极端势力矛盾纷争的复杂局面，阿拉伯国家也面临宗教与世俗力量的斗争与博弈。在中东变局中，“基地”组织及其分支等恐怖主义力量、以“圣战萨拉菲主义”为旗号的“伊斯兰教法支持者”等极端组织，不断利用地区动荡制造恐怖暴力事件，传播极端主义意识形态，进而构成了加剧中东地区动荡的重要因素。

专题报告四

机遇与挑战并存的中国中东外交

2013 年的中东形势及中国的政策应对

中华人民共和国外交部　**杨福昌**

【内容提要】

阿拉伯国家的转型之难与地区动荡之痛，构成了 2013 年中东局势的典型特征。安全形势恶化、社会分裂加剧、经济严重下滑构成了转型阿拉伯国家存在的普遍问题。从地区层面看，埃及总统穆尔西被废黜和叙利亚化武危机，是具有广泛地区与国际影响的两件大事。面对持续动荡的中东局势，中国坚持联合国宪章的宗旨和原则，反对干涉他国内政，特别是以武力干预他国事务，同时尊重阿拉伯民众的合法诉求和要求改革的愿望；中国主张通过和平手段解决争端，不断劝和促谈，反对诉诸武力，同时向有关国家提供了力所能及的经济援助和人道主义援助。

2013 年，中东形势发生重大变化，其影响之大可与 2011 年动荡初发相媲美，主要是发生了两起大事：7 月 3 日埃及总统穆尔西被废黜；8 月 21 日叙利亚发生了化武危机。

一、转型国家政局不稳、举步维艰

中东经过三年多疾风暴雨般的斗争，其中也不乏腥风血雨，突尼斯、埃及、利比亚、也门四国已分别选出了新领导人，成立了新政府，完成了政权更迭，进入转型期。两年前，群众游行示威、街头抗议引发政局大动荡，其初衷是减少失业，抑制通胀，增加收入，改善低下的生活水平，以后又发展到要求改革停滞的经济形势、改变僵化的政治制度，上述三项诉求仍是当前转型阿拉伯国家面临的主要任务。近两三年来，从政治角度看，确也发生了一些变化。例如，在四个转型国家分别推翻了执政几十年的领导人，改变了长期不变的治国方式，通过较自由的选举成立新政权，国家领导人的终身制或家族制被废除，这是动荡给这一地区带来的积极影响，会对今后的政治生活产生深远影响。

但从另一方面看，在转型国家中也存在大量难解的问题。

首先，安全形势恶化。埃及群众游行示威活动已成常态，形形色色的诉求，不同政治立场的表达，都在广场提出，同警察冲突时有发生，造成严重死伤，同动荡初发期间相似。在利比亚，内战期间大量武器流入民间，战后各民兵组织拥兵自重，拒绝政府收编，暴力事件迭发，百姓缺乏安全感。2012 年 9 月 11 日美驻利比亚大使史蒂文斯遇袭身亡即为一例。

其次，社会处于分裂状态。主要表现为：一是地区分裂，如利比亚的东西部从历史上就合不拢，动荡期间东部的班加西成为反西部的黎波里的大本营，至今两部分仍有自己的考虑。二是部族分裂，利比亚本是一个部落社会，卡扎菲尚能把各部落强捏在一起，今天这些部落已从以往的民事自治演变成部落武装割据，居民的部落认同感高于国家认同感，导致国家政令难行。三是教派分裂，伊斯兰教的逊尼派和什叶派是历史形成的，两派矛盾像今天这样尖锐爆发还是少见的，在叙利亚和巴林都发生了占人口多数的教派反对占少数的教派执政的问题。从地区看，什叶派执政的伊朗对各国什叶派的处境和活动都给予同情和支持；海湾国家总体上支持逊尼派。四是政治取向的分裂，在埃及表现最为明显。穆兄会上台后，是建立一个政教合一的国家，还是建立一个世俗派国家，成为埃及社会面临的尖锐的问题。

最后，经济下滑。转型中国家的经济普遍下滑，工厂倒闭，生产下降，外资抽逃，国外贷款和援助不敢进入，货币贬值，外汇储备减少，人民生活水平低于动荡前。这都是政局不稳定带来的后果。

总之，四个转型阿拉伯国家正由动荡期的痛苦进入转型期的考验。转型中会充满动荡，在动荡中进行艰难转型，将成为一段时期内转型阿拉伯国家的共同特征，差别只在于动荡程度与转型幅度的不同。

二、埃及政局陷入新一轮动荡

2013 年 6 月 30 日，在穆尔西就职埃及总统一周年之际，反对派组织了声势浩大的示威活动，要求穆尔西下台、提前举行大选。国防部长塞西于当地时间 7 月 3 日晚发表讲话，宣布中止现行宪法，解散议会，提前举行总统选举，由最高宪法法院院长代为管理国家事务。最高宪法法院院长阿德利·曼苏尔 4 日宣誓就职临时总统，于 8 日颁布宪法声明，公布了半年内举行议会选举的安排。9 日，曼苏尔任命哈齐姆·贝卜拉维为总理。穆尔西被软禁。

自推翻穆巴拉克政权后，埃及政坛乱象丛生，以穆斯林兄弟会（以下简称穆兄会）为代表的伊斯兰主义者与主张世俗制的反对派之间的较量始终未断，前者依持民选上台执政的强势，在关键部门安插穆兄会人士，推出宗教色彩浓厚的宪法；后者阵容中除一些主张世俗制党派外，也包括某些宗教人士，如爱资哈尔大学校长和基督教人士，他们以不同形式反对穆兄会的主张。一年来，两派组织的示威活动越来越大，发生冲突越来越多，形势越来越走向不可控，在 2013 年 6 有 30 日这一关键时刻，军队表明了态度，打出支持人民诉求的旗帜，一举推翻了穆尔西。这是穆巴拉克政权被推翻后军队与穆兄会的第二次较量。第一次是穆尔西上台后改组了军队，削弱了军权。在第二次较量中，军方以其强大实力，废黜穆尔西的总统职务，重新取得优势。

埃及是一个伊斯兰国家，在国内推行伊斯兰律法是有基础的；埃及又是一个接受多种文明影响的国家，实行世俗制是其长期的传统，搞宗教统治是多数人所不能接受的。军队是埃及社会的重要力量，1952 年革命后，历任总统都是军人，穆巴拉克下台后也是由军人在过渡期内管理国家，可以说 60 多年来军队一直是国家的主导者，只是在穆尔西执政的一年内退居幕后。以上就是埃及的现实，这一现实在这次变化中得到了充分体现。

穆尔西执政仅一年就被赶下台，是穆兄会执政后多方面举措失当所致，在国内，它未能处理好同军队、司法、媒体和众多反对派之间的关系，未能解决人民的诉求，导致支持率大幅下降，暴力冲突频发；在国外，未能处理好同美国等西方国家以及海湾国家关系，致使这次变化后，只有土耳其、伊朗、卡塔尔、突尼斯少数国家对穆尔西表示同情和支持。总的看，问题的根源在国内，现从政治和经济两方面做一些分析：

（一）政局动荡，社会分裂

在这一年里，埃及的广场集会、游行示威活动从未间断，2011 年动荡开始时的示威活动是群众自发的，现在则是由执政党或反对党充当示威游行的领导者和组织者，并发生严重对抗。2011 年群众首先提出的是民生问题，现在则直入政治主题，举凡遇到公投、选举或对穆兄会及总统不满都要到街头表达意见，显示力量。这种做法应是出于两个原因，第一，当人民受压抑时就会反抗，压力就会爆发，压力越大，爆发力就越强，埃及动荡初期就是各种矛盾在长期压抑后的强力爆发。第二，当人们发现广场政治、街头政治的作用如此巨大，大到足以能推翻一个政权，就事无巨细，遇到不满就上街表达，将一种通常在特别情况下才使用的手段变为常态，结果就是示威活动不断，示威者同军警或两派间发生冲突，造成人员伤亡，导致政治和安全形势急剧恶化。

埃及政局的困难主要是当局无力治理，媒体对穆兄会多有诟病，认为穆尔西自 2012 年 6 月上台后的执政能力乏善可陈，无法实现社会稳定，无法弥合社会分裂，无法改善经济状况，无法满足人民对提高生活水平的诉求。埃及的社会分裂不像利比亚那样取决于部落割据，而是由不同的政治取向形成的，是围绕伊斯兰化和世俗化发展道路的对立，这一问题因穆兄会执政而更加突出，在这个问题解决前，难谈社会安定、人民团结、经济发展。

穆尔西执政后埃及政局混乱的原因可以归结为先天不足，后天失策。首先，在没有宪法和议会的情况下就进行了总统选举，选民没有判断的标准和依据，选举没有立法机构监督；其次，穆兄会虽有较强组织能力，但无从政和执政经验，穆兄会执政后急迫地揽权，把排斥前朝人士列为头等要事，对一起闹“革命”的盟友也缺乏包容，自己无经验也不请有经验的人协助，闹出了不少出尔反尔的事；第三，正因为缺乏执政经验，穆兄会常常是决策快、表态快、反复快，造成混乱和负面影响。在 2011 年动荡初期，穆兄会曾表示不参选总统、不谋求议会多数，后均失信于众；2012 年 11 月 22 日，总统颁布新宪法声明，规定总统发布的所有总统令、宪法声明、法令等都是最终决定，任何一方无权更改。此声明一出台即遭到多方反对，副总统马基辞职表示反对。[①] 最终，总统在一片强烈反对声中于 12 月 9 日废除该声明。但是这个声明使人们认清了穆兄会的真实面目，进而对穆兄会造成了不可挽回的负面影响，这也被视为导致穆兄会下台的导火索。穆兄会的做法使国家发展的进程被中断，为自

---

① 马基：“我知道政治不适合做法官的我”，《今日埃及人报》网站 2012 年 12 月 22 日。

己树立了众多势不两立的反对派，并造成社会动乱。

（二）经济形势严峻，治理乏策

穆尔西执政一年经济下滑，困难重重，主要表现在：

1. 经济增长率下降。埃及动荡前国内生产总值年增长率在 5% 以上，而 2012 年经济增长为 2%，[①] 同动荡前相比下降 3—4 个百分点。按穆尔西 2012 年竞选时宣布的计划，国内生产总值 2011 年为 2200 亿美元，计划到 2023 年达到 4790 亿美元；2011 年人均国内生产总值为 2550 美元，至 2023 年要达到 4900 美元，都是大致 10 年翻一番，为达到这一目标，每年要保持 7% 以上的增长。2% 的增长率显然太低，而埃及的人口增长率每年也要超过 2%。

2. 外汇储备减少。埃及的外汇储备由动荡前 2010 年底的 360 亿美元降至 2012 年底的 150 亿美元，两年下降了 210 亿美元，这是仅够支付 3 个月进口的最低限，但至 2013 年 1 月底外汇储备又降 9.4%，达到 136.13 亿美元。[②] 2013 年 5 月份，埃及分别从卡塔尔和利比亚获得 30 亿和 20 亿美元贷款，储备问题一度缓解，7 月 7 日央行宣布，外汇储备又降至 149 亿美元。[③] 外汇储备减少的一个重要原因是外国投资大幅下降，据开罗经济与战略研究中心公布的材料，2009 年外国对埃投资 134 亿美元，2012 年下降到 20 亿美元，2013 年不到 10 亿美元。[④]

3. 贫困率上升。穆尔西 2012 年竞选时承诺，到 2016 年，将当时埃及 12% 的失业率降至 7%。一年过去后，计划和国际合作部长

---

① “计划和国际合作部长阿拉比在协商议会的报告”，《今日埃及人报》网站 2013 年 4 月 23 日。

② “一月份外汇储备降 9.4%”，《今日埃及人报》网站 2013 年 2 月 5 日。

③ “外汇储备下降至 149 亿美元’，《金字塔报》网站 2013 年 7 月 8 日。

④ 《金字塔报》网站 2013 年 7 月 12 日。

阿拉比在协商议会报告称，失业率已上升到 13%，其中 27% 失业者以前曾有工作，近两年来失去了工作。他还说，就全国范围讲，贫困率高达 25%，而南部有些省份达到 50%。[①] 失业问题同生产下降有关，“阿拉伯投资者协会”主席阿米尔指出，埃及“革命后已关闭了 4500 家工厂，企业家、投资者和市场正在为革命付出代价。”[②]

（4）资金困难，增长乏力。埃及财政预算的支出用于四方面：工资、补贴、偿还贷款（包括利息）、发展。这四方面基本都是各占 1/4，用于发展方面的资金有限。为补资金不足，政府只能借贷。内债原为 1.1 万亿埃镑，至 2013 年 5 月增至 1.3 万亿埃镑，两年增长了 2000 亿镑。[③] 外债原为 350 亿美元，至 2013 年 6 月已达到 454 亿美元。[④] 沉重的债务导致政府财政负担越来越重。

导致埃及经济严重下滑主要还是内部原因，因政治形势不稳，外资不愿进入，旅游业难以复苏，股市不振，进而严重影响了经济的发展；反过来，经济下滑，人民生活得不到改善，引发不满，游行示威频仍，又影响了政治稳定，这形成了一个难以破解的怪圈。

埃及是中东地区大国，它的形势变化会给本地区带来影响，目前已经显现的影响主要有：首先，穆兄会上台仅一年就被赶下台，说明激进的伊斯兰思想不适宜这块土地，可能对激进伊斯兰势力在地区扩张起到某种遏制作用。其次，穆尔西执政后，出现全国动乱，人民的失业率和贫困率都在增长，昔日“战友”反目成仇，民间支

① “贫困及失业率将上升”，《今日埃及人报》网站 2013 年 4 月 23 日。

② “革命后关闭了 4500 家工厂”，《今日埃及人报》网站 2013 年 2 月 24 日。

③ 哈尼·陶菲克：“埃及经济在重症监护室”，《今日埃及人报》2013 年 5 月 14 日。

④ 艾哈迈德·奈加尔：“执政一年的经济苦果”，《金字塔报》网站 2013 年 6 月 18 日。

持率大幅下降，证明穆兄会缺乏治理国家的能力。在有穆兄会参与的动乱国家，人们会对穆兄会给以重新审视。第三，在推翻穆尔西的活动中，埃及新出现的“造反”运动在动员和宣传中起了重大作用，该运动发言人麦哈姆德·巴德尔于 2013 年 6 月底宣布，该组织已收集到 2200 多万人签名，要求穆尔西下台，提前举行大选。[①] 随后，突尼斯也出现了“造反”运动，在收集反对现政权的签名。这表明埃及的街头政治在转型阿拉伯国家产生了一定的扩散效应。第四，埃及的变化使海合会国家的分歧暴露于世，阿拉伯国家又出现新分歧点。穆尔西下台后，沙特、阿联酋于 7 月 9 日、科威特于 10 日分别承诺向埃及提供 50 亿、30 亿、40 亿美元援助，卡塔尔则撤回了穆尔西执政时对埃援助的承诺。一向在阿盟以一个声音出现的海合会，显露了不同的立场。

埃及又进入了一个过渡期，进入了新一轮的动荡期。军队于 2013 年 7 月 3 日发布的路线图规定过渡期为九个月至一年，临时总统曼苏尔 8 日发表的宪法宣言规定，半年内完成议会选举，然后进行总统选举。

在过渡期间，埃及社会将是各方斗争不断、动乱纷呈的局面，临时政府的任务将是如何实现社会稳定，给人民以安全，完成路线图，而经济问题很难提上日程。在这期间，宗教和世俗两派的斗争将继续并会加剧，表面上看，现在矛盾的双方从民间讲是反对和支持穆尔西的两个阵营，从政坛上看是拥护或反对废黜民选总统、走宗教路线还是世俗路线的两派，但实质上还是穆兄会和军方的较量。自军方 7 月 3 日废黜穆尔西后，穆兄会组织的示威活动不断，导致冲突迭起，社会混乱，73% 的埃及人没有安全感。[②] 为实现社会稳

① “‘造反’运动准备将 2200 万签名存放秘密地点”，《金字塔报》网站 2013 年 6 月 30 日。

② “‘埃及舆情研究中心’调查报告”，《金字塔报》网站 2013 年 9 月 9 日。

定，临时政府采取了以下措施：第一，逮捕穆兄会从中央到地方的领导人，瘫痪其指挥系统；第二，于 8 月 14 日对穆兄会示威活动的两个大本营阿达维亚广场和复兴广场实行清场，这一行动导致 525 人死亡，3717 人受伤；[①] 第三，于 8 月 14 日宣布实行一个月的紧急状态，并实行宵禁，9 月 12 日决定紧急状态延长两个月；第四，埃及紧急事务法院于 9 月 23 日下令，禁止穆兄会及其所属机构在埃及进行一切活动，并没收其全部财产。第五，12 月 25 日，在曼苏尔发生恐怖袭击事件后，埃及过渡政府指责穆兄会为组织策划者，并宣布穆兄会为恐怖组织。这些措施无疑削弱了穆兄会的活动能力，但它是一支有 80 多年历史的政治力量，有民众基础，有在逆境下生存的经验，特别是现在已走上政治舞台，不会轻易服软及退让，其活动或将转入地下。在外界，穆兄会得到卡塔尔、土耳其还有巴勒斯坦哈马斯的大力支持，后者本是穆兄会的一支，穆尔西被废黜后，埃及的西奈半岛发生多次武装袭警事件，被认为有哈马斯的背景。

军队有实力，向来是埃及社会的稳定力量，军队不乱，埃及就不会乱。埃及反对穆兄会的党派众多，主张各异，没有一个强有力的领导者，在反穆兄会上是一致的，但在以后的进程中恐怕仍要出现分歧、竞争甚至相互排挤，不像穆兄会那样有统一的领导。为对抗穆兄会，有些党派和人士支持临时政府副总理兼国防部长塞西竞选总统，前总统候选人沙菲克表示，如塞西参加竞选，他将放弃竞选而支持他。[②] 新成立的“完成你的善举”运动扬言于 9 月 16 日开始征集 3000 万人签名，挺塞西竞选总统。[③] 但军人参政还是有人反对，英国《卫报》在埃及采访了一些政治活动家，他们的观点是：

① 《新华网》2013 年 8 月 16 日。

② “沙菲克将支持塞西竞选总统”，《今日埃及人报》网站 2013 年 9 月 9 日。

③ 《今日埃及人报》网站 2013 年 9 月 8 日。

推翻穆尔西是实现 1 月 25 日革命目标必要的一步，但反对军队在未来发挥任何作用，因为军队会让他们想到过去的专制统治。①

三、叙利亚危机继续僵持

自 2011 年 3 月 15 日叙利亚发生动荡两年多来，叙利亚成为中东动荡持续时间最长、发生战斗最激烈的国家。在这期间，外界干预越来越大，召开了多次“叙利亚之友”会议，实际上都是美国等西方国家和卡塔尔、土耳其、沙特等国家援助叙反对派的会议。据媒体报道，冲突已导致 10 万人死亡，200 万人逃往邻国，沦为难民。巴沙尔政权在内忧外患中能坚持到今天，究其原因，主要有以下几点：

第一，现政权领导核心团结，未被冲垮。巴沙尔执政依靠的是阿拉维派，但执政团队是多元的，包括逊尼派和基督教等，而且后者的比重合起来超过阿拉维派，动荡后，仅见希贾卜总理、共和国卫队旅长塔拉斯少将等少数高层叛逃，驻外使节叛逃者屈指可数，整个执政团队未发生大变化，保持了应对困难局面的能力。

第二，现政权获支持率仍不低。阿拉维派坚定支持巴沙尔政权，原因很简单，如巴沙尔政权垮台，他们将遭受打压，日子会很不好过，在利比亚、埃及等国已有先例。此外，还有不少逊尼派、基督教徒、库尔德人、德鲁兹人支持现政权，因为复兴党在执政中执行了较为包容的政治理念和民族宗教政策。动荡开始后，巴沙尔采取了一些措施，顺应民众诉求，也赢得了一定支持率。例如，2011 年 4 月 19 日，叙利亚宣布解除紧急状态法，之后又修改了宪法、实行

① “解放广场和阿达维亚广场：两个分隔的世界”，《金字塔报》网站 2013 年 7 月 15 日。

多党制、进行了议会选举。在 2012 年 2 月 26 日宪法公投中，有 837.6 万人投票，占选民总数的 57.4%，其中 89.4% 支持新宪法。这大体上就是目前现政权的支持度。

第三，军队是现政权的坚定捍卫者。叙利亚有 40 万军队，训练有素，装备精良，在冷战时期就是苏联重点经营的对象，一直延续至今。虽然战斗减员和部队小规模的反水使军队人数有所减少，但同反对派相比仍占绝对优势。此外，还有安全部队、民兵组织、预备役部队，潜力很大，只要不像在利比亚那样，以美国为首的北约军队明里暗里直接参战，叙反对派武装仍无望战胜政府军，也不能以武力推翻现政权。

第四，反对派阵营分散，内部分裂严重，尚未形成强大力量。叙反对派有国内、国外两派，国内派主张对话，国外派主张武力解决。2013 年 9 月 15 日，叙利亚正义与发展爱国青年党总书记布鲁维因·易卜拉欣率领国内反对派“全国对话联盟”代表团访华时表示，“叙利亚危机应通过对话和平解决而非外来武装干涉”[①]。在国外的反对派“全国联盟”到处寻求武器，摆出要同现政权一决雌雄的样子，它们自知力量不够，要依靠西方和土、卡、沙等国支持。反对派的武装近两年来有较快发展，由开始时的不足万人，发展到今天的近 10 万人，外界以自由军为其代表，实际上战斗力强的是伊斯兰激进分子。据英国《每日电讯报》2013 年 9 月 16 日援引简氏信息集团（IHS Jane's）的报告称，“两年多来在叙利亚与政府军进行战斗的武装分子共约 10 万人，由将近 1000 个零散的小组组成，其中一半武装人员为伊斯兰激进分子。约 1 万名武装分子加入最为激进的极端分子组织，他们中有外国雇佣兵，战地指挥员与“基地”组织有关。有 3 万至 3.5 万名武装分子赞同伊斯兰原教旨主义的意识

① “叙访华代表团团长：欢迎中国调解叙国内争端”，中国宁波网 2013 年 9 月 17 日。

形态。”[1] 这些激进分子来自伊拉克和其它邻国，有“基地”组织的成员，其中“支持阵线”已被美国定为恐怖组织。“全国联盟”内部矛盾重重，武装力量群龙无首，他们只有一心依靠外国。9月24日，在阿勒颇的13支武装力量宣布脱离“全国联盟”，其中包括“支持阵线”，之后，又有10多支武装力量脱离该联盟。国内反对派对国外反对派持否定态度，布鲁维因·易卜拉欣说：“国外的叙利亚反对派是美国和其他国家的产物，任何叙利亚公民都不接受他们。”[2]

叙战场上政府军和反对派武装鏖战两年多，互有胜负，虽前者力量大于后者，但在外界金钱、武器、人员支援下，后者也能攻城略地，给政府军造成被动。政府军也获得真主党等外界支持。这是叙利亚政府军和反对派战场较量的一个特点，即双方都有外界的大力支持，这一特性注定了战争的长期性。2013年6月5日，战场形势发生转折，政府军一举占领了中部重镇古赛尔，天平倒向了政府一边，由被动转为主动。该镇距霍姆斯35公里，距叙、黎边境仅有15公里，是叙反对派获取境外支援物资的主要通道。

就在政府军准备在战场上有所作为时，西方国家指控叙政府于8月21日在大马士革郊区使用了化武，并威胁对叙利亚进行军事干预。这不禁让人想起，就在卡扎菲部队向反对派大本营班加西挺进时，北约借安理会通过的禁飞决议，对政府军狂轰滥炸，最后帮助反对派推翻了卡扎菲政权。在还没有调查结论的情况下，美国又拿出了所谓证据，称此乃政府军所为，到处摆证据、做工作，声称叙

---

① “叙反对派有近千小组，半数为伊斯兰激进分子”，中国日报网2013年9月16日。

② “叙访华代表团团长：欢迎中国调解叙国内争端”，中国宁波网2013年9月17日。

利亚政权触犯了美国的红线，一定要打。这又不禁让人想起，2003 年美国侵略伊拉克时，也是到处做工作，国务卿还在安理会言之凿凿地声称，伊拉克的确拥有大规模杀伤性武器，并同“基地”组织有联系。结果把好端端的一个国家打得稀巴烂，最后表示既没发现大规模杀伤性武器，也没发现萨达姆政权同“基地”组织有联系，摆摆手就走人了。这就是霸权主义。

美国所谓叙政府使用化武的证据都是单方面做出的判断，有一些是以逻辑推理推出来的，不足以为准。同样也有人并不认为是政府所为，2013 年 9 月份访华的叙国内反对派代表团团长布鲁维因·易卜拉欣就否认叙利亚政府使用了化学武器，她认为该暴行是由叙利亚自由军犯下的，后来被美国用作进行武装干涉的借口。她说：“叙利亚政府在联合国调查人员抵达第二天就在大马士革周边使用毒气，这根本不合常理。”“同样，调查结果显示，大部分死者是来自叙利亚北部边境地区的儿童，他们是被恐怖组织绑架到大马士革的。我们完全有理由认为化学武器是他们使用的。”[①] 总之，要搞清责任方，需要联合国权威机构进行独立、公正、客观、专业的调查，而不能政治化，先入为主地偏袒一方。

在化武问题上，俄罗斯提出了由联合国监督销毁化武的方案，叙利亚已同意交出化武，危机暂时得以缓解。俄美倡议召开的第二次日内瓦会议方案是政治解决叙问题的重要举措，如何落实会面临不少问题。由于各方卷入很深，叙问题的解决已不单单是国内问题，也不是简单的巴沙尔下台不下台的问题，它还牵涉到大国在本地区的利益，牵涉到本地区格局的重新定位，也牵涉到伊斯兰教各派力量在本地区的消长、影响。

---

① “叙访华代表团团长：欢迎中国调解叙国内争端”，中国宁波网 2013 年 9 月 17 日。

四、中国的应对政策

中国同阿拉伯国家有长期的友好关系。自从 2010 年底中东发生动荡后，中国一直密切关注，希望动乱早日过去，恢复稳定。中国对中东动荡中国家的政策是：（1）中国坚持联合国宪章的宗旨和原则，主要是尊重各国的独立主权和领土完整，反对干涉他国内政，根据国家主权平等的原则，反对大国干预，特别是以武力干预他国事务；（2）中国执行的是和平外交政策，主张通过和平手段解决争端，不论是国内的还是国家之间的争端，都反对动用武力，也反对动辄施加制裁或以制裁相威胁；（3）对中东动荡中的国家，中国尊重人民群众的合法诉求和要求改革的愿望；劝和促谈，劝当事双方，包括政府和反对派坐下来通过和平手段解决争端，反对诉诸武力，避免流血；反对外国干涉，干涉会徒增问题的复杂性，使问题更难解决。

根据上述政策，中国从未根据对某些前领导人的好恶，而在动荡中支持某人、反对某人；更没有向冲突中的任何一方提供武器，激化矛盾；也没有枉顾他国三权，妄自指责某某领导人已失去合法性，而是尊重人民的选择。中国始终认为人民是国家的主人，人民对国家的命运、前途有最终发言权。这就是中国坚持的不干涉内政原则。中国坚持不干涉内政原则有其合理性，因为符合《联合国宪章》规定，有法理依据；也有一贯性，过去、现在、将来中国都是、也都会这样做。坚持不干涉内政原则在实践上维护了发展中国家的利益，因为施加干涉者都是大国、强国、富国，反过来的例子没有。有人认为中国的立场消极，像一个旁观者。其实中国政府为解决争端做了大量工作，中国曾派特使前往发生动荡的国家，同双方接触，或邀请双方分别来华，做劝和促谈的工作。最近的例子是 2013 年 9

月份邀请叙国内反对派“全国对话联盟”代表团访华，为政治解决叙利亚危机做劝谈促和的工作。中国政府已经向叙利亚境内外平民提供了 1100 多万美元的人道主义援助。中国正在落实对约旦提供的价值 1500 万元人民币的紧急人道主义物资援助，并将向世界粮食计划署和世界卫生组织提供 2400 多万元人民币紧急人道现汇援助，分别用于救助叙利亚境内的流离失所者和黎巴嫩境内的叙利亚难民。[①]中国对转型国家也提供了力所能及的援助，2012 年穆尔西访华时，中国向埃及提供了三年 4.5 亿元人民币的援助。说中国是旁观者，主要是指中国没有支持反对派，正如前述，中国不可能插手到别国内政中去，支一派，打一派，把政局搞乱，人民流血，自己获利，这绝不是中国政策所允许的。

2011～2012 年，安理会讨论叙利亚问题时，中国投了三次反对票，中国采取这一立场，是根据联合国宪章的宗旨和原则，并接受了利比亚问题的教训，同时也是考虑到叙利亚人民利益和地区稳定而做出的选择。如果同意决议草案中提出的“政权更迭”主张，不但触犯了《联合国宪章》中规定的尊重国家主权和不干涉内政原则，还会给叙人民带来更大灾难、引发地区更大的动乱，基地组织和方方面面的势力已经在叙利亚存在并参与了战斗，已是众所周知。所以中国的立场不能说是支持巴沙尔政权。中、俄投反对票后，引起美国不满，其常驻联合国代表赖斯和国务卿希拉里放下了外交家的斯文，骂中俄“恶心”、“卑鄙”，自然受到中俄的严词批驳，但这也可以理解，因为这三次反对票否决了美国为所欲为的霸权主义行径。

中国的反对票也令一些阿拉伯国家特别是海合会国家不理解，媒体和学者也多有批评之词，称中国是为了自己的利益投下了反对票。中国和部分阿拉伯国家的政策取向不尽相同，采取的立场和行动不同，是自然的。从中国方面讲，它坚持的是联合国宪章的宗旨

---

① 外交部部长王毅在联合国安理会的发言，见外交部网站 2013 年 9 月 29 日。

和原则，以及自己的和平外交政策，而不是为了自己的私利。如果中国从自身利益讲，它同海合会国家的利益远大于同叙利亚的利益。政治上，中国同叙利亚是友好合作关系，同海合会国家关系则高于这一关系，中国同四个阿拉伯国家建立了战略伙伴关系，海合会国家居其二，即沙特和阿联酋，中国还同海合会建立了战略对话机制；经济上，中国2011年同海合会国家的贸易额达到1337亿美元，同叙利亚的贸易额仅为24亿美元。2012年中国与海合会贸易额为1550亿美元，同叙利亚的贸易额降至12亿美元，相差甚大。所以中国不是为了自己的利益投否决票，而是出于自己坚持的原则。中国投否决票后，分别于2012年3月4日、10月13日两次提出自己解决叙问题的主张，除呼吁各方立即停止暴力活动、开启包容性对话、联合国协调人道主义救援努力外，还提出分地区、分阶段停火，有关各方协商制定有关政治过渡路线图，组建具有广泛代表性的过渡管理机构，实施政治过渡等具体建议。

源远流长的中阿友谊如参天大树，根基深厚，经得起风吹雨打。在政局大变动中出现的某些意见不一致，实属正常，随着时间的推移，阿拉伯国家，特别是海合会国家，会增加对中国坚持不干涉内政立场的理解。俗话说，亲兄弟也有意见相左的时候，但他们还是兄弟。随着时间的推移，阿拉伯国家会越来越体会到中国是可以信赖、可以交往的好朋友、好伙伴、好兄弟。中阿友谊会不断健康向上发展。

中国与阿拉伯国家经贸关系的评估及对策建议

上海外国语大学中东研究所　**潜旭明**

【内容提要】

中东变局发生以来，中阿双边贸易快速增长、投资合作稳步发展、工程承包领域合作成效显著。海湾合作委员会（海合会）是中东地区重要的区域性组织，中国与海合会国家在资源禀赋和贸易结构上具有很大的互补性。近年来，中国与海合会成员国的经贸关系发展迅速，双方的自贸区谈判也处在积极推进之中。为进一步加强中国与中东国家的经贸合作，中国应加强以下几个方面的工作：提升企业形象，加强对出口产品质量的监管；发挥高校、智库、商会的作用，为中阿经贸合作提供智力支持；优化国内投资环境，吸引中东国家投资；以能源合作为重点，向其他领域拓展。

一、中东变局以来中阿经贸合作的基本情况

中国与阿拉伯国家经济结构不同，贸易互补性强，中国从阿拉伯国家进口的商品主要是石油、化工产品以及铜、铝、钢等金属材料。中国向阿拉伯国家出口的商品以轻工业、纺织、服装和粮油食品为主，还包括五金矿产、机械设备等。中东是中国重要的工程承

包与劳务市场。中国企业在阿拉伯国家签订的承包合同涉及住房、通讯、交通、石油、化工、渔业和医疗卫生等领域。在投资方面，中国在阿拉伯国家的投资主要集中在资源开发、家电、轻工和服装领域，阿拉伯国家在华投资主要集中在轻工、建材、房地产等行业。[①] 中国与阿拉伯国家的经贸合作在未来还有很大的空间。

2011 年以来，中东地区动荡持续，叙利亚局势至今仍然动荡不安，埃及进入新一轮动荡。尽管如此，2012 年中国与阿拉伯国家的贸易额不但没有下降，反而强劲增长，相互投资规模不断扩大，在基础设施等领域的合作持续发展。

（一）中阿经贸关系的特点

1. **双边贸易快速增长**。在经济全球化、区域经济一体化的形势下，中国与阿拉伯国家经贸合作日益密切，双边贸易总体保持增长态势，2012 年双边贸易额 2224 亿美元，同比增长 14%，再创历史新高。其中中国对阿出口额 913 亿美元，自阿进口额 1311 亿美元。中阿双方已互为重要的贸易伙伴。[②] 中国的纺织服装、机械设备、电子产品、家用电器、日常用品深受阿拉伯消费者喜爱，中国轿车已成为许多阿拉伯家庭的代步工具。阿拉伯国家对华出口产品日益丰富，除原油、石化、化肥等产品外，大理石、橄榄油、芝麻等产品也逐渐进入中国市场。随着中国经济结构调整，生活方式、经济发展方式发生转变，尤其是对节能降耗、加强环保要求加强，中国从阿拉伯国家进口产品的结构也会产生改变。[③]

① 商务部新闻办公室："中国与阿拉伯国家经贸合作继续深化"，商务部网站：http://wujiang.mofcom.gov.cn/aarticle/dongtai/200702/20070204382129.html。

② "商务部副部长李金早在国务院新闻办新闻发布会上的讲话"，2013 年 7 月 17 日，http://www.china.com.cn/zhuanti2005/txt/2013－07/17/content_29446241.htm。

③ 曹轶、邹欣媛："商务部：中阿贸易将持续增长"，新华网，http://news.xinhuanet.com/fortune/2013－07/17/c_116575531.htm。

2. **投资合作稳步发展**。2004 年以来，随着中国政府实施“走出去”战略，鼓励中国企业开展对外投资，中国对阿拉伯国家投资快速发展，年均增长率超过 170%。2010 年，中国对阿拉伯国家的非金融类直接投资达 7.88 亿美元。2011 年中东变局对中国的投资有所影响，投资额有所减少，对阿拉伯国家非金融类直接投资为 6.3 亿美元，占当年中国对外直接投资总额的 1%，投资领域仍以矿业为主，制造业比例有所上升。

表 1　2004 ~ 2011 年中国对阿拉伯国家直接投资

年份	投资额（万美元）	占中国对外投资比重（%）
2004	18204	3.3
2005	27993	2.3
2006	33792	1.9
2007	48331	1.8
2008	23018	0.4
2009	54746	1.0
2010	78814	1.1
2011	63267	1.0

资料来源：中华人民共和国商务部网站。

2012 年中国对阿投资 14 亿美元，同比增长 120%；投资领域从资源开发、轻工、纺织服装向机械制造、汽车组装等领域不断拓展，带动了当地产业发展，提供了大量就业机会，推动了当地石油钻机组装、纺织服装等产业的发展。阿拉伯国家也十分重视对华投资合作，在华积极参与有影响的大型项目。阿拉伯国家对华投资主要分布在石化、商贸、物流、机械制造等领域，2012 年对华实际投资额为 2.3 亿美元，同比增长 77%。此外，海湾阿拉伯国家金融机构还购买了中国金融机构和企业在香港等地上市的大量股票，卡塔尔、科威特等国主权投资基金已获得约 10 亿美元的合格境外投资者投资额度。[1]

3. **工程承包领域合作成效显著。**随着阿拉伯国家基础设施建设步伐的加快，越来越多的中国企业积极参与了阿拉伯国家的基础设施建设，促进了当地经济社会的发展。在中东变局的影响下，中国在中东国家承包工程业务有所减少，2011 年中国企业在阿拉伯国家新签承包工程合同额总计为 229.1 亿美元，同比下降 12.5%，完成营业额为 205.8 亿美元，同比下降 8.5%。截至 2011 年底，中国企业在阿拉伯国家签订的承包工程合同总额已达到 1701.8 亿美元，占中国企业在全球签订合同额的 20.2%，完成营业额为 1130.5 亿美元，占全球完成营业额的 21%。[2]

表 2　2007～2011 年中国在阿拉伯国家承包工程业务统计

年份	新签合同额（亿美元）	占全球比重	完成合同额（亿美元）	占全球比重
2007	170.2	21.9%	94.7	23.3%
2008	314.3	30.1%	145.7	25.7%
2009	294.6	23.3%	210.3	27.1%
2010	261.7	19.5%	225.0	24.4%
2011	229.1	16%	205.8	19.9%

资料来源：中华人民共和国商务部网站。

目前，中国企业在阿拉伯国家完成工程项目营业额不断增长，承建项目的领域已从最初的房建、路桥扩展到输油管线、通讯、铁路、港口、建材等众多领域，科技含量与装备水平不断提高。阿尔及利亚东西高速公路、苏丹麦罗维大坝、沙特水泥生产线等一大批

① 易初：“中阿经贸合作依然持续发展”，http：//finance.people.com.cn/n/2013/0514/c1004－21468290.html。

② 林桂军：《中国—阿拉伯国家经贸论坛—中阿经贸关系发展进程》，银川：宁夏人民出版社 2013 年版，第 84 页。

重大项目已建成投入运营，在当地经济建设和社会事业发展中发挥着重要作用。①

（二）中阿经贸合作的障碍性因素

1. **中东地区局势长期动荡**。中东国家政局不稳，长期动荡，对中国与阿拉伯国家经贸合作带来了许多障碍。一些在和平时期签订的经贸协议与商业合同，一旦遭遇政局动荡或者战乱，不仅会使企业遭受巨大经济损失，还会造成人员伤亡。

2. **大国因素的干扰**。中东蕴藏着丰富的石油资源，是全球主要的石油供应基地和大国争夺焦点。中东是美国石油利益和地缘利益结合的最为紧密的地区。美国的历届政府非常重视对中东地区的政策，在这一地区投入大量的资源，通过实施一系列战略，逐步影响和控制中东的石油。中国和中东国家经贸合作的不断加强，特别在油气方面的合作，被视为是美国在中东地区利益的挑战。近年来，美国通过攻打伊拉克、干涉利比亚，不断强化对伊朗和苏丹的制裁，对中国与苏丹、伊朗的经贸合作造成巨大的压力。

3. **贸易不平衡**。阿拉伯国家的单一经济结构，相对落后的民用工业，导致阿拉伯国家对中国的出口产品种类相对单一。中国大量进口原油和有关化工产品，出口轻工业制品、耐用消费品、纺织品，除与产油国保持贸易逆差之外，与其他中东国家大多维持贸易顺差，招致有关国家的反倾销抵制。因此，如何平衡中国与阿拉伯国家之间的贸易平衡，使双边贸易健康、稳定地发展，是中国与阿拉伯国家开展经贸合作面临的主要问题之一。②

---

① 易初："中阿经贸合作依然持续发展"，http://finance.people.com.cn/n/2013/0514/c1004－21468290.html。

② 王联："中国与中东国家的经贸关系"，载《国际问题研究》，2008年第4期。

二、中国与海合会经贸关系的现状与前景

（一）中国与海合会国家的经济互补性

海合会国家的主要产品为石油工业和石化工业，其他轻重工业均不发达，经济建设所需要的农用机械、工业设备、建筑材料等都需要进口。随着高速的经济增长，中国的制造业发展迅速，已成为“世界工厂”，对外部市场和资源的需求更加迫切。中国已成为世界第一能源消费大国，第二石油进口国，为海合会国家的石油及石化等产品提供了巨大的出口市场。

海合会国家目前已探明的石油储量约占世界石油储量的 42%。在世界十大石油生产国中海合会国家占了 3 个（表 3），除巴林外，海合会的其他五个国家已探明的石油储量均排在世界的前 30 位。根据美国《石油情报周刊》的报道，沙特的阿美公司已成为世界上最大的石油公司。据国际评级机构穆迪公司的分析，到 2015 年，海合会国家炼油能力将增加 43%，达 520 万桶/天。

表 3　世界十大石油生产国

排名	国家	产量（百万吨）	占世界百分比%	排名	国家	产量（百万吨）	占世界百分比%
1	沙特	544	13.1	6	加拿大	182	4.4
2	俄罗斯	520	12.9	7	阿联酋	163	3.9
3	美国	387	9.3	8	委内瑞拉	162	3.9
4	中国	206	5.0	9	科威特	152	3.7
5	伊朗	186	4.5	10	伊拉克	148	3.6

资料来源：International Energy Agency，2013 *Key World Energy Statistics*，2013，p. 11.

海合会国家传统的石油出口主要市场是西方国家，目前，西方

国家特别是美国正在大力推进石油来源多元化和开发替代能源，页岩气革命如火如荼，对海合会石油的需求相对降低。海合会国家需要加大力度开拓新的市场，迫切需要深化与中国的能源合作。我国与沙特、阿曼、也门、卡塔尔、阿联酋等国签订了长期进口原油合同，中国与海合会自由贸易区的建立将有利于海合会找到稳定的石油出口市场，确保海合会的石油出口安全。

近年来中国经济发展十分迅速，中国的石油消费量不断增加，成为仅次于美国的第二大石油消费国，石油的对外依存度不断攀升，目前已上升至57%。[①] 中国十大原油进口来源国中有四个为海合会国家，其中沙特为我国最大的原油来源国。2009 年中国从沙特进口原油4186 万吨，占中国原油进口总量的20. 55%。2012 年中国从沙特进口原油增长至5391. 6 万吨，同比增加7. 24%。[②] 海合会对中国石油的进口具有十分重要的战略意义。中国与海湾合作委员会自由贸易区的建立将为中国与海合会国家的能源合作建立一个新的平台，有利于中国获得稳定的能源供应，确保石油安全。

中国与海合会国家的贸易结构表现出明显的互补性。海合会国家主要向中国出口石油及天然气产品，中国主要向海合会国家出口机电产品、纺织产品等。沙特阿拉伯是我国在西亚非洲地区的第一大贸易伙伴，也是我国第一大原油供应国。

海合会国家的经济均为单一的石油经济，日用消费品大都依赖进口。近年来中东北非局势动荡对我国和海合会的经贸关系并没有产生很大的影响，主要原因有以下几方面：首先，海合会国家经济实力相对雄厚，政治上相互支持，政局相对稳定。其次，我国出口到海合会的产品多为基本生活用品，价格需求弹性较小，

① 国务院新闻办公室：《中国的能源政策（2012）》白皮书，2012 年10 月。

② “2012 年中国原油进口分析”，http: //www. askci. com/news/201301/30/301011058454. shtml

需求相对稳定；第三，海合会积累了大量的石油美元，政府有能力实施宏观调控，在交通、通讯、工业和其他基础设施领域进行大量投资。

（二）中国与海合会国家经贸关系现状

近年来，中国与海合会成员国的经贸关系发展迅速，贸易进出口额在双方对外贸易总额中的比重不断上升。1999～2004 年，中国与海合会成员国双边贸易额年均增长率超过 40%，2004 年双边贸易额达 247.36 亿美元。[①] 2004～2008 年，海合会连续五年成为中国的第八大贸易伙伴。2011 年中国与海合会 6 国贸易额为 1338 亿美元，占中阿双边贸易总额的 68.3%。[②] 2012 年，中国与海合会 6 国贸易额为 1550 亿美元，占中阿贸易总额的近 70%。[③]

表 4　中国向海合会国家出口　（单位：万美元）

国家	2007	2008	2009	2010	2011	2012
沙特	780728	1082347	897745	1036644	1484971	1845685
阿联酋	1720362	2364369	1863180	2123534	2681285	2957561
阿曼	54765	79452	74750	94450	99818	181168
巴林	38470	65508	47527	79950	88001	120290
科威特	133863	175130	154285	184859	212841	209025
卡塔尔	62088	107416	87211	85544	119876	120512

资料来源：根据国家统计局、海关信息网数据整理。

① 中国驻沙特使馆：“中国与海湾合作委员会进行首轮自贸区谈判”，2005 年 4 月 25 日，http://wcm.fmprc.gov.cn/pub/chn/pds/wjdt/zwbd/t438846.htm。

② 诚诚：“张燕生：中国发展与海合会合作‘三步走’”，载《中国产经新闻报》，2012 年 8 月 2 日 A03 版。

③ 白纯、左江、唐亚蒙：“中国——海合会国家经贸合作论坛召开”，新华网，http://www.nx.xinhuanet.com/2013-09/17/c_117405856.htm。

表5　中国从海合会国家进口　　（单位：万美元）

国家	2007	2008	2009	2010	2011	2012
沙特	2536697	4184617	3254839	4319549	6431724	5491662
阿联酋	2003565	2825694	2122688	2568689	3511922	1081664
阿曼	727029	1242136	615873	1072372	1587466	1695245
巴林	48715	78639	68650	105142	120585	34837
科威特	362926	679021	504354	855695	1130362	1045291
卡塔尔	120888	238579	225387	331128	589307	725486

资料来源：根据国家统计局、海关信息网数据整理。

中国与海合会国家的资本合作主要包括互相投资、工程承包、劳务合作和设计咨询等。近年来，双边的资本合作更加密切，并表现出继续发展的良好势头，海合会对中国的直接投资逐年增加。2008 年和2010 年海合会对中国的直接投资额分别为 37173 万美元和59608 万美元。受中东变局的影响，2011 年海合会对中国的直接投资额减为 9632 万美元，2012 年对中国的直接投资额有所回升，达20735 万美元。（表6）

表6　海合会国家对中国直接投资　　（单位：万美元）

国家	2007	2008	2009	2010	2011	2012
沙特	12265	27524	11365	48397	2394	4987
阿联酋	10080	9381	10273	11003	7140	12963
阿曼	52	——	——	5	——	——
巴林	190	205	360	105	——	79
科威特	29	63	54	47	25	——
卡塔尔	——	——	7	51	73	2706

资料来源：根据国家统计局数据整理。

中国对海合会的直接投资也不断增长。在 2003 至 2010 年间，中国对海合会的直接投资由 1066 万美元发展到 16. 75 亿美元，短短

7年时间增加了约156倍。中国对海合会直接投资的存量增长十分迅速，增长速度都在50%以上。2011年中国对海合会的直接投资存量为22.275亿美元。2012年中国对海合会的直接投资存量增至28.8629亿美元。（表7）

表7 中国对海合会国家的直接投资存量情况表 （单位：万美元）

国家	2007	2008	2009	2010	2011	2012
沙特	40403	62068	71089	76056	88314	120586
阿联酋	23431	37599	44029	76429	117450	133678
阿曼	3717	1422	797	2111	2938	3335
巴林	75	87	87	87	102	680
科威特	51	296	588	5087	928	8284
卡塔尔	3979	4979	3628	7705	13018	22066

资料来源：商务部、国家统计局、外汇管理局：《2012年度中国对外投资统计公报》，北京：中国统计出版社，2013年9月。

海合会国家多年来积累了巨额的石油美元。近年来，海合会加大了对外直接投资的力度，同时积极开展对外招商引资工作。为了能够快速实现经济多样化，减少对国际石油市场的过分依赖，海合会国家积极实施经济多元化战略以增加非石油产业的比重。海合会国家欢迎中国企业进行投资，并为中国的资本进入提供了便利条件。中国也制定了一系列吸引外资的优惠政策，在投资领域进行了更加优化的结构性调整，启动了大规模的石油开采项目，为海合会扩大在中国的投资创造了条件。[①] 中国与海合会在投资领域的发展潜力极大，中国海合会之间一旦建立自由贸易区，将极大提升双方贸易与投资的规模与水平。

① 孟芸：《中国—海湾合作委员会自由贸易区的经济效应分析》，青岛：中国海洋大学硕士学位论文，2010年版，第29页。

中国与海合会国家的工程承包和劳务合作也得到迅速发展。近年来，为促进经济结构多元化，海合会国家一大批交通、通讯、基础设施建设、经济特区等发展项目纷纷上马；而中国正在大力实施“走出去”战略，具有强大的承包能力和先进经验，使得双边的工程投资不断攀升。劳务合作是双方经贸合作的又一大亮点，海合会国家普遍缺乏技术、管理人才和熟练的劳动力，而中国人力资源丰富，使双方在劳务合作领域存在着巨大的发展潜力。2011 年中国对海合会国家承包工程完成营业额为 86.8926 亿美元。到目前为止，中国企业已经累计签订承包工程合同 713 亿美元，涵盖了房建、路桥、港口、电站和电信等多个领域。①

表 8　中国对海合会国家承包工程完成营业额　（单位：万美元）

国家	2007	2008	2009	2010	2011	2012
沙特	127614	245371	359158	322705	435846	462231
阿联酋	140293	210954	354167	297160	193825	154369
阿曼	10722	16367	27113	45627	58892	29681
巴林	1983	3478	6853	8873	1519	179
科威特	8720	11307	21018	40754	65926	72217
卡塔尔	45784	41980	42364	104330	112918	151785

资料来源：根据国家统计局数据整理。

（三）中国与海合会的自由贸易区谈判

海合会成立后不久，中国就与其建立了联系。从 1990 年开始，中国外长每年都利用出席联合国大会的机会，与海合会 6 国外交大臣及海合会秘书长举行会晤。1996 年，中国与海合会建立了经济、政治磋商机制。2004 年 7 月，海合会秘书长和六国财长联合访华，

① 张亮、杨静：“中国和海合会国家推进务实合作谋求双赢”，新华网，2013 年 09 月 16 日，http://news.xinhuanet.com/fortune/2013-09/16/c_117387538.htm。

中国与海合会签订了“经济、贸易、投资和技术合作框架协议”，并宣布启动建立自由贸易区的谈判。2004 年～2006 年间，中国与海合会共进行了 4 轮谈判，随后因种种原因一度中断。2009 年 6 月，双方在沙特重启自由贸易区谈判，迄今为止，已在货物贸易谈判大多数领域达成了共识，并启动了服务贸易谈判。

表 9　中国与海合会自由贸易区谈判进程（2005～2009）

时间	谈判进程	谈判内容
2005 年 4 月 23—24 日	首轮谈判	双方确定了自贸区谈判工作机制和大纲，并就货物贸易的关税减让等问题进行了磋商。中国—海合会自贸区谈判涵盖货物贸易、服务贸易和经济技术合作等领域。①
2005 年 6 月 20—21 日	第二轮谈判	签订了“经济贸易协定”、“投资保护协定”，并成立了双边经贸混委会；还与除沙特以外的五国签订了“避免双重征税协定”。
2006 年 1 月 17—18 日	第三轮谈判	谈判主要集中在市场准入和原产地规则等方面，并就海关核查程序、贸易技术壁垒（TBT）、卫生和植物卫生措施（SPS）、贸易救济、与货物贸易有关的法律问题、自贸协定文本等问题交换了意见，取得了积极进展。②
2009 年 6 月 22—24 日	第四轮谈判	双方就货物贸易主要关切和服务贸易初步出价进行了深入磋商，并就原产地规则、技术性贸易壁垒、卫生和植物卫生措施、经济技术合作等议题广泛交换了意见，谈判取得了积极进展。③

2010 年 6 月 4 日，中国—海合会战略对话首届部长级会议在北京举行，双方强调愿意继续加强在各领域的合作，双方签署了《中

① 中国驻沙特使馆：“中国与海湾合作委员会进行首轮自贸区谈判”，2005 年 4 月 25 日，http：//wcm. fmprc. gov. cn/pub/chn/pds/wjdt/zwbd/t438846. htm。

② 商务部新闻办公室：“中国—海合会自贸区第三轮谈判结束”，中国商务部网站，2006—01—19，http：//www. mofcom. gov. cn/aarticle/ae/ai/200601/20060101395515. html。

③ 李震：“中国与海合会重启自贸区谈判”，新华网，2009 年 6 月 24 日，http：//news. xinhuanet. com/world/2009－06/24/content_ 11595246. htm。

华人民共和国和海湾阿拉伯国家合作委员会成员国关于战略对话的谅解备忘录》。[①] 2011 年 5 月 2 日，第二届中国与海合会战略对话在阿布扎比举行。双方认为应尽快召开专家会议，为落实上述框架协议和谅解备忘录在贸易、投资、能源、文化、教育、科研、环境、卫生等领域的有关内容制订行动计划，确定具体时间表。双方同意继续加强磋商，尽早完成自由贸易区谈判。[②] 2014 年 1 月 17 日，第三届中国与海合战略对话在北京举行，双方认为加强双方对话与互信，提升双边合作水平，符合双方的共同利益；愿意在对话的机制框架下继续努力深化双方友好合作关系。认为中国和海合会国家经济互补性强，建立自由贸易区符合双方的共同利益。双方要加快中国和海合会自由贸易区谈判进程，[③] 并签署了《中华人民共和国和海湾阿拉伯国家合作委员会成员国战略对话 2014 年至 2017 年行动计划》，确定了双方在政治、经贸、能源、环境保护和气候变化、文化、教育、卫生、体育等领域的合作目标。[④]

（四）中国与海合会自贸谈判的前景

中国和海合会自贸区谈判尽管仍面临诸多挑战，但双方存在巨大的合作空间。海合会国家是全球最大的资本输出地，在全球有两万亿美元的资本输出，海湾六国是世界石油储量最丰富的地区，石

---

① 王慧慧：“中国与海合会举行首轮战略对话”，载《人民日报》2010 年 06 月 05 日 03 版。

② 安江：“中国与海合会举行第二轮战略对话”，新华网，2011 年 05 月 03 日，http：//news. xinhuanet. com/2011 –05/03/c_ 121370255. htm

③ “中国与海合会就加快自贸区谈判进程达共成识”，2014 年 1 月 17 日，中华人民共和国外交部网站，http：//www. fmprc. gov. cn/mfa _ chn/zyxw _ 602251/t1120012. shtml

④ 《中华人民共和国和海湾阿拉伯国家合作委员会第三轮战略对话新闻公报》，2014 年 1 月 17 日，中华人民共和国外交部网站，http：//www. fmprc. gov. cn/mfa_ chn/zyxw_ 602251/t1120056. shtml。

油开采与加工仍然在海湾国家的经济活动中占绝对统治地位，超过半数的就业人口仍在石油生产部门。海湾六国是中东地区重要的工程承包市场，也是全球重要的劳务市场。中国与海合会自贸区一旦建成，对我国今后的经济社会等发展有十分重要的意义。

第一，有利于维护中国能源安全。随着经济的发展，中国对能源的需求量越来越大，中东地区已成为中国重要的能源来源地，与海合会经济合作的全面提升可有效保障中国在中东地区的政治经济利益，加重中国在该地区的话语权。中国与海合会自贸区的建立可与中亚上海合作组织相配合，成为中国向西开放的地缘经济支轴。海合会国家不仅是中东地区最为活跃的政治经济力量，沙特、阿联酋、科威特、卡塔尔也是 OPEC（石油输出国组织）的核心成员，与海合会经济合作提升有助于提高中国在国际能源体系中的影响力，有利于维护中国的能源安全。

第二，有利于建立经贸合作大平台。中国与海合会经济互补性强，发展贸易符合各方的利益，建立中国与海合会自贸区有利于促进投资便利化，推动双向投资增长、带动中国企业“走出去”。海合会国家石油美元实力雄厚，中国也拥有巨额的外汇储备，在双向投资领域，双方均具有较大潜力。海合会国家是全球最大的工程承包和劳务市场之一，也是中国的传统市场。中国—海合会自贸区将为中国企业在海合会开展工程承包和劳务合作创造更多的机会。[①]

第三，有利于中国抢占先机，防止被边缘化的风险。签署中国与海合会自贸区协议，可有效规避贸易转移产生的负面效应，以防在区域化竞争中被边缘化。自贸区的制度性安排有助于中国企业提高参与海合会市场竞争的能力。自贸区的制度性安排不仅有利于中国扩大对海合会国家出口，还可以进一步将其作为开拓大中东市场

① 佘莉、杨立强：“中国—海合会 FTA 对双边贸易影响的 GTAP 模拟分析”，载《亚太经济》2012 年第 6 期。

的前沿基地。

中国和海湾合作委员会互为重要政治、经贸、能源合作伙伴。双方应该建立紧密、全方位友好合作关系，这符合彼此共同利益。① 近年来，中国与海合会关系不断发展，并取得丰富成果。双方要积极行动，进一步密切双方的对话机制，尽早重启中海自由贸易区谈判，尽快达成双赢协定。具体来讲，中国要做好以下几方面：

1. **在经贸领域深化相互依存**。中国和海合会国家之间的经贸有很大的互补性，双方的经贸联系也越来越紧密。中国现已成为世界第二大经济体，拥有广阔的国内市场，拥有巨额的外汇储备。海合会及其成员国不仅拥有丰富的油气资源，而且还持有大量石油美元，基础设施建设方兴未艾，建筑等工程技术和劳工的需求旺盛。因此，中国和海合会应着力构建一种相互依赖的经济关系，积极拓展海合会市场，大力发展对海合会的服务贸易，鼓励中国企业到海合会国家去投资，加大在生活用品、建材、制造、餐饮等领域的投资；出台政策吸引海合会国家投资中国的石化产业，形成你中有我、我中有你的格局。

2. **对海合会采取重点突破**。中国正与海合会就建立自贸区开展谈判，但近来进展缓慢，实践中可以考虑从该地区单个国家，如海合会关键的核心国家沙特、阿联酋入手，争取早日“破局”，取得实质性进展，使中国切实与海合会建立起制度化的合作机制。

3. **处理好与美国的关系**。美国与海合会国家关系密切。中美在能源问题上既有竞争，又有合作，面对美国能源战略的调整，中国应该保持冷静的态度和清醒的头脑，把握机会，应对挑战。中国要采取高超的政治智慧来处理中美在中东的能源关系，扩大共同利益、管控分歧、实现良性互动，构建中美在中东的新型大国关系。

---

① 吴乐珺：“习近平同巴林国王哈马德会谈”，载《人民日报》（海外版），2013年09月17日，第01版。

4. **加强保护中国海外利益的能力建设。**随着中国企业“走出去”战略的不断推进，中国在中东的利益增加，恐怖分子有可能把石油工业、海上运输通道和石油设施作为攻击对象。索马里海盗对中国的海上石油运输线形成威胁，中国要加强保护中国海外利益的能力建设，建立护航舰队和舰船补给基地。在联合国等国际组织框架内，派遣维和部队，维护中东地区的稳定，保护中国在中东的合法地位，借此也进一步提高中国在中东的行动力和影响力。

5. **扩大人文交流。**中华文明和阿拉伯文明同属东方文化，在深层文化理念上具有共性。中国应多采取主动，积极走出去交流，大力开展公共外交，加强人文交流，实现中阿文化和谐交往；中国应通过在海合会国家开设孔子学院，通过互办“文化年”等形式，加强民间特别是青年交往，使阿拉伯国家更加了解和赞赏中国，更加认可中国的发展模式，实现两大文明间的交往和共赢。

6. **密切多边合作。**中国和海合会应在中阿合作论坛等多边合作框架下加强合作，共同推动中国—阿拉伯国家关系发展。双方应就重大全球性问题和地区热点问题保持沟通协调，共同维护地区和平稳定和发展中国家利益。[①]

三、加强中阿经贸合作的对策建议

随着经济全球化和区域一体化速度的不断加快，国际分工、国际贸易已经将世界各国经济紧密地连在一起。近年来中国经济迅速发展，国民生产总值跃居世界第二，截止 2013 年底外汇储备已达到

---

① 吴乐珺：“习近平同巴林国王哈马德会谈”，载《人民日报》（海外版），2013 年 9 月 17 日，第 1 版。

3.82 万亿美元。中国和阿拉伯国家巨大的市场容量和较强的经济互补，阿拉伯世界已成为中国经济实施“走出去”战略的重点区域。笔者就如何加强中阿经贸合作提出以下几点思考。

（一）提升中国企业的形象，加强对出口产品质量的监管

阿拉伯国家市场十分巨大，潜力也很大，对中国产品有着很大需求。阿拉伯国家对产品的质量十分讲究，中国产品应该在自身质量上多下功夫，提升中国企业的形象，国内有关部门要加强对出口产品质量的监管，采取一定的措施，如建立出口信用记录等方法，对屡教不改的企业取消资格。①

（二）发挥高校、智库、商会的作用，为中阿经贸合作提供智力支持

发挥全国中东研究的智库与学术机构的作用，开展相关课题研究，为发展和加强中阿经贸关系出谋划策。中东政治局势不稳，经济与政治形势密切相关，政局动荡往往会冲击经济发展，进而影响中国与中东经贸的发展。因此，要加强对中东政治和经济发展加强前瞻性研究，做好准备，防范政治经济风险，保障人员安全，使经贸、投资利益损失减少到最小限度。要培养相关领域的专门人才，为中阿经贸合作提供智力支持。阿拉伯国家实际上千差万别，个性差异很大，有关商会、协会应利用各经商处的优势，深入当地市场进行调研，对国内相关产业加强指导，让更多的国内公司更深入详细地了解中东市场。②

---

① “大阿拉伯自由贸易区及加强我同阿拉伯国家贸易的建议”，http：//finance.sina.com.cn/roll/20050422/0944294 20.shtml。

② “大阿拉伯自由贸易区及加强我同阿拉伯国家贸易的建议”，http：//finance.sina.com.cn/roll/20050422/0944294 20.shtml。

（三）优化国内投资环境，吸引中东国家投资

近年来，石油价格高启，中东产油国通过石油贸易，积累了雄厚的金融资本，在国外寻求投资伙伴。与此同时，伊斯兰金融的发展十分迅速。在海湾十大银行中，沙特占绝对优势，按市值排序沙特有六家银行进入前十名，科威特有两家；卡塔尔一家；巴林一家。其中沙特拉吉赫银行市值 309.92 亿美元，排名第一，沙特沙美银行市值为 142.76 亿美元，排第二，科威特国家银行以市值 140.38 亿美元，排名第三；卡塔尔国家银行市值 123.67 亿美元。[①] 因此，中国应不断优化国内投资环境，吸引海湾国家投资。

（四）以能源合作为重点，向其他领域拓展

能源合作在中阿关系中具有举足轻重的地位。沙特已成为中国在中东地区最大的贸易合作伙伴和能源供应国，阿曼是中国从中东进口石油的第二大国，中国与苏丹能源合作起步较晚，但发展迅速。中阿经贸合作正以能源合作为重点，以点带面，向多元化方向发展。中阿经贸合作领域已涵盖能源、经贸、基建、劳务、食品、旅游等许多方面，并向人文交流方面扩展，涉及文化、教育、体育、宗教等领域，成为深化中国与中东经贸合作的重要纽带。[②]

中国和阿拉伯国家同属发展中国家，双方同处经济转型升级的关键时期，共同利益和相互需求进一步增多，在资源、市场等方面的互补优势更加明显，双方在贸易、投资、工程等领域的合作将继

---

① “海湾十大银行排序：沙特执牛耳”，http://www.mofcom.gov.cn/aarticle/i/jyjl/k/201003/20100306820065.html。

② 杨鸿玺：“中阿经贸合作的动力分析与路径选择”，载《阿拉伯世界研究》2011 年第 2 期。

续深化与发展，在服务业、农业、金融、物流、节能环保等领域的合作也将不断拓展。展望未来，中阿经贸合作一定会在更大范围、更广领域、更高层次上全面发展。[①]

① 易初："中阿经贸合作依然持续发展"，http：//finance. people. com. cn/n/2013/0514/c1004－21468290. html。

中国与中东能源合作的评估与对策建议

上海外国语大学中东研究所　钱学文

【内容提要】

2012年至2013年，中国与中东的能源合作在中东的政治动荡中蹒跚而行，油气贸易一如既往，稳步发展，而油气中下游产业方面的合作则情况依旧，不尽如人意。中国与中东的能源合作是大势所趋，中国需要中东油气，中东需要中国市场，这是双方的合作基础。只要双方共同努力，双方的能源合作一定会有所突破。

2012年以来，因中东局势持续动荡，中国与中东各产油国的能源合作受到了程度不同的影响。中国与中东国家的能源合作主要有两大形式：一是中国石油公司走出国门，参与中东油气的勘探与开发，即“走出去”；二是抓住中东产油国推行全球化能源发展战略的历史性机遇，吸引他们投资中国的能源合作项目，在石油炼制和销售方面建立战略联盟，以市场换资源，即“引进来”。中国与中东能源合作主要在两个方面展开：一是油气贸易；二是能源项目合作，包括资产收购、勘探开采、风险承包、双向投资、新能源开发等。

一、中国与中东能源合作的新进展

（一）油气进口

原油进口：中东作为中国最大的原油进口来源地已持续多年，据中国海关总署2013年1月公布的数据，2012年中国前十大原油来源国分别是：（1）沙特，5391.6188万吨，同比增加7.24%；（2）安哥拉，4015.2345万吨，同比增加28.9%；（3）俄罗斯，2432.9437万吨，同比增加23.35%；（4）伊朗，2192.2385万吨，同比下降21.02%；（5）阿曼，1956.6762万吨，同比增加7.79%；（6）伊拉克，1568.3601万吨，同比增加13.87%；（7）委内瑞拉，1529.0887万吨，同比增加32.76%；（8）哈萨克斯坦，1070.3672万吨，同比下降4.53%；（9）科威特，1048.9972万吨，同比增加9.94%；（10）阿联酋，874.3839万吨，同比增加29.82%。[①]

上述十国中，沙特、伊朗、阿曼、伊拉克、科威特、阿联酋六国为中东主要产油国。另据中石油经济技术研究院的报告数据，2012年中国石油净进口量达2.84亿吨，石油对外依存度上升至58%，比上年提高1.5个百分点；[②] 据推算，原油进口同比增加约11.91%，其中从中东国家进口的原油占中国原油进口总量的一半以上。

天然气进口：根据英国BP公司《2013年世界能源统计》资料，2012年中国天然气进口共计414.26亿立方米，其中中东国家共有5个，即卡塔尔、也门、埃及、阿曼、阿尔及利亚，进口量分别是

---

① 西部石化网："2012年中国十大原油来源国"，2013年1月23日，http://www.xbshw.com.cn/news/dyzxin/shiyou/2013123105614.html

② 同上。

67.9 亿、8.1 亿、4.0 亿、0.9 亿、0.8 亿立方米，[①] 合计占中国天然气进口总量的 19.8%。

（二）项目合作

以下按国别介绍中国与中东国家的项目合作。

埃及：2013 年 8 月 30 日，中石化国际石油勘探开发有限公司与美国阿帕奇石油公司宣布，双方正式建立全球战略合作伙伴关系。按照协议，中方以 31 亿美元收购阿帕奇公司在埃及的 1/3 油气资产权益。这是中石化首次进入埃及油气资源市场，预计高峰期可为中石化增加产能约 13 万桶油当量/天（折合年产量约 650 万吨当量）。[②]

沙特：2012 年 11 月 12 日，沙美石油公司成立了沙美亚洲公司，地区总部设在北京，这是沙美公司进军亚洲市场极具重要战略意义的一步；除总部外，它还在上海和厦门拥有两家办事处。此前，沙美公司在中国福建省已投资了两个合资项目。[③] 沙特还积极在中国进行投资。2012 年 4 月 6 日，沙特基础工业公司（SABIC）宣布，决定投资 1 亿美元在上海浦东康桥工业区建设总建筑面积达 6 万平方米的新技术中心，该能源合作项目预计于 2013 年建成完工。届时，将有 400 多名公司员工进驻，另外还包括一支由 200 多位科研技术人员组成的研发团队。[④] 中国与沙特在核能利用方面的合作也取得重大进展。2012 年 1 月 16 日，沙特与中国就民用核能合作签署了一揽

① 中国能源网："2012 年中国天然气进口来源国及进口量"，2013 年 6 月 26 日，http://www.china5e.com/news/news-342770-1.html

② 冉永平："中石化首次进入埃及油气资源市场"，人民网 2013 年 8 月 30 日，http://energy.people.com.cn/n/2013/0831/c71661-22759891.html。

③ OAPEC 秘书处：《OAPEC 月报》2013 年第 1 期，第 17 页。

④ 中国低碳网："中国沙特进一步开展能源合作　沙特基础工业在沪投资 1 亿美元"，2012—4—7，http://www.ditan360.com/Energy/Info-104278.html

子协议。沙特计划到2030年前，建成16座核能电站。

科威特：2011年11月8日，科威特石油公司与中石化签署互谅备忘录，向中方供应原油30万桶/日，为期10年，一直到2021年。科威特公司原先对中国的石油出口为22.5万桶/日，在它与中国广东湛江的合资项目建成之后，它希望增至50万桶/日。该项目的投资总额达93亿美元，包括双方合资兴建一炼油厂和一石化厂，前者日处理30万桶原油，后者年产100万吨乙烯。[①] 12月19日，科威特对外石油勘探公司（KUFPEC）以3.08亿美元的价格，收购了英国BP公司在中国南海崖城天然气田的34.3%股份，参与中国天然气的开发与勘探。该公司是科威特国家石油公司的子公司，收购完成后，在合作开发崖城油田的股权分配中，KUFPEC占股49%，中海油占股51%。

阿尔及利亚：2012年11月，阿尔及利亚国家石油公司在巴尔津盆地（面积5378平方公里）完成了两处新油田的勘探工作。在为此建立的联盟集团中，泰国国家石油勘探与开采有限公司（PTTEP）占股24.5%，中石油占股24.5%，阿尔及利亚国家石油公司占股51%。

阿联酋：2012年7月16日，由中石油总承包、年输油能力达7500万吨、总长424公里的阿联酋哈卜善—富查伊拉输油管线建成投产。该管线是阿联酋的国家级战略项目，它将使70%的阿联酋原油绕过霍尔木兹海峡，直接输往富查伊拉港，然后再从阿曼湾向外输出。[②] 该管线投入使用后，阿联酋通过富查伊拉港每天向外出口的原油可达150万桶以上，并且很快就可提高到每天180万桶，从而大大提升了阿联酋的石油出口能力。

---

① OAPEC秘书处：《OAPEC月报》，2012年第1期，第18页。

② 新华社："阿联酋哈卜善至富查伊拉输油管线竣工投产"，载《新闻晚报》2012年7月16日。

卡塔尔：中卡合作主要为天然气项目。2011 年 1 月 15 日，卡塔尔石油大臣阿卜杜拉·阿迪亚与中国国资委主任王勇举行会谈，达成合作意向，双方成立合资公司，由卡方向中方长期供应液化天然气。[①] 当年 11 月开始供气，2012 年实际供气 67.9 亿立方米，发展前景看好。

伊拉克：2012 年 8 月 5 日，中石油的三大项目（艾哈代布项目、鲁迈拉项目、哈法亚项目）日产原油达到 160 万桶以上，创下历史新高，从而提前实现了预定的阶段性目标，全面步入了投资快速回收阶段，成为中石油海外油气生产的主力。

伊朗：在美欧国家的制裁下，中国油企在伊朗的南帕斯气田项目投资受到较大冲击。中石油获得该项目是在 2009 年 7 月，经与伊朗国家石油公司签约，从道达尔公司接管了南帕斯气田的权益，成为该项目第 11 期的开发者，合约价值 47 亿美元。南帕斯气田位于波斯湾，总面积达 9700 平方公里，天然气储量达 51 万亿立方米，另外还有约 500 亿桶凝析油，为世界第一大气田，但在美欧国家的严厉制裁下，中石油对这一世界级气田区块始终不能进行实质性的开发。2012 年 9 月，吴邦国委员长访问伊朗期间，中伊双方针对该项目达成了部分协议。伊方在两个关键环节做出了让步：一是伊方同意中石油最终撤出南帕斯海上气田项目，并提供置换区块；二是修改回购合同中一些不利于中方的条款。[②] 除南帕斯项目外，中石油在伊朗还有三个项目，即纳斯吉德—苏莱曼石油项目、北阿扎代干油田和南阿扎代干油田开发项目。

阿曼：2013 年 8 月 5 日，中石油在阿曼的石油项目——达利勒

① 中华人民共和国商务部网站：“中石油将与卡塔尔合作在中国开发油气项目”。

② 新华网：“中石油伊朗投资项目陷泥潭　谈判半年或终止”，2013 年 1 月 5 日，http：//news. xinhuanet. com/fortune/2013 -01/05/c_ 124186289. htm.

油田 F 块的 3 口水平井，经注水开发日产原油均达千桶左右，超出了全油田平均单井日产 230 桶的水平。该项目是中石油和阿曼油气公司共同开发的原油生产项目，原作业者为日本石油公司（JAPEX）。2002 年，中石油接管后，大力推广水平井注水开发技术，把日均产量由接管时的 4500 桶提升到目前的 4.2 万桶，开发效果显著，使中石油在碳酸盐岩油藏开发方面积累了经验，对国内外其他类似项目的开发也具有借鉴意义。① 据报道，中石油在阿曼的石油项目已累计产油 1000 万吨以上。②

也门：2012 年 11 月，中国海外经济合作总公司和也门电力与能源部签署了一份太阳能电站建设项目合作意向书。根据意向书，中方公司在也门首都萨那和印度洋上的索科特拉岛分别安装太阳能发电机组。其中，萨那机组 2 台，装机容量分别为 1 兆瓦和 0.5 兆瓦；索科特拉岛机组 1 台，装机容量为 1 兆瓦。也门政府希望建设更多的电站，特别鼓励可再生能源的开发利用，以缓解国家用电压力。此外，也方还与中方签署了建设 3 个燃气电站和在夏卜瓦、扎马尔和荷台达铺设 1 条供气管道的意向书。③

南北苏丹：长期以来，与苏丹的能源合作项目一直是中石油在海外投资最多、规模最大、最成功的项目之一，其中尤以哈季利季油田项目为代表性项目，中方占股 40%。南苏丹独立后，南北苏丹在石油利益上分歧很大，并为此不时爆发军事冲突，该项目因此受到严重破坏。哈季利季油田为苏丹最大油田，产量约

---

① 石油英才网："中国石油阿曼项目'惊人收益'"，2013 年 8 月 6 日，http://oil.job1001.com/aboutus/newsDetail.php? id = 1581375787668122。

② 中国石油天然气集团公司："中石油阿曼项目累计生产原油超千万吨"，国务院国资委信息中心网站 2013 年 2 月 5 日，http://www.sasac.gov.cn/n1180/n1226/n2410/n314289/15131464.html。

③ 中国商务部网站："中海经公司拟在也门建设太阳能电站项目"，2012 年 11 月 19 日，http://www.mofcom.gov.cn/aarticle/i/jyjl/k/201211/20121108441777.html。

占苏丹总产量的一半，该油田遭受战火破坏，对中国的石油利益影响很大。2012 年 4 月下旬，南苏丹总统基尔就双方的能源合作专访中国，表示南苏丹坚持通过协商谈判解决双方分歧和冲突，缓和紧张局势，实现南北苏丹和平共处，同时希望中方援建替代石油管道。中方表示，愿同南苏丹加强两国经贸、能源、基础设施建设等领域的合作，愿帮助南方把资源优势转化为经济发展优势。①

二、中国与中东能源合作存在的问题及原因分析

中国与中东国家的油气贸易尽管也存在一定问题，但总体发展态势平稳；而能源项目合作虽取得了不小的成绩，但总体上不尽如人意，合作步履仍显艰难，存在一定的问题，其中有些还都是多年积存下来的老问题。主要包括：第一，双向投资仍处于探索阶段，项目数量和规模仍有待积极进取与开拓；第二，老牌美欧公司抢得先机，中国公司难以后来居上，处处受到挤压；第三，中国油企直面竞争与挑战的思想准备仍显不足，对所在国家的国情和相关法律了解不够，能源合作以油气贸易为主，勘探开发油气和中下游产业项目不够多；第四，由于政治和历史原因，除苏丹、伊拉克、伊朗外，中国油企尚未在其他中东资源国获得较大规模的油气开发与生产机会；第五，油气贸易与投资不平衡，虽然项目合作潜力巨大，但尚待积极发掘；第六，中东国家的资源民族主义思想不断抬头，不利于扩大中国油企对油气上游产业的投资和能源合作的深化；第七，对中国企业与人员的暴力袭击与劫持不断增多，企业与人员的

① “南北苏丹交火 殃及中国油企”，载《钱江晚报》2012 年 4 月 25 日。

安全威胁日趋严重[①]等等。

制约中国与中东发展能源合作的因素较多，其中有客观因素，也有主观因素。

（一）地区局势持续动荡

中东局势已持续动荡近3年，从地区内部看，某些国家政权更迭后，权力的重新分割引发部族矛盾、教派矛盾不断激化。与此同时，恐怖主义势力乘机作乱，制造恐怖事件，严重威胁地区安全。此外，叙利亚内战久拖不决和外溢效应不断扩大，也加剧了中东地区形势的动荡。从外部因素看，美欧国家与俄罗斯展开地缘政治博弈，导致叙利亚危机和伊核问题等热点问题不断升温。中东局势持续动荡既对中国在中东的油气项目造成严重影响，也使油气进口面临严峻威胁。以伊朗为例，2012年美欧先后密集出台对伊制裁法案，对伊朗中央银行及原油进出口贸易进行制裁。受美欧制裁和伊朗原油出口量下降影响，中国从伊朗进口的原油量大幅下降。2011年中国从伊朗进口原油2776万吨，2012年因执行联合国对伊朗的国际制裁而下降至2192万吨，同比下跌21.02%。中东地区地理位置险要，是世界油气的运输枢纽。伊朗、伊拉克、沙特阿拉伯、科威特、阿联酋等国出口石油大都经由霍尔木兹海峡输出，其中85%输往中国、日本、韩国印度。就中国而言，约有36%的进口原油要经过该海峡。[②] 如果该海峡遭封锁，将对中国的油气进口构成严重威胁。

---

① 吴磊：“中东能源结构性矛盾与中国—中东石油合作”，载《阿拉伯世界研究》2012年第6期，第19—30页。

② 殷冬青、吴秉辉：“中东北非动荡与中国石油进口安全”，载《国际石油经济》2012年第10期。

（二）中东国家资源民族主义因素

例如，沙特和科威特等国，一方面看好中国巨大的能源市场和消费潜力，愿意并积极发展与中国的能源合作，另一方面却长期奉行资源民族主义政策，长期封闭其上游石油勘探、开发和生产领域，只愿出口油气并参与中下游油气工业发展，而不愿开放上游领域，不利于双边油气合作的深化。[①]

（三）油价高企不下

近年来，在多种因素的综合作用下，国际市场油价高企不下。鉴于中国目前的经济发展形势，中国未来的石油需求将继续保持快速增长态势，预计到 2020 年将达到 6.2 亿吨，2030 年将超过 7 亿吨。[②] 按照国内原油产量上限 2.2 亿吨计算，2020 年中国石油供需缺口将达到 4 亿吨，2030 年接近 5 亿吨。以此进口量为基准，按每吨原油合 7.3 桶计算，国际油价每提高 10 美元/桶，中国需要分别多支付 292 亿美元和 365 亿美元。油价越高，中国进口原油的成本就越大。

（四）差别定价机制

中东产油国为了保障能源输出利益，对卖方采取了差别定价机制，具体做法就是对出口到亚洲、美洲、欧洲的原油，按不同的目的地实行不同的卖价，其中出口到亚洲的原油价格明显高于美欧地区。为了推行差别定价机制，中东产油国首先对国际石油市场进行

① 吴磊：“中东能源结构性矛盾与中国—中东石油合作”，载《阿拉伯世界研究》2012 年第 6 期。

② 殷冬青、吴秉辉：“中东北非动荡与中国石油进口安全”，载《国际石油经济》2012 年第 10 期。

有效分割，然后在买卖双方签订的销售合同中设立目的地条款。这一措施能够有效地限制和禁止原油在国际市场上进行二次流通。根据这一条款，中东产油国可以对违规的购买者发出“不再供给原油”威胁，具有一定的威慑力。在差别定价机制下，中东产油国可以最大限度的获取亚洲地区的消费余额，保障自身利益的最大化，而中国则深受其害。

（五）中国油企的经营管理、技术水平有待提高

中国油企在中东开展能源合作，面临诸多困难和风险。虽然中国与中东国家签订多种能源合作协议，但由于缺乏机制化或制度化的安排和保障，落实起来困难重重，彼此之间难以协调，[①] 单靠友好关系及各个方面的外交互动，很难切实、有效地解决各种具体问题，这种状况不利于中国与中东的能源合作。

三、加强中国与中东能源合作的对策建议

（一）深入研究中东油气生产国能源战略的变化

加强中国与中东的能源合作，首先必须了解中东油气生产国的能源基本发展战略及其相关政策。进入新世纪以来，中东产油国积极执行能源发展多元化战略，谨慎对外国企业开放油气资源投资。中东产油国的多元化发展战略主要体现在能源的种类、产品和出口三方面。在种类多元化方面，除传统油气外，积极探索开发太阳能、风能、水能、核能等新能源，进一步丰富本地区的能源种类。在产

① 吴磊：“中东能源结构性矛盾与中国—中东石油合作”，载《阿拉伯世界研究》2012 年第 6 期。

品多元化方面，积极发展下游油气产业，延长产业链，如加大石油炼制和石化产业的投资，不断提升生产能力，丰富产品种类等。在出口多元化方面，中东能源的传统出口地为美欧国家，进入新世纪后，开始向东拓展出口渠道，把中、日、韩、印等国视为重要石油出口国，以保能源出口安全。

中东各产油国能源发展战略的主要措施有：继续与西方保持良好的政治经济关系；增进石泊收入，保障国民经济良性发展；依托各多边合作机构，统筹油气生产，合理争取市场份额，谋取最大利益；保护石油资源，尽可能延长石油资源开发寿命；改变单一出口原油的状况和单一的石油经济结构，逐步向其他产业延伸、拓展，逐渐建立完整的石油工业体系；招商引资与投资国外双管齐下，以资源换市场，实现产业经营全球化等。

中东产油国在统一协调方面主要依托欧佩克（OPEC）、阿拉伯石油输出国组织（OAPEC）、海合会（GCC）三大合作组织，主要目的在于通过统一步调，增强各成员国对外能源政策的一致性。进入新世纪后，欧佩克的主要作用是围绕稳定价格和扩大份额两个核心，在加速开发天然气资源，加强环境保护等方面，与油气消费国既合作又博弈。阿拉伯石油输出国组织的作用是协调成员国的石油政策，统计成员国石油数据，为各成员国的合资石化项目提供决策咨询等。海合会通过协调政策、制定合作计划等，影响世界石油市场和石油价格，实现中东各国在油气开发中的利益最大化。①

当前，中东国家油气资源对外开放度正在逐步增大，中国油企应认真做好调研工作，为投资中东做好前期准备。在对中东局势进行预判方面，中国石油企业应以当前地区局势的 SWOT 分析为起点，

① 马惠新、车长波、李富兵：“中东国家能源战略与应对思考”，载《中国矿业》2011 年第 1 期，第 23—30 页。

分析影响局势发展的关键要素和影响未来环境发展的可能因素，及其对企业投资和经营的影响，进而在不确定的环境中制定弹性的投资和应对策略。①

（二）针对不同国家实行差异化的策略

中东资源国的政治经济环境和对外合作政策各不相同，中国油企在各资源国的发展基础和参与度也不一样。因此，应根据各资源国的实际情况，为能源合作准确定位。对于政局比较稳定、资源比较丰富的国家，应积极进取并不断扩大合作规模，争取建立长期的战略合作伙伴关系；对于油气合作政策比较优惠、合作基础较好的国家，在保持已有成果的基础上，认真把握机遇，争取更多的油气合作项目；对于受美欧国家影响较大、政局持续动荡的国家，须谨慎从事，严格控制投资速度和规模，有效防范投资风险。

（三）与美欧石油公司在竞争中求合作

美欧石油公司捷足先登，在中东拥有大量的资产和权益，这也是美欧国家在中东利益的重要体现。中国石油公司与美欧石油公司，过去有过合作，今后仍须在竞争中求合作。通过合作深入了解、学习、借鉴美欧石油公司的先进管理理念与科学生产技术，为自己积累经验。此外，也可以与美欧石油公司组建公司联盟，就像中石油在伊拉克与 BP 公司的合作那样，借助它们的影响力，增强话语权，争取最优惠的油气合作条件。

---

① SWOT 分析方法是一种根据企业自身的既定内在条件进行分析，找出企业的优势、劣势及核心竞争力之所在的企业战略分析方法。其中战略内部因素包括：S 代表 strength（优势），W 代表 weakness（弱势）；外部因素包括：O 代表 opportunity（机会），T 代表 threat（威胁）。陆如泉、肖岚、朱颖超：“中国油企中东博弈战略”，载《中国石油企业》2013 年第 1—2 期，102—103 页。

（四）着力打造中国能源企业的核心竞争力

中东是中国油企在海外的重要投资区，尽管面临诸多困难和挑战，但中国企业必须迎难而上。中国油企不仅要参与海陆油气资源的勘探与开发，也要参与非常规油气勘探开发等新兴领域的技术研发，建立符合资源国政策及国际规范的项目运营管理体制，培养适应国际化发展的各种人才队伍，在中东油气项目的建设运营过程中不断提升品牌的知名度和美誉度，形成雄厚的核心竞争力，唯此才能在动荡的中东局势中有效规避地缘政治风险，保持投资与经营的稳定发展，并在与国际石油公司的竞争中逐渐改变劣势地位。中国油企还必须建立有效的风险预警机制，不断提升抗风险能力，把可能遭受的风险损失降至最低限度。①

（五）增强国家对企业实施“走出去”战略的支持力度

目前中国油企“走出去”的规模和力度还不够，这不是因为缺乏专门的政策鼓励和战略指导，也不是缺乏财政、金融和信息方面的支持，而是缺乏国家综合实力的支撑和外交等方面的有效配合。在这方面，政府有关部门应借鉴他国经验，更多地开展能源外交，为“走出去”战略提供积极的外交服务，为中国油企投资中东创造条件。中国的中东能源合作主要由大型国企承担，随着中国对外开放程度的不断加深，民营资本的参与度将越来越高。民营资本的参与有助于提升中国的核心竞争能力，提高中国油企应对世界大国和石油寡头挑战的能力，民营资本“走出去”更需要国家和相关部门的政策指导和支持。

---

① 陆如泉、肖岚、朱颖超：“中国油企中东博弈战略”，载《中国石油企业》2013 年第 1—2 期，102—103 页。

（六）对伊朗和南北苏丹等风险国家制定有针对性的对策

鉴于伊朗、苏丹和南苏丹以及海湾产油国在中国与中东能源合作中的重要地位，中国应制定有针对性的应策与建议。

在中国与伊朗的能源合作中，中国油企必须服从于国家利益的需要，服从于中国总体对外战略的指导和安排，并在政府部门的指导下，建立科学的风险预警机制，在对风险进行合理判断分析的基础上制定灵活的应对政策，在维护国际秩序和不损害大国关系的基础上，确保中国在伊朗的发展利益。

针对南北分裂后苏丹的冲突和动荡，中国应妥善应对。首先，要不断增强政治互信，努力协调苏丹国内各派的政治分歧与矛盾，维护苏丹的稳定与发展。其次，针对苏丹国内民族矛盾尖锐，武装冲突不断，时而发生暴力劫持事件的实际情况，中国政府应继续参与在苏丹的国际维和，在维护地区和平与稳定的同时，保护中国油企和人员安全，切实维护中国的发展利益。再次，中国企业要了解并尊重当地民情民俗，改善企业形象，促进当地经济与社会发展；中国企业在拓展业务时，要注重对当地自然环境和文化遗产的保护。

南苏丹独立后，政府财政严重依赖石油出口。由于南苏丹了继承了部分原苏丹的石油协议，决定了它在一定时期内必须继续与包括中国在内的石油投资国维持能源合作。但中国面临的严峻挑战在于南北苏丹的矛盾冲突以及南苏丹本身的不稳定。中国应重点做好以下几个方面的工作：第一，借助传统友好关系，与南北苏丹加强协调与沟通，以便顺利解决南北苏丹分离后的各种遗留问题。在南北双方的石油利益分配、边界划分、外债偿还等问题上，南苏丹对中国存在一定程度的误解，如南苏丹曾指责中国公司协助苏丹政府“偷窃”南苏丹石油份额等，中国应认真做好解释工作。第二，支持南苏丹处理好项目运作和石油收益分配透明度的问题，借助国际标准来监督和检查石油矿产部门的收入，确保政府收入的透明性、公开性和公平性，同时也可缓解中国油企在缴纳石油税费方面引起的社会矛盾，与当地民众搞好关系，树立起良好的国际投资形象。在石油合同审查方面，要积极主动地与南苏丹协商，尽快达成相关石油合同的审查与补充协议。第三，中国油企在大力拓展能源市场的同时，应积极帮助南苏丹发展多元经济，改变经济结构单一的状况，扩大非石油收入，改善南苏丹民生。

（七）全面拓展与海湾国家的能源合作

沙特等海湾产油国拥有丰富的油气资源和充足的石油美元收入，属低资金需求国家，国内资源保护主义较强。在中国与海湾国家的经贸关系中，双方的油气贸易比较突出，而油气项目合作的水平尚待提高。笔者提出以下建议供参考。

第一，充分发挥中国油企在勘探开发方案设计、地质、钻井、油田开发、管道建设、炼厂设计等方面的技术品牌和低成本优势，配备有训练有素的专业施工队伍，加强中国油企与海湾国家的油气资源开发合作。①

第二，在油气贸易方面签署长期贸易协议，实现海湾国家对中国油气供应在数量、种类、产地、时间运输等方面的相对稳定性。随着中国经济发展和工业制成品质量的提升，海湾产油国对中国市场的信赖程度不断提高，以回购方式开展油气贸易的条件日臻成熟。中国在进口油气的同时，可要求对方用石油收入进口中国商品，这对于带动中国产品出口，回流石油美元，保持贸易平衡，无疑具有重要意义。

第三，创新合作模式，实现合作模式的多样化。

---

① 张爽、刘卫国：“我国与中东、俄罗斯、非洲战略石油合作的前景分析”，载《化工技术经济》，2006年第2期。

（1）资本+技术服务方式。对于沙特、科威特那样的低资本需求国家，可以在石油领域就生产设备改造与更新、设备后期维护与安全防护、技术培训与交流等项目，采取以“资本+技术服务”为一体的长期合作方式。这不仅有助于中国降低石油的支付成本，而且还有助于防范石油安全风险。

（2）商品、服务换油气模式。阿联酋同样属于低资金需求国家，故“贷款换石油”模式对它没有吸引力。对此，应根据迪拜为地区贸易、金融、服务、航运中心的特点，根据阿联酋的社会发展需要展开合作，如优先开展投资领域的双边合作，形成“你中有我、我中有你”的合作联盟，当两国在货物和服务贸易领域的合作上规模后，再尝试以“商品/服务换油气”的合作模式。[①]

（3）建立大型石油基地模式。近年来，包括沙特、科威特等海湾产油国都在与东亚各国合作建立大型石油储备基地，这是有利于共赢的新合作方式。在世界能源消费大国中，中国最晚受益于这种合作模式，先是在国内海南，后在阿联酋的富查拉伊港建立了石油储备基地。该港目前是仅次于新加坡的世界第二大石油港，中国公司利用该港储存转运石油，有利于扩大同沙特的石油贸易。[②] 这一合作模式特别有利于保障中国的能源供应安全，应该大力推广。

第四，要坚持“走出去”和“引进来”两条腿走路的方针，加强与海湾产油国的合作，在“走出去”的同时，也要注重“引进来”，把海湾产油国的石油美元吸引过来，投资国内的油气项目，促进双方的双向投资合作。

---

① 刘叶等：“现行国际原油定价机制下我国与中东的战略合作”，载《世界经济与政治论坛》2013 年第 1 期。

② 汪巍：“拓展中国与沙特石油合作之策”，http：//finance. huanqiu. com/data/2012－08/3031922. html

当前，中国经济的快速发展与油气资源匮乏的矛盾日益突出，中国对进口能源的依赖不断水涨船高。中国需要中东油气，而中东需要中国市场，这是双方的合作基础。中国与中东的能源合作是大势所趋，虽然合作中会出现这样或那样的波折和问题，但只要双方共同努力，就一定会取得令双方满意的结果。

中国对阿拉伯国家的公共外交：评估与对策建议

上海外国语大学中东研究所　余　泳

【内容提要】

作为中国外交的重要战略板块之一，阿拉伯世界与中国的经贸关系发展迅速，这与中国经济总量等“硬实力”不断上升的趋势相一致。但一直以来，尤其是阿拉伯世界发生动荡三年多来，部分阿拉伯国家和民众对中国的认识和理解，特别是对中国相关的外交政策还多有误解，从而表现出中国“软实力”的相对不足。中国亟需加大对阿公共外交的力度以缩小这种差距，尽管中国在此方面已做出了较大努力和较多实践，但其效果尚待加强。今后中国对阿公共外交在机制建设、方式手段等不同层面都有完善和改进的空间，需要付出更大的努力。

公共外交早在中国共产党的历史上就曾得到很好的运用。新中国成立以来，在一些重要历史关口，也曾以公共外交取得对外关系的重大突破。21 世纪以来，公共外交逐渐成为中国总体外交布局的重要组成部分，并在党的十八大被赋予新的历史使命。中国对阿拉伯国家公共外交在新中国成立后就已展开，逐步成型于“中阿合作论坛”框架下的一些机制性活动，并在近年有了更多的平台。在当前中东变局的背景下，“强化中阿公共外交，传播治国理政经验，意义重大而深远。”[①]。同时，“公共外交具有广泛性、互动性、渐进性和间接性等鲜明特征”[②]，中国对阿拉伯国家公共外交是一个复杂而长远的系统工程，未来要在切实改进方式的基础上，加大投入，抢抓机遇，赢取更多有利于双方交往与合作的机会，为中国中东外交和总体外交做出更多贡献。

一、新时期中国公共外交的历史使命

1965 年，在塔弗兹大学爱德华·默罗公共外交中心（The Edward R. Murrow Center for Public Diplomacy）成立仪式上，美国前外交官、教授埃德蒙德·古利恩（Edmund Gullion）首次定义了现代意义上的公共外交，即“政府向外国公众提供信息并施加影响的行为”。此后，公共外交的概念不断演化，特别是在 2001 年“9·11”事件以后，包括美国在内的世界各国更加重视公共外交的作用。

在我国，自 20 世纪 90 年代末以来，有关公共外交的学术研究开始活跃起来。据中国知网数据显示，1999～2012 年的 14 年间，题名中含有“公共外交”的各类刊物、会议和硕博士论文达 480 篇，报纸文章 217 篇。[③]“公共外交”尽管是一个较新的学术词汇，但在我国对外交往的实践活动中却有较长的历史，且不断有精彩的表现。例如，中国共产党领导人在延安接受埃德加·斯诺等美国记者的采

① 参见吴思科：“西亚北非变局为中国公共外交带来新机遇”，载《公共外交季刊》，2012 年夏季号。

② 参见杨洁篪：“努力开拓中国特色公共外交新局面”，载《求是》，2011 年第 4 期。

③ 中国知网：http://epub.cnki.net/kns/brief/result.aspx?dbprefix=scdb&action=scdbsearch&db_opt=SCDB。

访，1971 年的“乒乓外交”，2008 年的“奥运外交”和 2010 年的“世博外交”，都是公共外交的成功案例；特别是 2004 年 11 月以来，中国在全球范围内创办和推广“孔子学院”，更是中国大力推行公共外交的重要举措。据悉，截至 2011 年底，全球孔子学院的数量为 358 所，计划到 2015 年将建成 500 所。[①]

就政府层面的机构和机制建设而言，公共外交在中国也获得了长足的发展，它主要由外交部统筹办理，并由最初新闻司下属的处级单位升格为部属机构，具体情况是：1999 年 6 月，外交部新闻司设立因特网主页管理处，负责外交部和驻外使领馆网站工作；2004 年，成立公众外交处，负责网站工作、公众外交协调；2008 年，更名为公共外交处；2009 年 10 月，成立新闻司公共外交办公室，负责外交部、驻外使领馆公共外交工作的统筹规划和综合协调；2010 年 8 月，成立由资深外交官和专家学者组成的公共外交咨询委员会，向国内外公众介绍、解读中国外交理念和政策；2012 年 8 月，新闻司公共外交办公室升格为外交部公共外交办公室。

在 2011 年胡锦涛主席访美的过程中，他明确提出“中美伙伴合作应该基于人民广泛参与”，并将它作为中美伙伴合作关系的“四大支柱”（相互尊重、互利共赢、共迎挑战和人民广泛参与）之一，这是中国国家元首在出访中第一次强调与公共外交有关的议题。[②] 2012 年 11 月，在中国共产党第十八次代表大会上，胡锦涛总书记明确提出要“扎实推进公共外交和人文交流，维护我国海外

① 国家汉办官网：“孔子学院发展规划（2012～2020 年）”，http：//www. hanban. edu. cn/article/2013－02/28/content_ 486129. htm。另据孔子学院总部信息，截至 2012 年年底，全球已建立 400 所孔子学院和 535 个孔子课堂，共计 935 所，分布在 108 个国家（地区）。

② 赵磊、王燕：“我国公共外交的特点、角色与发展”，载《理论探索》，2011 年第 2 期，第 11 页。

合法权益。”[1] 人们普遍认为，这是中国将公共外交上升为国家战略的重要标志，它也因此被赋予了新的历史使命：

第一，维护国家发展的重要战略机遇期。党的十八大报告指出，我国的发展仍处于可以大有作为的重要战略机遇期。[2] 我国近年处在经济地位和国家综合实力快速上升的阶段，国家硬实力的迅速发展为国际社会所瞩目，尤其是在国际金融危机、欧债危机和中东动荡等大背景下，这一发展成就确属难能可贵。但经济建设与社会发展离不开和平、稳定与和谐的国际环境，才能拥有大有作为的重要战略机遇期。因此，如何向国外民众展示中国和平发展道路、维护世界稳定的正能量，是公共外交的职责所在。尽管人们对公共外交有不同的定义和解读，但其本质无疑是“一国政府为争取他国民心而采取的各类公关行动”[3]。要消除国外公众对中国的误解、疑虑，甚至不信任与抵制等，仅靠政府间的行为不足以完全取得预期效果，如中国的和平发展道路、“走出去”战略的实施等，在西方媒体和相关利益集团别有用心的武断阐释下，会形成“中国威胁论”的不同版本并不断演绎。此外，由于有些国家和地区民众本身对中国的深入了解相对缺失，进而使通过公共外交展示中国和平发展的国际形象变得尤为重要。

第二，服务于中国外交的总体布局。十八大报告指出，外交工作坚定维护了国家利益和我国公民、法人在海外合法权益，加强了同世界各国交流合作。[4] 严格意义上说，公共外交在其中发挥了重要

---

① 胡锦涛：《坚定不移沿着中国特色社会主义道路前进，为全面建成小康社会而奋斗》，人民出版社2012年版，第48～49页。

② 同上，第15页。

③ 曲星：“公共外交的经典含义与中国特色”，载《国际问题研究》，2010年第6期，第5页。

④ 参见胡锦涛：《坚定不移沿着中国特色社会主义道路前进，为全面建成小康社会而奋斗》，人民出版社，2012年版，第4页。

作用。在此前的2009年7月，时任国家主席胡锦涛在第十一次驻外使节会议上强调，“要加强公共外交和人文外交，开展各种形式的对外文化交流活动，扎实传播中华优秀文化。”[①] 在此背景下，外交部当年采取了一系列加强公共外交的新举措。如将新闻司原有“公共外交处”升格为“公共外交办公室”，建立公共外交的部内、部际协调机制，加强统筹规划，促进与各相关机构的沟通和交流。时任外交部长杨洁篪明确提出，着眼长远，每一名外交干部今后都要成为开展公共外交的合格人才。外交部新闻司司长在2009年12月31日也指出，“公共外交这一新型外交形式，已成为中国全方位外交的重要组成部分。”[②] 但在中国外交的总体布局中，公共外交仍然有诸多可以改进和提升的地方。如在网络新媒体方面显得手段不多，不能快速和全面地传递中国的声音和立场，明显有后发弥补和传统外宣的痕迹；再如，在民众参与的统筹方面，有时也表现出官方意味过浓或民间一哄而上的两种倾向。这些现象都是中国在发展公共外交过程中应该不断改进的地方。

当然，国外学者对中国的公共外交也多有研究，其中有学者将中国公共外交的目标归纳为四个方面：（1）展示中国奋发有为的国家形象和更加美好的未来；（2）展示中国稳定、值得信赖和负责任经济合作伙伴的国际形象；（3）展示中国在国际社会中致力于世界和平的负责任大国形象；（4）展示中国悠久的历史和古老的文化。[③] 这一研究结论基本上准确概括了中国公共外交的诉求。

① 中国中央政府门户网站：http://www.gov.cn/ldhd/2009-07/20/content_1370171.htm。

② 中国外交部网站：http://www.fmprc.gov.cn/mfa_chn/wjdt_611265/sjxw_611273/t649122.shtml。

③ Ingrid d'Hooghe, "Public Diplomacy in the People's Republic of China", in *The New Republic Diplomacy*: *Soft Power in International Relations*, edited by Jan Melissen, Hampshire: Palgrave Macmillan Ltd., 2005, pp. 93-94.

二、中国对阿拉伯国家公共外交实践

在新中国成立之初，民间外交就发挥了重要的作用。在 20 世纪 50 年代初，新中国还未同阿拉伯国家建立外交关系，为增进阿拉伯民众对中国的了解，中国伊斯兰教协会代表团访问了埃及等 4 个阿拉伯国家，给阿拉伯国家和民众留下了很深的印象。这种交往增进了双方的相互了解，使双方的贸易往来得以顺利开展。民间外交也促进了政治外交，为 1956 年 5 月中国与埃及建立外交关系打下了基础，而中埃建交则对推动新中国与阿拉伯国家建交的发挥了重要的奠基作用。在当时的历史背景下，"所谓的'民间外交'、'人民外交'，在精神实质上就是现今指称的'公共外交'。"①

1990 年，中国与沙特阿拉伯建交。至此，中国已经与所有 22 个阿拉伯国家建立了外交关系。"中阿合作论坛"于 2004 年 1 月成立以来，中阿双方在政治、经贸、科技、文化、教育、卫生等各领域的互利合作得到进一步拓展。2009 年以来，伴随着国际金融和经济危机逐步蔓延，特别是 2010 年底阿拉伯世界发生动荡以来，国际和地区形势发生了深刻的变化，同时，中国的国际地位和国内情况也发生了较大改观，中阿之间的政治和经贸等关系尽管还维持在一个较好水平，但仍有诸多方面尚待改进，部分阿拉伯国家与中国的政治互信也受到了一定的冲击。在此背景下，中国着力加强了对阿拉伯国家的公共外交。具体说来，中国对阿公共外交主要包括以下几种形式。

① 莫胜凯："中国公共外交之理论与实践刍议"，载《外交评论》，2013 年第 4 期，第 44 页。

（一）中阿关系暨中阿文明对话研讨会

它是“中阿合作论坛”框架下的一项重要活动，每届会议均围绕一定的主题进行深入对话和讨论，并在此基础上达成了诸多共识，如强调中华文明和伊斯兰文明都是人类文明宝库中的瑰宝，对人类社会文明进步做出了巨大贡献；强调新时期不断深化不同文明之间和平、包容、理解和对话，有助于促进中国和阿拉伯国家及其人民之间的交流互鉴，有利于共同维护世界文化的多样性。自 2005 年起，中阿关系暨中阿文明对话研讨会每两年举办一届，迄今已成功举办五届，出席人员包括中阿专家学者和官员。（见下表）：

中阿关系暨中阿文明对话研讨会的基本情况（2005～2013）

届别	时间	地点	规模（约）	主要议题
1	2005. 12 12—13	中国 北京	60 人	1. 中阿关系的前景； 2. 中阿文明对话。
2	2007. 12 01—03	沙特 利雅得	70 人	1. 发展中阿文化关系，加强中阿论坛机制建设；2. 发挥中阿文明在应对全球化挑战、加强文明对话观和构建和谐世界中的作用；3. 发挥教育、新闻、文化、翻译在推动中阿文明对话、促进两种文明相互了解方面的作用。
3	2009. 05 11—12	突尼斯 突尼斯城	80 人	1. 阿拉伯文化中的中国和中国文化中的阿拉伯人；2. 中阿文化中人与自然的共同价值观；3. 现代通讯、科技手段和中阿关系。
4	2011. 12 27—28	阿联酋 阿布扎比	100 人	1. 中阿文明的共同价值；2. 历史上和当代为推进中阿文明相互了解和对话的中阿重要人物；3. 文明对话及其在促进中阿战略合作关系方面发挥的作用；4. 中国的伊斯兰文化，及其在促进相互了解、中阿文明与文化对话方面的重要性；5. 中、阿媒体在加深相互了解和丰富中阿文明对话方面的作用。

续表

届别	时间	地点	规模（约）	主要议题
5	2013.06 27—28	中国 乌鲁木齐	100人	1. 中阿两大文明对丰富人类文明的贡献；2. 文明对话对促进新时期中阿战略合作关系发展的作用；3. 中阿文化的相互影响与融合。

资料来源：中阿合作论坛中方秘书处官方网站 http://www.cascf.org/chn/jzjs/wmdhyths。

（二）中国和阿拉伯国家友好大会（简称“中阿友好大会”）

民间交流是中国同阿拉伯国家政府间合作的重要辅助渠道，对动员中阿民间友好力量、增进中阿传统友谊、促进新时期中阿互利合作发挥着不可替代的重要作用。“中阿友好大会”是“中阿合作论坛”框架下的一项重要活动，2006年以来，由中阿友协和阿盟国家每两年主办一次，目前已举办四届。

中国和阿拉伯国家友好大会的基本情况（2006～2012）

届别	时间	地点	主要成果
1	2006.11 28—29	苏丹 喀土穆	1. 通过了《中阿民间友好宣言》；2. 成立总部在喀土穆的阿中友协联合会；3. 确定11月29日为“中阿友好日”。
2	2008.10 27—31	叙利亚 大马士革	1. 通过了阿中友协联合会章程并选出执委会；2. 成立了“友好大会后续行动委员会”；3. 签署了《2008—2010年中国阿拉伯民间行动计划》及《新闻公报》。
3	2010.10 23—26	利比亚 的黎波里	1. 通过了《新闻公报》和《2010—2012中国阿拉伯民间行动计划》；2. 举办了中阿学者和中阿企业家见面会。
4	2012.09 13—14	中国 银川	1. 评估了《2010—2012年中阿民间行动计划》执行情况；2. 通过了《新闻公报》和《2012—2014年中阿民间行动计划》。

资料来源：中国人民对外友好协会官网 http://www.cpaffc.org.cn。

（三）孔子学院

孔子学院应该说是中国公共外交建设以来最具代表性的“成熟

品牌”之一①，它们为所在国民众学习汉语言文化、了解当代中国，开展丰富多彩的教学和文化活动，逐步形成了各具特色的办学模式，进而为传播中华文化、展示中国形象做出了独到的贡献。拥有22个国家的阿拉伯世界也活跃着我国高校等与阿拉伯国家共建的10所孔子学院和1个孔子课堂（截止到2013年9月）：

中国在阿拉伯国家开办的孔子学院（2007～2013）

序号	成立时间	名称	中方合作单位
1	2007.02	黎巴嫩圣约瑟夫大学孔子学院	沈阳师范大学
2	2007.11	埃及开罗大学孔子学院	北京大学
3	2008.04	埃及苏伊士运河大学孔子学院	华北电力大学
4	2008.10	苏丹喀土穆大学孔子学院	西北师范大学
5	2009.04	约旦安曼TAG孔子学院	沈阳师范大学
6	2009.09	突尼斯斯法克斯孔子课堂	中国国际广播电台
7	2009.11	阿联酋扎伊德大学孔子学院	北京外国语大学
8	2009.12	摩洛哥穆罕默德五世大学孔子学院	北京第二外国语学院
9	2010.06	阿联酋迪拜大学孔子学院	宁夏大学
10	2012.09	约旦费城大学孔子学院	聊城大学
11	2013.01	摩洛哥哈桑二世大学孔子学院	上海外国语大学

资料来源：孔子学院总部官网 http：//www.hanban.edu.cn。

（四）中国—阿拉伯国家博览会

中国—阿拉伯国家博览会（简称“中阿博览会”，2010～2012年称为“中阿经贸论坛”），它是经中国国务院批准，由中国商务部、中国贸促会和宁夏回族自治区政府共同主办的国家级、国际性综合博览会，每年在宁夏举办，外方参加的国家以22个阿拉伯国家为主，并向外拓展至57个伊斯兰国家。

---

① 任晶晶：“公共外交：中国外交新高地”，载《中国社会科学报》，2010年8月26日，第15版。

中国—阿拉伯国家博览会的基本情况（2010～2013）

序号	举办时间	境外参与	活动层次及成果
1	2010.09	66 个国家、地区和国际机构	中国副总理、约旦前首相等出席；签订合作项目 190 个，签约金额 2035.63 亿元。
2	2011.09	76 个国家、地区和国际机构	中国政协主席、毛里塔尼亚总统等出席；签订合作项目 164 个，签约金额 2078.6 亿元。
3	2012.09	71 个国家、地区和国际机构	中国副总理、科摩罗前总统等出席，阿联酋成为首个主宾国，海合会首次组团参会；签订合作项目 124 个，签约金额 2187.34 亿元。
4	2013.09	67 个国家	中国国家主席致贺信，中国政协主席、约旦国王、巴林国王等出席；签订合作项目 158 个，签约金额 2599.01 亿元。

资料来源：中国—阿拉伯国家博览会官网 http：//www.casetf.org。

（五）专家学者代表团互访

这是在阿拉伯国家近年发生深刻转型的背景下中国开展对阿公共外交活动的新尝试，它对于加强中阿民间交往，增进中阿相互理解，巩固中阿传统友谊具有重要意义。到目前为止，在外交部亚非司的指导和我驻外使领馆的大力协助下，由上海外国语大学中阿合作论坛研究中心、中东研究所为联系单位，至 2013 年 10 月，中阿专家学者代表团已成功地开展了两次互访活动。

中阿专家学者代表团互访情况（2012～2013）

序号	活动时间	国内参与单位	国外参与单位
1	2012.11 18—29	中阿合作论坛研究中心； 上海外国语大学中东研究所； 北京外国语大学阿拉伯语系； 北京大学阿拉伯语系； 外交部亚非司。	卡塔尔阿拉伯政策研究中心、半岛研究中心； 埃及金字塔政治与战略研究中心、埃中友协； 沙特费萨尔国王伊斯兰研究中心、外交学院、《利雅得报》； 阿联酋战略研究中心、扎伊德大学。

续表

序号	活动时间	国内参与单位	国外参与单位
2	2013.03 24—30	中阿合作论坛研究中心； 上海外国语大学中东研究所； 中国国际问题研究所； 外交部亚非司、政策司； 全国友协亚非部。	埃中友协、埃及金字塔政治与战略研究中心； 沙特外交学院、《利雅得报》； 卡塔尔阿拉伯政策研究中心、半岛研究中心； 科威特大学政治研究中心、科威特电视台、科威特环境总署公共关系部、科威特战略研究中心。

（六）其他平台和形式

首先必须提及的是2008年北京奥运会和2010年上海世博会，因为正如前文所述，2009年公共外交的地位得到大幅提升与成功主办奥运会过程中多层次公共外交所起的作用有关；而这一经验在举办世博会过程中被很好地借鉴和发扬。毫无疑问，这两场盛会也为中国对阿公共外交开展提供了广阔的平台，尤其是向阿拉伯国家民众全方位地展示了中国的发展成就。其次，中国对阿公共外交还一直以不同形式在开展，特别是近两年来，中国开始注重与阿拉伯国家在不同层次和领域进行接触，如接待来访的阿拉伯青年代表团和精英代表团，主动接触某些转型国家并邀请其反对派来访等，这些工作有效地起到了增信释疑的作用，为配合中国政府主体外交推进贡献了很多有益的思路。

三、对中国开展对阿公共外交活动的评估

通过以上实践活动不难看出，中国对阿拉伯国家的公共外交具有“应运而生、正逢其时、大有可为”[①] 的特征，具体表现在以下

① 杨洁篪：“公共外交现在是应运而生、正逢其时、大有可为”，http：//news.xinhuanet.com/politics/2010-03/07/content_13115553.htm。

三个方面：

（一）建立了一定的机制性平台

中国和阿拉伯国家的关系已经步入战略合作伙伴阶段，双边关系在“中阿合作论坛”框架下得以全方位展开，其中“中阿关系暨中阿文明对话研讨会”机制为中国对阿公共外交提供了有效的平台，如每届会议均以《最终报告》形式总结对话成果，并提出下一阶段行动的具体建议，如互办艺术节、典籍互译、智库交流、青年和民间交流等多数建议已得到落实。具体事例就是2008年12月19日至20日，“中阿合作论坛”中方秘书处在北京主办的“中阿文明对话——语言与文化交流研讨会”，其主旨就是落实“中阿关系暨中阿文明对话研讨会”的成果文件、促进中阿语言教学与翻译、推动中阿典籍互译工程，会议确定了中阿典籍互译的第一批书目共50部。

（二）积极性和主动性不断增强

公共外交的载体是人文、民间和大众，关键在于做好人的工作，做好感情交流。[①] 随着中国对阿交往越来越向纵深发展，遇到的问题和阻力也相伴而生，这不断促进中方不断增强与阿拉伯国家各方人士的交流与沟通，甚至是转型阿拉伯国家当局的反对派。如早在2011年6月，利比亚战事走向尚不明朗的时候，中国就同其反对派进行过多次接触并接受其访华；再如2012年至2013年，中国人民外交学会先后邀请了叙利亚不同的反对派组织访华。这些举措不仅彰显了中国作为一个世界大国为解决国际和地区热点问题的努力，更是加强公共外交主动性和有效性的外交行为。

① 马晓霖：“公共外交先驱周恩来”，载《北京青年报》，2013年3月30日。

（三）不断创新公共外交的形式

如何增强当代中国政治上的吸引力、经济上的竞争力、形象上的亲和力和道义上的感召力，是公共外交的历史使命。对于中国对阿公共外交而言，并没有十分丰富的既有案例可供借鉴，需要根据国际国内形势的变化因势利导，不断创新公共外交形式，增强公共外交效果。首先，中国在对阿文化传播方面已经先行先试，如在阿拉伯国家开设的孔子学院和孔子课堂就是很好的范式；2009 年 7 月，中央电视台阿语频道和央视网阿语频道的同步开播，在中国与 22 个阿拉伯国家之间架起了又一座友谊与沟通的桥梁；在经贸方面，中阿博览会（中阿经贸论坛）自 2010 年创办以来，以经贸洽谈和合作的方式，为中阿各层人士的接触提供了广阔的舞台，基本形成了以经贸交流为主向经贸、能源、文化、体育、人才、教育等多领域交流合作转变的趋势；而在政治对话领域，2012 年起由中阿合作论坛研究中心为主承办的中阿专家学者代表团互访活动，则为中阿双方精英人士、智库和主流媒体之间的交流和对话开创了新的形式，拓展了公共外交的领域和功能。

四、关于深化对阿公共外交的对策思考

综上所述，中国对阿拉伯国家公共外交因应了国内外形势发展的需要，有效地利用了当前的主客观条件，为增进阿拉伯公众对中国的了解发挥了重要作用。但就整体而言，中国目前的公共外交尚缺乏广泛影响力，对阿公共外交也不例外，改善和提升的空间很大，现就相关的不足之处进行梳理并提出初步的对策建议。

（一）要加强以外交部为业务中心的统筹协调机制

目前中阿致力于发展战略合作伙伴关系，并不断落实中阿合作论坛框架下的各项协议，因此包括对阿公共外交在内的各项工作都要循此展开，应通过这一机制为实施公共外交提供明确的规范。但纵览所有规定和协议，尚无有关公共外交的成文条款，而是散见于政治、经贸、文化等领域，显然需要进一步加以明确；另外，前述能够体现对阿公共外交的平台和活动除了少数具有针对性外，大部分都是由国家不同部门管辖或参与的行为，如孔子学院由教育部主管，中阿博览会主办部门是商务部，还有中阿友好大会由友协进行组织等等。因此，这些部门或组织首先要对公共外交传播中国文化、加强人员交流、展示中国形象等作用有明确的认识，并建立有效的机制，但目前显然还存在着认识不足、手段不多、效果欠佳的缺陷，尚需加强外交部对涉及公共外交各领域、各部门机构的领导协调，以全国一盘棋的思路进行组织实施，不断完善公共外交的体制机制建设。

（二）要抓好品牌建设，实现可持续发展

无论是北京奥运会还是上海世博会等全球性规模的活动，都为中国对阿开展公共外交提供了极好的机会，因为申办、筹办这些盛会都需要面对面地开展游说和传播工作，正式举办则为之提供了广阔的舞台，使阿拉伯国家和民众对中国有了更全面的了解。但毋庸讳言，开展公共外交，改善国家形象不是一两场国际盛会就能完成的。开展公共外交，提升国家形象是一个循序渐进的过程；是一个春风化雨、润物细无声的过程。[①] 在这方面可以借鉴中俄、中法互办

---

① 张桂珍："对外宣传向公共外交的转型——从奥运会到世博"，载《当代世界》，2010 年第 9 期，第 42 页。

文化年活动的做法，如果能形成较大规模的中阿文化年活动，固定频次并坚持在中阿间举办下去，不断积累，形成品牌，必将有助于提升对阿公共外交的水平。

（三）要继续做好智库出访和人员交流工作

2013 年 6 月，第五届“中阿关系暨中阿文明对话研讨会”发布的《最终报告》充分肯定了 2012 年以来中阿双方专家学者组成的智库代表团的互访活动，以及阿拉伯国家青年代表团等的访华活动。作为阿拉伯国家精英代表的智库和青年人员来访，他们能够直接接触和了解中国的人员和政策主张；通过实地走访和面对面的交流，他们对中国政府追求和平发展与互利共赢的外交理念，一心一意谋求经济发展和提高民众生活水平的强烈愿望，以及不干涉他国内政的外交政策有了更深入的认识。同时，中国专家学者到访不同的阿拉伯国家，与当地的智库、媒体和民间组织等人员接触、座谈并接受采访，清晰明确地传递了中国的声音，他们能够直面当下的热点问题，阐述中国的态度和立场，一定程度上有助于消除由于媒体误读而引起的猜忌，使中国的真实立场通过当地媒体传递给阿拉伯民众。

（四）要注重经贸交往中的人文交流，摒弃利益至上的做法

通过三届中阿经贸论坛的努力和积累，阿拉伯国家政府和企业同中国深化合作、扩大交往的愿望和期待日益迫切，中阿双方已经在 2013 年将其升格为博览会，表明该活动已经发生了从经贸交流为主向经贸、能源、文化、体育、人才、教育等多个领域交流合作的转变。这是双方互相倚重对方共谋发展的利好行为，同时也为中国大力开展对阿公共外交提供了契机。但尤其值得注意的是，中方在经贸交往过程中存在的某些利益至上的行为则必须摒弃，因为它们

与公共外交、人文交流的本意背道而驰，不利于双方的文化和思想交流，也不利于中国良好国家形象的塑造。

（五）强化新媒体和传统媒体的传播作用

近年在中东地区发生的诸多事件表明，以网络传播为代表的新媒体在影响政情民意方面发挥了十分突出的作用。因此，中国应有效利用新媒体，增强对阿公共外交的效果。以外交部“外交小灵通”这种微博、微信形式为例，尽管它较为快速地传递了中国官方的声音，但具体到阿拉伯世界而言，受语言和使用习惯等因素的限制，其效果显然十分有限。当前，facebook、youtube 和 twitter 等在国际上影响巨大的的社交网络平台不仅未能得到有效利用，相反，还对这些平台进行屏蔽以求自保。因此，面对日新月异的新媒体，如何平衡利害、有效利用，十分值得思考。[①] 在强调新媒体作用的同时，对电视、电台、平面媒体和书籍等传统传播手段，也应不断进行形式和内容的创新，尤其要在传播方式和手段的地方化、本土化方面多下功夫。当然，解决问题的关键不仅表现在技术手段的改进，更在于如何借助技术手段，及时、准确、正面地反映中方愿与阿方在政治上平等互信、经贸上互利共赢、文化上互鉴互融的交往理念。

当前，在中东变局向纵深发展的复杂背景下，中国政府在积极推动中阿政治互信、经济互利共赢、文化包容互鉴等全方位关系发展的同时，应继续推进对阿拉伯世界的公共外交和人文交流，使中阿传统友谊焕发出更持久的活力。

---

① 关于这一方面的讨论可参考熊亮：“美国中东战略调整与中国公共外交之应对”，载《阿拉伯世界研究》，2013 年第 5 期。

附 录

包澄章 整理

附录1：2012年中东地区大事记

1月

1月1日，伊朗原子能组织宣布，伊朗成功生产并测试首枚国产的核燃料棒。

1月1日，埃及武装部队最高委员会主席坦塔维决定，将协商会议（议会上院）选举由原定分三个阶段改为分两个阶段举行，整个选举于2月22日结束。

1月2日，突尼斯新任总统蒙塞夫·马祖吉对利比亚进行国事访问。

1月2日，埃及开罗刑事法庭开庭，继续审理前总统穆巴拉克等人涉嫌镇压示威者和腐败的案件。

1月2日，利比亚“全国过渡委员会”经由互联网发布国民议会选举草案。

1月3日，巴勒斯坦和以色列代表在约旦首都安曼举行直接对话。

1月3日，伊朗一家法庭以从事反现政权宣传活动为由，判处伊朗前总统拉夫桑贾尼之女法埃泽·哈希米6个月监禁。

1 月 3 日，伊朗海军司令哈比布拉·萨亚里表示，代号为“守卫 90”的伊朗海军军演取得成功。

1 月 3 日，联合国秘书长潘基文通过其发言人发表声明，敦促伊拉克各方通过对话与妥协和平解决分歧。

1 月 3 日，摩洛哥新一届内阁在首都拉巴特宣誓就职，公正与发展党总书记本·基兰出任摩洛哥首相。

1 月 3 日，阿富汗塔利班发表声明，同意在卡塔尔设立办公室。

1 月 5 日，伊拉克发生多起爆炸袭击事件，共造成至少 60 人死亡，另外 138 人受伤。

1 月 6 日，叙利亚首都大马士革市中心迈丹区发生自杀式爆炸袭击事件，造成至少 25 人死亡、46 人受伤。

1 月 6 日，伊朗伊斯兰革命卫队开始在东部与阿富汗接壤的边境地区举行代号为“联合殉难者”的军事演习。

1 月 7 日，利比亚教育部宣布，利比亚全国所有中小学当天正式复课，约 100 万名利比亚学生重返校园。

1 月 7 日，苏丹总统巴希尔对利比亚进行国事访问，并与利比亚“全国过渡委员会”主席阿卜杜勒·贾利勒举行会谈。

1 月 7 日，伊朗原子能组织主席费雷敦·阿巴西·达瓦尼表示，位于该国宗教圣城库姆附近的福尔多铀浓缩厂将投入运行。

1 月 8 日，阿拉伯国家联盟（阿盟）部长级委员会在埃及首都开罗召开会议，听取并审议了阿盟赴叙利亚观察团团长达比提交的报告。

1 月 8 日，德国外交部长韦斯特韦勒访问利比亚首都的黎波里。

1 月 8 日，伊朗总统艾哈迈德 - 内贾德开始对委内瑞拉等拉美四国进行访问。

1 月 8 日，美国国防部长帕内塔表示，伊朗发展核武器与封锁霍尔木兹海峡是美方的“红线”。

1 月 9 日，约旦在首都安曼主持巴以第二轮直接对话。

1 月 9 日，伊拉克首都巴格达发生两起汽车炸弹袭击事件，导致 12 人死亡，另有 51 人受伤。

1 月 9 日，土耳其总理埃尔多安在安卡拉会见到访的挪威首相斯托尔滕贝格。

1 月 10 日，约旦国王阿卜杜拉在首都安曼与来访的巴勒斯坦民族权力机构主席阿巴斯举行会谈。

1 月 10 日，“基地”组织伊拉克分支发表声明称，该组织策划实施了 2011 年 11 月份发生在伊首都巴格达“绿区”袭击伊拉克总理的未遂事件。

1 月 11 日，伊朗首都德黑兰发生一起炸弹袭击事件，与伊朗核计划有关的一名化学专家被炸身亡，另有两人受伤。

1 月 11 日，苏丹海关以南苏丹拖欠过境费为由在红海港口城市苏丹港扣留南苏丹两艘油轮。

1 月 12 日，也门北部什叶派胡塞武装与逊尼派武装人员发生冲突，造成至少 20 人死亡、数十人受伤。

1 月 12 日，美国官员表示，五角大楼已秘密向科威特增派了约 1.5 万人的作战部队和战舰。

1 月 13 日，中共中央政治局委员、中央书记处书记、中央组织部部长李源潮率中共代表团抵达南苏丹进行友好访问。

1 月 13 日，黎巴嫩总统苏莱曼、总理米卡提在贝鲁特分别会见到访的联合国秘书长潘基文。

1 月 14 日，黎巴嫩总统苏莱曼在贝鲁特会见到访的土耳其外长达武特奥卢。

1 月 14 日，伊拉克南部城市巴士拉附近发生自杀式袭击事件，造成至少 50 人死亡，约 100 人受伤。

1 月 15 日，叙利亚总统巴沙尔·阿萨德签署法令，大赦自 2011 年 3 月 15 日以来所有因参与反政府游行示威活动而被捕的在押人员。

1 月 15 日，苏丹总统巴希尔在苏丹首都喀土穆的总统府会见来访的埃及外长阿姆鲁。

1 月 16 日，数百名“基地”组织武装分子攻占也门南部贝达省拉达镇中心监狱，释放了约 250 名囚犯。

1 月 16 日，以色列外长阿维格多·利伯曼出访波兰。

1 月 17 日，南苏丹琼莱州爆发部落间冲突，造成至少 50 人死亡，数百人受伤。

1 月 14 日至 19 日，国务院总理温家宝对沙特、阿联酋、卡塔尔三国进行正式访问，出席在阿布扎比举办的第五届世界未来能源峰会开幕式并致辞。

1 月 19 日，伊朗东北部礼萨呼罗珊省境内当天发生里氏 5.5 级地震，造成至少 228 人受伤。

1 月 19 日，伊朗外长萨利希访问土耳其。

1 月 20 日，南苏丹政府发言人称，南苏丹政府决定自当天开始暂停石油生产。

1 月 20 日，土耳其外长达武特奥卢在首都安卡拉会见到访的韩国外交通商部长官金星焕。

1 月 21 日，埃及选举委员会公布议会选举的最终结果，穆斯林兄弟会领导的自由与公正党赢得 235 个议会席位，占所有席位数的 47.18%。萨拉菲派光明党领导的伊斯兰联盟赢得 121 席，华夫脱党赢得 38 席，埃及集团联盟赢得 34 席，剩余席位由一些小党派、联盟或独立人士获得。

1 月 21 日，也门议会投票通过《豁免权法》，前总统萨利赫获得全部司法豁免。

1 月 22 日，阿盟决定延长驻叙利亚观察团使命。

1 月 23 日，埃及新一届人民议会（议会下院）举行首次会议，穆斯林兄弟会下属的自由与正义党总书记穆罕默德·萨阿德·卡塔特尼当选为议长。

1月23日，欧盟外长会作出决议，再次扩大对叙利亚的制裁，禁止成员国从伊朗进口石油，冻结伊朗中央银行在欧盟的资产。

1月23日，埃及武装部队最高委员会主席坦塔维宣布，将立法权移交给新选出的人民议会（议会下院）。

1月24日，中国国家主席胡锦涛、国务院总理温家宝与以色列总统佩雷斯、总理内塔尼亚胡互致贺电，热烈庆祝两国建交20周年。

1月24日，海湾阿拉伯国家合作委员会（海合会）发表声明称，海合会决定撤出阿盟驻叙利亚观察团中的海合会国家观察员。

1月24日，也门境内的“基地”组织阿拉伯半岛分支与也门过渡政府达成协议，同意从此前占领的南部贝达省拉达镇撤出。

1月24日，伊朗外交部召见欧盟轮值主席国丹麦驻伊朗大使，抗议欧盟23日决定对伊朗石油出口和中央银行实施制裁。

1月25日，巴勒斯坦和以色列在约旦首都安曼进行直接对话。

1月26日，土耳其外长达武特奥卢在安卡拉会见了来访的伊拉克什叶派政党伊斯兰最高委员会主席阿马尔·哈基姆。

1月26日，南苏丹和肯尼亚签署修建从南苏丹通往肯尼亚拉穆港的输油管道谅解备忘录。

1月28日，苏丹总统巴希尔下令释放被苏丹海关扣押的3艘南苏丹油轮。

1月27日，也门数万民众在全国举行游行示威活动，抗议议会赋予萨利赫全部司法豁免权。

1月28日，阿盟官员表示，阿盟秘书长阿拉比决定暂时中止在叙利亚的观察团行动。

1月28日，全国政协主席贾庆林在埃塞俄比亚首都亚的斯亚贝巴访问，并在出席非盟第十八届首脑会议期间会见了苏丹总统巴希尔。

1月28日，利比亚“全国过渡委员会”在班加西举行的全国大会上通过经过修改的利比亚选举法。

1 月 28 日，29 名中国员工在苏丹南科尔多凡州一项目营地遭当地反政府组织“苏丹人民解放运动”（北方局）武装分子劫持。

1 月 29 日，第三届中阿民间友好合作对话会在埃及首都开罗举行。

1 月 30 日，全国政协主席贾庆林在迪拜酋长庄园会见阿拉伯联合酋长国副总统兼总理、迪拜酋长穆罕默德。

1 月 30 日，伊朗国防部长瓦希迪表示，伊朗国防工业组织已研制出激光制导智能炮弹。

1 月 31 日，埃及西奈地区发生一起绑架事件，25 名中国工人遭当地部族成员绑架。

2 月

2 月 1 日，中国驻埃及大使馆官员称，1 月 31 日在埃及西奈半岛被扣留的 25 名中国工人已被释放。

2 月 1 日，防暴警察与球迷在埃及塞得港的足球骚乱中发生冲突，造成 74 人死亡、248 人受伤。

2 月 2 日，北约秘书长拉斯穆森表示，北约部队在阿富汗的战斗任务将持续到 2014 年年底。

2 月 3 日，土耳其空军战机轰炸伊拉克北部扎帕地区的 3 个库尔德工人党武装目标。

2 月 4 日，伊朗革命卫队在霍尔木兹海峡附近海域举行代号为“拥护监护者”的军事演习。

2 月 4 日，联合国安理会就叙利亚问题决议草案进行表决，俄罗斯和中国投了否决票，决议未获通过。

2 月 4 日，突尼斯总统府发表声明，宣布驱逐叙利亚大使，停止承认巴沙尔政权。

2 月 6 日，巴勒斯坦民族解放运动（法塔赫）和伊斯兰抵抗运动（哈马斯）在多哈签署“多哈宣言”，就筹建巴联合过渡政府达成一致。

2月6日，科威特埃米尔谢赫萨巴赫·艾哈迈德·萨巴赫授权前一天辞职的前首相谢赫贾比尔·穆巴拉克·萨巴赫组建新内阁。

2月6日，土耳其总统居尔在安卡拉与到访的韩国总统李明博会谈并签署建立战略合作关系宣言。

2月7日，中水电集团苏丹公路项目组遭劫持的29名中方人员安全获救。

2月7日，伊朗议会副议长穆罕默德—礼萨·巴霍纳尔要求伊朗总统艾哈迈德－内贾德接受议会质询。

2月7日，叙宪法草案制定全国委员会宣布完成草案制定。新宪法草案规定，总统任期为7年，可以连任一届。巴沙尔的任期至2014年期满。

2月10日，叙利亚阿勒颇市发生两起爆炸事件，造成至少28人丧生、235人受伤。

2月11日，叙利亚哈米什军医院院长伊萨·豪利准将在大马士革被暗杀。

2月11日，伊朗各地举行伊斯兰革命胜利33周年纪念活动。

2月12日，以色列政府决定，现任国家安全部长马坦·维勒奈将出任驻中国大使。

2月12日，阿盟召开特别外长会议，决定终止其赴叙利亚观察团的任务。

2月13日，阿盟秘书长阿拉比在开罗阿盟总部会见了到访的中国外交部部长代表李华新。

2月14日，科威特埃米尔谢赫萨巴赫·艾哈迈德·萨巴赫签署法令，公布新任首相谢赫贾比尔·穆巴拉克·萨巴赫领导的新内阁名单。

2月15日，伊朗原子能组织宣布，伊朗已生产出新一代用于提纯浓缩铀的国产离心机。

2 月 15 日，伊朗决定停止向 6 个欧盟国家出口石油，回应欧盟对伊朗石油出口和央行施加制裁。

2 月 15 日，叙利亚总统巴沙尔下令于 2 月 26 日就新宪法草案举行全民公决。

2 月 16 日，也门政府军在东南部贝达省击毙“基地”组织阿拉伯半岛分支重要头目塔里克·达哈卜。

2 月 16 日，联合国大会投票通过有关叙利亚问题的决议，对阿盟有关解决叙利亚危机的倡议表示支持，同时对叙利亚政府镇压反对派的行动表示谴责。

2 月 16 日，阿拉伯货币基金组织与科摩罗签订协议，决定减免科摩罗 50% 的债务。

2 月 16 日，美国财政部以向恐怖组织和叙利亚政府提供物质支持以及侵犯伊朗公民人权为由，宣布对伊朗情报部实施制裁。

2 月 19 日，伊朗石油部宣布，伊朗已经停止向英国和法国公司出售石油。

2 月 19 日，埃及外交部宣布召回驻叙利亚大使。

2 月 19 日，伊朗伊斯兰革命卫队陆军举行代号为“黎明”的军事演习。

2 月 19 日，中国中东问题特使吴思科访问以色列。

2 月 20 日，联合国和非洲联盟驻达尔富尔特派团（联非达团）的 52 名维和人员遭苏丹反政府武装“正义与平等运动”劫持，其中 49 名人员于当晚被释放。

2 月 20 日，叙利亚总统巴沙尔·阿萨德在大马士革会见到访的俄罗斯国家杜马（议会下院）国际事务委员会主席阿列克谢·普什科夫。

2 月 20 日，伊朗防空部队在伊南部地区举行代号为“真主的复仇”大规模防空演习。

2 月 21 日，伊朗与国际原子能机构代表团的第二轮会谈在德黑兰结束。

2 月 21 日，中国国家副主席习近平访问土耳其，并在安卡拉分别会见了土耳其总统居尔、总理埃尔多安、议长奇切克等。

2 月 21 日，中国中东问题特使吴思科在安曼会见约旦外交大臣朱达。

2 月 21 日，也门总统选举投票结束，现任副总统阿卜杜勒·拉布·曼苏尔·哈迪当选为总统。

2 月 23 日，伊拉克首都巴格达、萨拉赫丁省、迪亚拉省和基尔库克省连续发生十余起恐怖袭击事件，造成近 40 人死亡、130 多人受伤。

2 月 23 日，美国总统奥巴马决定将针对利比亚的紧急状态延长一年，以防范利比亚前领导人卡扎菲家人转移资产。

2 月 20 日至 23 日，全国人大常委会副委员长韩启德率全国人大代表团对约旦进行友好访问。

2 月 23 日，联合国前秘书长科菲·安南被任命为叙利亚危机联合国与阿盟联合特使。

2 月 24 日，“叙利亚之友”会议在突尼斯首都突尼斯市举行。

2 月 25 日，法国国防部长热拉尔·隆盖访问利比亚首都的黎波里。

2 月 25 日，也门新总统阿卜杜勒—拉布·曼苏尔·哈迪在议会宣誓就职。

2 月 25 日，埃及最高选举委员会公布了协商会议（议会上院）选举最终结果，穆斯林兄弟会（穆兄会）下属的自由与正义党与萨拉菲派下属的光明党成为上院的前两大政党。自由与正义党共赢得 106 个席位，占全部 180 个参选席位的 59%，位列第一。光明党获得 43 席，占参选议席的 23.9%，位列第二。

2 月 26 日至 27 日，叙利亚开始就新宪法草案举行全民公决，

89.4%的投票者支持新宪法草案。宪法草案规定总统由人民直接选举，任期为 7 年，只允许连任一届。

2 月 27 日，也门卸任总统萨利赫正式将权力移交给新总统阿卜杜勒—拉布·曼苏尔·哈迪。

2 月 28 日，埃及协商会议（议会上院）举行会议，选举穆斯林兄弟会的自由与正义党成员艾哈迈德·法赫米为新一届协商会议议长。

2 月 29 日，“基地”组织重要头目赛义夫·阿德尔在开罗机场被警方抓获。

2 月 29 日，突尼斯总统马祖吉在迦太基总统府会见中国外交部副部长翟隽。

3 月

3 月 2 日，伊朗议会选举开始投票，约 4829 万符合条件的登记选民参加投票。

3 月 2 日，欧盟成员国领导人批准对叙利亚实施进一步制裁的决议。

3 月 4 日，也门政府军与“基地”组织武装分子在阿比扬省省会津吉巴尔市发生激烈交火，造成至少 50 名士兵死亡。

3 月 5 日，加拿大关闭驻叙利亚大使馆和领事馆，并对叙利亚采取新的制裁。

3 月 5 日，伊朗内政部公布第九届议会第一轮选举结果，忠于最高领袖哈梅内伊和强硬派宗教人士的“原则主义者团结阵线”在此轮选举中获得了议会约 75%的席位。

3 月 6 日，利比亚东部拜尔盖地区宣布实行联邦自治，利比亚“国家过渡委员会”委员艾哈迈德·祖贝尔·塞努西被任命为自治政府主席。首都的黎波里等地爆发游行抗议。

3 月 7 日，苏丹和乍得两国政府同意将部署在两国边界沿线的联合部队驻期延长一年，两国将分别增派250名军人，使联合部队总人数达到5500人。

3月6日至7日，中国外交部长杨洁篪的代表李华新大使访问叙利亚，分别会见叙外长穆阿利姆、副外长阿尔努斯和叙有关反对派组织负责人。

3月10日，俄罗斯外交部长拉夫罗夫在开罗阿盟总部与阿拉伯国家外长举行会谈。

3月11日，中国政府特使、外交部部长助理张明在利雅得会见沙特外交副大臣阿卜杜勒·阿齐兹亲王。

3月12日，中东问题有关四方——联合国、俄罗斯、美国、欧盟在纽约联合国总部举行会晤。

3月13日，中国政府特使、外交部部长助理张明在开罗分别会见阿盟秘书长阿拉比和埃及外长阿姆鲁。

3月9日至13日，以色列与加沙地带武装派别的冲突自9日起持续升级，冲突共造成25名巴勒斯坦人死亡，数名以色列人受伤。13日，在埃及斡旋下，巴勒斯坦各派和以色列达成停火协议。

3月10日至13日，联合国和阿盟斡旋叙利亚危机的联合特使科菲·安南访问叙利亚、卡塔尔和土耳其三国。

3月14日，意大利外交部宣布，暂停其驻叙利亚使馆的各项工作，撤回在叙利亚的外交人员。

3月15日，叙利亚爆发反政府游行一周年之际，首都大马士革以及各省市举行百万人大游行活动，对政府的改革计划表示支持。

3月15日，阿布扎比王储兼阿联酋武装部队副总司令谢赫穆罕默德·本·扎耶德·阿勒纳哈扬在阿布扎比会见来访的美国国防部长帕内塔。

3月16日，外交部长杨洁篪在北京与来访的以色列副总理兼外长利伯曼举行会谈。

3月16日，联合国和阿盟叙利亚危机联合特使科菲·安南提出解决叙利亚危机六点建议。

3 月 17 日，叙利亚首都大马士革发生多起爆炸袭击事件，造成至少 27 人死亡、97 人受伤。

3 月 17 日，叙利亚反对派组织在土耳其伊斯坦布尔市宣布成立新联盟。

3 月 19 日，第五届“国际安全与国家风险防范会议暨展览会”在阿布扎比国家展览中心开幕。

3 月 21 日，日本外务省宣布，暂时关闭驻叙利亚大使馆。

3 月 21 日，中国国家副主席习近平在北京会见来访的埃及外长阿姆鲁。

3 月 23 日，欧盟外长会作出决议，进一步扩大对伊朗制裁，并将制裁时限延长至 2013 年 4 月。

3 月 23 日，土耳其安全部队与库尔德工人党武装人员连日来在土东南部地区多次发生交火，造成 21 人死亡、15 名安全人员受伤。

3 月 25 日，埃及议会公布制宪委员会选举结果，37 人来自人民议会（议会下院），13 人来自协商会议（议会上院）。

3 月 26 日，苏丹和南苏丹军队在两国边界地区发生冲突。

3 月 26 日，以色列政府宣布断绝与联合国人权理事会的关系，以抗议该理事会调查犹太人定居点的决议。

3 月 27 日，土耳其关闭土驻叙利亚首都大马士革使馆。

3 月 27 日，叙利亚接受联合国和阿盟叙利亚危机联合特使科菲·安南提出的六点建议。

3 月 26 日至 27 日，“叙利亚全国委员会”在伊斯坦布尔举行会议，确认“叙利亚全国委员会”为叙利亚反对派的“唯一代表”。

3 月 29 日，第 23 届阿盟首脑会议在伊拉克首都巴格达举行，会议发表《巴格达宣言》。

3 月 30 日，沙特阿拉伯国王阿卜杜拉在首都利雅得会见来访的美国国务卿希拉里·克林顿。

3 月 31 日，首届美国—海合会战略合作部长级论坛在沙特阿拉伯首都利雅得召开。

4 月

4 月 1 日，第二届“叙利亚之友”国际会议在土耳其伊斯坦布尔召开，83 个国家和国际组织参会。

4 月 2 日，约旦国王阿卜杜拉在安曼会见来访的意大利总统纳波利塔诺。

4 月 6 日，也门新任总统哈迪调整军队和地方政府重要职位，解职萨利赫当政时的多名军政高官。

4 月 9 日，也门“基地”组织阿拉伯半岛分支突袭也门政府军第 111 装甲旅基地，双方发生激烈交火，造成至少 60 名政府军死亡。

4 月 10 日，伊朗宣布停止向西班牙出售石油。

4 月 11 日，伊朗停止向德国出口石油。

4 月 11 日，第 15 届欧亚经济峰会在土耳其最大城市伊斯坦布尔召开，40 多个国家的 400 多位政府官员和代表出席会议。

4 月 12 日，阿联酋召回驻伊朗大使，抗议伊朗总统艾哈迈德－内贾德访问归属有争议的阿布穆萨岛。

4 月 12 日，叙利亚政府军和反对派武装开始实施停火。

4 月 12 日，埃及人民议会（议会下院）通过一项法律草案，禁止前政权高官未来 10 年内行使包括竞选议员或总统在内的政治权利。

4 月 14 日，伊朗与美国、英国、法国、俄罗斯、中国和德国六国代表在土耳其伊斯坦布尔举行新一轮伊朗核问题谈判。

4 月 18 日，南苏丹加入国际货币基金组织和世界银行集团。

4 月 18 日，苏丹总统巴希尔对南苏丹宣战。

4 月 8 日至 18 日，由美国、巴林、沙特阿拉伯、阿曼、阿拉伯联合酋长国、科威特、约旦、埃及、土耳其和巴基斯坦十个国家参加的代号为“大联动 2012”的联合军事演习在巴林首都麦纳麦举行。

4 月 20 日，南苏丹宣布从哈季利季油田撤军。当天，苏丹总统巴希尔宣布收复哈季利季油田。

4 月 21 日，联合国安理会通过决议，决定设立联合国叙利亚监督团（联叙监督团），初期部署 300 名非武装军事观察员，最初任期为 90 天。

4 月 22 日，也门“基地”组织四号人物穆卡比·赛义德·阿鲁姆达在也门空军的空袭中丧生。

4 月 23 日，欧盟外长会作出决议，对叙利亚实施第 14 轮制裁。

4 月 23 日，也门政府军与“基地”组织武装分子在也门南部多个省份交战，共造成 24 人死亡、多人受伤。

4 月 24 日，利比亚全国过渡委员会颁布规定政党及组织构成的法律。

4 月 24 日，约旦外交大臣纳赛尔·朱达分别会见到访的中东问题“四方机制”特使、英国前首相布莱尔和美国中东问题特使戴维·黑尔。

4 月 24 日，以色列决定将约旦河西岸三个犹太人定居点合法化。

4 月 24 日，以色列总理本雅明·内塔尼亚胡首次声言支持巴勒斯坦人建立一个“领土连贯”的国家。

4 月 26 日，约旦国王阿卜杜拉二世接受约旦首相奥恩·哈苏奈的辞呈。当天，法耶兹·塔拉瓦奈被任命为约旦新首相。

4 月 26 日，阿盟在开罗总部召开成员国特别外长会。

4 月 28 日，沙特政府宣布，决定关闭驻开罗大使馆和驻苏伊士和亚历山大的领事馆，同时召回驻埃及大使。

5 月

5 月 3 日，巴林国王哈马德宣布修改宪法，给予议会更多权力。

5 月 3 日，黎巴嫩—伊朗最高混合委员会会议在贝鲁特举行，双方签订三项关于两国以往所签经贸合作备忘录的执行计划。

5 月 4 日，突尼斯“滥用职权调查委员会”发布最终调查报告指出，突尼斯 2011 年 1 月发生的政治变革至少共造成 2500 人死伤。

5 月 4 日，沙特阿拉伯国王阿卜杜拉下令驻埃及大使返回开罗，并重开沙特驻开罗大使馆和驻苏伊士、亚历山大的领事馆。

5 月 5 日，伊朗政府公布第九届议会选举最终结果，“原则主义者团结阵线”赢得议会绝大多数选票。

5 月 6 日，中国中东问题特使吴思科在安曼会见约旦外交部秘书长塔希尔。

5 月 7 日，中国中东问题特使吴思科访问巴勒斯坦，与巴勒斯坦民族权力机构主席阿巴斯举行会谈。

5 月 7 日，也门“基地”组织武装分子袭击南部阿比扬省政府军部队，造成至少 40 名政府军士兵死亡，多人受伤。

5 月 10 日，叙利亚首都大马士革发生两起爆炸袭击事件，造成 55 人死亡、372 人受伤。

5 月 10 日，埃及过渡政府对内阁进行局部调整，新任命的 4 名部长向武装部队最高委员会主席坦塔维宣誓就职。

5 月 14 日，欧盟外长会议通过决议，决定对叙利亚实施第 15 轮制裁。

5 月 14 日，约旦国王阿卜杜拉同来访的埃及外长阿姆鲁举行会谈。

5 月 14 日，海合会首脑会议在沙特阿拉伯首都利雅得召开。

5 月 16 日，巴勒斯坦过渡政府重组，新任命 11 位部长，并举行宣誓就职仪式。

5月16日，阿尔及利亚宪法委员会确认立法选举最终结果，执政党民族解放阵线在国民议会选举中获胜。

5月17日，约旦外交大臣纳赛尔·朱达在首都安曼会见到访的巴勒斯坦民族权力机构主席阿巴斯。

5月20日，巴勒斯坦两大政治派别巴民族解放运动（法塔赫）和巴伊斯兰抵抗运动（哈马斯）在埃及就组建联合政府达成协议。

5月21日，也门安全部队士兵在首都萨那参加阅兵仪式排练时遭自杀式炸弹袭击，事件造成约50名士兵死亡，100多人受伤。

5月24日，黎巴嫩总统苏莱曼在首都贝鲁特会见中国外交部副部长翟隽。

5月24日，叙利亚主要反对派“叙利亚全国委员会”主席布尔汉·加利温辞职。

5月24日，约旦举行代号为“热切的雄狮”的多国联合军事演习，沙特、阿联酋、巴林和美国等19个国家的1.2万名士兵参加军演。

5月23日至24日，伊朗与美国、英国、法国、俄罗斯、中国和德国六国在伊拉克首都巴格达举行新一轮伊核问题会谈。

5月23日至24日，埃及举行总统选举首轮投票。

5月27，伊朗第九届议会举行就职典礼。

5月26日至27日，5月26日，叙利亚中部霍姆斯省胡拉镇发生袭击无辜平民事件。27日，联合国叙利亚监督团确认“胡拉惨案”死亡人数为108人，包括49名儿童和34名女性。

5月28日，穆斯林兄弟会候选人穆尔西和前总理沙菲克在总统选举第一轮投票中分获前两名。

5月28日，联合国和阿盟叙利亚问题联合特使安南抵达叙首都大马士革访问。

5月28日，控制加沙地带的巴勒斯坦伊斯兰抵抗运动（哈马斯）首次允许巴中央选举委员会在加沙开展工作。

5 月 29 日，美国、法国、英国、德国、意大利、西班牙、加拿大、澳大利亚等国政府采取协调行动，驱逐叙利亚外交官，向叙政府施加压力。

5 月 29 日，约旦首相塔拉瓦奈在首都安曼首相府会见来访的巴勒斯坦民族权力机构主席阿巴斯。

5 月 31 日，埃及武装部队最高委员会发表声明，宣布在全国范围内解除实施长达 30 余年的紧急状态。

5 月 31 日，中国—阿拉伯国家合作论坛第五届部长级会议在突尼斯哈马迈特市召开。中阿双方签署《会议公报》和《2012—2014 年行动执行计划》。

6 月

6 月 1 日，中国外交部长杨洁篪对突尼斯进行正式访问，在首都突尼斯市先后会见突尼斯总统马尔祖基和突尼斯外长阿卜杜·赛拉姆。

6 月 2 日，埃及开罗刑事法庭宣布，判处前总统穆巴拉克和前内政部长阿德利终身监禁，6 名前高级警官被判无罪。当天，开罗爆发大规模游行表示抗议。

6 月 5 日，伊朗第九届议会就本届议会议长人选举行投票，上届议会议长拉里贾尼再度当选。

6 月 5 日，叙利亚驱逐美国、英国、德国、法国、意大利、土耳其等 17 个国家的驻叙利亚外交官。

6 月 6 日，叙利亚总统巴沙尔·阿萨德颁布法令，任命农业和土地改革部长里亚德·法里德·希贾卜为新任总理，组建新一届政府。

6 月 6 日，巴勒斯坦两大政治派别巴民族解放运动（法塔赫）和巴伊斯兰抵抗运动（哈马斯）在埃及就联合政府人选达成协议。

6 月 9 日至 10 日，利比亚主要反对派“叙利亚全国委员会”在土耳其伊斯坦布尔召开会议，选举库尔德人阿卜杜勒·巴塞特·西达为其新领导人。

6 月 12 日，埃及人民议会和协商会议举行联合会议，选举出 100 名新制宪委员会成员。

6 月 13 日，伊拉克多地发生炸弹袭击和枪击事件，造成至少 78 人死亡、300 多人受伤。

6 月 15 日，欧盟禁止成员国向叙利亚出口部分军民两用产品。

6 月 16 日，沙特王储兼副首相纳伊夫在瑞士日内瓦去世。

6 月 16 日，伊拉克首都巴格达发生两起汽车炸弹袭击事件，共造成至少 32 人死亡、数十人受伤。

6 月 18 日，埃及武装部队最高委员会主席坦塔维发布决定设立国防委员会，由总统出任委员会主席。

6 月 18 日，沙特阿拉伯国王阿卜杜拉发布命令，任命现任国防大臣萨勒曼·本·阿卜杜勒－阿齐兹为沙特王储、副首相兼国防大臣。

6 月 19 日伊朗核问题问题六国及欧盟与伊朗对话会在莫斯科结束，美国、英国、法国、俄罗斯、中国、德国以及欧盟的代表出席对话会。

6 月 20 日，土耳其总理埃尔多安在安卡拉会见法国新任总统奥朗德。

6 月 14 日至 22 日，埃及最高宪法法院 14 日裁定 2011 年底至 2012 年初议会选举所依据的法律部分条款违宪，新选出的人民议会无效并解散。武装部队最高委员会 17 日晚发布补充宪法声明，宣布新议会选举之前，该委员会将代其行使其立法权。开罗等地连续爆发大规模游行示威活动，要求尽快结束军方统治。

6 月 23 日，叙利亚总统巴沙尔·阿萨德颁布法令，成立叙利亚新一届政府。

6 月 24 日，埃及最高总统选举委员会宣布，穆斯林兄弟会下属自由与正义党主席穆尔西赢得埃及总统大选。

6 月 24 日，叙利亚境内多个地区爆发政府军与反对派武装之间的暴力冲突，造成至少 43 人死亡。

6 月 25 日，科威特新闻大臣谢赫穆罕默德·穆巴拉克·萨巴赫召开新闻发布会宣布，以谢赫贾比尔·穆巴拉克·哈马德·萨巴赫为首相的科威特政府当天向科埃米尔谢赫萨巴赫·艾哈迈德·贾比尔·萨巴赫提出集体辞职。

6 月 26 日，伊朗副总统兼环保组织主席穆罕默迪扎德在德黑兰会见到访的中共中央对外联络部副部长艾平。

6 月 27 日，黎巴嫩总统苏莱曼会见到访的意大利外长朱利奥·泰尔齐。

6 月 27 日，由阿联酋外交部与迪拜环球港务集团共同举办的第二届反索马里海盗国际会议在迪拜举行。

6 月 28 日，伊朗外长萨利希在德黑兰表示，伊朗和英国已同意在对方首都互设利益代表处。

6 月 30 日，埃及当选总统穆尔西在最高宪法法院宣誓就职。

6 月 30 日，叙利亚问题“行动小组”外长会议在日内瓦召开。

7 月

7 月 1 日，科威特埃米尔谢赫萨巴赫·艾哈迈德·贾比尔·萨巴赫签署法令，接受内阁辞职的请求。

7 月 1 日，阿联酋空军与巴林空军举行代号为“猎鹰联盟—2012/1”的联合军事演习。

7 月 1 日，欧盟开始全面禁止成员国从伊朗进口石油。

7 月 3 日，伊朗核问题六方与伊朗在土耳其伊斯坦布尔市举行专家级会谈。

7 月 2 日至 3 日，叙利亚反对派大会在开罗召开。

7 月 2 日至 4 日，伊斯兰革命卫队举行代号为“伟大先知 7”的军事演习。

7 月 5 日，联合国安理会通过决议，决定将联合国南苏丹共和国特派团的任务期限延长至 2013 年 7 月 15 日。

7 月 6 日，第三次“叙利亚之友”国际会议在巴黎举行。

7 月 6 日，联合国人权理事会第 20 次会议表决通过美国等提交的题为“叙利亚人权状况”的决议草案，俄罗斯、中国、古巴投反对票。

7 月 6 日，黎巴嫩总统苏莱曼在贝鲁特会见到访的美国国会参议院军事委员会首席成员约翰·麦凯恩。

7 月 7 日至 10 日，叙利亚举行大规模军事演习。

7 月 7 日，利比亚举行国民议会选举投票，2639 名独立候选人和 374 个党派或政治团体的代表竞争 200 个议会席位。

7 月 8 日，苏丹总统巴希尔颁布总统令，决定改组政府。

7 月 9 日，土耳其总统居尔在安卡拉会见到访的贝宁总统亚伊。

7 月 9 日，联合国—阿盟叙利亚问题联合特使科菲·安南在叙首都大马士革会见总统巴沙尔。

7 月 8 日至 11 日，埃及总统穆尔西签署总统令，要求被解散的人民议会恢复立法工作，直到新议会选出。9 日，埃及军方呼吁有关各方尊重补充宪法声明的内容。10 日，埃及最高宪法法院裁定，中止执行穆尔西的总统令。11 日，穆尔西临时发言人称，穆尔西尊重最高宪法法院的判决。

7 月 10 日，联合国—阿盟叙利亚问题联合特使安南访问伊拉克首都巴格达，并与伊拉克总理马利基会谈。

7 月 11 日，埃及总统穆尔西访问沙特阿拉伯，并同沙特国王阿卜杜拉举行会谈。这是穆尔西当选埃及总统后的首次出访。

7 月 12 日，阿拉法特死因调查委员会宣布，阿拉法特死于中毒。

7 月 14 日，苏丹总统巴希尔在埃塞俄比亚首都亚的斯亚贝巴与南苏丹总统基尔举行会晤。

7 月 15 日，约旦外交大臣纳赛尔·朱达在首都安曼会见到访的美国中东和平进程特使戴维·黑尔。

7 月 16 日，英国外交大臣黑格访问利比亚首都的黎波里，与利比亚过渡政府总理凯卜及其他高级官员举行会谈。

7 月 17 日，利比亚公布国民议会选举最终结果，“全国力量联盟”获得近半数的党派候选人席位。

7 月 18 日，位于叙利亚首都大马士革的叙国家安全总部遭到自杀式爆炸袭击，叙国防部长达乌德·拉杰哈以及总统巴沙尔·阿萨德的姐夫、国防部副部长阿塞夫·舒卡特被炸身亡，叙内政部长与其他多名高级官员受重伤。当天，叙政府任命法赫德·贾西姆·弗拉杰将军为新任国防部长。

7 月 17 日，以色列议会第一大党前进党主席、以色列副总理莫法兹宣布，前进党将退出联合政府。

7 月 19 日，埃及前副总统、前情报局长奥马尔·苏莱曼在美国一家医院病逝，终年 76 岁。

7 月 19 日，科威特埃米尔艾哈迈德·萨巴赫发布埃米尔令，宣布以谢赫贾比尔·穆巴拉克·萨巴赫为首相的 13 名内阁成员名单。

7 月 19 日，埃及总统穆尔西下令释放 572 名在 2011 年动荡中被捕人士。

7 月 20 日，联合国安理会通过决议，将联合国叙利亚监督团任期延长 30 天。

7 月 23 日，伊拉克首都巴格达和 4 个省份发生约 30 起袭击事件，造成近 80 人死亡，另有 200 多人受伤。

7 月 24 日，埃及总统穆尔西任命希沙姆·甘迪勒出任新总理一职。

7 月 27 日，叙利亚霍姆斯等多个地区发生叙政府军与反对派武装之间的武装冲突，叙利亚人权观察组织称，共有 70 人死于当天的冲突。

7 月 31 日，美国宣布对伊朗石油行业实施新一轮制裁。

8 月

8 月 2 日，埃及总理甘迪勒领导的新内阁在总统府宣誓就职。

8 月 2 日，联合国—阿盟叙利亚危机联合特使安南宣布，其在 2012 年 8 月底特使任期结束后将不再续任该职。

8 月 3 日，第 66 届联合国大会召开会议，通过有关叙利亚问题的决议。

8 月 4 日，伊朗宣布成功试射一款国产新型地对地导弹。

8 月 6 日，叙利亚总统巴沙尔·阿萨德宣布免去里亚德·法里德·希贾卜总理职务，任命副总理奥马尔·格拉万吉为看守政府临时总理。

8 月 7 日，伊朗最高国家安全委员会秘书贾利利访问叙利亚，并与叙总统巴沙尔举行会谈。

8 月 8 日，利比亚国民议会正式接受全国过渡委员会的权力移交，过渡委正式解散。

8 月 9 日，叙利亚总统总统巴沙尔·阿萨德任命瓦埃勒·哈勒吉为政府新总理，接替 6 日被免职的前总理里亚德·法里德·希贾卜。

8 月 9 日，伊朗召集的叙利亚问题国际协商会议在德黑兰举行，来自中国、俄罗斯等 30 个国家的代表与会。

8 月 10 日，美国财政部宣布对黎巴嫩真主党实施制裁。当天，美国宣布对叙利亚国家石油公司实施新一轮制裁。

8 月 11 日，伊朗西北部东阿塞拜疆省发生 6.2 级地震，造成至少 250 人死亡、约 2000 人受伤。

8 月 12 日，埃及总统穆尔西解除国防部长坦塔维和总参谋长阿南的职务，任命原军队情报首长塞西为武装部队总司令兼国防部长，任命原第三军团司令苏卜希为总参谋长。

8 月 16 日，伊拉克首都巴格达发生两起汽车炸弹和一起路边炸弹袭击，造成至少 47 人死亡、105 人受伤。同日伊拉克多地发生数十起爆炸袭击，造成至少51人死亡、201人受伤。

8月16日，伊斯兰合作组织发表声明，宣布停止叙利亚的成员国资格。

8月17日，阿尔及利亚前外长拉赫达尔·卜拉希米被任命为联合国—阿盟叙利亚危机联合特别代表，接替原联合国—阿盟叙利亚危机联合特使科菲·安南的工作。

8月22日，埃及总统穆尔西会见到访的国际货币基金组织总裁克里斯蒂娜·拉加德。

8月26日至28日，利比亚内政部长法齐·阿卜杜拉·阿里宣布辞职。28日，阿里宣布收回辞呈。

8月28日至30日，埃及总统穆罕默德·穆尔西对中国进行国事访问，分别会见中国国家主席胡锦涛、全国人大常委会委员长吴邦国、国务院总理温家宝、国家副主席习近平等中国领导人。

8月26日至31日，第十六届不结盟运动峰会在伊朗首都德黑兰召开，会议通过了《德黑兰声明》以及支持巴勒斯坦的声明等系列文件。

9月

9月3日，阿尔及利亚总统布特弗利卡任命独立人士阿卜杜勒-马利克·塞拉勒为新一届政府总理。

9月9日，伊拉克中央刑事法庭以操控暗杀小组清除安全部队官员和什叶派人士的罪名判处副总统哈希米死刑。

9月11日，也门国防部长穆罕默德·纳赛尔·艾哈迈德的车队在首都萨那市中心遭汽车炸弹袭击，导致10人死亡，国防部长本人受重伤。

9月11日，伊朗总统艾哈迈德-内贾德在德黑兰会见来访的中国全国人大常委会委员长吴邦国。

9月12日，利比亚过渡政府副总理穆斯塔法·阿布·沙古尔当选为利新政府总理。

9月13日，联合国—阿盟叙利亚危机联合特别代表卜拉希米同叙利亚外长穆阿利姆举行会谈。

9月8日至14日，土耳其军队在哈卡里省的军事行动中打死75名库尔德工人党武装人员。

9月11日至14日，涉嫌侮辱伊斯兰教先知的电影《穆斯林的无知》在美上映，引发利比亚、埃及、也门、黎巴嫩、伊拉克等阿拉伯国家反美示威浪潮。9月14日晚，美国驻利比亚班加西的领事馆遭武装分子袭击，美国驻利比亚大使克里斯托弗·史蒂文森和领事馆3名外交人员遇袭身亡。

9月13日，美国财政部宣布对黎巴嫩真主党领导层实施新一轮制裁。

9月12日至16日，第三届中阿经贸论坛在宁夏回族自治区银川市举办，共有来自71个国家、地区及国际组织的7489名嘉宾参会参展。

9月13日至14日，第四届中国阿拉伯友好大会在银川举行，会议签署了《2012—2014年中阿民间行动计划》。

9月17日，由伊朗、沙特阿拉伯、埃及和土耳其组成的“叙利亚联络小组”在开罗举行成立后的首次外长会议。

9月18日，欧盟外交和安全政策高级代表阿什顿在土耳其伊斯坦布尔市与伊朗首席核谈判代表贾利利就伊朗核问题举行闭门会谈。

9月20日，叙利亚政府军与反对派武装和外国武装分子在叙北部第二大城市阿勒颇展开激战，打死100多名阿富汗武装分子。

9月21日，伊朗军队、伊斯兰革命卫队和伊朗武装部队在全国各地举行阅兵式，纪念两伊战争爆发32周年。

9月22日，埃及最高行政法院作出判决，称2012年年初选出的人民议会（议会下院）已不具备法律效力。

9月24日，耶路撒冷地方法院作出判决，以色列前总理奥尔默特因犯背信罪被处一年缓刑和罚款 75300 新谢克尔（约合 2 万美元）。

9 月 26 日，叙利亚境内反对派 30 个政党在叙首都大马士革召开和平民主变革会议。

9 月 27 日，中国外交部长杨洁篪在美国纽约会见阿盟秘书长阿拉比、埃及外长阿姆鲁。

9 月 16 日至 27 日，美国、英国、法国、沙特阿拉伯和阿拉伯联合酋长国等 25 个国家在海湾地区举行联合军事演习。

9 月 30 日，土耳其执政的正义与发展党主席、政府总理埃尔多安在首都安卡拉举行的正义与发展党第四次全国代表大会上再次当选该党主席。

9 月 30 日，伊拉克全国范围发生十多起暴力活动，共导致 34 人死亡，另有 80 多人受伤。

10 月

10 月 1 日，突尼斯马祖吉总统决定再次将紧急状态法的实施期限延长一个月。

10 月 1 日至 2 日，第三届南美—阿拉伯国家首脑会议在秘鲁首都利马举行，11 个南美国家和 20 个阿拉伯国家的元首或代表出席会议。

10 月 3 日，叙利亚阿勒颇市发生连环爆炸，造成 34 人死亡、122 人受伤。

10 月 3 日，利比亚新总理穆斯塔法·阿布·沙古尔向利比亚国民议会提交由 3 名副总理及 26 名政府部长组成的内阁名单。4 日，示威者抗议新政府名单人选分配不均，穆斯塔法被迫收回新政府成员名单。7 日，穆斯塔法向利比亚国民议会提交新的紧急政府成员名单，其中包括副总理哈拉曼尼和 10 名部长，沙古尔自己兼任外交部长。

10 月 4 日，约旦国王阿卜杜拉二世下令解散众议院。

10 月 8 日，以色列南部地区遭到来自加沙地带超过 55 枚火箭弹和迫击炮弹袭击，以军随后轰炸了加沙地带的数个目标。

10 月 8 日，阿拉伯联合酋长国外长谢赫阿卜杜拉・本・扎耶德・阿勒纳哈扬与到访的乌克兰外长康斯坦丁・格里先科举行会谈。

10 月 8 日，埃及总统穆尔西宣布大赦令，赦免所有在埃及政局动荡期间被捕的人士，但犯有杀人罪行者除外。

10 月 3 日至 8 日，土耳其和叙利亚连续发生越境炮击事件。

10 月 9 日，“2012 阿布扎比媒体高峰论坛”在阿布扎比亚斯岛举行。

10 月 10 日，约旦国王阿卜杜拉二世任命前国会议员阿卜杜拉・恩苏尔为新首相，并授权其组建新一届政府。

10 月 10 日，联合国—阿盟叙利亚危机联合特别代表拉赫达尔・卜拉希米抵达沙特阿拉伯吉达，开始第二次中东斡旋之旅。

10 月 11 日，约旦国王阿卜杜拉二世批准首相恩苏尔提交的内阁成员名单，新内阁宣誓就职。

10 月 11 日，土耳其议会通过政府提交动议，决定从 10 月 17 日起将越境打击库尔德工人党武装的期限延长一年。

10 月 11 日，巴勒斯坦民族权力机构主席阿巴斯与以色列国防部长巴拉克在约旦首都安曼进行秘密会晤。

10 月 10 日至 11 日，“苏丹、南苏丹及欧洲：地区和平与发展的合作前景”国际会议在维也纳举行。

10 月 11 日至 12 日，伊拉克总理努里・马利基访问捷克，并在布拉格与捷克总理彼得・内恰斯举行会谈，双方签订了加强经济合作与贸易协议。

10 月 11 日至 13 日，埃及总统穆尔西签发总统令，宣布解除总检察长阿卜杜勒・马吉德・马哈茂德的职务，马哈茂德发表声明表示拒绝。13 日，埃及一千多名法官和检察机关工作人员在最高司法委员会外举行示威抗议，穆尔西迫于压力同意马哈茂德官复原职。

10 月 14 日，土耳其外长达武特奥卢宣布禁止叙利亚民航客机进入土领空。

10 月 14 日，利比亚国民议会通过投票选举阿里·扎伊丹为新临时政府总理。

10 月 15 日，欧盟外长卢森堡会议决定对叙利亚实施第 19 轮制裁，同时扩大对伊朗的制裁，禁止欧盟成员国从伊朗进口天然气。

10 月 16 日，以色列议会通过最后决议，宣布本届议会解散，并于 2013 年 1 月 22 日提前举行下一届议会选举。

10 月 16 日，利比亚内首都的黎波里一座监狱发生大规模越狱事件，120 名囚犯逃脱。

10 月 16 日，伊拉克军事反恐顾问哈希姆·穆罕默德在也门首都萨那前往国防部途中遇袭身亡。

10 月 21 日，以色列和美国军方启动为期三周代号为“严峻挑战 2012”的导弹防御演习，这是两国有史以来最大规模同类联合军演。

10 月 18 日，以色列科学家丹尼尔·希勒尔因在干旱地区开创性使用微灌溉技术在美国得梅因获得 2012 年世界粮食奖。

10 月 19 日，黎巴嫩首都贝鲁特发生一起汽车炸弹袭击事件，造成 10 人死亡、86 人受伤，黎巴嫩情报机构负责人维萨姆·哈桑在爆炸中身亡。

10 月 20 日，黎巴嫩总理米卡提向黎巴嫩总统苏莱曼提出辞职。

10 月 20 日，联合国—阿盟叙利亚危机联合特别代表卜拉希米在大马士革同叙利亚外长穆阿利姆举行会谈。

10 月 17 日至 21 日，土耳其安全部队在土东南部哈卡里省的军事行动中打死 40 名库尔德工人党武装人员。

10 月 21 日至 23 日，中国中东问题特使吴思科访问以巴地区，21 日在耶路撒冷分别与以副总理兼情报部长梅里多尔和副外长阿亚隆会晤。22 日在耶路撒冷会见联合国中东和平进程特别协调员塞里；在拉姆安拉会见巴勒斯坦民族权力机构主席阿巴斯和巴首席谈判代表埃雷卡特。

10 月 24 日，加沙地带武装派别向以色列密集发射 80 多枚火箭弹。随后，以色列对加沙进行空袭，造成 4 名哈马斯成员死亡、5 人受伤。

10 月 25 日，以色列两大主要政党利库德集团和“以色列是我们家园”宣布将合并参加 2013 年 1 月的议会选举。

10 月 31 日，利比亚国民议会投票通过总理阿里·扎伊丹提出的内阁名单。

11 月

11 月 6 日，伊拉克首都巴格达附近一座军营遭到汽车炸弹袭击，造成至少 26 人死亡、30 人受伤。

11 月 9 日，叙利亚政府军与反对派武装在大马士革、阿勒颇等地的冲突升级，造成至少 90 人死亡。

11 月 9 日，土耳其安全部队在哈卡里省进行的军事行动中打死 42 名库尔德工人党武装人员。

11 月 4 日至 5 日，叙利亚主要反对派组织“叙利亚全国委员会”在卡塔尔多哈召开闭门预备会议；6 日至 9 日，“叙利亚全国委员会”召开改组会议，乔治·萨卜拉当选为该委员会第三任主席。

11 月 11 日，叙利亚反对派组织就建立统一的“叙利亚反对派和革命力量全国联盟”达成初步一致，并草签协议。

11 月 11 日，一枚火箭弹由叙利亚境内落入戈兰高地以军哨所，以军随后向叙利亚境内进行了警示性炮击，成为 1973 年以来以色列对叙利亚的首次炮击。

11 月 14 日，欧盟批准向埃及提供 50 亿欧元（约合 63.5 亿美元）的财政援助计划，以支持埃及经济复苏。

11 月 14 日，突尼斯高级独立选举机构公布制宪议会选举最终结果，“伊斯兰复兴运动”获得 89 个席位，保持制宪议会第一大党地位。

11 月 15 日，沙特与韩国签署一项核能合作协议。

11 月 15 日，阿拉伯联合酋长国第十五届联邦国民议会第一次会议开幕，会议选举穆罕默德·艾哈迈德·莫尔为新一届联邦议会议长。

11 月 16 日，世界卫生组织 16 日称，截至 11 月 13 日，苏丹达尔富尔地区共发现黄热病 374 例，其中 110 人死亡。

11 月 17 日，埃及中部艾斯尤特省曼费卢特市发生一起火车与校车相撞事故，造成 50 人死亡、另有 17 人受伤。当天，埃及交通部长穆罕默德·拉沙德辞职。

11 月 18 日，叙利亚政府军与反对派武装在叙境内多个地区爆发激战，至少 42 名反对派武装人员在激战中被打死。

11 月 19 日，土耳其总统居尔与来访的智利总统皮涅拉在安卡拉举行会谈。

11 月 19 日，叙利亚首都大马士革发生多起暴力事件，造成至少 50 人死亡、多人受伤。

11 月 19 日，以色列总统佩雷斯在耶路撒冷会见英国前首相、中东问题有关四方特使布莱尔。

11 月 19 日，阿联酋外长谢赫阿卜杜拉·本·扎耶德与到访的约旦外交大臣纳赛尔·朱达举行会谈。

11 月 21 日，约旦国王阿卜杜拉在首都安曼会见到访的联合国秘书长潘基文。

11 月 10 日，加沙地带武装人员和以色列军队发生交火；14 日，以色列开始对加沙地带发起代号“防务之柱”的军事行动；21 日，在埃及斡旋下，以色列与巴勒斯坦各武装派别达成停火协议。

11 月 22 日，埃及总统穆尔西发布总统令，解除总检察长马哈茂德职务，任命塔拉特·阿卜杜拉为新任总检察长。

11 月 22 日，穆尔西颁布新宪法声明；23 日起，埃及各地连续爆发示威游行，抗议新宪法声明。

11 月 23 日，叙利亚总统巴沙尔·阿萨德在大马士革与到访的伊朗议长拉里贾尼举行会谈。

11 月 23 日至 29 日，由宁夏回族自治区党委副书记、秘书长崔波率领的中共友好代表团对黎巴嫩、巴林、科威特进行访问。

11 月 28 日，叙利亚首都大马士革附近的扎尔马尼地区发生连环爆炸袭击事件，造成 54 人死亡、120 多人受伤。

11 月 29 日，伊拉克发生多起袭击事件，共导致 42 人死亡、100 多人受伤。伤亡者主要是什叶派穆斯林民众和安全部队人员。

11 月 29 日，第 67 届联合国大会以 138 票赞成、9 票反对、41 票弃权通过决议，决定在联合国给予巴勒斯坦观察员国地位。

11 月 30 日，“叙利亚之友”制裁工作组会议在东京召开。

11 月 30 日，埃及制宪委员会宣布完成新宪法草案。

12 月

12 月 1 日，埃及总统穆尔西宣布将于 15 日就新宪法草案举行全民公投，制宪委员会随后自动解散。2 日，埃及最高宪法法院宣布，无限期推迟涉及解散制宪委员会和协商会议（议会上院）案件的判决。4 日晚，数万名埃及民众在总统府外示威游行，要求穆尔西撤销 11 月下旬发布的新宪法声明并推迟新宪法草案公投。6 日，穆尔西的支持者与反对者在总统府附近发生冲突，导致 6 人死亡，700 多人受伤。

12 月 4 日，北约批准在土耳其部署“爱国者”导弹。

11 月 26 日至 12 月 8 日，第 18 届联合国气候变化大会在卡塔尔多哈举行，大会通过包括《京都议定书》修正案在内的一揽子决议。

12 月 11 日至 12 日，阿盟在伊拉克首都巴格达举行会议，阿盟秘书长阿拉比、巴勒斯坦总理法耶兹和数十名阿盟国家代表出席会议。

12 月 11 日，土耳其总统居尔在安卡拉会见来访的巴勒斯坦民族权力机构主席阿巴斯。

12 月 12 日，第四次“叙利亚之友”会议在摩洛哥马拉喀什举行。

12 月 12 日，土耳其安全部队在东南部哈卡里省展开军事行动，打死 42 名库尔德工人党武装人员。

12 月 14 日，以色列外交部长利伯曼宣布辞职。

12 月 14 日，南苏丹总统、苏丹人民解放运动主席基尔在朱巴会见以中联部副部长李进军为团长的中共友好代表团。

12 月 16 日，伊朗伊斯兰议会议长拉里贾尼在德黑兰会见中国全国政协副主席白立忱一行。

12 月 17 日，伊拉克全国多地发生十多起汽车炸弹爆炸袭击事件，共导致 43 人死亡、150 多人受伤，伤者中包括 10 多名伊朗人。

12 月 18 日，土耳其执政党正义与发展党副主席努曼·库特鲁姆什在安卡拉会见由中共甘肃省省委常委、省纪委书记张晓兰率领的代表团。

12 月 19 日，以色列耶路撒冷市规划与建设委员会通过在东耶路撒冷犹太社区扩建 2610 套住宅的计划。

12 月 19 日，摩洛哥首相、公正与发展党总书记本·基兰在拉巴特会见以中联部副部长李进军为团长的中共友好代表团。

12 月 15 日至 25 日，埃及于 15 日和 25 日分两阶段举行宪法草案公投；25 日，埃及最高选举委员会宣布，新起草的宪法草案在公投中以 63.8% 的支持率获得通过，但投票率只有 32.9%。

12 月 24 日至 25 日，第 33 届海合会首脑会议在巴林首都麦纳麦举行，会后发表《萨赫勒宣言》。

12 月 28 日，土耳其外长达武特奥卢在安卡拉会见来访的苏丹外长卡尔提。

12 月 30 日，以色列司法部对“以色列是我们的家园”党主席、前外交部长利伯曼正式提起诉讼，罪名是欺诈和失信。

12 月 28 日至 2013 年 1 月 2 日，伊朗举行代号为“守卫 91”的大型军事演习，军演区域覆盖阿曼湾、霍尔木兹海峡、北印度洋和亚丁湾。

附录 2：2012 年中国与中东国家关系的主要文件

中华人民共和国和沙特阿拉伯王国联合声明

（2012 年 1 月 15 日沙特 – 利雅得）

应沙特阿拉伯王国国王兼首相阿卜杜拉·本·阿卜杜勒 – 阿齐兹·阿勒沙特邀请，中华人民共和国国务院总理温家宝于 2012 年 1 月 14 日至 16 日对沙特阿拉伯王国进行了正式访问。

温家宝总理与沙特国王和王储兼副首相、内政大臣在诚挚友好的气氛中举行了会见，双方就双边关系和共同关心的国际和地区问题交换了意见。

双方对两国建交以来各领域友好合作关系取得的长足发展表示满意，强调愿在战略关系的框架下提升这一关系，从而在各领域造福两国和两国人民，促进国际和地区的和平、稳定和发展。

为了增进两国人民间的牢固友谊、提升中沙关系、推进两国各领域合作，双方就以下内容达成一致：

一、密切高层互访和各层次磋商，就各领域和共同关心的国际和地区问题交换意见，以实现两国和两国人民的共同利益。

二、积极促进经贸往来和相互投资，加强能源和基础设施领域合作，实现两国业已存在的合作关系全面发展。

三、沙方重申坚定奉行一个中国政策，中方对此表示赞赏。

四、推动并鼓励两国官方和民间文化交流，鼓励双方在新闻、旅游、卫生和农业领域的交流与合作。

五、支持青年、体育和技术教育领域的合作，以进一步加强两国和两国人民间的相互了解和友谊。

六、双方强调应防止各类大规模杀伤性武器的扩散，双方表示支持根据有关国际决议，在中东地区建立无核武器及其他大规模杀伤性武器区。

七、致力于加强在国际法框架内的政治合作，和平解决国际上尤其是中东地区存在的冲突，促进中东地区的和平与稳定。

八、关于中东和平进程，双方重申，在联合国有关决议的基础上实现阿以争端公正、全面的解决，是中东地区实现稳定的重要基础，也将消除威胁国际和平与安全并造成地区局势紧张的一个主要根源。为此，双方强调，支持建立一个可以生存的、独立的巴勒斯坦国。双方同时强调2002年贝鲁特峰会通过、2007年利雅得峰会予以重申并在多个联合国决议和国际四方委员会声明中提及的“阿拉伯和平倡议”的重要性。

九、双方强调，坚决反对威胁世界各地和平与稳定的各种形式的恐怖主义。双方一致主张，无论恐怖主义的成因如何，都应加强国际合作予以打击。

十、双方一致认为，温家宝总理对沙特阿拉伯王国的访问取得了圆满成功，将极大地推动双方长期稳定的友好合作关系的发展。中方对沙方给予总理阁下及其代表团的热烈欢迎和盛情款待表示感谢。

中国和阿联酋关于建立战略伙伴关系的联合声明

（2012 年 1 月 17 日阿联酋—迪拜）

中华人民共和国和阿拉伯联合酋长国赞赏两国关系所取得的发展，一致认为，中阿友好合作关系规模不断扩大、内涵日益丰富，不仅有利于两国和两国人民，也有利于本地区乃至世界的和平、稳定和发展。

为进一步提升中阿关系水平，全面推进两国各领域友好合作，双方决定建立战略伙伴关系，并就此达成以下共识：

一、加强各层面的高层互访，密切两国外交部政治磋商，就双边关系和重大国际、地区问题保持磋商与协调，不断深化互信平等的政治关系。

二、中方支持阿方为尊重国家主权和领土完整采取的政策和行动，阿方支持一个中国政策，中阿双方都强调主权、不干涉别国内政及通过和平手段解决问题的原则。

三、充分利用两国经贸互补优势，促进双边经贸关系全面发展。发挥中阿经贸联委会作用，加强各层次的经贸往来；加强双向投资；扩大两国在房建、路桥、铁路、电信等基础设施建设和高技术领域多种形式的互利合作。

四、建立能源领域长期全面的战略合作关系。鼓励两国政府主管部门、相关企业签署并落实能源领域的合作协议；深化在油气资源勘探开发、储运设施建设、炼油化工等领域合作；就和平利用核能及清洁能源、可再生能源开发利用等开展磋商与合作。

五、扩大两国在银行、证券等金融领域的合作。开展本币互换，努力实现两国本币作为双边贸易结算货币。互设银行分行。就银行和证券行业监管，以及监管人员的交流和培训加强协调与合作。

六、开展海关与税务合作，加强信息互换和人员交流，相互学习、借鉴先进经验。

七、开展两国在农业、林业、环境保护等领域合作，就粮食安全、防治荒漠化、海水淡化和气候变化等加强磋商，协调立场，交流经验。

八、加强两国在执法安全和反恐、打击犯罪等方面的交流与合作，拓宽司法机构合作领域，建立长效安全合作机制，实现情报交流，开展技术合作和人员培训。

九、加强军事互访，开展军事院校间对口交流，加强在人员培训、装备技术和军工军贸等方面的合作。

十、加强两国在文化、教育、卫生、旅游、新闻、青年、体育、社会发展方面的交流与合作，开展形式多样的人文交流，增进两国人民之间的了解和友谊。

十一、加强在国际组织中的协调与合作，维护两国利益。

十二、制定适当机制以落实本声明。

本联合声明于二〇一二年一月十七日在阿拉伯联合酋长国迪拜签署，一式两份，每份均用中文和阿拉伯文写成，两种文本同等作准。

第三届中国—阿拉伯国家新闻合作论坛公报

（2012 年 4 月 25 日中国—广州）

根据第二届《中阿新闻合作论坛公报》和《中阿合作论坛 2010 年—2012 年行动执行计划》中关于新闻合作的内容，第三届中国—阿拉伯国家新闻合作论坛（以下简称“第三届中阿新闻合作论坛”）于 2012 年 4 月 24 至 25 日在中国广州举行，中国和阿拉伯国家联盟各成员国有关政府部门的新闻官员、主要媒体负责人、新闻与经贸领域的专家、企业代表以及阿盟秘书处有关官员出席了此次论坛。

双方认为，中阿关系的发展应顺时应势，符合双方人民的根本利益。近年来，双方关系取得长足发展，特别是 2010 年中阿建立战略合作关系以来，双方高层交往密切，政治、经济、人文等领域的交流合作进一步提升，务实合作不断拓展、深化，成果丰硕，双边贸易额迅猛增长。论坛回顾并肯定了第二届中阿新闻合作论坛以来双方在新闻合作领域取得的进展，认为本届论坛对促进双方新闻领域的进一步合作发挥重要作月，对扩大民间交往，推动务实合作，促进中阿友好奠定更加坚实的基础。

双方表示，在当前国际形势下，中阿在发展各自经济，促进世界和地区和平发展方面拥有广泛共同利益和巨大合作潜力。双方应通过加强新闻领域合作，巩固政治互信，加强互利合作，从而夯实友好基础，造福两国人民，共创中阿合作的美好未来。

双方围绕“加强媒体合作，促进中阿经贸关系”这一论坛主题，就“媒体在促进经贸关系中的作用”、“如何利用新媒体技术推动经贸合作”等议题进行了广泛深入的探讨，就双方媒体间合作在促进经贸关系中的重要作用达成共识，表示双方将在现有新闻合作的基础上，有针对性地加强信息交流、人员培训、联合采访等方面的合作，引导舆论正确认识双方经贸合作的重要意义，为中阿战略伙伴关系发展夯实民意基础。

双方对论坛成果表示满意，认为本届论坛在前两届论坛所达成共识的基础上，进一步推动双方媒体间开展形式多样的务实合作，为中阿新闻合作赋予了新的内涵。双方媒体以推动经贸关系为合作契机，将有效地促进双方人民间的相互了解和友谊，推动中阿关系不断迈上新台阶。

双方对“中阿新闻合作论坛”这一机制予以肯定，表示将继续坚持每两年举办一届论坛，为双方媒体的交流和沟通提供有效的平台。双方确定下一届论坛将于 2014 年在阿拉伯联盟成员国举办。

中国—阿拉伯国家合作论坛第五届部长级会议公报

（2012年5月31日突尼斯—哈马迈特）

中华人民共和国与阿拉伯国家联盟成员国（以下简称“双方”）的外交部长和阿盟秘书长，于2012年5月31日在突尼斯共和国召开中国—阿拉伯国家合作论坛（以下简称“论坛”）第五届部长级会议。

双方围绕“深化战略合作，促进共同发展”的会议主题，满意地回顾了第四届部长级会议（2010年5月，中华人民共和国天津市）以来双方在推动建设“全面合作，共同发展”的战略合作关系方面取得的丰硕成果；双方强调，无论国际和地区局势如何变化，发展中阿友好关系都是双方坚定不移的战略选择；双方决定在二十一世纪第二个十年里，着力深化着眼长远的互信，开展以共同发展为基础的务实合作，使中阿传统友谊世代传承，为中阿关系稳步、可持续发展打下坚实基础。

双方高度评价中阿合作论坛成立八年来对中阿关系发展所发挥的重要引领作用，致力于不断完善论坛机制建设，加强论坛框架下各领域合作，推动中阿战略合作关系不断深入发展。

经过深入讨论，双方达成以下共识：

一、政治领域

1. 双方注意到当前国际形势正发生前所未有的深刻、复杂变化，国际力量对比正发生显著的变化，发展中国家在国际事务中发挥着越来越重要的作用，强调和平、发展与合作的重要性，双方一致主张应努力推动国际秩序朝着更加公正合理的方向发展。双方重申应坚持相互尊重主权和领土完整、互不侵犯、互不干涉内政、平等互利、和平共处的原则，并尊重和支持各国根据本国国情和能力自主选择发展道路。

2. 继续加强双方在重大国际、地区问题上的磋商与合作，加强双方领导人和官员之间的互访与沟通，相互交流治国理政和发展领域的经验。保持双方外交部政治磋商机制以及论坛框架内的集体磋商，加强双方议会、政党和民间组织之间的友好合作关系。

3. 阿拉伯国家强调支持中国的主权和领土完整，坚定奉行一个中国政策，反对任何形式的“台湾独立”，不同台湾建立官方关系和进行官方往来，支持台海两岸关系和平发展和中国和平统一大业；认为涉藏问题属于中国内政，支持中国政府在此问题上的原则立场和政策；反对宗教极端势力、民族分裂势力和恐怖主义势力从事反华分裂活动。

4. 中国重申支持阿拉伯国家根据联合国有关决议、“土地换和平”原则、“阿拉伯和平倡议”以及中东和平“路线图”计划实现中东地区全面、公正、持久和平的战略选择；呼吁尽快重启中东和平进程。双方呼吁以色列响应阿拉伯国家的和平愿望，在“阿拉伯和平倡议”基础上与有关阿拉伯国家进行谈判，全面执行安理会有关决议。双方支持在国际社会达成共识的“两国方案”框架下，在联合国有关决议和“阿拉伯和平倡议”基础上，建立以 1967 年边界为基础、以东耶路撒冷为首都、拥有完全主权的独立的巴勒斯坦国，恢复阿拉伯民族合法权利，结束以色列 1967 年以来对包括东耶路撒冷在内的所有阿拉伯被占领土的占领。

双方呼吁国际社会继续对巴勒斯坦提供政治和经济支持，改善巴勒斯坦人道主义状况；要求以色列解除对加沙的封锁，开放口岸，允许必要的医药援助、食品以及重建所需材料进入，确保所有被封锁地区的人道主义援助可以顺利地进行提供和分发；要求以色列停止在包括东耶路撒冷在内的阿拉伯被占领土上修建定居点，认为此行为非法；强调以色列过去和现在正在采取的单方面改变被占领的东耶路撒冷现状的行为是非法的；根据联合国有关决议并通过和平谈判解决巴勒斯坦难民、水资源等问题。

双方赞赏卡塔尔埃米尔哈马德·本·哈利法·阿勒萨尼、约旦国王阿卜杜拉二世和摩洛哥国王穆罕默德六世等为捍卫耶路撒冷提出的有关倡议和努力。

双方重申支持巴勒斯坦成为联合国正式成员国，欢迎巴勒斯坦成为联合国教科文组织正式成员国，强调应保护巴勒斯坦人民的人文、文化和文明遗产。阿方赞赏中方为此做出的努力，赞赏中方支持并积极参与联合国驻中东地区有关维和行动。

欢迎法塔赫与哈马斯于2011年5月4日在阿拉伯埃及共和国的主持下在开罗宣布签署巴勒斯坦民族和解协议，并就双方的分歧达成谅解文件。赞赏阿拉伯埃及共和国为主持双方达成并落实共识所做出的重要而真诚努力，欢迎“多哈宣言”及为落实“开罗协议”由独立爱国人士组成过渡政府的共识，期待此举有助于弥合巴勒斯坦内部分歧，加强巴勒斯坦团结，成立民族和解政府。

中方呼吁以色列释放在押巴人，改善在押巴人的生活和医疗条件，以缓和局势、释放善意、重建与巴互信，为重启巴以和谈创造积极条件。欢迎阿拉伯国家推动联合国大会召开特别会议，讨论在以色列监狱中的巴勒斯坦和其他阿拉伯国家在押人员问题。

5. 中方支持叙利亚根据联合国有关决议通过和平谈判收复被占领的戈兰高地。

6. 双方强调尊重和支持黎巴嫩的主权、领土完整及收复被占领土的合法权利，呼吁继续落实安理会第425号和第1701号决议，要求以色列从黎巴嫩尚未撤出的被占领土上撤军。

7. 呼吁尊重阿拉伯国家主权、不干涉其内政，强调地区国家之间的关系应建立在睦邻友好的基础上，应根据《联合国宪章》宗旨和原则以及国际关系基本准则，通过包容、和平的政治途径解决争端；支持海合会国家为维护其安全和稳定所采取的措施；支持阿盟、海合会继续在恢复地区和平稳定方面发挥积极和建设性作用。

8. 强调支持包括阿拉伯联合酋长国倡议和努力在内的所有旨在通过双边谈判、根据国际法准则和平解决三岛（大通布、小通布、阿布穆萨）问题的和平努力，双方支持根据国际法解决该问题。

9. 强调支持苏丹的主权、安全、领土完整与稳定。欢迎阿拉伯国家联盟、非洲联盟和联合国提出的解决达尔富尔危机的倡议。赞赏卡塔尔为解决达尔富尔问题、支持达区发展所付出的努力。呼吁所有尚未签署达尔富尔多哈和平文件的苏丹各派别加入谈判，以恢复该地区和平。赞赏苏丹政府提出的有关实现达尔富尔全面和平、安全与发展的新战略，该战略已得到联合国、地区组织和所有相关伙伴的明确欢迎和支持。赞赏中方为推动达尔富尔问题政治解决所发挥的建设性作用。

10. 双方对北南苏丹边境地区爆发冲突表示严重关切；强调应尊重北南苏丹在 1956 年 1 月 1 日边界基础上划定的边界，并完全遵守和平解决争端的原则；停止两国间一切形式的敌对行动，重启谈判；支持联合国、地区组织和国家和平解决危机的努力。双方欢迎北南苏丹在非盟主持下重启谈判。

11. 强调支持索马里的统一、主权和稳定。支持在联合国、阿盟和非盟主持下，根据《吉布提协议》进行的索马里民族和解进程。谴责所有阻碍和解进程的企图。呼吁所有各方摒弃暴力、实现稳定、尊重人权，呼吁国际社会支持索马里政府为实现不排斥任何一方的民族和解所做出的努力。表达对非盟驻索马里特派团的支持。赞赏 2012 年 2 月 23 日在伦敦召开的索马里问题国际会议取得的成果，该会议是国际社会推动索马里实现和平与稳定的重要一步。

12. 索马里海域、亚丁湾的海盗活动影响了国际航运的自由开展。双方支持根据国际法和国际关系准则以及联合国安理会有关决议，打击索马里海域、亚丁湾海盗活动及其他对航运安全、国际贸易、地区国家经济社会发展机遇、国际地区安全和平构成威胁的行为。欢迎阿拉伯联合酋长国于 2012 年 6 月 27 日至 28 日在迪拜举办打击索马里海域海盗国际会议。

13. 强调尊重利比亚的主权、独立、统一和领土完整，尊重利比亚人民自主选择政治社会制度和发展道路的权利，支持利政府和人民为完成政治过渡进程所做努力，从而支持利实现稳定、民族团结和经济发展，呼吁联合国和国际社会继续为利重建提供各种形式的必要支持。

14. 中方重视阿盟在政治解决叙利亚问题方面发挥的重要作用，赞赏并支持阿盟为此所做的积极努力。双方呼吁叙利亚有关各方全面执行联合国与阿盟联合特使安南“六点建议”和叙利亚与阿盟达成的共识，包括立即停火，保护平民，释放本次事件中有关被捕人员，从城市和居民区全面撤出武装力量，尊重集会自由与和平示威的合法权利，保障记者在叙利亚境内行动自由。双方强调，应允许阿拉伯和国际救援机构向叙利亚人民提供人道主义（食品和医疗）援助，加强联合国在协调人道主义救援方面发挥的主导作用。

双方强调应避免叙利亚遭受外部干涉、陷入混乱和内战的危险，应尊重叙利亚的主权、独立、国家统一和领土完整，反对外国干涉，实现叙利亚人民自由、民主和政治改革的诉求。

双方欢迎科菲·安南先生被任命为联合国与阿盟联合特使，强调全力支持其斡旋努力。双方要求包括叙利亚政府和反对派在内的有关各方完全、全面、立即执行联合特使的“六点建议”，履行安理会第（2012/2042）号和（2012/2043）号决议的规定。

双方强烈谴责针对叙利亚平民的血腥屠杀和袭击，特别是已造成数十名妇女儿童死亡的胡拉屠杀事件，呼吁对此次屠杀事件进行调查，惩治凶手。

阿方关注中方为解决叙利亚危机所做的努力，并对此表示赞赏，期待中方为此发挥更大作用。

15. 支持巴林王国为维护民主成果、国家稳定与发展、推动改革和现代化进程所做出的努力，欢迎巴方近期对其宪法所做修订，这体现了进行对话、推动民族共识和民主实践的道路。

16. 支持也门各政治派别做出努力，以落实海合会倡议的剩余内容及其执行机制，根据2012年5月23日在沙特首都利雅得召开的也门之友会议的成果和决议，再次呼吁向也门提供支持和援助，帮助其克服和消除因政治危机所导致的经济影响。双方高度赞赏也门共和国政府和人民克服自身能力不足，在打击恐怖主义方面的坚定原则立场，呼吁国际社会向也门提供其所需的实质支持。

17. 双方重申支持维护国际核不扩散机制的努力，主张通过外交谈判解决中东地区核问题，维护地区和世界的和平与稳定。呼吁中东地区所有国家无一例外加入《不扩散核武器条约》，使中东成为无核武器区，支持为尽快实现该目标的国际努力，包括即将于2012年举行的中东无核武器及其他大规模杀伤性武器区国际会议。指出和平利用核能、核裁军、核不扩散是《不扩散核武器条约》的支柱，三者相辅相成。认为所有《不扩散核武器条约》缔约国在严格履行相应的国际义务前提下均享有和平利用核能的权利。强调应加强中国与阿拉伯国家在和平利用核能领域的合作，并在国际场合就核不扩散、核裁军及和平利用核能的相关问题进行协调。

18. 谴责一切形式的恐怖主义，消除恐怖主义的根源和滋生恐怖主义的因素，反对将恐怖主义与特定的国家、民族和宗教挂钩，反对在反恐中使用双重标准。反恐必须坚持以《联合国宪章》和其他公认的国际法和国际关系准则为基础，坚持联合国及安理会的主导与协调作用。继续加强在双、多边领域的反恐合作，促进《联合国全球反恐战略》的实施。呼吁各方尽快完成《全面反恐公约》的谈判。欢迎在联合国框架下成立国际反恐中心，此举响应了沙特阿拉伯王国国王阿卜杜拉·本·阿卜杜勒阿齐兹·阿勒沙特在2005年利雅得国际反恐大会上提出的有关建议，旨在支持国际合作打击并消灭恐怖主义，呼吁与该中心进行合作。

19. 欢迎伊拉克于2012年3月在巴格达成功举办第23届阿盟首

脑会议。

20. 同意加强在联合国等国际组织框架内的对话与合作，推动多边主义原则，维护联合国的权威和在国际事务中的主导作用。支持联合国通过必要、合理的改革，增强权威和效率，提高应对各种威胁和挑战的能力，履行《联合国宪章》赋予的职责。支持安理会为维护国际和平与安全发挥主要职责，安理会改革应优先增加包括阿拉伯国家在内的广大发展中国家代表性，通过广泛、民主讨论，就各类问题找到“一揽子”解决方案，并达成协商一致。双方反对任何国家强行推动改革方案，反对采取“零散处理”的做法。

21. 呼吁国际社会促进国际经济秩序朝着更加公正合理的方向发展，以反映国际经济格局发生的变化，更好地应对全球性挑战，推进国际金融体系改革，重点是增加包括中国和阿拉伯国家在内的新兴市场和发展中国家的发言权和代表性。加强大宗商品、金融衍生品市场监管，加强大宗商品生产国和消费国对话，维护大宗商品价格稳定。共同推动建立均衡、普惠的多边贸易体制，完善全球经济治理机制，加强国际货币基金组织监督职能，抵制各种形式的保护主义，尽快完成世界贸易组织多哈回合谈判。给予发展问题更多关注，为世界经济全面复苏和健康稳定可持续发展做出贡献。

22. 呼吁国际社会共同努力，应对气候变化的严峻挑战。欢迎气候变化德班会议取得的成果，敦促附件一缔约方如期提交量化减限排指标以便通过关于议定书附件 B 的修正案，强调《京都议定书》第二承诺期应涵盖《联合国气候变化框架公约》附件一所有缔约方，并应在第一承诺期结束后立即于 2013 年 1 月 1 日无缝进入第二承诺期。呼吁发达国家兑现 300 亿美元快速启动资金以及到 2020 年每年 1000 亿美元的资金承诺。为此确定明确的依据、制定适宜的标准，确保在发展中国家间公平分配资金，就发达国家融资比例达成一致。重申在德班启动的进程须坚持和遵循《联合国气候变化框架公约》的原则和规定，特别是公平原则、“共同但有区别的责任”

原则和各自能力的原则。对加拿大在德班会议结束后不久即宣布退出《京都议定书》表示遗憾。坚决反对欧盟将非欧盟国家航空公司进出欧盟的国际航班排放纳入欧盟排放交易体系，对部分发达国家考虑在国际海运领域采取类似单边措施表示强烈关切。承诺将于2013 年在多哈举行的第 18 届气候变化缔约方会议上就相关讨论加强相互间的协调与合作，共同推动多哈会议取得积极、平衡的成果。

23. 促进不同文明间的对话，增进各国人民间的相互理解；尊重各国人民的宗教和文化特性，以平等、相互尊重和包容的精神兼容并蓄，交流互鉴；积极参与旨在加强不同文明、文化、宗教间对话、遏止极端思想的传播、加强不同宗教和文明之间相互包容的地区和国际倡议。为此，双方欢迎 2011 年 10 月 13 日在维也纳开设的阿卜杜拉·本·阿卜杜勒阿齐兹国王世界不同宗教文化人士对话中心，并强调同该中心的合作十分重要。双方赞赏约旦哈希姆王国阿卜杜拉二世国王于 2010 年提出的关于设立“世界不同宗教和谐周”的倡议，该倡议得到联合国大会的一致通过，旨在根据安曼倡议所体现的伊斯兰教温和与中道精神推动不同宗教间对话。

二、经贸和发展领域

24. 加强经贸和金融合作，实现互利和共同发展，强调应继续为投资和贸易提供便利，发挥双方在技术、人才、资金、市场的互补优势，鼓励双方企业在传统能源、农业、制造业、新能源以及清真食品等领域加强投资合作。强调根据双方现行的协议和法律，保障企业、投资者和工人的合法权益。努力在双边和集体层面建立解决双方贸易摩擦的机制，其中包括解决根据国际法的相关原则提起的针对双方产品的倾销案件等贸易问题。

25. 欢迎 2010 年 6 月 4 日中华人民共和国与海湾阿拉伯国家合作委员会在北京签署的关于开展战略对话的谅解备忘录，鼓励努力完成关于建立中国与海湾阿拉伯国家合作委员会自贸区的谈判，实现互利，争取尽快就此达成并签署协定。

26. 双方积极评价论坛企业家大会自机制建立以来各次会议取得的成果，重视加强其在提升经贸合作水平方面发挥的平台作用。赞赏2012年1月在阿拉伯联合酋长国沙迦召开的第四届中阿企业家大会暨投资研讨会取得的成果。欢迎2013年在中国四川成都举办第五届中阿企业家大会暨投资研讨会。

27. 推进双方海关双边交流与合作，逐步开展货物贸易统计领域的双边技术交流与合作。

28. 加强双边及多边层面的质检合作。欢迎中华人民共和国国家质量监督检验检疫总局同阿拉伯工业发展与矿产组织在论坛框架下签署谅解备忘录，成立中阿联合委员会，制定谅解备忘录合作内容的落实和跟踪机制。

29. 鼓励中国同阿拉伯国家在石油、天然气和可再生能源利用领域开展互利合作，双方开展技术合作和经验交流，推动可再生能源各领域合作。研究和平利用核能领域合作的可能性。

30. 致力于建立中国—阿拉伯国家农业合作机制。

31. 加强环保、防治荒漠化和保护自然资源领域的合作。

32. 鼓励双方在互利基础上开展工业合作，特别是中小企业、技术转让和积极增加双方工业领域投资。欢迎中华人民共和国工业和信息化部同阿拉伯工业发展和矿业组织签署谅解备忘录。

33. 继续加强双方在旅游领域的合作，中方欢迎阿拉伯国家提出成为中国公民组团出境旅游目的地的申请。

34. 双方强调，阿克萨清真寺、岩石清真寺、复活教堂、圣诞教堂等宗教、历史遗迹是巴勒斯坦被占领土上的遗迹。

35. 考虑在突尼斯建立面向中国和阿拉伯国家旅游市场的中阿旅游、饭店培训中心的可行性。

36. 继续扩大人力资源开发领域的合作，扩大培训规模，创新培训方式，拓宽培训领域。赞赏中方积极组织各领域的年度阿拉伯人才培训班。

37. 加强双方科技领域的合作，包括开展经验交流、人员互访、联合研究开发、建立技术示范项目、技术转让等。

38. 欢迎阿拉伯联合酋长国迪拜申办 2020 年世界博览会。

三、加强文化、社会、人文交流和文明对话

39. 完善中阿文化艺术合作机制，欢迎 2010 年 6 月在中国举办的第二届阿拉伯艺术节和 2012 年 3 月在巴林举办的第二届中国艺术节取得的成果，强调双方应继续轮流举办中阿艺术节。推动执行中阿典籍互译出版项目的合作谅解备忘录。

40. 对中方提出的有关建立中阿丝绸之路文化论坛的建议表示原则欢迎，积极在中国举办阿拉伯文化年和在阿拉伯国家举办中国文化年，中方将向阿方提供举办上述活动的具体设想。

41. 鼓励中国与各阿拉伯国家互设文化中心，并就此相互提供必要便利。

42. 强调中阿文明对话对加强中阿人民相互了解的重要性，欢迎 2011 年 12 月在阿拉伯联合酋长国阿布扎比召开的第四届中阿关系暨中阿文明对话研讨会所取得的成果。欢迎 2013 年上半年在中国举办第五届中阿关系暨中阿文明对话研讨会。

43. 鼓励双方大学等教学机构及研究机构在教育、科研、学术交流等领域开展合作。继续推广中国的阿拉伯语教学和阿拉伯国家的汉语教学。

44. 加强双方卫生领域合作，推动中阿卫生机构在公共卫生、传染病和非传染病防控、传统医药等领域开展合作。欢迎中华人民共和国卫生部和阿拉伯国家联盟就此签署谅解备忘录，同意于 2012 年在中国召开首届中阿卫生领域高官和专家联席会议。

45. 鼓励新闻合作，就加强双方新闻合作、巩固合作成果定期磋商，不断完善中阿新闻合作论坛机制，欢迎 2012 年 4 月在中国广

州举办的第三届中阿新闻合作论坛取得的成果。欢迎科威特于2014年承办第四届中阿新闻合作论坛。

46. 支持中阿友好组织和民间团体之间的合作，加深中阿人民相互了解和友谊。欢迎2010年10月在利比亚召开的第三届中阿友好大会取得的成果，积极做好将于2012年在中国召开的第四届中阿友好大会的筹备工作。

47. 研究双方侨民在对方国家的情况，更好地维护双方侨民的合法利益。

48. 加强中阿体育领域的合作，在国际体育事务中协调立场。

49. 欢迎卡塔尔承办2022年世界杯足球赛，并设立体育日作为全国性假期。

四、中阿合作论坛建设

50. 加强协调与合作，实现论坛公报和行动执行计划所确定的原则和目标，为双方人民带来更多实实在在的共同利益。

51. 弘扬创新精神，丰富中阿合作内涵，完善论坛机制，探索改进论坛工作的方式，以符合双方实际和中阿双边关系特点。

52. 支持论坛与双方参加的其他地区和多边合作机制建立联系，扩大合作范围。

53. 感谢和赞赏突尼斯共和国承办中阿合作论坛第五届部长级会议，欢迎于2013年、2014年在中华人民共和国分别召开论坛第十次高官会和第六届部长级会议。欢迎2016年在卡塔尔举行第七届部长级会议。

本公报于二〇一二年五月三十一日在突尼斯共和国哈马迈特市签订，一式两份，每份均用中文和阿拉伯文写成，两种文本同等作准。

中华人民共和国政府	阿拉伯国家联盟
代表	代表
杨洁篪	纳比勒·阿拉比博士
中华人民共和国外交部长	阿拉伯国家联盟秘书长

中国—阿拉伯国家合作论坛 2012 年至 2014 年行动执行计划

（2012 年 5 月 31 日突尼斯—哈马迈特）

中华人民共和国和阿拉伯国家联盟成员国（以下简称“双方”），满意地回顾了“中国—阿拉伯国家合作论坛”（以下简称“论坛”）成立以来在各领域取得的丰硕成果，以及为巩固中国与阿拉伯国家传统友好、推动双方对话、提升中阿关系水平所做出的贡献。

双方高度赞赏《中国—阿拉伯国家合作论坛关于中阿双方建立战略合作关系的天津宣言》具有的重要意义以及《中国—阿拉伯国家合作论坛第四届部长级会议公报》和《中国—阿拉伯国家合作论坛 2010 年至 2012 年行动执行计划》的落实情况，评估了高官会、中阿企业家大会暨投资研讨会、中阿能源合作大会、中阿关系暨中阿文明对话研讨会、中阿新闻合作论坛、中阿互办艺术节和中阿友好大会等论坛机制在推动中阿关系方面所取得的积极成果。

双方强调应继续落实上述“公报”和“执行计划”的宗旨和要求，执行论坛第五届部长级会议通过的各项文件，期待着加强和发挥论坛框架下现有合作机制的作用，通过建立新机制开辟论坛更为广阔的前景。

双方同意，为全面落实上述文件，提升中阿战略合作关系的水平，特制定《中阿合作论坛 2012 年至 2014 年行动执行计划》，具体如下：

第一条　论坛机制

双方强调保持论坛部长级会议机制、高官委员会机制、其它各领域现有合作机制和日常联络机制对于论坛建设的必要性和重要性，高度赞赏上述机制对于论坛建设所做出的贡献。

双方欢迎于 2013 年、2014 年在中国分别召开论坛第十次高官会和第六届部长级会议。

第二条 政治合作

双方重申坚持《中国—阿拉伯国家合作论坛宣言》和《中国—阿拉伯国家合作论坛行动计划》所阐述的原则立场，强调进一步加强双方政治合作的重要性。双方强调应进一步深化战略合作，促进共同发展，加强战略对话和磋商，在各自关切的核心和重大利益问题上相互支持，共同维护发展中国家的利益，促进世界和平、稳定和发展。

为此，双方同意继续加强现有的磋商和联络机制，特别是在部长级会议和高官会框架下的政治磋商机制，就双方关系和共同关心的国际和地区问题进行深入磋商，以实现双方的共同利益。磋商议题由中国外交部和阿盟秘书处于会前商定。必要时经双方同意可随时举行高官会进行政治磋商。

双方强调，加强在包括联合国及其专门机构等国际组织在内的国际场合协调立场。

第三条 经济合作

双方对近年来中阿经贸合作取得的进展表示满意，高度赞赏 2012 年 1 月在阿拉伯联合酋长国沙迦举办的第四届中阿企业家大会暨第二届投资研讨会取得的积极成果，双方同意：

一、经贸、投资和金融

（一）共同努力，到 2014 年将中阿双边贸易额提升至 3000 亿美元。

（二）继续举办贸易和投资促进活动，积极参加在对方举办的展览会、贸易投资洽谈会、研讨会等活动，鼓励相互投资，介绍双方的投资机会、投资法律法规和优惠政策，交流投资项目信息，密切双方企业家的直接交流，举办贸易与投资促进专题研讨会，加强在支持中小企业发展方面的合作。

（三）2013年在中国举行中阿合作论坛第五届企业家大会暨第三届投资研讨会。会议期间分别举办保税区、经贸合作区管理以及交通运输领域合作的研讨会。

（四）探讨签署双边基础设施建设合作协定、劳务合作协定，为规范和扩大上述领域合作制定法律框架。

（五）通过双方有关部门、行业协会和企业等渠道，加强经验交流，在项目设计、咨询监理、运营管理等领域开展技术合作。

（六）积极在中阿合作论坛框架下建立中阿贸易争端解决机制，同时加强已建立的双边贸易争端解决机制，鼓励双方通过调解和仲裁的方式解决商事纠纷。

（七）加强中阿政府质检部门间的合作，支持研究和能力建设项目方面的合作，开展检验检疫监管合作，共同努力保证进出口产品的质量与安全，保护双方消费者的健康与安全，促进双方贸易积极发展。欢迎中华人民共和国国家质量监督检验检疫总局同阿拉伯工业发展与矿产组织签署谅解备忘录，成立中阿联合委员会，制定谅解备忘录合作内容的落实和跟踪机制。

（八）推进双方海关合作，逐步开展货物贸易统计领域的双边技术交流与合作。

（九）协调双方在国际经贸场合的立场，在国际货币基金组织（IMF）、世界银行和世界贸易组织（WTO）等国际组织和机构框架下加强协调与合作。

（十）鼓励双方根据各自法律法规开展金融领域互利合作，鼓励双方金融机构为投资、工程承包和贸易活动提供金融支持和便利。

（十一）积极鼓励双方在符合相关法律法规要求的前提下互设银行业机构。进一步推动双边贸易和投资便利化。

二、工业

鼓励双方在互利基础上开展工业合作，特别是在以下领域：

（一）中小企业。

（二）鼓励双方产业界开展技术转让合作。

（三）双方在工业相关基础设施方面交流经验。

三、交通运输

（一）阿拉伯国家学习中国在运输、物流及交通基础设施方面的经验。

（二）在提高海港运营效率方面开展合作。

第四条 能源合作

双方对近年来能源领域合作取得的进展表示满意，期待着继续发挥中阿能源大会机制在能源领域的作用，欢迎在该领域加强合作。双方同意：

（一）2012 年在中国召开第三届中阿能源大会，进一步发挥双方根据 2010 年 1 月喀土穆第二届中阿能源大会上签署的谅解备忘录成立的最高委员会的作用。

（二）应在互利基础上，继续加强能源领域，特别是石油、天然气、电力、新能源、可再生能源和替代能源领域的合作。双方支持在该领域相互投资，表示愿为双方在上述领域的共同项目提供便利，在能源领域开展经验交流和技术转让，在开展能源项目时保护环境。

（三）在和平利用核能，特别是发电和海水淡化领域开展合作。

（四）加强双方在可再生能源开发利用方面的交流与合作。

（五）就可再生能源项目的投资、经验交流和技术转让举办研讨会和讨论会，欢迎突尼斯于 2013 年承办该领域的讨论会。

（六）鼓励双方在矿业、地质矿业研究领域开展合作，包括组建联合专家工作组以探讨在该领域的合作。

第五条 环境保护合作

双方赞赏 2011 年在华举办的阿拉伯环境保护与管理研修班、固体废物管理研修班所取得的积极成效，强调应继续推动双方在环境和自然资源保护领域的合作，双方同意：

（一）研究在中国召开第二届环保合作大会的可行性。

（二）鼓励在环境政策与立法、地下水保护、水污染防治、海水淡化技术、生物多样性保护、废物管理等领域开展合作，继续进行人员培训，并在有关国际和地区组织中保持协调。在应对自然和环境灾害方面交流信息和经验。

（三）强调中阿双方有关部门应为落实中阿环保合作提供资金和人力支持，包括推动清洁环保技术转让方面的应用科研。

第六条　防治荒漠化合作

双方强调愿加强荒漠化防治、抗旱和水管理方面的合作和经验交流，鼓励专家和管理人员互访，交流防治荒漠化项目方面的经验，包括在荒漠地区实施防治荒漠化发展项目。双方同意：

（一）考虑制定荒漠化防治合作共同战略，重视摩洛哥王国关于建立荒漠化监测与防治荒漠化项目评估示范项目的建议。

（二）鼓励防治荒漠化立法、政策、管理和技术领域的经验交流，学习中国企业改良沙化地的经验。

（三）召开双方相关人员参加的防治荒漠化与抗旱研讨会，2012年由苏丹主办。

（四）中方表示愿参与阿拉伯国家生态恢复项目建设，在阿拉伯国家建立防治荒漠化试验示范区，帮助阿拉伯国家建立以公路、铁路交通防护体系，绿洲聚居区综合防治模式为主的防沙治沙体系。

第七条　农业合作

（一）双方愿加强农业、粮食安全领域的合作，鼓励双方技术管理人员的交流，增加信息沟通。鉴于农业领域愈发重要，特别是当前世界粮食价格高企，并对粮食安全造成影响，探讨建立中国—阿拉伯国家农业合作机制。

（二）举办两次或两次以上农业经贸与投资合作研讨会，其中一次在中国举行，另一次在某个阿拉伯国家举行。鼓励双方农业企业开展经贸合作，促进双方农产品贸易发展，为双方农产品进入对方市场提供便利。

（三）中阿研究机构开展农业研究、农业生产和粮食安全领域的合作与协调。

第八条　旅游合作

双方强调愿继续拓展旅游合作，包括鼓励双方旅游部门和旅行社进行接洽，开展宾馆评级与旅游和语言培训领域人员及专家间的互访、经验交流，举办旅游推介会、旅游研讨会，并为此提供信息和必要便利，鼓励双方公司实施旅游、投资项目，并根据双方现行法律为此提供便利，在此框架下，双方同意：

（一）积极商签双方旅游合作谅解备忘录。

（二）适时在阿拉伯埃及共和国召开中阿旅游合作暨鼓励旅游投资大会。

（三）中方欢迎阿拉伯国家提出成为中国公民组团出境旅游目的地的申请。

（四）鼓励双方国家旅游公司在对方国家市场推介旅游产品。

（五）积极发展双方在旅游安全方面的合作。

第九条　人力资源开发合作

（一）双方对近年来人力资源开发领域的合作表示满意，愿继续加强人力资源开发合作。

（二）中方将于2012年至2014年三年内，在同各阿拉伯国家主管部门协调的基础上，在双方商定的领域内，为阿拉伯国家培训5000名各类人才。

第十条　文化合作和文明对话

在中阿合作论坛框架下，继续深化中国与各阿拉伯国家的文化交流与合作，加强中阿文明对话，促进文化相互借鉴。双方高度评价2010年6月和2012年3月分别在中国和巴林成功举办的阿拉伯艺术节和中国艺术节活动，积极评价2011年12月在阿拉伯联合酋长国首都阿布扎比召开的第四届中阿关系暨中阿文明对话研讨会所取得的成果，双方同意：

（一）继续按原有形式轮流在中国和阿拉伯国家举办“阿拉伯艺术节”和“中国艺术节”，并考虑开展增进中阿民间相互了解的活动。

（二）研究举办“中阿丝绸之路文化论坛”的可行性。

（三）为庆祝纳杰夫作为2012年伊斯兰文化之都，中方将以一种适宜的艺术活动参加上述庆典。

（四）为庆祝麦地那作为2013年伊斯兰文化之都，中国将参加上述庆典。

（五）2013年上半年在中国举办第五届中阿关系暨中阿文明对话研讨会。

（六）重视执行中阿典籍互译出版项目的合作谅解备忘录，强调将进一步加强联系，推动工程按计划取得更大进展。双方为中国新闻出版署官员同阿盟秘书处官员及位于阿尔及利亚的阿拉伯高等翻译学院负责人举行会晤协调一个新时间。

（七）组织中阿双方文化官员互访，在双方最主要文化机构间结成对口友好合作关系，包括在阿拉伯教科文组织和中国相应组织间建立友好关系，以及在双方最主要的图书馆间建立友好关系，包括中国国家图书馆和亚历山大图书馆。

（八）鼓励中国与阿拉伯国家互设文化中心并为此相互提供便利，积极探讨中阿互办文化年的可能性。

（九）中方每年有计划地邀请阿拉伯各国文化艺术管理人员来华参加“阿拉伯国家文化人力资源研修班”。

（十）鼓励在中阿在文化合作中加强文化产业的互鉴。

（十一）研究中国文化与阿拉伯文化的相互影响和交融，研究中阿文化艺术交流的方向和未来。

（十二）加强中国与阿拉伯国家在文化遗产及非物质遗产保护领域的合作，包括考古发掘、文物修复、博物馆管理、根据有关国际条约索回被盗文物、打击文物走私、防止破坏文物原有属性等领域的合作，同地区和国际有关方面进行协调，提供必要的保护，保护陆上和海上丝绸之路，并申请将二者列入世界遗产名录。

（十三）邀请中国作为2013年沙特阿拉伯王国第二十七届“杰纳第利亚”国家遗产和文化节的主宾国。

第十一条　教育合作

双方强调：

（一）鼓励双方举办、参加高教科研合作领域的研讨会，充分利用各自教育经验和资源，加强教育交流和合作，推动中阿教育机构，特别是高等院校建立联系，开展包括国别、区域研究领域在内的联合科研，促进人员往来和学术交流。

（二）研究适时在中国召开第二届中阿教育与科研研讨会。

（三）双方将加大支持力度，大力推广中国的阿拉伯语教学和阿拉伯国家的汉语教学，积极推动孔子学院建设。

（四）在本执行计划期内，鼓励双方师生互访，以交流经验，开阔视野。

（五）鼓励在职业教育和职业培训领域的合作，加强在职业教育院校和职业培训中心建设领域的经验交流，鼓励双方该领域官员互访，支持职业教育和职业培训领域的合作计划和项目。

（六）积极落实已签订的双边教育合作协议，扩大学生交流规模，逐步增加政府奖学金名额，扩大研究生比例，拓展专业领域。

第十二条　科技合作

双方一致认为论坛为双方在科技领域加强相互了解，挖掘合作机会提供了机会。双方强调：

（一）继续促进和加强中阿政府科技部门、科研机构、大学、科技型企业间的技术交流，鼓励并支持双方在共同感兴趣的领域开展人员互访、联合研究开发、技术示范、培训、技术转让等多种形式的科技合作。

（二）中方邀请阿拉伯国家科技人员参与中国科技部每年举办的“对发展中国家技术培训班”。

（三）继续深化现有双边政府间科技合作，鼓励建立新的双边科技合作机制，推动双方开展实质研发合作。

第十三条　卫生合作

双方强调：

（一）欢迎中华人民共和国卫生部和阿拉伯国家联盟签署的《建立中阿卫生领域合作机制的谅解备忘录》，同意于 2012 年在中国召开中阿卫生领域高官和专家第一次联席会议。

（二）2013 年在阿盟总部或阿拉伯国家召开一次关于灾难和危机时期医疗救助的研讨会。

（三）促进在医疗、教学、医学研究、现代和传统医药人才培养等方面的合作与经验交流，加强双方在医疗管理、医院管理、护理、药剂、医疗器械产业等共同关心的领域的合作与交流。

（四）加强双方在医疗保险和社会保障体系方面的合作。

第十四条　新闻出版合作

双方对近年来在新闻领域合作的成果表示满意，并强调：

（一）双方继续开展新闻领域的合作，并就如何加强新闻合作举行定期磋商。

（二）对 2012 年在中国举办的第三届中阿新闻合作论坛的成果表示欢迎，同意于 2014 年在科威特举办第四届新闻合作论坛。

（三）于 2013—2014 年期间在沙特阿拉伯王国举办中阿新闻研讨会。

（四）积极推动双方新闻出版机构之间的合作，鼓励双方新闻媒体人员通过互访、参加有关国际展览和会议的方式加强交流，为对方派驻记者开展工作提供协助和便利；推动双方通讯社、电视台之间的合作，联合制作纪录片，为部分艺术作品进行中阿语言互译和配音。

（五）鼓励双方定期交换音像和文字新闻素材和节目，互派代表团参加对方举办的各种媒体展览和研讨会。

（六）强调应加强广播、电视台在工程技术、职业技能和语言能力方面的合作，组织双方平面和视听媒体技术负责人之间进行定期会晤。

（七）中国中央电视台和中国国际广播电台将就它们的阿拉伯语节目在阿拉伯国家扩大播出范围向阿拉伯国家负责广播电视节目转播的部门寻求合作。

（八）欢迎双方在对方国家互相举办电影周放映活动。

（九）鼓励和支持各自出版机构参加在对方举办的国际书展活动。在本执行计划期间，邀请中国作为主宾国参加一次在阿拉伯国家举办的年度国际书展。

第十五条　立法机构和民间合作

（一）双方肯定立法机构和民间组织交往对促进中阿友好所发挥的作用，愿意进一步加强双方立法机构和民间组织间多层次和多形式的交流与合作，推动中阿友好关系的全面发展。

（二）双方赞赏中国阿拉伯友好协会、阿拉伯国家对华友好协会联合会及阿拉伯各国对华友好协会为促进中阿友好发挥的作用。双方愿进一步完善中国阿拉伯友好大会机制，向中阿各友好协会提供更多的支持。双方欢迎2010年在利比亚的黎波里举行的第三届中阿友好大会的成果，期待2012年在中国举行第四届中阿友好大会，强调双方的民间组织应参加此会。

（三）双方积极鼓励开展青年、妇女、民间组织间及其他与发展中阿合作有关的机构间的友好往来与合作。中方将在今、明两年内邀请100名阿拉伯各界青年精英访华。

（四）鼓励中阿双方立法机构成员进行互访。

第十六条　体育合作

双方强调，将通过体育部门主管官员互访、运动队交流、签署政府体育部门间体育谅解备忘录等形式加强中阿体育合作，并在国际体育事务中协调立场，积极推动中阿体育领域友好关系的进一步发展。

第十七条　为论坛计划、项目和活动提供资金

研究设立一个为中阿合作论坛各项活动和计划提供资金的共同基金的可行性。

第十八条　其他领域合作

双方将根据论坛行动计划规定以及论坛部长级会议通过的其他文件，积极落实其他领域合作事宜，并推动建立其他双方共同关心的领域的合作机制。

第十九条　生效及有效期

本执行计划自签字之日起生效，有效期两年。

本执行计划于二〇一二年五月三十一日在突尼斯哈马迈特市签订，一式两份，每份均用中文和阿拉伯文写成，两种文本同等作准。

中华人民共和国政府	阿拉伯国家联盟
代表	代表
杨洁篪	纳比勒·阿拉比博士
中华人民共和国外交部长	阿拉伯国家联盟秘书长

中华人民共和国和阿拉伯埃及共和国联合新闻公报

（2012 年 8 月 30 日中国—北京）

一、应中华人民共和国主席胡锦涛邀请，阿拉伯埃及共和国总统穆罕默德·穆尔西于 2012 年 8 月 28 日至 30 日对中华人民共和国进行国事访问。中国国家主席胡锦涛、全国人民代表大会常务委员会委员长吴邦国、国务院总理温家宝、国家副主席习近平分别与穆尔西总统举行了会谈和会见。两国领导人就双边关系和共同关心的国际、地区问题交换了意见，达成广泛共识。

二、双方强调，阿拉伯埃及共和国是最早承认中华人民共和国的阿拉伯和非洲国家，两国建交56年来，特别是1999年建立战略合作关系以来，双边关系不断巩固和深化，务实合作不断加强，实现了互利共赢，两国人民友谊历久弥坚。

三、中方尊重埃及人民自主选择政治制度和发展道路的权利，欢迎自2011年1月25日以来阿拉伯埃及共和国在和平政治过渡后取得的积极成果，祝贺埃及人民完成总统选举并组建新政府，支持埃方为实现经济、社会发展和人民的进步与福祉所作的一切努力，祝愿埃及人民在国家建设与发展的道路上不断取得新的成就。埃方强调恪守一个中国政策，支持中国政府在台湾、涉藏、涉疆等问题上的立场。

四、双方强调，愿在不断发展变化的国际形势下继续加强双方传统关系，不断开辟新的前景，密切合作，携手共进，在相互尊重、平等互利基础上进一步巩固中埃传统友谊，不断充实两国战略合作关系内涵，全面规划两国未来关系发展，以造福两国和两国人民。

五、双方愿进一步巩固两国政治关系，密切高层往来，增进两国政府、议会、政党、社会团体之间的各层次交往，交流治国理政、改革发展方面的经验，进一步健全并充分发挥业已存在的各交流及合作机制的作用。

六、双方认为，各领域务实合作是双边关系的重要组成部分。中方赞赏埃方提出的重振国家经济方略，将继续鼓励更多中国企业赴埃及投资兴业，并愿为埃及经济发展提供力所能及的帮助。双方表示将积极推动经贸往来，拓展在基础设施建设、农业、科技、卫生、交通、能源、金融、旅游、通讯、环境等领域的合作，对稳步推进苏伊士经贸合作区等项目建设表示欢迎。

七、双方认为，应进一步密切在国际和地区事务中的协调与合作。中方支持埃及作为地区重要核心国家和中坚力量，在国际和地区事务中发挥更大作用。埃方赞赏并支持中方为维护发展中国家利益、促进发展中国家团结与合作所作的努力。

八、双方对中国—阿拉伯国家合作论坛的创立和发展，以及在论坛框架下确立中阿“全面合作，共同发展”的战略合作关系感到满意，对 2012 年 5 月在突尼斯共和国举行的论坛第五届部长级会议取得的积极成果表示高度赞赏。双方愿继续共同努力，推进论坛建设，推动中阿战略合作关系不断深入发展。双方欢迎根据在突尼斯召开的论坛第五届部长级会议通过的《中阿合作论坛 2012 年至 2014 年行动执行计划》，适时在埃及召开首届中阿旅游合作暨旅游投资大会。

九、双方认为，发展中非新型战略伙伴关系符合双方根本和战略利益，中非合作论坛作为中非之间集体对话的重要平台和务实合作的有效机制，对促进中非关系发展发挥着不可替代的作用。双方高度评价 2012 年 7 月在北京举行的论坛第五届部长级会议取得的成果。在筹备会议过程中，双方作为论坛共同主席国密切磋商与配合，为会议成功作出了重要贡献。双方愿共同努力落实好后续行动，进一步加强论坛建设，推动中非关系取得更大发展。

十、双方重申支持巴勒斯坦人民建立以 1967 年边界为基础、以东耶路撒冷为首都、拥有完全主权的独立的巴勒斯坦国，支持巴勒斯坦加入联合国等国际组织。支持国际社会进一步加大劝和促谈力度，推动巴以双方通过和平谈判最终实现巴勒斯坦问题的全面、公正解决。中方对埃方为促进巴以和平、推动巴勒斯坦人民内部和解所作贡献表示高度赞赏。埃方对中方在支持巴勒斯坦人民正义事业、维护中东地区和平稳定方面所作努力予以高度评价。

十一、双方认为，国际社会应尊重西亚北非地区人民寻求变革、发展的愿望和诉求，鼓励本地区国家的有关各方通过包容、和平的政治对话途径化解分歧，支持本地区的国家和人民自主探索符合本国国情的和平、稳定、发展、民主、繁荣之路。双方主张，国际社会应尊重本地区国家的主权、独立、统一和领土完整，加强对其经济援助与合作，推动热点问题解决进程，为地区和平、稳定与发展发挥积极、建设性作用。

十二、双方主张尽快寻求叙利亚问题的政治解决，反对外来军事干涉，敦促叙利亚政府及有关各方尽快停止杀戮和一切暴力活动。中方赞赏阿拉伯国家联盟为推动政治解决叙利亚问题所作的积极努力。

十三、双方主张维护联合国在国际事务中的核心地位和作用，重申有必要对联合国进行改革，重申应解决非洲国家遭受的历史不公，优先增加非洲国家在联合国安理会和其他各机构的代表性。

十四、双方主张不同文明相互尊重，支持通过开展包容、开放的对话，相互借鉴，促进世界文明的繁荣。

十五、访问期间，双方签署了以下文件：

《中华人民共和国政府和阿拉伯埃及共和国政府经济技术合作协定》、《中华人民共和国科学技术部和阿拉伯埃及共和国农业与农垦部关于加强中埃农业技术研究示范基地合作的协议》、《中华人民共和国工业和信息化部与阿拉伯埃及共和国通信和信息技术部信息通信领域合作谅解备忘录》、《中华人民共和国环境保护部与阿拉伯埃及共和国环境事务国务部环境合作谅解备忘录》、《中华人民共和国国家旅游局与阿拉伯埃及共和国旅游部旅游合作执行计划》、《中国国家开发银行股份有限公司对埃及国民银行2亿美元授信协议》、《中国国家开发银行股份有限公司与埃及科研部规划咨询合作框架协议》。

十六、穆尔西总统对胡锦涛主席及中方在其访华期间给予的热情友好接待深表感谢。

第三届中国—阿盟能源合作大会联合声明

（2012年9月18日中国—银川）

为落实2010年1月26—28日在苏丹共和国喀土穆举行的第二

届中阿能源合作大会闭幕公报和 2012 年 5 月在突尼斯举行的中阿合作论坛第五届部长级会议成果文件，在中阿合作论坛框架下，第三届中阿能源合作大会于 2012 年 9 月 16—18 日在中华人民共和国宁夏回族自治区首府银川举行。

中方主席为中国国家能源局副局长吴吟先生，阿方主席为苏丹水电资源部次长穆萨·欧麦尔·阿布卡西姆先生。

中国国家能源局、外交部以及石油、电力、可再生能源企业和行业协会，阿拉伯国家联盟秘书处、阿拉伯石油输出国组织、阿盟各成员国能源主管部门、能源企业及有关单位，共计 200 余名代表出席会议。

与会代表探讨了中阿能源合作的前景和加强能源合作的途径。双方强调必须充分开发与利用各种能源，共同保障全球能源安全，促进各自经济社会可持续发展。双方就可再生能源合作，加强石油、天然气和电力行业合作广泛交换了意见。

根据双方在第三届中阿能源合作大会上达成的共识，以及各国代表在本届会议上的讨论情况，双方一致同意：

——继续发挥中阿能源合作大会机制的作用，并强调积极落实中国国家能源局和阿拉伯国家联盟关于中阿能源合作机制的谅解备忘录的重要性；

——在互利基础上，继续加强能源领域，特别是石油、天然气、电力、可再生能源领域的合作。

具体如下：

（一）石油、天然气领域合作

双方强调愿意支持现有的合作项目，在不违背本国法律法规的前提下，支持在互利基础上开展石油、天然气的相关投资项目，加强并扩大现有合作，特别是石油和天然气的勘探、开采、运输和炼化方面的合作。双方强调，应为上述领域的联合项目提供一切必要便利，加速相关程序的办理。

（二）可再生能源领域的合作

双方强调应根据各国的形势和资源情况推广可再生能源应用新技术，就可再生能源项目的投资、经验交流和技术转让举办论坛和研讨会。此外，双方还应根据各国的国情和资源状况，加强在科研和规划领域的合作，推动新能源规模化利用（风能、太阳能）和新型高科技实验项目。双方愿积极参与2013年在突尼斯举办的可再生能源项目投资、经验交流和技术转让研讨会。

（三）和平利用核能领域的合作

双方强调应加强在和平利用核能领域的合作与能力建设，尤其是在发电和海水淡化领域的合作。

（四）电力合作

双方重视电力领域的合作潜力，愿意继续加强该领域更广泛的交流与合作。

双方同意于2014年在阿拉伯国家召开第四届中阿能源合作大会。

阿方对中国国家能源局和宁夏自治区政府为确保此次会议成功召开所作的精心安排和给予阿拉伯代表团的热情款待表示感谢，强调双方应继续保持这种势头，以造福于双方人民。